高等学校交通运输与工程类专业教材建设委员会规划教材

公路施工组织与概预算

（第2版）

靳卫东　梁春雨　**主编**

郑南翔　**主审**

人民交通出版社股份有限公司

北　京

内 容 提 要

本教材是高等学校交通运输与工程类专业建设委员会规划教材,由吉林大学靳卫东教授及其他单位专家根据最新版公路工程定额和编制办法编写。本教材共分七章,主要内容包括:绪论、施工组织原则及施工方式、公路施工组织设计、网络计划技术、施工进度计划的监测与调整、公路工程定额、公路基本建设工程概预算等内容。

本教材可供高等院校土木工程专业道路、桥梁方向,道路桥梁与渡河工程,公路工程管理等专业学生学习,也可供公路施工技术与管理人员参考。

图书在版编目(CIP)数据

公路施工组织与概预算 / 靳卫东,梁春雨主编. —2版. —北京:人民交通出版社股份有限公司, 2020.8(2025.6重印)
ISBN 978-7-114-16714-0

Ⅰ.①公… Ⅱ.①靳…②梁… Ⅲ.①道路施工—施工组织②道路工程—概算编制③道路工程—预算编制 Ⅳ.①U415

中国版本图书馆 CIP 数据核字(2020)第 123175 号

高等学校交通运输与工程类专业教材建设委员会规划教材
Gonglu Shigong Zuzhi yu Gaiyusuan

书　　名:	**公路施工组织与概预算**(第2版)
著 作 者:	靳卫东　梁春雨
责任编辑:	李　瑞
责任校对:	孙国靖　魏佳宁
责任印制:	张　凯
出版发行:	人民交通出版社股份有限公司
地　　址:	(100011)北京市朝阳区安定门外外馆斜街3号
网　　址:	http://www.ccpcl.com.cn
销售电话:	(010)85285911
总 经 销:	人民交通出版社股份有限公司发行部
经　　销:	各地新华书店
印　　刷:	北京印匠彩色印刷有限公司
开　　本:	787×1092　1/16
印　　张:	21.25
字　　数:	504 千
版　　次:	2015 年 6 月　第 1 版
	2020 年 8 月　第 2 版
印　　次:	2025 年 6 月　第 2 版　第 5 次印刷　总第 13 次印刷
书　　号:	ISBN 978-7-114-16714-0
定　　价:	50.00 元

(有印刷、装订质量问题的图书,由本公司负责调换)

第2版前言

《公路施工组织与概预算》自2015年出版以来,在高等院校土木工程专业道路、桥梁方向,道路桥梁与渡河工程等专业被广泛使用。近年来,随着社会主义市场经济的深入发展及管理体制改革的不断深化,公路建设领域相继出台了相应的文件、标准,这些文件和标准的颁布和实施,对规范公路建设市场的运行和发展起到极大的推动作用,并将产生深远的影响。

《公路施工组织与概预算》第2版是在总结、吸收第1版教材使用意见的基础上,依据2018年交通运输部发布的《公路工程基本建设项目概算预算编制办法》《公路工程概算定额》《公路工程预算定额》《公路工程机械台班费用定额》《公路工程估算指标》等最新出台的相应文件和行业标准,兼顾教材的结构和内容,力求语言精炼,对本教材进行了修订,并删除了部分内容。

本教材由靳卫东老师制作了配套的课件,以供相关任课老师教学参考,需求者可通过加入道路工程教学研讨群(QQ:328662128)向人民交通出版社管理员编辑获取。

本书共七章,由吉林大学靳卫东、梁春雨主编,长安大学郑南翔教授主审。第一、四章由吉林大学靳卫东编写,第二、三章由吉林大学梁春雨编写,第五章由吉林大学艾永明编写,第六章由长安大学李炜编写,第七章由长春建筑学院逄立伟、吉林省公路勘察设计院费奎编写。全书由靳卫东负责统稿。

本书在编写过程中参考了相关教材,在此向有关编著者表示衷心的感谢!由于作者水平有限,书中难免有错误之处,恳请读者批评指正。

编 者
2019年12月

第1版前言

本书为吉林大学"十二五"规划教材。本书语言组织上力求精练，内容上精心编排，注重理论与实践的结合，做到层次清晰、重点突出、结构合理。本书编写采用了最新版的公路工程定额和编制办法。

全书共分七章，分别为绪论、施工过程组织及流水施工原理、公路施工组织设计、网络计划技术、施工进度计划的监测与调整、公路工程定额、公路基本建设工程概预算等。为了使读者很好地掌握每章的内容，每章前增加了"学习要求"，每章后增加了"思考题"或"练习题"。

本书由吉林大学靳卫东教授、梁春雨教授主编，长安大学郑南翔教授主审。第一章由吉林大学靳卫东编写；第二章、第三章由吉林大学梁春雨编写；第四章由吉林大学靳卫东、毕海鹏编写；第五章由吉林大学吴春利编写；第六章、第七章由长春建筑学院逄立伟编写；第七章的预算示例由吉林省公路勘察设计院副总工程师费奎编写。全书由靳卫东负责统稿。

本书在编写过程中，参考了相关标准、规范、教材，在此向有关编著者表示衷心的感谢！由于水平有限，书中难免有错误之处，恳请读者批评指正。

编　者

2015 年 2 月

目录
CONTENTS

第一章 绪论 ·· 1
 第一节 公路工程基本建设程序 ·· 1
 第二节 公路工程施工招投标 ·· 7
 第三节 公路工程施工程序及现场管理 ··· 11
 第四节 公路施工组织研究的对象及任务 ·· 14
 思考题 ·· 15

第二章 施工组织原则及施工作业方式 ··· 16
 第一节 施工过程组织内容及原则 ··· 16
 第二节 公路工程施工作业方式 ·· 18
 第三节 流水施工组织 ·· 22
 思考题与练习题 ··· 32

第三章 公路施工组织设计 ·· 34
 第一节 施工组织设计概述 ··· 34
 第二节 施工部署与施工方案 ·· 42
 第三节 施工机械的性能与机械配置 ··· 49
 第四节 施工进度计划 ·· 57
 第五节 资源供应计划 ·· 69
 第六节 工地运输与临时设施设计 ··· 75
 第七节 施工平面图 ·· 85

第八节　施工组织设计案例 …………………………………………… 90
　　思考题 …………………………………………………………………… 100

第四章　网络计划技术 …………………………………………………… 101
　　第一节　基本概念 ………………………………………………………… 101
　　第二节　网络图的绘制 …………………………………………………… 103
　　第三节　网络计划时间参数的计算 ……………………………………… 108
　　第四节　双代号时标网络计划 …………………………………………… 119
　　第五节　网络计划优化 …………………………………………………… 124
　　第六节　单代号搭接网络计划 …………………………………………… 135
　　练习题 …………………………………………………………………… 144
　　思考题 …………………………………………………………………… 145

第五章　施工进度计划的监测与调整 …………………………………… 147
　　第一节　实际进度的监测与调整 ………………………………………… 147
　　第二节　进度偏差的比较方法 …………………………………………… 148
　　第三节　进度计划中的调整方法 ………………………………………… 158
　　思考题 …………………………………………………………………… 163

第六章　公路工程定额 …………………………………………………… 164
　　第一节　公路工程定额概述 ……………………………………………… 164
　　第二节　公路工程施工定额 ……………………………………………… 175
　　第三节　公路工程预算定额 ……………………………………………… 178
　　第四节　公路工程概算定额 ……………………………………………… 207
　　第五节　公路工程估算指标 ……………………………………………… 210
　　第六节　公路工程机械台班费用定额 …………………………………… 211
　　练习题 …………………………………………………………………… 213
　　思考题 …………………………………………………………………… 214

第七章　公路基本建设工程概预算 ……………………………………… 215
　　第一节　公路工程概预算的作用及文件组成 …………………………… 215
　　第二节　公路工程概预算的项目及费用组成 …………………………… 218

第三节　建筑安装工程费的计算 …………………………………………………… 221
　　第四节　土地使用及拆迁补偿费 …………………………………………………… 241
　　第五节　工程建设其他费 …………………………………………………………… 242
　　第六节　预备费 ……………………………………………………………………… 249
　　第七节　建设期贷款利息 …………………………………………………………… 250
　　第八节　公路工程建设项目各项费用计算程序及计算方式 …………………… 251
　　第九节　公路预算示例 ……………………………………………………………… 252
　　练习题 ………………………………………………………………………………… 269
　　思考题 ………………………………………………………………………………… 272

附录 ………………………………………………………………………………………… 273
　　附录A　封面、目录及概(预)算表格样式 ………………………………………… 273
　　附录B　概预算项目表 ……………………………………………………………… 290
　　附录C　设备与材料的划分标准 …………………………………………………… 314
　　附录D　全国冬季施工气温区划分表 ……………………………………………… 317
　　附录E　全国雨季施工雨量区及雨季期划分表 …………………………………… 321
　　附录F　全国风沙地区公路施工区划分表 ………………………………………… 325

参考文献 ………………………………………………………………………………… 326

第一章 绪论

【学习要求】

了解公路工程基本建设工程的组成、建设内容及建设资金的来源;熟悉公路工程基本建设程序;熟悉施工招标范围、方式、程序;熟悉投标的程序及投标策略;掌握公路施工的程序及施工组织的任务。

施工过程是公路工程建设程序的一个重要步骤,而施工组织是施工过程中极其重要的环节。因此,学生在学习施工组织之前,应先学习公路工程基本建设程序和招投标的相关内容。

第一节 公路工程基本建设程序

一、公路建设项目的划分

根据建设任务、施工管理和质量检验评定的需要,将公路工程建设项目划分为建设项目、单项工程、单位工程、分部工程和分项工程。施工单位、工程监理单位和建设单位应按相同的工程项目划分进行施工及相关管理活动。

(1)建设项目。建设项目一般是指有总体设计,经济上实行独立核算、行政上具有独立组织形式,能独立发挥生产功能或满足生活需要的建设任务。如一条公路、一座独立大中型桥梁或一座独立隧道等均为一个建设项目。

(2)单项工程(又称工程项目)。它是建设项目的组成部分。一个建设项目可以是一个单项工程,也可以包括许多个单项工程。单项工程是具有独立的设计文件,竣工后可以独立发挥生产能力或效益的工程。

(3)单位工程。它是单项工程的组成部分,一般指不能独立发挥生产能力(或效益),但有独立施工条件的工程。

一条公路中一段路线(或一个合同段)作为一个单项工程,其中各个路段(或合同段)范围内的路基工程、路面工程、交通安全设施等都可作为一个单位工程。

(4)分部工程。它是单位工程的组成部分,一般是按照单位工程的各个部位划分的,如每个合同段的路基工程包含路基土石方工程、排水工程、小桥工程、涵洞工程等各个分部工程。

(5)分项工程。它是分部工程的组成部分,是按照工程的不同结构、不同材料和不同施工方法等因素划分的,如分部工程中的路基土石方工程包含土方路基、石方路基、软土地基等分项工程。分项工程的独立存在是没有意义的,它只是建筑安装工程的一种基本的构成因素,是为了组织施工以及为确定建筑安装工程造价而设定的一种产品。关于建设项目的组成可参阅《公路工程质量检验评定标准 第一册 土建工程》(JTG F80/1—2017)。

二、公路基本建设的内容

公路基本建设的内容主要包括三方面。

1. 建筑安装工程

包括临时工程、路基工程、路面工程、桥梁涵洞工程、隧道工程、交叉工程、交通工程及沿线设施、绿化及环境保护工程、其他工程,以及施工专项的建设。

2. 土地使用及拆迁补偿工作

包括永久占地、临时占地补偿工作及拆迁补偿、水土保持补偿、其他费用补偿工作。如征用耕地安置补助、森林植被恢复等。

3. 工程建设其他工作

包括建设项目管理工作、研究试验工作、建设项目的前期工作、环境影响评价及水土保持评估等专项评价(评估)工作、机电工程的联合试运转工作、生产准备工作等。

三、公路基本建设投资

1. 投资组成

公路基本建设投资由项目从筹建到竣工验收、交付使用的全部建设费用构成,即前期的决策研究阶段(项目建议书、可行性研究阶段)、设计阶段、施工阶段、投入使用阶段完整周期内,反映基本建设规模的综合指标。在项目建设的各个阶段中,投资决策阶段影响工程造价的程度最高,达到70%~90%,因此,决策阶段是决定工程造价的基础阶段,直接影响着决策阶段以后的各个建设阶段工程造价的计价和控制是否科学、合理。投资决策过程是一个由浅入深、不断深化的过程,依次分为若干工作阶段,不同的阶段决策深度也不一样,投资估算的精度也不同。如投资机会研究及项目建议书阶段是初步决策阶段,投资估算的误差率约为±30%;详细的可行性研究阶段是决策最终阶段,投资估算误差率在±10%以内。此外,在项目的决策阶段、初步设计阶段、技术设计阶段、施工图设计阶段、工程招投标及承发包阶段、施工阶段,以及竣工验收阶段,通过工程造价的确定与控制,相应形成投资估算、设计概算、修正概算、施工图预算、承包合同价、结算价及竣工决算。这些造价形式之间存在着前者控制后者,后者补充前者这样的相互作用关系。"前者控制后者"的制约关系,意味着投资估算对其后面的各种形式的造价起着制约作用,作为限额目标。

2. 我国基本建设资金来源

(1)国家投资,是由国家预算直接安排的投资,通过国家财政拨款的方式,依据建设进度分期拨给建设单位。

(2)地方投资,是在国家预算安排之外,由各地区、各部委按照国家规定自筹资金安排的投资。这是我国建设投资的一项补充来源。

(3)银行贷款,是以银行为主体,根据信贷自愿的原则,依据经济合同所履行的有偿有息投资,贷款期限一般不超过10年。

(4)国外资金,是在国家政策的指导下,通过引进国外的先进技术和国外投资,以弥补我国建设资金的不足,加速我国经济建设的发展,如世界银行、亚洲开发银行提供的贷款等。

(5)其他资金,如通过发行股票、债券等方式获得的建设资金。

四、公路工程基本建设程序的内容

基本建设程序是指项目在实施过程中各项工作的先后次序。这个先后次序是由基本建设的客观规律和政府的管理体制所决定的。根据交通运输部的规定,公路的基本建设程序如下。

(1)根据规划,进行预可行性研究,编制项目建议书。
(2)根据批准的项目建议书,进行工程可行性研究,编制可行性研究报告。
(3)根据批准的可行性研究报告,编制初步设计文件。
(4)根据批准的初步设计文件,编制施工图设计文件。
(5)根据批准的施工图设计文件,编制项目招标文件。
(6)根据批准的项目招标文件及资格预审结果和公路建设计划,组织项目招投标。
(7)根据国家有关规定,进行征地拆迁等施工前准备工作,编制项目开工报告。
(8)根据批准的项目开工报告,组织项目实施。
(9)项目完工后,编制施工图表和工程决算,办理项目验收。
(10)竣工验收合格后,组织项目后评价。

公路基本建设程序如图1-1所示。所有新建及改建的大、中型项目都必须严格按照上述程序进行。对于小型项目,可根据具体情况适当合并或删去某些程序。

1. 预可行性研究,编制项目建议书

预可行性研究是根据国民经济发展规划、路网规划和公路建设计划,通过踏勘和调查研究,提出项目的建设规模、技术标准,并进行简要的经济效益分析,编制项目建议书。项目建议书的内容主要有项目的建设规模、技术标准、资源配置、建设条件、投资估算,及资金筹措等有关内容。项目建议书由地方政府和公路部门提出,是国家选择建设项目和进行可行性研究的依据,是可行性研究的初级阶段。

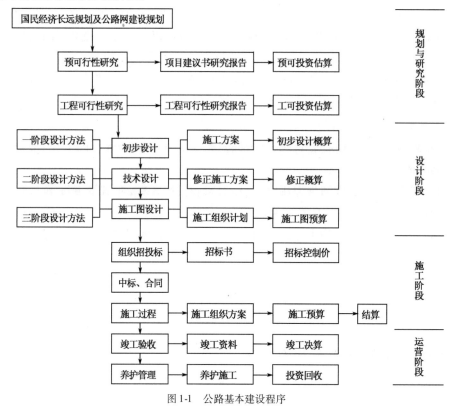

图 1-1 公路基本建设程序

2. 工程可行性研究,编制可行性研究报告

工程可行性研究是以批准的预可行性研究报告和项目建议书为依据,在评价预测和必要的勘察工作基础上,对项目建设的必要性、技术可行性、经济合理性等各方面进行综合性的论证,并编制可行性研究报告。

可行性研究报告的主要内容如下:

(1)项目建设的依据、背景及其意义。

(2)建设项目在交通运输中的地位和作用。

(3)原有公路的技术现状和适应程度。

(4)建设项目所在地区的经济特征、建设项目与经济发展的内在联系,预测交通量。

(5)建设项目的地理位置、自然特征。

(6)筑路材料的来源及运输条件。

(7)不同建设方案的路线起讫点和主要控制点、建设规模、标准,提出推荐方案。

(8)建设项目对环境影响评价。

(9)测算工程量,计算投资估算,提出资金筹措方式。

(10)提出勘测、设计、施工计划安排。

(11)进行经济评价、敏感性分析、财务分析。

可行性研究报告被批准后,如对建设规模、技术标准等重要内容有原则性变更时,应报原审批机关进行审批。批准后的可行性研究报告是编制设计文件的依据。同时,可行性研究报告被批准后即可成立项目法人，从而进行设计招标、监理招标及施工招标等工作。

3. 编制设计文件

设计文件是安排建设项目、控制投资、编制招标文件、组织施工和竣工验收的重要依据。设计文件必须由具有相应等级的公路勘察设计证书的单位编制，是设计单位通过投标或其他方式获得设计任务后，按招标文件的要求或相应规定出具的产品。设计文件经审查合格后方可使用。

公路工程建设项目一般根据工程的复杂程度和难易程度分阶段设计。

1）一阶段设计

对于技术简单、方案明确的小型建设项目，采用一阶段设计，即直接进行施工图设计并编制施工图预算。

2）二阶段设计

对于一般工程建设项目采用二阶段设计，即进行初步设计和施工图设计，对应编制的造价文件分别是设计概算和施工图预算。

3）三阶段设计

对于技术复杂而又缺乏经验的建设项目采用三阶段设计，即初步设计、技术设计、施工图设计，对应编制的造价文件分别是设计概算、修正概算、施工图预算。

初步设计根据批准的可行性研究报告，拟订修建原则，制订设计方案，计算主要工程量，编制初步设计文件和工程概算，提供相应的文字说明及图表资料。

技术设计根据批准的初步设计和补充定测资料，对重大、复杂的技术问题做进一步的勘探和论证，解决初步设计中尚未解决的问题，落实技术方案，计算工程数量，提出修正的施工方案，编制修正概算。

施工图设计根据批准的技术设计文件，对建设项目做更深入细致的设计，最终确定工程量，提供文字说明即图表相关资料，编制施工图预算。施工图设计是最全面、最详尽的设计，也是工程项目的最终设计。

设计概算是编制建设项目投资计划、确定和控制建设项目投资的依据。设计概算一经批准，即作为投资的最高限额。竣工结算不能突破施工图预算，施工图预算不能突破概算。如果由于设计变更等原因建设费用超过概算，必须重新审查批准。

4. 列入国家基本建设计划

当初步设计和概算经上报批准后，才能列入国家基本建设年度计划。国家发展和改革委员会（简称国家发改委）负责国家年度基本建设计划的综合平衡工作，建设单位根据国家发改委颁发的计划控制数值，按照批准的可行性研究报告和设计文件编制本单位的年度基本建设计划，报经批准后，再编制物资、劳动、财务计划。

年度计划经批准后，建设单位根据工程具体情况对该年度内应完成的建设规模、工程量、工作量等做出具体安排，并通过招投标或其他方式确定施工单位。

5. 监理招标

监理招标是指招标人（业主）将拟委托服务工作的内容、范围、要求等有关资料作为标的，公开或非公开地邀请投标人报出完成服务的技术方案和财务方案，从而择优选定监理单位的过程。选择监理单位是基于对监理单位能力的选择,选择监理单位以管理水平、技术水平和社会信誉为首要条件。监理招标在时间上优先于施工招标,其目的是监理单位确定后可以协助业主选择施工单位,也有利于监理单位开展监理工作。

6. 施工招标投标

招标投标制是一项完整的制度,是由以招标人(业主、建设单位)为主体的招标发包方和以投标人(承包人、承建单位)为主体的投标承包方两方面组成的。招标与投标构成以工程为标的物的买卖双方相互依存不可分割的两个方面。

施工招标是指招标人依照法定程序,以公开招标或邀请招标方式鼓励潜在投标人依据招标文件参与竞争,通过评定,从中择优选定中标人的一种经济活动。

施工投标是施工招标的对称概念,是指具有合法资格和能力的投标人根据招标条件在指定限期内填写标书,提出报价,并等候开标,决定能否中标的经济活动。

投标是投标人对招标的响应,通过竞争获得工程任务的过程,是施工企业在竞争中承接工程任务的一种手段。投标不仅是施工企业之间的投标报价的竞争,也是企业之间比实力、比信誉、比技术、比水平、比应变能力的竞争。

7. 施工准备

根据公路建设的分工,建设单位、设计单位、施工单位应积极做好施工前的各项准备工作。

(1)建设单位:办理登记及征地拆迁的各项工作,做好沿线有关单位和部门的协调工作,抓紧配套工程项目的落实,组织相关技术资料、材料、设备的供应工作。

(2)设计单位:按时提供完整、详细的设计文件及资料,做好图纸会审及移交工作。

(3)施工单位:组织人员、材料、机械设备陆续进场,恢复定线,修筑便道及生产生活等设施,做好"三通一平"(通水、通路、通电、平整场地),熟悉合同文件及图纸的要求,编制施工组织设计和施工预算,提出开工报告。

8. 组织施工

施工单位应按照合同文件、设计文件及施工规范的要求合理进行施工,确保工程质量、尽可能缩短工期,降低工程成本,做到安全施工、文明施工,并做好相关施工资料的整理工作,建立工程档案。监理单位受业主委托,对工程质量、进度、费用、安全、环保等方面实施全方位的监督管理,确保工程建设的顺利进行。

9. 交工、竣工验收

公路工程交工、竣工验收是基本建设全过程的最后一个程序,是一项十分细致而又严肃的工作。交通部在2004年10月发布实施了《公路工程竣(交)工验收办法》,交通运输部在2010年下发了《关于印发公路工程竣交工验收办法实施细则的通知》。这两个文件对验收的依据、验收的内容、验收的组织、验收的质量评定等都做了详细的说明。

10. 运营阶段

当工程经过验收合格,符合设计要求后,移交生产部门使用,并办理固定资产交付使用的转账手续。对于遗留问题,由验收委员会确定具体处理办法,报有关部门批准,交有关单位执行。

第二节 公路工程施工招投标

实行招标投标制是我国公路建设市场趋向法治化、规范化、完善化的重要举措,对于择优选择承包单位,全面降低工程造价,进而使工程造价得到合理有效的控制,具有十分重要的意义。

建设项目招标投标活动内容很多,包括建设项目招标的范围、招标的种类和方式、招标的程序、招标投标文件的编制、标底的编制、投标报价以及开标、评标、定标等。所有这些环节均应按照国家的法律、法规规定执行。

一、施工招标

1. 施工招标的范围

《中华人民共和国招标投标法》指出,凡在我国境内进行下列工程建设项目,包括项目的勘察、设计、施工、监理以及与工程建设有关的重要设备、材料等的采购,必须进行招标:

(1)大型基础设施、公用事业等关系社会公共利益、公共安全的项目;
(2)全部或者部分使用国有资金投资或国家融资的项目;
(3)使用国际组织或者外国政府贷款、援助资金的项目。

《必须招标的工程项目规定》根据以上第(1)条至第(3)条规定范围内的各类工程建设项目,包括项目的勘察、设计、施工、监理以及与工程建设有关的重要设备、材料等的采购,达到下列标准之一的,必须进行招标:

①施工单项合同估算价在400万元人民币以上;
②重要设备、材料等货物的采购,单项合同估算价在200万元人民币以上;
③勘察、设计、监理等服务的采购,单项合同估算价在100万元人民币以上。

只有不属于法律规定必须招标的项目,比如涉及国家安全、国家秘密、抢险救灾、利用扶贫资金以工代赈,以及低于国家规定必须招标标准的小型工程或投标单位较少的改建工程,可采用议标或直接委托的方式。

2. 招标的方式

《中华人民共和国招标投标法》规定,招标分公开招标和邀请招标两种方式。

1)公开招标

公开招标是指招标人在公共媒体上发布招标公告,提出招标项目和要求,符合条件的一切法人或组织都可以参加投标,具有同等的竞争机会。按规定应该招标的工程项目应采用公开招标的方式。

公开招标的优点是选择投标人的范围大,可以择优选择投标人。但公开招标的工作量比较大,时间比较长,费用相对高,且有可能因资格预审把关不严导致鱼目混珠的现象出现。

如果采用公开招标的方式,招标人不得以不合理的条件限制或排斥潜在的投标人。

2)邀请招标

邀请招标就是招标人事先经过考察和筛选,将投标邀请书发给某些特定的法人或者组织,邀请其参加投标。

如果采用邀请招标方式,应当向三个以上具有承担项目的能力、资信良好的特定法人或者组织发出投标邀请书。

为了保护公共利益,避免邀请招标方式被滥用,各个国家和世界银行等国际金融组织都有相应的规定:按规定应该招标的项目,一般应采用公开招标,如果要采用邀请招标,需经过批准。我国对于可以进行邀请招标的项目有明确规定。

如果招标人有编制招标文件和组织评标的能力,可以自行办理招标事宜,否则,必须委托具有相应资质的招标代理机构办理招标事宜。

3. 施工招标具备的条件

根据相关规定,公路工程项目在施工招标前应具备以下条件:
(1)初步设计和概算文件已经审批。
(2)工程已正式列入国家或地方公路建设计划,业主已办理项目报建手续。
(3)建设资金已经落实。
(4)征地拆迁工作已基本完成或落实,能保证分年度连续施工。
(5)施工图设计已完成或能满足编制招标文件的需要,并能满足工程开工后连续施工的要求。
(6)施工招标文件已经编制并通过审查,监理单位已经选定。

4. 施工招标的程序

以下是公开招标的程序,邀请招标可参照执行。

1)发布招标公告

发布招标公告就是让潜在投标人获得招标信息,以便决定是否参加。招标公告应当在国家指定的报刊和信息网络上发布。其内容一般包括:招标单位名称;建设资金来源;工程项目概况和本次招标工作范围的简要介绍;购买资格预审文件的地点、时间、价格等。

2)资格预审

资格预审就是在投标前对潜在投标人进行的资格审查,目的是排除不合格的投标人。招标人应当向资格预审合格的潜在投标人发出资格预审合格通知书,并向资格预审不合格的潜在投标人告知预审结果。资格预审不通过者不得参加投标。

3)招标文件

招标文件由招标人或其委托的招标代理机构编制。招标文件应当包括项目的技术要求、对投标人资格审查的标准、投标报价要求和评标标准等实质性要求和条件。

4)现场踏勘

招标人在投标须知规定的时间组织投标人进行现场踏勘。设置此程序的目的:一是让投标人了解现场的实际情况,便于编制标书;二是要求投标人通过现场考察确定投标的原则和策略,避免合同履行过程中投标人以不了解现场为由推卸应承担的合同责任。

5)召开标前预备会

标前预备会是招标人在规定的时间和地点召开的会议。在标前会议上,招标人除了介绍工程概况外,还要对投标人提出的问题给予解答。招标人对所有问题的解答,必须发送给每一位投标人以保证招标的公开公平。

6) 开标

开标应当在招标文件确定的投标文件截止时间的同一时间公开进行。开标由招标人主持,邀请所有投标人参加。开标时,首先检查投标文件的密封情况,经确认无误后当众拆封,宣读投标人名称、投标价格和投标的其他主要内容。开标过程应记录,并存档备查。对于逾期送达或未送达指定的地点、未按招标文件要求密封的投标文件视为废标。

7) 评标

评标由招标人依法组建的评标委员会负责。评标委员会由招标人的代表以及技术、经济等方面的专家组成,成员人数为五人以上的单数,其中招标人以外的专家不得少于成员人数的 2/3,专家人选来自国务院有关部门或省、自治区、直辖市政府有关部门提供的专家名册,并以随机抽取的方式确定。

评标应在严格保密的情况下进行,任何单位或者个人不得非法干预、影响评标的过程和结果。评标委员会应按照招标文件确定的评标标准和方法对投标文件进行评审。

评标委员会完成评标工作后,要向招标人提供一份中标候选人名单,中标候选人应限定在 1~3 人,并标明排列顺序。在一般情况下,排名第一的中标候选人为中标人。中标人确定后,招标人应当向中标人发出中标通知书,同时将中标结果通知所有未中标的投标人。

8) 签订合同

招标人和中标人应当在中标通知书发出 30 日内按照招标文件和中标人的投标文件订立书面合同,招标人和中标人不得再行订立背离合同实质性内容的其他协议。若招标文件要求提交履约保证金,中标人应当提交,拒绝提交视为放弃中标。招标人和中标人签订合同后 5 个工作日内应当将投标保证金退还给未中标的投标人。

二、施工投标

1. 投标程序

1) 研究招标文件

投标人取得投标资格并获得招标文件后组织相关人员仔细研究招标文件,充分了解其内容和要求,有针对性地安排投标工作。

研究招标文件重点放在投标者须知、合同条款、设计文件、工程范围、工程量清单上,还要研究技术规范的要求,看是否有特殊要求。

2) 调查研究、搜集信息资料

投标人在研究招标文件的同时,还需要对与工程有关的自然、经济、社会等情况进行调查研究。具体包括以下内容:

(1) 政治和法律方面。投标人首先应当了解与工程项目实施有关的法律、法规,也应当了解与项目有关的政治形势、国家政策等。

(2) 自然条件。自然条件包括工程所在地的地理位置和地形、地貌、气象状况及其他自然灾害状况等。

(3) 市场状况。市场情况主要包括:建筑材料、施工机械设备、燃料、动力、水和生活用品的供应情况、价格水平等。

(4)工程项目方面的情况。工程项目方面的情况包括施工场地的地形、地质、地下水位、交通运输、供水、供电、通信条件等情况。

(5)业主情况。包括业主和监理工程师的情况,特别是业主的项目资金落实情况。

(6)竞争对手情况。掌握竞争对手的情况,是投标策略中的一个重要环节,也是投标人参加投标能否获胜的重要因素。投标人在制订投标策略时必须考虑到竞争对手的情况。参加现场踏勘和标前会可以获得更充分的信息。

3)复核工程量

尽管投标人提供了工程量清单,投标人还需要对工程量进行复核,这直接关系到投标报价及中标的机会。当发现工程量相差较大时,应向招标人提出并要求澄清。此外,还要结合招标文件中的技术规范弄清工程量中每一细目的具体内容,避免出现在计量单位、工程量或价格等方面的错误和遗漏。

4)制订施工方案

制订施工方案是投标报价的前提,有什么样的施工方案就有什么样的资源消耗,就有什么样的报价。

施工方案主要应考虑施工方法、机械设备的配置、劳动力的安排及现场施工人员的平衡、施工进度的安排、施工安全措施等。施工方案的制订应在技术和工期方面对招标人有吸引力,同时又有利于降低成本。

5)投标报价计算

投标报价计算是投标人对招标工程所发生的各种费用的计算。计算时,必须对工程量进行复核或计算。作为投标的必要条件,应预先确定施工方案和施工进度。此外,投标报价计算还应与采用的合同计价形式相协调。

6)正式投标

投标人完成标书的填报后,就可以向招标人提交投标文件。投标时应注意以下几个方面的问题:

(1)在规定的投标截止日期前递交标书。投标人在投标截止日期前递交的标书是有效的,超过该日期为无效标。

(2)确保投标文件的完备性。投标文件应当对招标文件提出的实质性要求和条件做出响应。投标不完备或投标没有达到招标人的要求,在招标范围以外提出新的要求,均视为对招标文件的否定,不会被招标人所接受。

(3)注意投标书的标准。标书的提交有固定的要求,标书要密封,要有单位盖章及法定代表人或法定代表人授权的代理人的签字或盖章。

(4)递交投标担保。需要递交投标担保的应当提交。投标担保可以提交投标保证金,也可以提交由银行或担保公司出具的投标保函或投标保证书。如果投标人在投标有效期内撤销标书或者投标人中标后未能按规定签订合同或递交履约保函,投标保证金将被没收或要求银行或担保公司支付投标保证金。

2. 投标策略

正确的投标策略对提高中标率并获得较高的利润有重要作用。常用的策略有如下4种:

1)获得较大利润策略

企业近期施工项目饱和,企业自身技术力量、管理水平、施工能力比较高,项目本身的施工难度大,竞争对手少,此种情况可提高投标报价以获得较大利润。

2）保本或微利策略

企业近期业务不饱和,或预测未来工程项目较少,此时以保本微利为主多抓几个项目。

3）最大限度低报价策略

有些企业为了打入新的市场,在第一次投标时往往采用低报价、保本价、无利润价进行投标,中标后,通过提高工程质量,缩短工期,创立信誉,取得立足之地,通过获得提前竣工奖和优质工程等奖励来增加利润。

4）超常规低报价策略

当企业面临生存危机或竞争对手较强,或为解决企业的窝工问题,投标人报出超常规的低标。一旦中标,企业通过采用合理的施工方法,采取新技术、新工艺来完成此项目,力争少亏或者不亏。

第三节　公路工程施工程序及现场管理

一、公路工程施工程序

施工程序是指施工单位从接受施工任务到工程竣工验收阶段必须遵守的工作顺序。

1. 签订施工合同

目前,施工单位主要通过投标来获取施工任务。施工企业通过投标,中标后和建设单位签订施工合同,合同一经签订,即具有法律效力,双方要严格履行合同。

施工合同示范文本一般由协议书、通用条款、专用条款组成。此外,作为构成施工合同文件的组成部分,一般还包括中标通知书,投标书及其附件,有关的标准、规范及技术文件,图纸,工程量清单等。

施工合同示范文本的内容一般包括:

(1) 词语定义与解释;

(2) 合同的一般权利和义务,包括代表业主利益进行监督管理的监理人员的权利和职责;

(3) 工程施工的进度控制;

(4) 工程施工的质量控制;

(5) 工程施工的费用控制;

(6) 施工合同的监督与管理;

(7) 工程施工的信息管理;

(8) 工程施工的组织与协调;

(9) 施工安全管理与风险管理等。

2. 施工准备工作

施工单位和建设单位签订施工合同后,就要着手进行施工前的各项准备工作。具体内容归纳如下:

1）技术准备

（1）核对设计文件、补充调查资料。组织有关人员熟悉、了解设计文件、图纸和有关资料，明确设计者的设计意图，熟悉施工图纸的细部构造，掌握各种原始资料。此外，为编制实施性施工组织设计，还要对现场进行调查。内容包括：

①设计图纸和资料相互之间是否有错误和矛盾之处；

②掌握设计内容、设计规模、结构特点和形式；

③水文、地质、气象、岩土等资料是否准确、可靠、齐全；

④核对基准点、基准线等是否准确无误，重要构造物的位置、尺寸大小、孔径等是否恰当，能否采用先进的技术或使用新型材料；

⑤路线或构造物与农田、水利、铁路、电信、管道、公路、航道，及其他建筑物是否有干扰情况及解决办法；

⑥对地质不良地段采取的处理措施，对水土流失、环境影响的处理措施；

⑦施工方法、料场分布、运输方式等是否符合实际情况；

⑧临时房屋、便道、便桥、电力、通信、供水、供电等场地布置是否恰当；

⑨当地的民俗、生活习惯等。

（2）编制实施性施工组织设计。每一条公路都有其自身特点，工程所在的地理位置不尽相同，对项目自身的要求也不一样。因此，施工企业应根据自身的情况，结合工程项目的要求及工程现场的实际情况制订施工方案和施工组织方法，制订人、料、机的供应计划，合理安排施工进度，制订切实可行的施工组织设计，并编制施工预算以控制施工成本。

（3）组织先遣人员进场，做好后勤准备工作。在大批施工人员进场之前，施工企业应派先遣人员进场，具体落实施工队伍进场后在生产、生活方面必须解决的问题，并且要积极与当地政府取得联系，为施工创造一个良好的条件。

2）施工现场准备

施工现场准备应根据设计文件和实施性施工组织设计测出占地和征用土地的范围；做好房屋拆迁、平整场地、"三通"工作；修建临时设施、便道、便桥；做好预制件厂、料场的布置；做好人员、机械、材料的进场。待上述各项准备工作就绪后，即可向业主或监理工程师提出开工申请，申请获批后方可组织施工。

3. 组织施工

开工报告被批准后，即可进行正式施工。施工时要按照施工组织设计确定的施工顺序、施工方法以及进度要求，科学合理地组织施工。

施工时，每道工序施工完成后，先自检，然后报监理检验，监理工程师检验合格后方可进行下道工序。每道工序要严格按照合同文件的要求和施工规范的要求进行施工，保证质量，不留隐患，不留"尾巴"，发现问题及时解决。

施工必须精心、科学、合理组织，要综合考虑施工过程的五个要素（人、料、机、法、环），建立正常、文明的施工秩序，采用的施工方法要先进合理、切实可行，确保工程质量和工程进度，做到文明施工、安全施工，同时要注意保护生态环境，优质、高效、低耗地完成施工任务。

4. 交、竣工验收

公路工程验收分为交工验收和竣工验收两个阶段，未经验收或者验收不合格的不得交付使用。

1）交工验收

交工验收是检查施工合同的执行情况，评价工程质量是否符合技术标准及设计要求，是否可以移交下一阶段施工或是否满足通车要求，对各参建单位工作进行初步评价。

公路工程各合同段符合交工验收条件后，经监理工程师同意，由施工单位向项目法人提出申请。项目法人负责组织公路工程各合同段的设计、监理、施工等单位参加交工验收。拟交付使用的工程应邀请运营、养护管理单位参加。

公路工程各合同段验收合格后，项目法人应按交通运输部规定的要求及时完成项目交工验收报告，并向交通主管部门备案。

公路工程各合同段验收合格后，质量监督机构应向交通主管部门提交项目的检测报告。交通主管部门在15日内未对备案的项目交工验收报告提出异议，项目法人可开放交通进入试运营期。试运营期不得超过3年。对于交工验收提出的工程质量缺陷等遗留问题，由施工单位限期完成。

2）竣工验收

竣工验收综合评价工程建设成果，对工程质量、参建单位和建设项目进行综合评价。

公路工程符合竣工验收条件后，项目法人应按照项目管理权限及时向交通主管部门申请验收。交通主管部门应当自收到申请之日起30日内对申请人递交的材料进行审查；对于不符合竣工验收条件的，应当及时退回并告知理由；对于符合验收条件的，应自收到申请文件之日起3个月内组织竣工验收。

竣工验收应成立竣工验收委员会。竣工验收委员会由交通主管部门、公路管理机构、质量监督机构、造价管理机构等单位代表组成。大中型项目及技术复杂工程应邀请有关专家参加。国防公路应邀请军队代表参加。项目法人、设计单位、监理单位、施工单位、接管养护等单位参加竣工验收工作。竣工验收委员会按交通运输部规定的办法对参建单位的工作进行综合评价。负责组织竣工验收的交通主管部门对通过验收的建设项目按交通运输部规定的要求签发"公路工程竣工验收鉴定书"。通过竣工验收的工程由质量监督机构依据竣工验收结论按照交通运输部规定的格式对各参建单位签发工作综合评价等级证书。

二、公路工程现场管理

一条公路工程项目的建设涉及建设单位、施工单位、监理单位、设计单位等行为主体。在施工阶段，施工现场的管理主要涉及建设单位、施工单位和监理单位。虽然这三方施工管理的内容不尽一致，但各方的管理目标基本是一致的，都是确保工程建设的目标最合理地实现。

1. 建设单位的现场管理

建设单位：有时也叫作业主，或项目法人，是指某项工程项目的投资者或资金的筹集者，在项目的前期和实施阶段对工程项目的质量、进度、费用等重大问题有决策权的组织。业主一般是项目的产权所有人，与工程建设有着利害关系，在工程建设中拥有确定工程规模、标准、功能，以及选择施工单位、监理单位等重大问题的决策权。

在施工阶段，业主主要负责征地拆迁、筹措资金、保证按时支付工程进度款及监理费用，与地方政府和当地居民进行协调，确保施工单位有一个良好的施工环境，并对整个项目的质量、进度、费用等进行监控，确保按计划运行。

由于项目实施的一次性,使得业主自行管理工程项目有一定的局限性。首先,在技术和管理方面缺乏相应的配套能力;其次,即使配备了健全的项目管理机构,如果没有持续的项目管理任务也是不经济的。为此,业主委托监理单位对工程实施连续的、不间断的监督管理。

2. 监理单位的现场管理

监理单位:是指取得法人资格,并取得监理资质证书,依法从事监理业务的经济组织。

监理单位的现场管理是通过监理单位委派项目监理机构来实现的。

监理单位受业主委托,综合运用技术、经济、合同、法律等手段,对工程建设合同有关各方行为及其职责权利进行必要的协调与约束,对工程施工质量、进度、费用、安全、环保等方面实施有效的监督管理。

监理单位对施工项目的监督管理权利来自于业主的委托与授权,这种权利在业主和监理单位签订的监理合同中体现。监理的权利主要包括技术上的核定权、质量否决权、计量支付权和组织协调权。监理工程师通过业主的授权,特别是计量支付权,对工程项目实施有效的控制,以保证工程建设目标的实现。

3. 施工单位的现场管理

施工单位:有时也叫承建单位、承包商、承包人,是指通过投标或其他方式获得某项工程的施工权、材料设备的制造及供应权,并和业主签订合同,承担质量、进度、费用、安全、环保等责任的经济组织。

施工单位的现场管理是通过施工单位委派的项目经理部来实现的,项目经理主持项目经理部的工作。项目经理必须由取得建造师注册证书的人员来担任,项目经理在工程项目施工中处于中心地位,对施工承担全面管理的责任。

项目经理及其领导下的项目经理部现场管理人员,利用有限的资源,充分调动各方的积极性,通过人、料、机等资源的均衡合理使用,工程进度的不断优化,施工现场的合理布局,采用先进的公共工艺、施工方法,利用现代化的管理手段,降低工程造价,提高经济效益,打造出一流的工程。

第四节　公路施工组织研究的对象及任务

公路工程的施工要投入大量的人力、物力和财力,随着各种资源的不断投入,逐步形成工程实体。这就涉及人工、材料、机械设备、资金等资源什么时候投入,如何投入的问题。公路施工组织就是从"人、料、机、法、环"这五个要素出发,进行统一合理的安排,优化资源配置,在一定的时间和空间内实现有组织、有计划的均衡施工,进而达到工期短、质量高、成本低的目的。

公路施工组织的任务具体表现在以下几个方面:

(1)确定开工前必须完成的各项准备工作,如核对设计文件、补充调查资料、先遣人员进场等;

(2)计算工程数量、合理部署施工力量,确定劳动力、机械台班、各种材料和构配件等的需要量和供应方案;

(3) 确定施工方案,选择施工机具;
(4) 安排施工顺序,编制施工进度计划;
(5) 规划施工平面图,完成对料场、仓库、拌和场、预制场、生活区、办公室等的平面布置;
(6) 制订确保工程质量及安全生产的有效技术措施。

把上述问题汇总、综合就形成了指导施工的技术经济文件,即施工组织设计。施工单位根据施工组织设计进行施工活动,合理安排施工顺序,合理进行劳动力、机械设备等资源配置,控制工程质量,控制工程进度,控制工程成本,使工程有条不紊地进行。

【思考题】

1. 公路工程基本建设工程由哪几部分组成?
2. 简述公路工程基本建设程序。
3. 施工招标的程序包括哪几个方面?
4. 评标委员会的人员构成有什么规定?
5. 施工单位在施工前要做的准备工作有哪些?
6. 施工组织的任务包括哪些方面?

第二章
施工组织原则及施工作业方式

【学习要求】

熟悉施工过程组织的原则及内容;掌握公路工程施工作业方式;重点掌握流水施工组织的特点、参数、类型及总工期的计算。

第一节 施工过程组织内容及原则

施工过程就是生产工程产品的过程,它是由一系列的施工活动组成的。公路施工过程组织是研究如何在施工生产过程中,以科学有效的方式来生产产品,要实现生产周期短,占用资金少,生产效率高,并保证产品质量好、成本低。因此,施工过程组织是公路工程施工组织设计和施工管理的重要内容。

一、施工过程组织的内容

公路工程项目的施工过程组织包括空间组织、时间组织和资源组织。

1. 空间组织

施工过程的空间组织有两方面问题。第一,是施工项目各种生产、生活、运输、行政办公等设施的空间布置问题,即施工平面图设计。第二,是施工作业队伍在空间(主要是具体工程施工平面空间)的布置问题。施工作业队伍的布置也是施工组织机构设置的内容,既要考虑技术因素,也要考虑组织因素。

2. 时间组织

进行施工过程时间组织的目的,就是要求在时间上,使各施工队伍之间按设计的施工顺序紧密衔接,在符合工艺要求、充分利用工时和设备的条件下,尽量缩短生产周期。所以,时间组织主要解决工程项目的施工作业方式以及施工作业单位的排序和衔接问题,这也是本章的重点内容。

3. 资源组织

施工过程的资源组织也即资源计划,包括资源需要量计划与资源供应计划。工程施工项目的资源需要量计划,是在确定了施工方案及施工进度计划的基础上编制的,应满足施工方案、施工进度对资源的要求。

二、施工过程的组织原则

影响施工过程组织的因素很多,如施工性质、施工类型、机械设备条件、施工规模大小、自然条件等,使施工过程的组织难度加大,因此,科学合理地组织施工过程尤为重要。为了降低工程成本,缩短施工工期,保证工程质量,应遵守以下基本原则:

1. 施工过程的连续性

施工过程的连续性是指施工的各阶段、各工序在时间上是紧密衔接的,不发生各种不合理的中断现象。即在施工中劳动对象始终处于被加工或检验状态,或者处于自然过程中,劳动者不出现停顿的窝工现象。保持和提高施工过程的连续性,可以避免不必要的等待和窝工,提高劳动生产率;缩短建设周期、节省流动资金,具有很大的经济意义。施工过程的连续性同施工技术水平有关,机械化和自动化水平高就容易实现施工的连续性。

2. 施工过程的协调性

施工过程的协调性,也称为比例性。它是指施工各阶段、各工序之间在施工能力上要保持一定的比例,各施工环节的劳动力、生产效率、设备数量等都必须互相协调,不发生脱节和比例失调现象。协调性是保证施工顺利进行的前提,使施工过程中人力和设备得到充分利用,避免了施工中的停顿和等待,从而缩短施工周期。因此,施工过程的协调性是施工过程连续性的物质基础,没有协调性就很难保证连续性。

3. 施工过程的均衡性

施工过程的均衡性,也叫作节奏性。它是指施工过程的各个环节,都要按照施工计划的要求,在一定时间内完成相等数量的产品(工作量),或产品(工作量)数量的变化率相同。即单位时间的产量趋于相同或产量递增(减)量趋于相同。使各施工班组或设备的施工负荷保持相对稳定,不发生时紧时松或前松后紧现象。均衡生产能充分利用设备和工时,避免突击赶工造成的各种损失;有利于保证生产质量、降低成本;有利于资源的调配,使资源的使用也趋于均衡。

4. 施工过程的经济性

施工过程的经济性是指施工过程组织除应满足技术要求外,还必须追求经济效益,要用最小的施工投入得到尽可能大的施工产出。施工组织的根本目的就是在不影响工程质量和进度的前提下，尽可能降低工程造价。所以，连续性、协调性、均衡性这三项原则最终都要通过经济性来反映，以是否经济可靠作为衡量标准。

上述合理组织施工过程的四个原则是相互制约、相互关联、互为条件的。在进行施工组织时，必须综合考虑。施工组织过程中做好连续性、协调性和均衡性，施工过程的经济性自然就能保证。

第二节　公路工程施工作业方式

一、工程项目施工作业方式

在公路施工中，施工队（班组）对施工对象的施工作业方式一般可分为顺序作业法、平行作业法和流水作业法三种基本施工方式，也称作业方式或组织方式。

1. 顺序作业法

当有若干个施工任务时，在完成一个任务后，接着再去完成另一个任务，依次按顺序进行，直至完成全部任务的施工作业方式。

顺序作业法的特点是：没有充分利用工作面进行施工，工期长；每天投入施工的劳动力、材料和机具的种类比较少，有利于资源供应的组织；施工现场的组织管理比较简单；不需要专业分工协作。

2. 平行作业法

当有若干个施工任务时，各个施工任务同时开工、平行生产的一种施工作业方式。这种方法的实质是使用增加资源的方法来达到缩短工期的目的，一般适用于需要突击性施工的工程项目。

平行作业法的特点是：充分利用了工作面进行施工，工期短；每天同时投入施工的劳动力、材料和机具的数量较大，影响资源供应的组织工作；如果各工作面之间需共用某种资源时施工现场的组织管理比较复杂、协调工作量大；不需要专业分工协作。

3. 流水作业法

当有若干个施工任务时，各个施工任务相隔一定时间依次进行施工生产，相同的工序依次进行，不同的工序平行进行的一种施工作业方式。

流水作业法是比较先进的一种施工作业方法，借用工业流水生产的概念，以施工专业化为基础，将不同工程对象的同一施工工序交给专业施工队（组）执行，各专业队（组）在统一计划安排下，依次在各个作业面上完成指定的操作。前一操作结束后转移至另一作业面，执行同样操作，后一操作则由其他专业队继续执行。各专业队按大致相同的时间（流水节拍）和速度（流水速度），协调而紧凑地相继完成全部施工任务。流水作业符合工艺流程，组织紧凑，有利于专业化施工。

流水作业法的特点是：实现了专业化生产，有利于提高劳动生产率，保证工程质量；专业施工队能够连续作业，相邻工作队的开工时间能最大限度地搭接；尽可能地利用工作面进行施工,工期较短;每天投入的资源量较为均衡,有利于资源供应的组织;需要较强的组织管理;满足施工过程的组织原则。

这种方法可以充分利用工作面,有效地缩短工期,一般适用于工序繁多、工程量大而又集中的大型建筑物的施工,如大型桥梁、立交桥、隧道等工程的施工组织。

为了便于进一步说明这三种施工作业方式的组织方法和特点,现举例如下:

[例2-1] 拟修建跨径6m的同类型钢筋混凝土矩形板桥m座(设$m=4$),比较范围仅限于施工期限和劳动力数量之间的相互关系,故假定4座桥的同一工序工作量相等,每座小桥都分4道工序,即$n=4$。还假定施工班组按完全相同的条件组成,因而在每座桥上每一工序所需的工作日数亦固定不变,即$t_i=4d$,则一座桥完成的时间:$t=nt_i=4\times4=16(d)$。

由施工进度图2-1可以看出,顺序作业法是4座桥按先后顺序进行施工,后一座桥的施工必须待前座桥全部竣工后才能进行。施工总期限$T=mt=4\times16=64(d)$。同时投入施工的劳动力(或其他资源)较少,最多12人,最少3人。

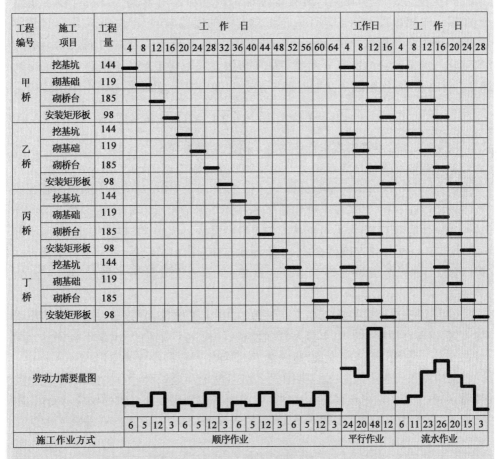

图2-1 工程进度横道图

平行作业法是4座桥同时开工,同时竣工,配以4组相等的劳动力。虽然施工

总期限缩短为只有 $T=t=16\mathrm{d}$，但所需劳动力（资源数）却按施工对象 m 的倍数增加，最多 18 人，最少 12 人。

流水作业与上述两种方法不同，其特点是将相同性质的项目或操作过程，由一个专业施工队（组）按一定顺序连续在不同空间来完成。将上例各座桥的全部施工操作内容分 4 个独立的项目：挖基坑、砌基础、砌桥台、安装矩形板，分别交由 4 个专业班组施工，此时专业班组按规定的先后顺序（流水方向）进入各桥。由图 2-1 知，本例中挖基坑专业班组由 6 人组成，最先在甲桥施工，再依次交乙、丙、丁三座桥施工，直到全部完成，共占用 16 个工作日。砌基础专业班组要等甲桥完成挖基坑任务后才能进入甲桥施工，并依次投入乙、丙、丁三座桥，每班 5 人同样也占用 16 个工作日。砌基础班组比挖基坑班组推迟 4 天开工，其他两个班组依次比前一班组推迟 4 天开工，以后在甲、乙、丙、丁 4 座桥上连续施工。

在流水作业法中，劳动力的总需要量是随着各专业班组先后投入施工而逐渐增加，当全部班组投入后就保持稳定（本例为 26 人），直到第一个施工对象（甲桥）完成后才逐渐减少。虽然每一施工班组均占用 16 个工作日，但由于是一个接一个相继投入施工，所以，施工总期限的前段时间，即由正式开工起至所有施工班组全部投入为止，这段时间间隔称为流水作业的开展时间，用 t_0 表示，显然它与专业班组的数目 n 和每一施工班组在一个施工对象上执行同一工序的时间 t_i 有关。而总期限 T 又同时与开展时间和施工对象的数目有关，表示如下：

$$T = t_0 + m t_i = t_i(n-1) + m \cdot t_i = (m+n-1) \cdot t_i \qquad (2\text{-}1)$$

由上式可知，本例用流水作业法施工时总期限为 28d。

上面三种方法各具特点。对于同一项工程的施工，采用顺序作业法需要 64 个工作日，工期较长，劳动力需要量较少，但周期性起伏不定，对劳动力的调配管理以及临时性设施不利，尤其在工种和技工的使用上形成极大的不合理。在本例中为减少间隔性的窝工，当然不可能按 4 个项目所需的总人数（26 人）来使用，但是即使只配 12 人，也仅是在砌桥台的 4d 才得到充分利用，共余 12d 中至少有半数人在等待施工，并且造成技工普工不分的现象，从而大大降低了工效和导致劳动力浪费。

采用平行作业法时，施工总工期缩短为 16 个工作日，但劳动力需要量相应增加 4 倍，这样在短期内集中 4 套人力和设备，往往是不可能的，也是不合理的。同时人力上突然出现高峰现象，造成窝工，增加生活福利设施的支出。

采用流水作业法施工，总工期比平行作业法有所延长，但劳动力得到了充分的利用，在整个施工期内显得均衡一致。如果再考虑到机具和材料的供应与使用，附属企业生产的稳定，以及工程质量、工效的提高等因素，则流水作业法施工的优点更为明显。

上例是假定施工条件、技术配备、工程数量完全相同的条件下，仅就施工期限和劳动力需要量进行比较。

> 这是为什么呢?
> 因为任何工程,在工程量和操作方法确定后,施工组织的任务就是解决工期和资源(包括人力、机具和材料等)需要量之间的相互关系。本例中三种方法的结构虽不同,但期限与人数的乘积(即工作量)的数值均为416工日。

4.作业方式选择的原则

在选择作业方式时应满足以下要求:
(1)满足工期的要求;
(2)满足设计要求;
(3)切实可行,经济合理;
(4)保证施工的正常秩序;
(5)充分发挥投入资源的作用。

二、施工作业方式的综合运用

顺序作业法、平行作业法、流水作业法在生产过程中不仅可以单独运用,而且可以根据具体条件,将三种基本作业方式加以综合运用,从而出现平行流水作业法、平行顺序作业法及立体交叉平行流水作业法。这些施工过程时间组织的综合形式,一般均能取得较明显的经济效果。

1.平行流水作业法

在平行作业法的基础上,按照流水作业法的原则组织施工,以达到适当缩短工期,且使劳动力、材料、机具需要量保持均衡的目的。如一个项目划分成若干个施工段,每个施工段同时开工,而每工序流水作业。

2.顺序平行作业法

这种方法的实质是用增加施工力量的方法来达到缩短工期的目的。它使顺序作业法和平行作业法的缺点更加突出,故仅适用于突击性施工作业。

3.立体交叉平行流水作业法

建筑产品形体庞大,有时选择流水作业,按照其原理组织施工受到一定的限制,但可以按照流水作业组织的思路,在平行流水的基础上,采用上、下、左、右全面施工的立体交叉平行流水作业法。在这一作业组织方式中应进行组织搭接作业,搭接作业即前后相邻的工序组合成工程搭接,需要确定相关并相邻工序的搭接时间,也即紧后工序提前插入的时间间隔。这样可以组织单位工程之间、不同类型之间的搭接作业,充分利用时间和空间,达到它们之间时间上的先后顺序和空间上的并存,使施工有序进行,做到人工施工连续、工序施工连续、不同单位工程施工连续、不同类型施工连续,从而大大缩短施工工期。

立体交叉平行流水作业法可以充分利用工作面和有效地缩短工期,一般适用于工序繁多、工程特别集中的大型构造物的施工,如大桥、立体交叉、隧道等工程量大、工作面狭窄、工期短的情况。

[例2-2] 工程概况:某立交工程,包括一座103孔低高度后张法预应力钢筋混凝土桥,3座箱涵,以及大桥两端过渡路基的100m软基处理。主桥工程通过稻田地段,土地软而湿,施工场地狭窄,所有16m孔径低高度后张法预应力钢筋混凝土梁需要现场预制。桥梁基础为桩基,方桩在现场就地现浇。

1)工程内容
①路基及路基基底处理施工。
②3座箱涵施工。
③大桥主体施工,包括104个墩台的基础、墩台身。
④预制后张法16m低高度预应力钢筋混凝土梁204片。
⑤就地现浇钢筋混凝土方桩618根。

2)施工组织分析

经分析,确定在该工程项目中,预制后张法预应力钢筋混凝土梁是控制工期的重点工程,因为梁的预制场地窄小,一次只能生产6片梁,无存梁场地,生产后须马上运到现场。因此,首先确定架梁方案,再确定大桥的主体施工顺序。由于工期紧,必须采用不同工程流水作业,包括大桥主体流水作业线、3座箱涵流水作业线、大桥主体与预制梁和架梁组织搭接作业、路基软土处理与路基填筑组织搭接作业,从而使得立交工程形成了多条流水线立体交叉作业组织,在同一时间内有多项工程同时施工,施工现场呈现出井然有序的连续的施工,加速了施工进展,提前3d完成了施工任务。

第三节　流水施工组织

一、流水施工的特点

1. 流水施工的组织原则和步骤

(1)划分施工段:将拟建的工程对象,依据已选择的施工方案和工程结构特点、空间位置及施工工艺流程,按自然形成的因素或人为因素划分为劳动量大致相等的施工段;

(2)划分工序并建立专业班组:按施工对象的工艺过程及其施工的先后顺序,将施工段划分为若干道工序,每道工序按工艺原则建立专业班组;

(3)每个作业班组,按照施工顺序,沿着一定的方向,依次、连续地由一个施工段转入下一个施工段,不间断地完成同类作业;

(4)确定和计算流水作业参数;

(5)本施工段相邻工序之间或本工序相邻施工段之间,在满足工艺要求和自然需要的条件下,尽可能紧密衔接。

2. 流水施工的特点

流水施工法的特点是生产的连续性和均衡性,因此,可使各种物质资源均衡地使用,使建筑机构及其附属企业的生产能力充分地发挥,劳动力得到合理的安排和使用,从而带来了较好的经济效果。它主要表现在以下几个方面:

(1)减少了工作的时间间歇,避免施工期间劳动力的过分集中,从而减少临时设施工程量,节约基建投资;

(2)由于实现生产专业化,为提高工人的技术水平和进行技术革新创造有利条件,促进了劳动生产率和工程质量的不断提高;

(3)在采用流水施工方法时,单位时间内完成的工程数量,对于机械操作过程是按照主导机械的生产率来确定的;对于手工操作过程是以合理的劳动组织为依据确定的,因此,可以保证施工机械和劳动力得到合理和充分的利用;

(4)由于工期缩短,劳动生产率提高,劳动力和物质消耗均衡,可以降低工程间接费用;同时由于各种资源得到充分的利用,减少了各种不必要的损失,可以降低工程直接费用。

必须指出,流水施工法只是一种组织措施,它可以在施工中带来很好的经济效果,而不要求增加任何的额外费用,是实现施工管理科学化的重要组成内容。现代的公路建筑正沿着建筑工业化的道路发展,如建筑设计标准化,建筑结构装配化,构件生产工厂化,施工过程机械化,建筑机构专业化和施工管理科学化。这些方面是密切联系,互为条件的,既是实现公路建筑工业化必不可少的重要措施,也是公路施工企业实现工程质量好、工期短、成本低、效益高和安全施工的重要手段。

二、流水施工的主要参数

为了说明流水施工在时间和空间上的开展情况,须引入一些定量的描述,这些量称为流水参数。按参数性质不同,可以分为以下3类:

1. 工艺参数

1)施工过程数 n

根据具体情况,把一个综合的施工过程划分为若干具有独自工艺特点的个别施工过程,划分的数量 n 称为施工过程数(工序数)。由于每一个施工过程一般由专业班组承担,故施工班组(或队)数等于 n。

在施工过程分解过程中,工序具有相对性,即可粗可细,它可以是分部、分项工程,又可以是单位、单项工程,应视使用条件需要做不同处理。施工过程分解要粗细得当,没有必要分解得太细太多,给安排施工和编制执行计划增添麻烦,也不能分解得太少,以免计划过于笼统和专业队分担的工作过于庞杂,这样就不利于安排施工,也不利于提高工效和保证质量。

例如钻孔灌注桩基础施工,划分为:筑捣、埋护筒、搭平台、安装钻孔,下钢筋骨架,安装导管,水下混凝土灌注4道工序。这样的划分比较合适,如果再细分或再减少工序,都将给组织专业队及安排流水作业带来不利。

2)流水强度 V

流水强度又称流水能力、生产能力,每一施工过程在单位时间内所完成的工程量(如浇筑混凝土时,每工作班浇筑的混凝土的数量)叫流水强度。根据流水强度,可确定各施工段上相应工程量的流水节拍及所需施工机械设备台数及专业队伍工人的人数。

(1)机械施工过程的流水强度按下式计算:

$$V = \sum_{i=1}^{x} R_i \cdot C_i \quad (2\text{-}2)$$

式中:R_i——某种施工机械台数;

C_i——该种施工机械台班生产率(即台班产量定额);

x——用于同一施工过程的主导施工机械种数。

(2)手工操作过程的流水强度按下式计算:

$$V = R \cdot C \quad (2\text{-}3)$$

式中:R——每一工作队工人人数(R 应小于工作面上允许容纳的最多人数);

C——每一工人每班产量(即劳动产量定额)。

2. 时间参数

1)流水节拍 t_i

流水节拍是某个施工过程在某个施工段上的持续时间。它的大小关系着投入的劳动力、机械和材料量的多少,决定着施工的速度和施工的节奏性。通常有两种确定方法:一种是根据工期要求来确定;另一种是根据现有能投入的资源(劳动力、机械台班数和材料量)来确定。流水节拍按下式计算:

$$t_i = \frac{Q_i}{C \cdot R} = \frac{P_i}{R} \quad (2\text{-}4)$$

式中:Q_i——某施工段的工作量($i = 1,2,3\cdots m$);

C——每一工日(或台班)的计划产量(即产量定额);

R——施工人数(或机械台数);

P_i——某施工段所需要的劳动量(或机械台班量)。

当施工段数确定后,流水节拍大,则工期相应就长,因此,理论上总是希望流水节拍越小越好。流水节拍的长短取决于完成工序可能投入的工人数、机械设备、资源供应的多少。投入的资源越多,施工速度就越快,流水节拍就越短,施工工期也就越短。然而由于工作面的限制,不可任意增加工人和机械数量,必须考虑工作或机械操作所需要的最小工作面来确定流水节拍。

2)流水步距 B_{ij}

两个相邻的施工队(组)先后进入第一个施工段进行流水施工的时间间隔,叫流水步距。确定流水步距的目的是为了保证作业组在不同施工段上连续作业,不出现窝工现象。流水步距数目取决于参加流水的施工过程数,如施工过程数为 n,则流水步距的总数为 $(n-1)$ 个。从第一个专业队开始作业起,至最后一个专业队开始作业止的时间间隔,称作流水开展期,以 t_0 表示。

确定流水步距的基本原则如下:

(1)流水步距要保证施工工艺的先后顺序,满足相邻两个专业工作队在施工顺序上的相互制约关系;

(2)流水步距要保证各施工过程的连续性;

(3)流水步距要保证前后两施工过程施工时间的最大限度地、合理地搭接;

(4)流水步距与流水节拍保持一定关系,应满足一定的施工工艺、组织条件和质量要求。例如钻孔灌注桩工程,必须保证钻孔与灌注混凝土两道工序紧密衔接(防止塌孔)。

当施工段确定后,流水步距的大小直接影响着工期的长短。如果施工段不变,流水步距越大,则工期越长,反之则工期越短;并且流水步距随流水节拍的增大而增大,随流水节拍的缩小而缩小。如果人数不变,增加施工段数,使每段人数达到饱和,而该段施工持续时间总和不变,则流水节拍和流水步距都会相应地缩小。

3. 空间参数

1)工作面 A

工作面 A 的大小可表明施工对象上安置工人操作和布置机械地段的大小,也就是反映施工过程在空间上布置的可能性。在确定一个施工过程必要的工作面时,不仅要考虑前一施工过程为这个施工过程可能提供的工作面大小,还要为下一施工过程开创施工条件,并遵守安全技术和施工技术规范的规定。

2)施工段数 m

组织流水作业时,通常把施工对象划分为劳动量大致相同的若干段,称作施工段。施工段的数目,通常用 m 表示。

(1)划分施工段的目的和原则。

划分施工段是适应多个工作面同时展开施工的要求,将单一而庞大的工程实体划分成多个部分,其目的是保证不同工种能在不同作业面上同时工作,为流水作业创造条件,只有划分了施工段才能开展流水作业,所以说划分施工段是组织流水施工的基础。

在某一时间内,每个施工段只供一个施工队完成其承担的施工过程。在一个施工段上,只有前一个施工过程的施工队提供了足够的工作面,后一个施工过程的施工队才可以进入该段从事下一个施工过程的施工。

划分施工段要注意数目的合理性,施工段数过多,势必要减少工人数而延长工期;施工段数过少,又会造成资源供应过分集中,不利于甚至无法组织流水施工。为了使施工段划分得更科学、更合理,应遵循以下原则:

①施工段的分界同施工对象的结构界线取得一致,尽可能利用伸缩缝、沉降缝等自然分界线,防止单个结构物如桥梁、涵洞、通道等被划分到不同的施工段,这样有利于施工材料的运输和施工机械的通行;

②各施工段上所消耗的劳动量大致相同,其相差幅度不宜超过 10%~15%,以便于组织全等节拍或成倍节拍流水施工,从而使施工均衡、连续、有节奏;

③各施工段应与劳动组织相适应,保证足够的作业面,如果工作面过小,则工人施工操作不便,甚至由于工作空间拥挤而使工人不得不过分频繁地转移工作场地,这样既影响劳动生产率又易发生安全事故;

④划分段数的多少,应考虑机械使用效能、工人的劳动组合、材料供应情况、施工规模等因素。

(2)施工段数 m 与工序数 n 的关系。

对于人为划分施工段的工程而言,施工段是任意划分的,但为了时间组织合理,施工段数

m 与工序数 n 应具备如下关系：

$$m \geq n \tag{2-5}$$

即施工段数最好与工序数或专业队伍数相等，或者比专业队伍数稍多。当 $m<n$ 时，会拖延工期，因为施工段数越少，意味着流水展开期时间越长。比如一条公路的路面有功能层、基层、面层和路肩四道工序，分两个施工段来施工，功能层做完全线的一半，下道工序才能施工，时间间隔太长，当功能层完工后，路肩还没有加入流水作业，或者说流水未到底。当施工段数 m 超出工序数 n 很多时，又会引起劳动力或施工机械用量过分集中，这样是不经济的。因此，确定施工段数应考虑工序数。

三、流水施工类型及总工期

由于工程构造物的复杂程度不同，所处的具体位置多变以及工程性质各异等因素的影响，在流水施工中流水节拍的规律不同，决定了流水步距、流水施工工期的计算方法等也不同，甚至影响到各个施工过程的专业工作队数目。因此，有必要按照流水节拍的特征对流水施工进行分类。流水施工的组织可分为有节拍流水施工和无节拍流水施工。

1. 有节拍流水施工

有节拍流水施工是指在组织流水施工时，每一个施工过程在各个施工段上的流水节拍都各自相等的流水施工，可分为全等节拍流水、成倍节拍流水和分别流水。

1）全等节拍流水施工

全等节拍流水施工是一种最理想的流水施工方式，是各施工过程的流水节拍 t_i 与相邻施工过程之间的流水步距 B_{ij} 完全相等的流水施工，即 $t_i = B_{ij} = $ 常数，也即各专业施工队在所有施工段上的作业时间均相等。全等节拍流水的总工期为：

$$T = (n-1)B_{ij} + m \cdot t_i = (m+n-1)t_i \tag{2-6}$$

图 2-2 是一个全等节拍流水施工的例子，图中 $m=5$、$n=3$、$t_i = B_{ij} = 2$，总工期 $T = (5+3-1) \times 2 = 14(\text{d})$。

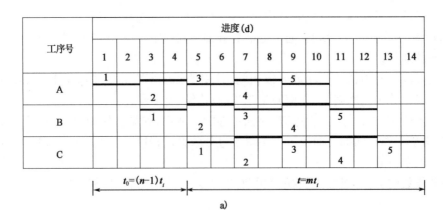

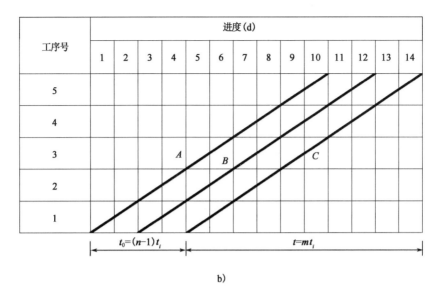

b)

图 2-2 全等节拍流水施工
a)水平图表；b)垂直图表

当施工过程之间存在间歇时间时，即相邻两个施工过程之间由于工艺或组织安排需要而增加的额外等待时间，包括工艺间歇时间(G_{ij})和组织间歇时间(Z_{ij})，则流水施工工期为：

$$T = (m + n - 1)t_i + \sum G_{ij} + \sum Z_{ij} \qquad (2\text{-}7)$$

对于图 2-2 的全等节拍流水施工，如组织间歇时间均为 0，工艺间歇时间 $G_{B,C} = 1d$，$G_{A,B} = 0d$，则总工期 $T = (5 + 3 - 1) \times 2 + 1 = 15(d)$，如图 2-3 所示。

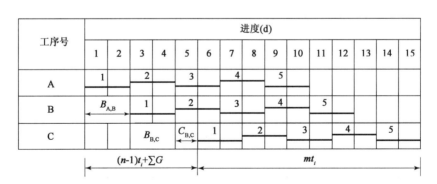

图 2-3 有间歇时间的全等节拍流水施工

当施工过程之间有提前插入时间时，即相邻两个专业工作队在同一施工段上共同作业的时间，在工作面允许和资源有保证的前提下，专业工作队提前插入施工可以缩短流水施工工期。对于有提前插入时间的全等节拍流水施工，如提前插入时间为 C_{ij}，施工工期可按公式(2-8)计算：

$$T = (m + n - 1)t_i + \sum G_{ij} + \sum Z_{ij} - \sum C_{ij} \qquad (2\text{-}8)$$

[例2-3] 某分部工程流水施工计划,施工过程数 $n=4$,施工段数 $m=3$,流水步距 $B_{ij}=3$,无间歇时间,提前插入时间 $C_{A,B}=C_{B,C}=1d$,$C_{C,D}=2d$,其流水施工工期为 $T=(4+3-1)\times3-(1+1+2)=14(d)$,如图2-4所示。

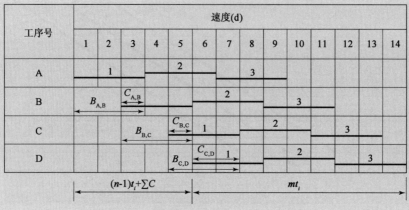

图2-4 有提前插入时间的全等节拍流水施工

2) 成倍节拍流水施工

当各施工过程的流水节拍彼此不相等,但有互成倍数的常数关系时,如仍按全等节拍流水组织施工,则会造成施工队窝工或作业面间歇,从而导致总工期延长。此时,为了使各施工队仍能连续、均衡地依次在各施工段上施工,应按成倍节拍流水组织施工。其步骤如下:

(1) 求各流水节拍的最大公约数 K,它相当于各施工过程都共同遵守的"公共流水步距",为了使用方便和便于与其他流水作业法比较,今后仍称这个 K 为流水步距。

(2) 求各施工过程的专业施工队数 b_i。每个施工过程的流水节拍 t_i 是 K 的几倍,就应相应安排几个施工队,才能保证均衡施工。同一施工项目的各个施工队依次相隔 K 天投入流水施工,因此,施工队数 b_i 按下式计算:

$$b_i = \frac{t_i}{K} \qquad (2-9)$$

(3) 将专业施工队数目的总和 $\sum b_i$ 看成是施工过程数 n,将 K 看成是流水步距后,按全等节拍流水的方法安排施工进度。

(4) 计算总工期 T。由于 $n=\sum b_i$,因此可以按式(2-10)来计算总工期:

$$T = (m + \sum b_i - 1)K \qquad (2-10)$$

式中:K——各流水节拍的最大公约数。

图2-5表示6座管涵按成倍节拍流水组织施工的一个例子。由于作业面受限制,只能容纳4人同时操作,因此,每个专业施工队按4人组成时,挖槽需2d,砌基础需4d,安管涵需6d,

洞口砌筑需 2d。它们的最大公约数 $K=2$,由式(2-9)计算得到的各施工过程数 $\sum b_i$ 为:挖槽 1 个队;砌基础 2 个队;安管涵 3 个队;洞口砌筑 1 个队。该例 $m=6, b_i=1+2+3+1=7, K=2$,由式(2-10)计算得到总工期:

$$T = (m + \sum b_i - 1)K = (6 + 7 - 1) \times 2 = 24(d)$$

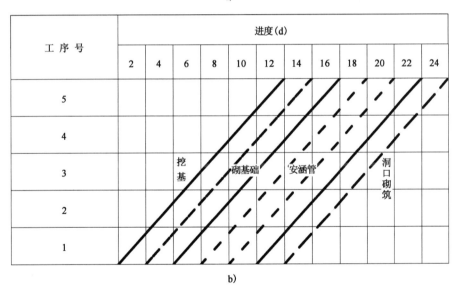

图 2-5 成倍节拍流水施工
a) 水平图表;b) 垂直图表

3) 分别流水施工

所谓分别流水施工是指各施工过程的流水节拍各自保持不变(t_i = 常数),但不存在最大公约数,流水步距 B_{ij} 也是一个变数的流水作业。分别流水作业施工的组织方法用图 2-6 说明,其中 $m=5, n=4, t_A=2d, t_B=t_C=3d, t_D=1d$。

组织分别流水施工时,首先应保证各施工过程本身均衡而不间断地进行,然后各施工过程彼此搭接协调。也就是说,既要避免各施工过程之间发生矛盾,也要尽可能减少作业面的间歇时间,使整个施工安排保持最大程度的紧凑,以达到缩短工期的目的。

由于流水步距是个变数,因此必须个别确定,这对各施工过程的相互配合和正确搭接是一个很重要的参数。下面说明流水步距的计算。

(1)当后一个施工过程的作业持续时间(t_{i+1})大于或等于前一个施工过程的作业持续时间(t_i)时,流水步距根据后一个施工过程所要求的时间间隔(或足够的作业面)决定,即 $B = t_i$。如图2-6中的A与B、B与C之间都属于这种情形,其流水步距分别为2和3。

(2)当 $t_{i+1} < t_i$ 时,流水步距(B)用下式计算:

$$B = m(t_i - t_{i+1}) + t_{i+1} \tag{2-11}$$

式中:m——施工段数;

其余符号意义同前。

图2-6中的C与D属于第2种情况,图中 $t_i = t_C = 3, t_{i+1} = t_D = 1, m = 5$,由式(2-11)计算流水步距为11。

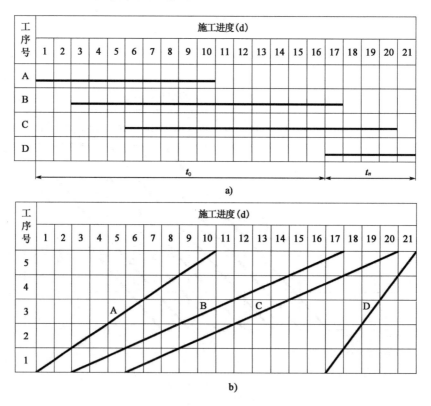

图2-6 分别流水施工
a)水平图表;b)垂直图表

分别流水的总工期用下式计算:

$$T = t_0 + t_n = \sum B_{ij} + t_n \tag{2-12}$$

式中:t_n——最后一个专业施工队的作业持续时间(d);

t_0——流水展开期,为最初施工过程开始至最后的施工过程开始之间的时间间隔(d);

$\sum B_{ij}$——各相邻工序之间流水步距之和。

在实际的道路工程施工中,对于一个专业施工队来说,它可以按固定的流水节拍(或不变的速度)前进。但从整个工程的流水作业组织来看,各专业施工队都按自己的流水节拍(或移动速度)前进,彼此不一定相同,也不一定成倍数关系,这主要是由于机械配备、施工条件、劳动生产率或其他外界因素影响所致。如要求流水速度绝对统一,必然会使机械效率不能充分发挥或造某些施工队窝工。为此,需要在统一的进度要求下,各专业队按照本身最合理、施工效率最高的流水速度进行作业。这是组织分别流水作业中应着重考虑和仔细解决的问题。道路工程的综合施工组织,大都属于这种情况。

2. 无节拍流水施工

所谓无节拍流水施工是指各施工过程的流水节拍全不相等。对于道路工程施工来说,沿线工程量的分布都是不均匀的,而大、中型桥梁或路基土石方的高填深挖,又为集中型工程。因此,实际上各专业施工队在机具和劳动力固定的条件下,流水作业速度不可能保持一致,即各施工段上同一施工过程的流水节拍无法相等。也就是说,在组织流水施工时,$t_i \neq$ 常数,$B \neq$ 常数,$t_i \neq B$,也非整数倍,如图2-7所示。

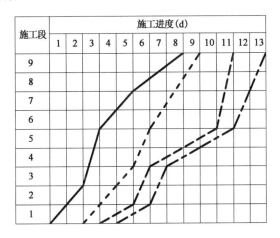

图2-7 无节拍流水施工

对于以上情况,只能按照无节拍流水组织施工。基本的组织方法是,统一控制整个工程的总平均速度,再按分别流水的原则处理各施工过程的搭接关系。无节拍流水的各个参数以及总工期的确定,都必须通过对专业施工队逐个落实,反复调整,才能得到满意的结果。流水步距相应计算方法很多,如图上分析法、分析计算法、直接编阵法等。下面介绍一种最为常见的方法——累加数列错位相减取大差法(潘特考夫斯基法)。

[例2-4] 下表所示为某4个施工段的3项(甲、乙、丙)施工过程所需的作业时间,按照无节拍流水组织施工,求各工序(施工过程)之间的流水步距和总工期。

施工段施工时间表　　　　　　　　表2-1
（单位：d）

工序	施工段			
	1	2	3	4
甲	2	3	3	2
乙	2	2	3	3
丙	3	3	3	2

由表中数据可以看出：$t_i \neq$ 常数，$B \neq$ 常数，$t_i \neq B$，也非整数倍，故只能作无节拍流水施工组织。采用"累加数列错位相减取大差法"的具体做法为：①先分别将两相邻工序的每段作业时间（流水节拍）逐项累加，得出两个数列；②将后工序的累加数列向后错一位对齐，逐个相减，得到第三个数列（仅取正值）；③从中取大值即为两工序施工队组的流水步距B。据此可分别计算确定甲与乙、乙与丙的流水步距分别为4d和2d。

具体计算方法为：

$B_{甲乙}$：

　　　　2, 5, 8, 10
（-）　　 2, 4, 7, 10
　　　　2, 3, 4, 3, -10

$B_{乙丙}$：

　　　　2, 4, 7, 10
（-）　　 3, 6, 9, 11
　　　　2, 1, 1, 1, -11

用横道图表示出来，这个流水作业施工进度计划就如图2-8所示，总工期为17d（这是符合流水作业要求的最短工期）。

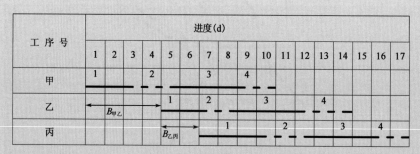

图2-8　无节拍流水施工组织

【思考题与练习题】

1. 施工组织的原则是什么？保持连续性有什么重要意义？
2. 工程项目施工作业方式及其特点是什么？
3. 流水施工有哪些主要参数？其意义是什么？

4. 确定流水步距及划分施工段的目的是什么?

5. 流水施工的类型有哪些?对应的总工期如何计算?

6. 某项工程,划分为6个施工段,每段均为A、B、C三道工序,由于作业面受限,A工序需要5d,B工序需要15d,C工序需要10d,试组织流水施工。

7. 某路面工程5km,各工序作业持续时间:功能层10d,基层20d,面层20d,磨耗层5d。若组织流水施工,试计算流水步距、总工期,并绘制进度图。

8. 某基础工程划分4个施工段,其工程量、定额和施工队人数见下表,试对此工程进行流水施工组织。

工程量、定额和施工队人数表

工 序	工程量(m³)				定额 (m³/工日)	施工队人数(人)
	1	2	3	4		
人工挖土	150	112.5	112.5	150	2.5	15
砌功能层	45	45	30	30	1.5	10
砌基础	90	90	67.5	45	1.5	15
回填土	60	30	60	60	3.0	10

第三章

公路施工组织设计

【学习要求】

了解施工组织设计的概念及作用;熟悉施工组织设计文件的组成;熟悉公路施工中施工机械的配置方法;熟悉施工进度计划的形式及特点;掌握施工组织设计编制的内容;掌握施工进度计划的编制及资源配置的方法;掌握施工平面图绘制的内容。

第一节 施工组织设计概述

一、施工组织设计的概念

公路施工组织设计是公路工程基本建设项目在设计、招投标、施工阶段必须提交的技术文件,它是准备、组织、指导施工和编制施工作业计划的基本依据。因此,公路施工组织设计是公路工程基本建设管理的主要手段之一。

那么,什么是施工组织设计呢?施工组织设计就是从工程的全局出发,按照客观的施工规律和当时、当地的具体条件(自然、环境、地质等)统筹考虑施工活动中的人力、资金、材料、机械和施工方法这五个主要因素后,对整个工程的现场布置、施工进度和资源消耗等做出的科学而合理的安排。施工组织设计的目的是使工程建设在一定的时间和空间内实现有组织、有计划、有秩序的施工,以达到工期尽量短,质量上精度高,资金省,施工安全的效果。

施工组织设计可以是对整个基本建设项目起控制作用的总体战略部署,也可以是对某一单位工程的具体施工作业起指导作用的战术安排。

二、编制依据和基本原则

1. 公路施工组织设计的编制依据

编制公路施工组织设计需要各种资料,根据公路工程建设的不同阶段,以及施工组织设计的具体用途不同,对资料的内容及深度要求不尽相同,一般需要如下资料:

(1)计划文件和合同文件。计划文件和合同文件是指国家批准的基本建设计划文件,施工期限要求,建设单位对工程设计、施工的要求,施工单位上级主管部门下达的施工任务及与工程沿线单位签订的协议、合同、纪要等。

(2)自然条件和施工时可能调用的资源。

(3)有关的标准、规范和法律、法规。

(4)类似工程项目的资料,以及施工企业经验、能力、管理水平。

(5)其他施工组织设计调查资料。

2. 编制公路施工组织设计的基本原则

1)认真贯彻我国基本建设的方针政策

公路工程建设工期长、规模大,耗用的人力、物力等各种资源多,需要巨大的投资。因此,必须纳入国家的计划安排,经上级主管部门批准,公路建设才有保障。

组织施工时,应严格按照基本建设程序和施工程序,按照合同签订的或上级下达的施工期限,根据工程情况对人、材料、机械等资源合理组织,确保重点工程分期、分批进行安排,保质、保量完成施工任务。

2)合理安排施工顺序

公路施工是野外作业,受外界影响很大,不仅要考虑时间顺序,还要考虑空间顺序。首先考虑影响全局的工程项目,再按照公路工程施工的客观规律安排施工顺序,如施工准备、基础工程、主体结构工程、路面工程、附属结构物工程等。

将整个施工项目划分为几个阶段或分项工程,在保证质量的前提下,尽量实现连续、紧凑、均衡的施工过程,以减少资源的不均衡利用,尽可能缩短工期,降低工程成本。

3)应用科学的计划方法

根据工程的特点和工期要求,尽可能采用流水作业施工方法。当工程项目较大时,可采用平行流水作业、立体交叉平行流水作业。积极应用网络计划技术,管理控制工程计划,在保证关键线路畅通的情况下,组织连续、均衡的施工。

4)采用先进的施工技术和设备

采用先进的科学技术是提高劳动生产率、加快施工速度、提高工程质量、降低工程成本的重要途径。同时,积极推广和运用新技术、新工艺、新材料、新设备是现代文明施工的标志。

在条件允许的情况下,尽可能采用先进的施工技术(但要经过试验),不能墨守成规。不断提高施工机械化、预制装配化程度,减轻劳动强度,提高劳动效率,无形中缩短了工期,降低了成本。

5) 合理安排冬季、雨季施工项目

对于受季节影响的工程项目,应优先考虑安排,如混凝土工程、路面工程不宜在冬季施工;桥梁基础工程、下部工程不宜在汛期施工。

合理安排冬季、雨季施工项目,就是把那些不会因冬季、雨季施工而带来技术复杂的工程项目列入冬季、雨季施工。当然,冬季、雨季施工要采取一些必要的措施,会增加工程的其他直接费用,但能全面均衡人工、材料的需要量,提高施工的均衡性和连续性。

6) 确保工程质量与安全

公路是永久性的建筑物,工程质量的好坏直接影响使用效果,甚至影响到沿线经济的发展。为了保证工程质量,要认真贯彻施工技术规范,严格按设计要求组织施工。

在进行施工组织设计时,要有确保工程质量和安全施工的措施,尤其是一些复杂大型工程项目,如大跨径现浇连续箱梁施工和后张预应力施工的质量、安全保证等。在组织施工时,要经常进行质量、安全教育,严格按操作规程进行施工。杜绝一切违章操作,是保证工程质量和施工安全的必要措施。

7) 统筹布置施工现场,降低工程成本

合理布置施工平面图,节约施工用地,充分利用原有地形、地物;尽量减少临时设施、临时便道、临时便桥的设置,方便施工;避免材料二次搬运,充分利用当地人工、材料等。

公路工程建设所耗费的巨额资金和各种资源数量由公路工程概、预算得出。这是一个最高限额,施工时一般不允许突破这一限额。施工企业要想获得经济效益,必须实行经济核算,在保证工程质量的前提下,尽量通过各种途径降低工程成本。对于大型工程项目,以上几条做得合理,可降低工程成本。

三、公路施工组织设计的作用

施工组织设计起着指导施工准备工作、全面布置施工活动、控制施工进度、进行劳动力和机械调配的作用,同时对施工活动内部各环节的相互关系以及与外部的联系,确保正常的施工秩序起着有效的协调作用。总之,公路施工组织设计对于能否优质、高效、按时、低耗地完成工程施工任务起着决定性的作用。

施工组织设计对施工项目起着重要的规划、组织和指导作用,具体表现如下:

(1) 施工组织设计是施工准备工作的一项重要内容,同时又是指导各项施工准备工作的依据。

(2) 施工组织设计可体现实现基本建设计划和设计的要求,可进一步验证设计方案的合理性与可行性。

(3) 施工组织设计制订了拟建工程所确定的施工方案、施工进度和资源需要量及施工现场平面布置等,是指导开展紧凑、有秩序施工活动的技术依据。

(4) 施工组织设计所提出的各项资源需要量计划直接为物资供应工作提供数据依据。

(5) 施工组织设计对施工现场进行的规划与布置为现场的文明施工创造了条件,并为现场平面管理提供了依据。

(6) 施工组织设计是在开工前编制的,可提高工程施工过程的预见性,减少盲目性,使管理者和生产者做到心中有数,可充分考虑施工中可能遇到的困难与障碍,主动调整施工中的薄弱环节,事先予以解决或排除,从而为施工提供技术保证。

(7)施工组织设计是施工企业统筹安排施工生产要素的投入与施工产品产出过程的关键和依据。它又是从承担工程任务开始到竣工验收交付使用为止的全部施工过程的计划、组织和控制的基础。

(8)施工组织设计是按具体的拟建工程的开竣工时间编制的指导施工的文件。因此,施工组织设计与施工企业的施工计划两者之间有着极为密切、不可分割的关系。施工组织设计是施工企业编制施工计划的基础,制订施工组织设计又应服从企业的施工计划,两者是相辅相成,互为依据的。

(9)竞标性施工组织是投标书的重要组成部分,充分和准确地体现业主对工程的意图和要求,可在评标中取得高分,对能否中标起着重要的作用。

四、公路施工组织设计文件的组成

在公路工程设计和施工的各个阶段,都必须编制相应的施工组织设计文件。在初步设计阶段拟定"施工方案",在技术设计阶段提出"修正施工方案",在施工图设计阶段编制"施工组织计划",在招投标阶段编制"指导性施工组织设计",在施工阶段编制"实施性施工组织设计"。它们统称为施工组织设计文件。

1. 施工方案

二阶段初步设计和三阶段初步设计中的施工组织设计文件称为施工方案。施工方案由以下五项文件组成:

1)施工方案说明

主要内容包括:

(1)工程概况;

(2)施工组织、施工力量的设想和施工期限的安排;

(3)主要工程、控制工期的工程和特殊工程的施工方案及采取的措施;

(4)主要材料的供应,施工机具、设备的配备及临时工程的安排;

(5)下一阶段应解决的问题及注意事项。

2)人工、主要材料及机具、设备安排表

列出人工数量和施工所用材料、机具、设备的名称、单位、总数量,并分上半年、下半年编列。主要材料一般指钢材、木材、水泥、沥青、砂、石料等。

3)工程概略进度图

根据劳动力、施工期限、施工条件和施工方案按年和季度进行施工进度概略安排。图中应列出工程项目名称、单位、数量,按年度和季度列出各工程项目的起止时间、机动时间、衔接时间等。

4)临时工程一览表

列出临时工程名称(如便桥、便道、房屋、预制场、电力设施、通信设施等)。列出各项临时工程的地点或桩号、工程说明、工程数量等。

5)公路临时用地表

列出临时用地的位置或桩号、工程名称、土地的隶属(县、乡、村、个人)关系、长度、宽度、土地类别及数量等。

上述施工方案说明列入初步设计文件的第一篇,即总说明书中;其余四项构成第十篇,即施工方案文件。

2. 修正施工方案

采用三阶段设计的公路工程在技术设计阶段编制的施工组织设计文件称为修正施工方案。修正施工方案根据初步设计的审查意见和施工方案说明中提出的应进一步解决的问题及注意事项进行编制,修正施工方案编制深度和提交的文件内容介于施工方案和施工组织计划之间。

3. 施工组织计划

公路工程不论采用几阶段设计,在施工图设计阶段都要编制施工组织计划,它是施工图设计文件的组成部分。施工组织计划包括以下 7 部分内容:

1) 说明

(1) 贯彻国家方针政策和采用先进技术情况。
(2) 初步设计(或技术设计)审批意见的执行情况。
(3) 施工组织、施工期限、主要工程的施工方法、工期、进度,及采取的措施。
(4) 劳动力计划及主要施工机具的使用安排。
(5) 主要材料供应、运输方案及临时工程的安排。
(6) 对缺水、风沙、高原、严寒等地区以及冬季、雨季施工所采取的措施。
(7) 对高速公路和一级公路的交通工程、沿线设施施工协调和分期实施等有关问题的说明。
(8) 施工准备工作的意见,如拆迁、用地、修建便道、便桥、临时房屋、架设临时电力线路、通信设施等。

2) 工程进度图

图中应列出工程项目名称、单位、数量、劳动量等,按年、月分别绘出各工程项目起止日期,并标出计划用人工数,绘出劳动力安排示意图等。

3) 主要材料计划表

表中列出材料的名称、规格、单位、数量、来源、运输方式和年度、季度计划用量等。

4) 主要施工机具、设备计划表

表中列出机具、设备的名称、规格、数量(台班数、台数)、使用期限和年度、季度计划用量等。

5) 临时工程数量表

便桥、便道、房屋、预制场、电力设施、通信设施等。列出各项临时工程的地点或桩号、工程名称、工程说明、工程数量等。

6) 重点工程施工场地布置图

绘出仓库、工棚、便道、便桥、运输线路、预制场地、混凝土拌和场地、材料堆放场地等工程和生活设施的位置。

7) 重点工程施工进度图

4. 指导性施工组织设计

指导性施工组织设计,是施工单位用于工程投标所编制的施工组织设计。它是投标文件组成中的必备文件,中标后是承包合同的重要组成文件。

指导性施工组织设计的内容、文件组成,通常与设计阶段的"施工组织计划"内容相似,但为满足招标文件要求更加具体、详细而增加了如下内容"施工单位、施工项目组织管理框架、人员组成、分工及法人代表;质量自检体系、人员和试验设备配备清单;施工机械、关键设备进场使用清单;工程平面、高程和方位控制体系及程序安排方案;施工安全和环境保护措施;施工设计和施工辅助设计有关资料等。

5. 实施性施工组织设计

在公路工程的施工准备阶段,由施工单位编制的施工组织设计称为实施性施工组织设计。

施工单位根据施工图设计图纸和野外调查资料及本单位施工条件(施工力量、技术水平等)进行编制。因此,这一阶段编制的施工组织设计十分具体、可行。因为要在工程施工中实施,就必须对各分部、分项工程、各道工序和施工专业队都进行施工进度的日程安排和具体的操作设计。

实施性施工组织设计文件的内容与施工图设计阶段的施工组织设计相似,但更具体、更详细。工程进度图应按月、旬安排,并编制相应的人工、材料、机具、设备计划。

综上所述,从施工方案到实施性施工组织设计,后一阶段比前一阶段的要求更高,内容也更详细、具体,但是各个阶段既是独立的,又是相互联系的。

五、公路施工组织设计编制程序及注意事项

1. 公路施工组织设计的编制程序

施工组织设计的编制应遵循一定的程序,要依据施工时的具体条件,按照施工的客观规律协调处理好各环节的关系,用科学的方法进行编制。一般的编制程序如下:

(1)分析设计资料,了解工程概况,进行调查研究。掌握原始资料、熟悉编制依据是编制施工组织设计的需要。编制人员应充分了解工程概况,对施工对象的特点、重点和难点进行深入调查研究,全面理解设计意图,做到心中有数,为编制好施工组织设计打好基础。

(2)提出施工部署,选择施工方案,确定施工方法。工程施工不论规模大小都要根据可能的施工条件做出整体部署,在确保工期和工程质量的前提下对各单项施工的顺序进行总体安排。选择能保证施工部署顺利实现的施工方案,确定从宏观上控制工程进度的施工方法。

(3)分施工阶段,安排工艺流程,编制工程进度。根据施工部署,按照确定的施工方法划分施工阶段,具体安排各单项工程施工的工艺流程,计算其工程数量和施工作业的持续时间。编制工程进度图,安排的竣工日期不得超过建设计划规定的工期。

(4)计算资源需求,编制资源计划,调整工程进度。根据编制的初步工程进度图,计算人工、材料、机具在施工期间的动态需求量,编制人工、主要材料和主要机具计划表,如超出实际所能供应量,应对工程进度图进行适当调整。

(5)编制临时计划,组织工地运输,布置施工平面。临时设施包括临时生产、生活设施,临时供水、供电、供热计划等。便道、便桥、预制场等临时生产设施按施工的实际进度和需要编制计划。临时生活设施应能保证施工高峰期施工人员的生活需要。

施工现场需要大量外购材料,合理的运输组织既要满足工程进度对材料的需用量,又要有适当的储备。运输、使用、储备三者之间应保持恰当的比例,以减少临时仓库的规模。

施工场地与施工条件各地不同,因地制宜布置的施工平面应综合考虑施工需要、安全、环境等因素。

(6)计算经济指标,编写施工组织设计说明。主要的技术经济指标有工期、劳动生产率、

质量、安全、机械化作业程度、工程成本、主要材料消耗等。这些指标与相近或类似的工程对比，就能反映施工组织设计的技术经济效果。

施工组织设计编制完成后要对其内容加以说明。

以上的编制步骤是相互关联的，需要反复调整才能得到最优方案。图3-1是编制程序的相互关系图，但在不同的施工组织设计阶段，实际的编制程序会调整。

2.编制公路施工组织设计的注意事项

施工组织设计关系到技术、经济、管理、政策等诸多方面。在编制过程中应认真处理好以下几点，才能使施工组织设计对工程施工起到真正的指导作用：

（1）根据工程的特点集中力量解决好施工中的主要矛盾。

（2）认真细致地安排好工程项目的施工次序。施工组织设计要解决各项工程的施工先后顺序和相互搭接的关键问题，合理调整施工次序来保证重点工程施工。

（3）施工展开的进行方向应注意技术物质和生活资料的补给，为工地运输创造条件。

（4）留有余地，便于调整。公路工程影响施工的因素很多，特别是偶然性因素的影响更大。施工组织设计在执行过程中会出现各种无法预见的问题，这就要求编制的施工组织设计能根据现场发生的意外情况进行修改、调整、补充，以确保工程进度计划的实现。

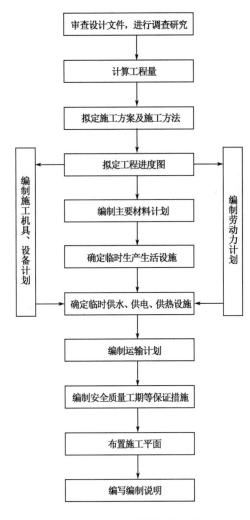

图3-1 施工组织设计编制程序

六、公路施工组织设计资料的调查

公路施工涉及面广，专业多，材料及机具种类繁多，投资大，需要协调的问题复杂。如果原始资料不全或出现错误，对施工组织设计的编制和施工作业的正常进行都会造成不利影响，常常导致工期延误、质量低劣、设计变更、工程事故等严重后果。因此，施工前应有计划、有步骤地认真做好原始资料的调查、搜集和分析工作。

为编制设计阶段的施工组织设计文件，设计单位在野外勘察阶段由调查组进行原始资料的调查、搜集。为编制施工阶段的施工组织设计文件而进行的原始资料调查是由施工单位在施工准备阶段进行的，是对设计阶段调查结果的复核和补充。设计阶段和施工阶段的调查方法和内容基本相同，都要深入现场，通过实地勘察、座谈访问、查阅历史资料，并采取必要的测试手段获得所需数据和资料。

1. 自然条件调查

1)地形、地貌

重点调查公路沿线、大桥桥位、隧道、附属加工厂、工程困难地段的地形、地貌。调查资料用于选择施工用地,布置施工平面图、规划临时设施、掌握障碍物及其数量等。

2)地质

通过试验、观察和地质勘探等手段确定公路沿线地质情况,用以选择路基土石方施工方法,确定特殊路基处理措施,复核地基基础设计及其施工方案,选定自采加工材料料场,制订障碍物的拆除计划等。

3)水文地质

(1)地下水。判定水质及其侵蚀性质和施工注意事项,研究降低地下水位的措施,选择基础施工方案,复核地下排水设计。

(2)地面水。调查汛期和枯水期地面水的最高水位,用于制订水下工程施工方案、选择施工季节、复核地面排水设计。

4)气象

(1)气温。调查冬季最低气温、冬季期月数及夏季最高气温,用于确定冬季施工项目及夏季防暑降温措施,估计混凝土、水泥砂浆的强度增长情况,选择水泥混凝土工程、路面工程及砌筑工程的施工季节。

(2)降雨。调查雨季期月数和降雨量,用于确定雨季施工措施、工地排水及防洪方案,确定全年施工作业的有效工作天数及桥涵下部构造的施工季节。

(3)风力及风向。调查当地最大风力、风向及大风季节,用于布置临时设施,确定高空作业及吊装的方案与安全措施。

5)其他自然条件

其他自然条件如地震、泥石流、滑坡等,必要时也应进行调查,并注意它们对基础和路基的影响,以便采取专门的施工保障措施。

2. 施工资源调查

1)筑路材料

(1)外购材料:发货地点、规格、品种、可供应数量、运输方式,及运输费用等。

(2)地方材料:分布情况、质量、单价、运输方式,及运输费用等。

(3)自采加工材料:料场选择、料场位置、可开采数量、运距等。

2)运输情况调查

公路沿线及临近地区的铁路、公路、河流的位置;车站、码头存储货物的能力及到工地的距离;装卸费和运杂费标准;公路及桥梁的最大承载能力;航道的运输能力;当地汽车修理厂的情况及水平;民间运输能力。

3)供水、供电、通信情况调查

当地水源位置、供水数量、水压、水质、水费;当地电源位置、供电的容量、电压、电费、每月停电次数;对于通信,除调查当地邮电机构设置情况,还应调查清楚当地通信能力。如果以上水、电、通信当地都有能力解决,应签订相应的协议书,以利于有关部门提前做好准备。

4)劳动力及生活设施

(1)公路沿线可利用的劳动力人数、技术水平,还应了解沿线民风、民俗。

(2)公路沿线有无可利用的房屋、面积有多大。

(3)公路沿线的文化教育、生活、医疗、消防、治安情况及支援能力。

(4)环境条件,周围有无有害气体、液体,有无地方性疾病。

5)地方施工能力调查

如当地钢筋混凝土预制构件厂、木材加工厂、采石厂等建筑施工附属企业的生产能力能否满足公路施工的需求量。

3. 施工单位能力调查

在公路设计阶段施工单位尚不明确,应向建设单位调查落实施工单位。对于施工单位,主要调查其施工能力,如施工技术人员数量、施工人数、机械设备的装备水平、施工单位的资质等级及近几年的施工业绩等。对于实行招、投标的工程,在设计阶段不能明确施工单位,编制施工组织设计时,应从工程设计的角度出发,提出优化的、最合理的意见作为依据。在施工阶段,施工单位已确定,施工单位能够调动的施工力量及技术装备水平,都是编制施工组织设计的依据。

4. 施工干扰调查

应调查行车、行人干扰,用于确定施工方法和考虑安全措施。

第二节 施工部署与施工方案

一、施工部署

施工部署是对整个建设项目从全局上做出的统筹规划和全面安排,它主要解决影响建设项目全局的重大战略问题。

施工部署的内容和侧重点根据建设项目的性质、规模和客观条件不同而有所不同。一般应包括组织机构设置、确定工程开展顺序、拟定主要项目的施工方案、明确施工任务划分与组织安排、编制施工准备工作计划等内容。

1. 施工组织机构设置

1)路桥施工项目管理组织机构

路桥施工项目的组织机构——项目经理部,是以具体路桥施工项目为对象,以实现质量、工期、成本、安全和文明施工相统一的综合效益为目标的临时组织机构,是施工企业派驻施工现场实施管理的权力机构,负责施工现场的全面管理工作。

2)项目经理部的功能

(1)项目经理部实行项目经理负责制,在项目经理的领导下,负责施工项目从开始到竣工的全过程施工生产管理活动。它对作业层负有管理与服务的双重职能,并向公司负责。

(2)项目经理部是项目的办事机构,项目经理的"参谋部"项目经理部要为项目经理的正确决策提供信息依据,同时又要执行项目经理的决策意图,其工作要向项目经理负责。

(3)项目经理部是一个组织整体,其作用包括完成企业赋予的基本任务——项目管理和专业管理的任务,促进管理人员的合作,协调部门之间、管理人员之间的关系,凝聚管理人员的力量,调动每个人的积极性,发挥其应有的作用,为共同的目标而努力工作。

(4)项目经理部是代表施工企业履行工程承包合同的主体,是最终产品质量责任的承担者,要代表企业对业主全面负责。

3)路桥施工项目经理部的组织结构模式

路桥施工项目经理部的组织结构模式一般有4种,即直线式、职能式、直线职能式、矩阵式。目前,主要采用的组织结构模式有直线式和直线职能式,而大型项目可采用矩阵式。

(1)直线式。也称军队式组织,是组织发展初期的一种最早、最简单的结构模式。这种组织结构的基本特点是:权力自上而下按垂直系统直线排列,一级服从一级,下一级只对上级负责,组织结构呈金字塔形,如图3-2所示。这种组织形式不太适应生产技术较为复杂、专业化较强的大型路桥施工项目。

(2)职能式。这是一种注重发挥专业职能机构功能的组织形式,这种组织结构是将职能授予不同的专业部门,上级职能部门对下级也拥有指挥权。职能式组织形式如图3-3所示。这种组织形式适用于工作内容复杂,专业技术性强,管理分工较细而且明确的组织,缺点是多头领导易造成指令矛盾。

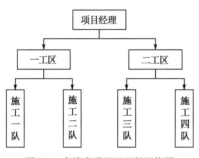
图3-2 直线式项目经理部机构图

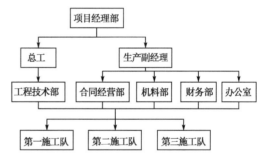
图3-3 职能式项目经理部机构图

(3)直线职能式:亦称直线参谋式结构,又称"法约尔模型"。这种组织形式在大中型项目中应用较多,其特点是以直线为基础,在各级行政主管之下设置相应的职能部门从事专业管理,作为该级行政主管的参谋,实行主管统一指挥与职能部门参谋指导相结合。在直线职能型结构下,下级机构既受上级部门的管理,又受同级职能管理部门的业务指导和监督。如图3-4所示。

(4)矩阵式:这是一种弹性工作组织机构,一般比较适用于协作性和复杂性强的大型复合式项目。矩阵式组织结构形式是在直线职能式垂直形态组织系统的基础上,再增加一种横向的领导系统,它由职能部门系列和完成某一临时任务而组建的项目小组系列组成,它能够充分适应项目生产力要素在流动中的结合,以及在时间、空间上投入的不均衡这一特点,如图3-5所示。

施工项目机构根据本工程的实际情况,由项目经理组织项目机构,并成立"项目经理部",实行项目经理负责制,对公司和项目全面负责。项目经理部一般设置工程技术部、办公室、材料设备部、合同经营部、财务部五个职能部门。职能部门设置和人员的配备应适应工作的需要,力求精干、高效,做到合理分工与密切协作相结合,责权具体,便于指挥和管理。在管理层下再设置各专业作业队,即作业层作业队下设作业班组。

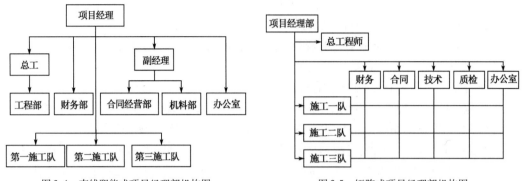

图 3-4　直线职能式项目经理部机构图　　　　图 3-5　矩阵式项目经理部机构图

2. 确定工程开展顺序

根据工程项目总目标的要求确定合理的工程建设分期、分批开展的顺序。在确定施工开展顺序时,主要应考虑以下 4 点:

(1)在保证总工期的前提下,实行分期、分批开工建设。这样既可使各具体项目迅速建成,尽早投入使用,又可在全局上实现施工的连续性和均衡性,减少临时设施数量,降低工程成本,充分发挥国家基本建设投资的作用。至于分几期施工,各期工程包含哪些项目,则要根据建设资金、交通量预测、总体交通规划要求、工程规模和施工难易程度等情况来确定。

(2)统筹安排各类项目施工,保证重点、兼顾其他,确保项目按期完成。要根据其重要程度及在施工生产中所处的地位进行排序。通常,应优先安排的项目有:

①生产工艺要求须先期投入生产或起主导作用的项目;

②工程量大、施工难度大、工期长的项目;

③运输系统、动力系统;

④公路运行需要的服务区、收费站的办公楼及部分建筑等,以便施工临时占用;

⑤供施工使用的工程项目,如采砂(石)场、木材加工厂、各种构件加工厂、混凝土搅拌站等施工辅助项目,以及其他施工服务项目(如临时设施)等。

对于工程项目中工程量小、施工难度不大、周期较短而又不急于使用的辅助项目,可以考虑与主体工程相配合,作为平衡项目穿插在主体工程的施工中进行。

(3)所有项目施工顺序均应按照"先地下、后地上,先深、后浅,先主体、后附属,先结构、后装饰"的原则进行安排。

(4)考虑施工的季节影响。例如,大量土方的施工最好避开雨季,水中基础的施工要避开洪水期,高寒地区的冬季应停止混凝土的施工等。

如果采用项目总承包模式,上述内容的第(1)点就是必须考虑的问题,而且尤为重要。

3. 拟定主要项目的施工方案

施工组织总设计中要拟定一些主要工程项目的施工方案。这些项目通常是工程项目中工程量大、施工难度大、技术复杂、工期长,对整个项目的建成起关键作用的建筑物(构筑物),以及全场范围内工程量大、影响全局的特殊分部分项工程。拟定主要工程项目施工方案的目的是为工程项目开工进行技术和资源准备,同时也是为了现场的合理布置。施工方案的拟订包括选择施工方法、确定工艺流程、配备施工机械设备、确定需要的临时工程(临时设施)等。

4. 专业分包施工队伍选择

需要并经允许进行专业分包的工程,要选择合适的专业分包队伍;通过分包合同明确其总包与分包的关系,划分其责任;要明确各专业分包单位之间的分工协作关系,确定其分期分批的主攻任务和穿插任务。

5. 编制施工准备工作计划

1) 施工准备工作的分类

根据施工阶段的不同,可将施工准备工作分为两类:

(1) 工程项目开工前的施工准备(全场)。这是在工程正式开工之前所进行的全面施工准备工作,其目的是为工程正式开工创造必要的施工条件。

(2) 各施工阶段施工前的施工准备(分部分项工程施工准备)。这是在工程项目开工之后,每个施工阶段正式施工之前所进行的施工准备工作,其目的是为该施工阶段正式施工创造必要的施工条件。施工场地的临时排水是公路工程施工准备工作中很重要的内容。

从上述的分类可以看出:不仅在工程项目开工之前要做好施工准备工作,而且随着工程施工的进展,在各个施工阶段开展施工之前同样也要做好施工准备工作。施工准备工作既要有阶段性,又要有连贯性;要有计划、有步骤、分期、分阶段地进行,要贯穿于工程项目施工的全过程。

2) 施工准备工作计划的内容

要按照施工部署和施工方案的要求以及施工总进度计划的安排编制施工准备工作计划,其内容主要包括:技术准备、劳动组织准备、物资资源准备和施工现场准备等。

(1) 技术准备。技术准备是施工准备的核心。任何技术上的差错和隐患都可能导致人身安全事故或质量事故,造成生命、财产和经济损失。因此,必须认真做好技术准备工作。技术准备的具体内容有以下4点:

① 熟悉设计文件、研究核对设计图纸。为使参与施工的工程技术人员充分了解和掌握设计意图、结构特点以及技术、质量要求,做到按照设计要求顺利地进行施工,在正式施工前,应组织技术人员读图,研究核对技术文件和设计图纸,全面领会设计意图,检查设计图纸及其各组成部分之间有无矛盾或错误,在几何尺寸、坐标、高程、说明等方面是否一致,技术要求是否正确等。在进行研究核对时,要将从设计文件和图纸中发现的疑问、问题或错误进行详细记录,并向有关单位尽早提出,及时协商解决。

② 进一步调查、核实、分析原始基础资料。调查、核实、分析的主要内容包括:对自然条件的调查、核实、分析,如对地质、水文、气象、植被等的调查、核实、分析。对技术经济条件的调查分析,如调查施工现场的动迁、当地可利用的地方材料、砂石料场、水泥生产厂家及产品质量、地方能源和交通运输、地方劳动力和技术水平、当地生活物资供应、可提供的施工用水用电条件、设备租赁、当地消防治安、分包单位的技术力量和技术水平等状况。

③ 施工前的设计技术交底。施工前的设计技术交底工作一般由建设单位主持,设计、监理和施工单位参加。设计单位要详细说明工程的设计依据、设计意图、项目的功能要求、施工中应注意的关键技术,以及应控制的重点和难点等。施工单位要根据对设计文件和图纸的熟悉情况,以及对设计意图的理解,提出对设计图纸的疑问、建议。进行设计技术交底后,要以书面形式形成"设计技术交底纪要"。

④ 编制施工组织设计。编制施工组织设计是施工准备工作的重要组成部分,它是指导施工

现场生产活动的基本技术经济文件。因此,在施工之前,要编制一份能切实指导该工程施工活动的施工组织设计。在竞标性施工组织设计准备工作的内容描述中必须说明做这个准备工作。

(2)劳动组织准备。

①设立施工组织机构。施工组织机构设立参见前面组织机构设置的内容,同时应根据路桥工程项目的规模、结构特点和工程的复杂程度来决定。

②设置施工班组(或专业工作队)。施工班组的设置应认真考虑专业和工种之间的合理配置、技工和普工的比例要求,并符合作业方式的要求,同时要制订劳动力需要量计划。

③人员进场与培训。应根据各分部、分项工程的开工日期和劳动力需要量计划,分批组织劳动力进场,并及时进行上岗前的培训工作。对于需要持证上岗的工种,相关人员要经过培训并取得岗位证书后才允许上岗。

④施工班组(或专业工作队)和操作工人进行技术交底。在单位工程或分部、分项工程开工之前,应详尽地向施工班组和操作工人进行技术交底。技术交底的内容主要有工艺要求、质量标准、技术措施、安全保证、降低成本措施、施工技术规范要求、验收标准、作业时间,以及对新技术、新设备、新材料、新工艺的特殊要求等。

班组和操作工人在接受交底后,要组织他们认真讨论并深刻领会所担负的工作,在施工中贯彻执行。

⑤建立健全各项管理制度。必须建立健全各项管理制度,实行责任制,使得各项施工活动能顺利进行。一般应建立岗位责任制、质量责任制、技术交底制度、考核制度、学习制度、材料和构件检查验收制度、工程质量检查与验收制度、材料出入库和保管制度、安全操作制度等。

(3)物资资源准备。物资资源是工程开工的最基本条件。物资资源准备主要包括工程所需各种材料的准备、构件和预制品的加工准备、施工机具设备的准备、各种工具和配件的准备等。

(4)施工现场准备。施工现场准备主要是为工程的施工创造有利的施工条件和物资保证。其准备工作内容有:

①做好施工测量控制网的复测和加密工作。要按照设计单位提供的总平面图及测量控制网中给定的基线桩、水准基桩和重要标志的保护桩等资料,在施工现场进行三角控制网的复测、补充加密施工所需的各种标桩、建立满足施工要求的工程测量控制网。

②施工现场的补充钻探。当地质勘察资料不能反映实际地质情况,需要进行补充钻探时,应进行补充钻探,以查明实际地质情况或可能存在的地下障碍物,为基础工程的施工创造有利条件。

③做好"三通一平"。"三通一平"是建设项目在正式施工以前,施工现场应达到水通、电通、道路通和场地平整等条件的简称。关于"三通一平"的具体要求和范围,目前尚无统一的明确规定,一般是指将能满足施工高峰需要的水源电源引入建设工程的建筑红线以内;为大型施工和运输机械提供进入现场的道路;整个施工现场的障碍物已清除、场地经过平整。

④临时设施建设。按照施工总平面图的布置,修建各种生产、办公、生活居住和料场等临时房屋,以及施工便道、便桥、码头、混凝土搅拌站和构件预制场等大型临时设施。当有永久建筑物可以利用时,应尽量利用。

⑤安装调试施工机具。按照施工机具需要量计划,组织施工机具进场,并根据施工总平面图的布置将施工机具安置在规定的地点;在开工前,应对施工机具进行检查和试运转;需要取得使用许可证的,应及时向主管部门办理。

⑥材料的试验和储存堆放。应按照材料的需要量计划,及时进行材料试验,如钢材的机械

性能试验,预应力材料的力学性能试验,水泥、砂石等原材料的试验,以及混凝土的配合比试验等;要及时组织材料进场,进场后应按规定的地点和指定的方式进行储存和堆放。

⑦做好冬季和雨季的施工安排。按照施工组织设计的要求,落实冬季和雨季的临时设施和技术措施,做好施工安排。

⑧落实消防、安全保卫措施。要建立消防、安全保卫组织,制定有关规章制度,配置消防和安全保卫设施。

二、施工方案

施工方案包含的范围可大可小。施工方案大范围的内容包括:施工方法的确定、施工机械和设备的配置、施工顺序的安排、施工作业的组织、施工进度的确定、施工现场的布置,及施工措施的拟定。例如,在初步设计阶段,施工方案的范围就大,而在施工阶段编制施工组织设计时,施工方案所涉及的范围有时就较小,有时主要是施工方法的确定、施工机械和设备的配置以及施工流向与作业组织。例如在施工组织设计内容中所列的施工方案就是小范围的内容,进度计划、资源计划和施工平面布置是单独的内容,但是在考虑施工方案的施工方法、施工机械、施工流向时,必然与施工进度、资源使用以及施工平面布置密切相关,有时很难绝对划分出哪部分是施工方案。初学者尤其要注意内容划分的相对性和包容性。施工部署包含施工方案,施工方案包含进度安排,但是进度计划又是施工组织设计的独立内容,同时进度计划与资源计划之间又存在着作用和反作用的关系等。

施工方案的以下六项内容中前两项属于施工技术问题,也称为施工技术方案;后四项属于科学施工组织和管理问题,也称为施工组织方案。施工技术是施工方案的基础,同时又要满足科学施工组织与管理方面的要求,科学施工组织与管理又必须保证施工技术的实现,两者是相互联系、相互制约的关系。为了更好地协调各种关系,互相创造条件,施工技术组织措施成为施工方案各项内容必不可少的延续和补充。

当进行旧路改造时,一般不允许中断交通,因此,施工组织设计的施工部署或施工方案中一定要单独编写保证交通畅通的措施,这对设计方和施工方尤为重要。

1. 施工方法的确定

施工方法的确定是指施工工艺方法的选择与确定。施工方法是施工方案的核心,起着决定性作用。选择施工方法时,应就其技术上的先进性、经济上的合理性、方法上的适用性、可行性等方面综合评价后来选定。

1)施工方法的选择通常应遵守的原则如下所述:

(1)可行、适用。选择的施工方法应具有实现的条件。

(2)保证工期。应考虑对工期的影响,保证合同工期的实现。

(3)经济合理。选择的施工方法在耗费上应合理,能够降低成本费用。

(4)保质量、保安全。选择的施工方法要能够保证工程质量和施工安全。

(5)有利于提高劳动生产率。可通过机械化施工、厂(场)化预制、装配化施工实现。

(6)尽可能选择先进的施工技术。

2)施工方法的选择依据

(1)合同文件(或招标文件)及业主对施工的要求。

(2)设计(图)的要求。

(3)现场条件的限制。

(4)施工力量(人员、技术、设备、管理等)。

(5)工期要求。

(6)安全、质量、环保要求等。

施工方法的确定要受企业机械和设备的限制。

2. 施工机械和设备的配置

施工方法确定后,要配置与施工方法相适应的施工机械和设备。施工机械和设备的配置应遵循"需要与可能、先进与适用、经济与合理"的原则。通常要考虑以下方面:

(1)技术条件。包括技术性能,工作效率,工作质量,能源耗费,劳动力的节约,使用中的安全性、适用性、通用性和专用性,维修的难易程度等。

(2)经济条件。包括购置价、使用寿命、使用费、维修费用等;如果是租赁机械,则应考虑租赁费。

(3)企业现拥有的机械设备及当地可租赁的机械、设备。

3. 施工顺序的安排

施工顺序的安排是施工方案中的重要内容之一。路桥工程点多、线长,以及结构各异、自然条件复杂等特点决定了安排一个项目的施工顺序,要考虑多方面的影响因素。要根据技术规律、工程特点、工艺及操作要求等来安排施工顺序。在安排施工顺序时,应注意:

(1)影响全局的关键工程应优先安排施工;

(2)对工期起控制作用(即位于网络计划关键线路上)的工程应优先安排施工;

(3)应充分考虑自然因素的影响,以及施工现场条件对施工顺序的影响;

(4)施工顺序要与选择的施工方法、施工机械设备协调一致;

(5)应符合工艺过程的要求,符合工程质量的要求,符合安全生产的要求;

(6)要体现施工过程组织的连续性、协调性、均衡性,以及经济性;

(7)方便流水作业或平行流水作业的组织。

4. 施工作业的组织以及进度和资源的安排

施工项目是通过施工活动完成的,施工需要有大量的建筑材料、施工机械、机具和具有一定生产经验和劳动技能的劳动者;并且要把这些资源按照施工技术规律与组织规律,以及设计文件的要求,在空间上按照一定的位置,在时间上按照先后顺序,在数量上按照不同的比例,将它们合理地组织起来。对施工生产过程如何进行组织,也是施工方案中应当考虑的,尤其要重视资源的配置和组织。

公路施工过程基本组织方法有顺序作业法、平行作业法和流水作业法,这三种基本组织方法可以单独运用也可综合运用,应根据工程项目的具体特点和要求来合理选择。

5. 施工现场布置

要对施工中涉及的材料、机械设备、施工作业、临时工程、临时设施等占用的空间或所处的空间位置在有限的施工场地范围内进行布置。一般可用平面布置图将其表示出来。

6. 技术和组织措施

技术和组织措施指为保证工程质量、工程工期、施工安全、节约成本等方面所采用的技术

措施和组织措施,主要涉及以下5个方面的内容:

(1)保证质量措施。要从全面质量管理的角度建立质量保证体系,制订防治质量通病的措施,制订特殊工艺、关键工序、关键环节、重点部位的质量保证措施,以保证工程质量。

(2)安全施工措施。要制订切实可行的安全施工措施,如建立安全保证体系、建立安全责任制度、制订安全操作规程、制订应急预案等,以确保施工安全。

(3)保证工期措施。施工人员和施工设备配置合理,满足进度需要;要有足够的材料储备,材料供应及时并做到保质保量,以符合工程进度的安排,避免事故发生和质量返工。

(4)控制成本和降低成本措施。在保证工程质量、施工安全,满足进度要求的条件下,尽可能控制成本和降低成本,主要包括节约劳动力、节约材料、节约机械设备费用、节约工具费、节约间接费、节约临时设施费、节约资金等措施。

(5)季节性施工措施。当工程施工处于冬季、雨季、夏季、洪水期时,要制订相应措施,以保证工程质量、施工安全,控制施工成本,满足进度要求。

三、施工阶段路桥工程施工方案确定时应注意的主要问题

1. 施工段落的划分和施工流向以及施工顺序(侧重组织问题)

(1)路基土石方段落划分和路基工程的施工顺序及施工流向。重点考虑地形,挖填尽可能在一个组织段落内,还有环境、机械、人员组织等影响因素。施工便道往往会决定路基工程的施工顺序及施工流向,例如借用先完成的路基作桥梁场地。

(2)结构物的施工组织。主要有挡土墙、涵洞等位置对施工顺序的影响,以及桥梁位置对施工流向的影响。

(3)路面工程。拌和场的位置往往会决定施工流向,而沥青混合料的温度和水泥稳定土类的延迟时间等技术要求往往决定施工段的长度。

2. 选择施工方法应考虑的主要因素

(1)工程特点:技术、规模、构造这几个主要方面影响施工方法的选择。

(2)工期要求:例如为了加快进度,需权衡采用预制、现浇方法的利弊等。

(3)施工组织条件:首先考虑自然客观条件,它决定或影响施工方法的选择;其次是企业的条件和经验,往往偏好选择自己成熟和擅长的施工方法,发挥企业的主观能动作用。

3. 施工机械选择应重点考虑的问题

(1)确定哪些是重点的或主控的机械设备,以及其类型和数量。

(2)根据企业自有机械设备的类型和数量最大限度地提高其机械设备利用率。

(3)考虑最佳或最有效的机械的配合或组合。

(4)以经济适用为目标来选择机械设备。

第三节　施工机械的性能与机械配置

在现代化的施工条件下,施工方法的确定主要是选择施工机械的问题。正确拟定施工方法和选择施工机械是合理地组织施工的关键,同时二者又是紧密联系的。施工方法在技术上

必须满足保证工程质量、提高劳动生产率以及充分利用机械的要求,做到技术上先进,经济上合理。因此施工机械的选择是否合理,在很大程度上决定了施工方案的优劣。

在公路工程施工中,施工机械种类、规格繁多,各种机械都具有其独特的技术性能和作业范围。一种机械可能有多种用途,而某一项施工内容往往可以采用不同的机械来完成。为了获得最佳的技术经济效果,可以根据施工机械的技术性能,针对工程的具体情况,进行机械的合理配置。

一、路基工程施工机械的性能与配置

1. 路基工程施工机械的使用场合和适用范围

在路基工程中,常使用的施工机械有推土机、铲运机、平地机、挖掘机、装载机、压实机械、凿岩穿孔机械等。

1) 推土机

推土机是一种多用途的施工机械,主要用于 50～100m 的短距离作业,适宜于Ⅳ级以下土的推运,一般适合于季节性较强、工程量集中、施工条件较差的施工环境。通常,推土机可以进行路基修筑、基坑开挖、平整场地、清除树根,并可配合铲运机、挖装机械进行松土。在石方爆破后的清理中,推土机可在 30～40m 以内完成推运工作;在稳定土拌和场和沥青混凝土搅拌厂,推土机还可以配合完成松散集料的堆集作业。推土机在路基施工中常作为主导机械之一。常见土方机械的适用范围见表 3-1。

常用土方机械适用范围 表 3-1

机械名称	适用的作业项目		
	施工准备工作	基本作业	施工辅助作业
推土机	①修筑临时道路; ②推倒树木、拔除树根; ③铲草皮、除积雪及建筑碎屑; ④推缓陡坡地形,整平场地	①高度 3m 以内的路堤和路堑; ②运距 100m 内的挖及压实; ③傍山坡挖填结合路基	①路基缺口填方回填; ②路基粗平,取弃方、整平; ③填土压实,斜坡挖台阶; ④配合挖掘机与铲运机松土
自动平地机	除雪、扫雪、松土	修筑高 0.75m 以内路堤及深 0.6m 以内路堑,挖填结合路基的挖和运	开挖排水沟,平整路基,整修边坡
松土器 (推土机牵引)	翻松硬土		①破碎 0.5m 深以内的冻土层; ②Ⅲ～Ⅳ类土的翻松
挖掘机		①半径 7m 以内挖、卸土; ②装土供汽车远运	①挖坑槽; ②水下捞土

2) 铲运机

铲运机主要用于中距离的大规模土方铲挖转移工作,能独立完成铲土、运土、卸土、填筑、压实等工作。铲运机常用于开挖路堑、填筑路堤、大面积平整场地,适宜在Ⅰ、Ⅱ级土以及含水率较小的砂黏土上作业,而在干燥的粉土、砂加卵石与含水率过大的湿黏土上作业时,生产效率则大为下降。铲运机的选用是根据土质特性、运距、地形、机械本身的性能和道路状况来进行的,其中经济运距和作业阻力是选择铲运机的主要依据。铲运机的经济运距随铲斗容积而不同,见表 3-2。一般情况下,斗容量为 4～8m³ 的铲运机适用于 400m 以内的运距,9～12m³

的铲运机适用于600m以内的运距。铲运机运行道路的坡度一般应不大于15%。

铲运机的适用范围　　　　表3-2

铲运机类别			斗容量(m³)		适用运距(m)		道路坡度
			一般	最大	一般	最大	
拖式铲运机			2.5~18	24	100~1 000	100~300	15%~25%
自行式铲运机	单发动机	普通装载式	10~30	50	200~2 000	200~1 500	5%~8%
		链板装载式	10~30	35	200~1 000	200~600	5%~8%
	双发动机	普通装载式	10~30	50	200~2 000	200~1 500	10%~15%
		链板装载式	9.5~16	34	200~1 000	200~600	10%~15%

3）平地机

平地机是公路工程施工的专用机械之一，路基施工时主要用于平整场地、修整路基顶面和路拱，还可用于修筑高度为0.75m以下的矮路堤及深度为0.5m以下的浅路堑及平整边坡、开挖边沟或排水沟等。平地机的刀片铲切深度视土类和施工要求可在0.08~0.25m范围内确定。平地机的适用范围见表3-1。

平地机的主要工作装置是刮刀，它可以调整成四种作业动作，即刮刀平面回转、刮刀左右端升降、刮刀左右引伸和刮刀机面外倾斜，分别做刮刀刀角铲土侧移以开挖边沟、刮刀刮土侧移以填筑路基及回填沟渠、刮刀刮土以平整路基顶面、刮刀机外倾斜以清刷路基边坡等作业。

4）挖掘机

挖掘机是土石方工程施工的主要机械，是挖方段路基施工的主导机械之一，适于Ⅰ~Ⅳ级土以及Ⅴ级已松动的土，可挖装爆破后的石方和不大于斗容的石块。挖掘机的效率高，产量大，机动性差，适合开挖量较大的路堑和填筑高路堤等工程，宜和运输车辆配合组织施工。当工程量较小，但又必须使用挖掘机时，可选斗容量较小、机动性强的轮胎式挖掘机。

运输车辆和挖掘机配合工作时，为了使挖掘机充分发挥生产能力，应使运土车辆的载重量Q与挖土机的每斗土重保持一定的整数倍率关系，并有足够数量的车辆以保证挖掘机连续工作。在一般情况下，汽车载重量宜为每斗土重的3~5倍。运输车辆的配合数量可以通过预估，再进行实际调整。汽车数量N可按式(3-1)计算：

$$N = \frac{T_q}{T_w} \tag{3-1}$$

式中：T_q——汽车一个循环所用时间（装、运、卸、回）(min)；

T_w——挖掘机装满一车所用时间(min)。

5）装载机

装载机是一种效率较高的铲土运输机械，兼有推土机和挖掘机的功能，可进行铲掘、推运、整平、装卸、牵引等作业，它既可以铲、装、运松散物料，也可对岩石、硬土进行轻度铲掘。在公路施工中主要用于路基工程的填挖，沥青和水泥混凝土料场的集料、装料等作业。

在运距和道路坡度经常发生变化，且装载机的铲、装、运作业循环时间在3min以内时，装载机自铲自运是经济合理的。轮胎式装载机可代替挖掘机和自卸汽车配合装运，其合理运距见表3-3，通常装载机的斗容与自卸汽车车厢容积的匹配以2~4斗装满一车厢为宜。

轮胎式装载机与自卸汽车配合的合理运距 表 3-3

机械参数	参数数值								
年产量(万 t)	10	30		50		80		100 以上	
挖掘机斗容(m^3)	2.25	2.25	4	2.25	4	2.25	4	2.25	4
自卸汽车载质量(t)	10	10	27	10	27	10	27	10	27
装载机装载量(t)	装载机合理运距(m)								
2	470	170	260	110	160	80	110	71	65
4	760	280	450	190	280	130	190	118	108
5	920	350	540	240	340	170	230	155	143
9.9		800	1 190	560	750	420	520	384	347
16		890	1 330	630	830	440	570	432	387

6)压实机械

在路基、基层、沥青混合料压实中主要的压实机械有:静力式光轮压路机、轮胎压路机、振动压路机以及夯实机械。在施工中,应根据被压的物料类型、压实层厚度、工程质量标准、压路机的类型,以及施工条件等进行压路机的选择。

(1)根据工程质量要求选择。若想获得均匀的压实密度,可选用轮胎式压路机。轮胎式压路机在碾压时不破坏土原有的黏度,各层土之间有良好的结合性能,加之前轮可摆动,故压实较为均匀,不会有虚假压实情况。若想使路面压实平整,可选用全驱动式压路机;对压路机压实能力要求不高的地区,可使用线压力较低而机动灵活的压路机;若要尽快达到压实效果,可选用大吨位的压路机,以缩短工期。

(2)根据铺层厚度选择。在碾压沥青混凝土路面时,应根据混合料的摊铺厚度选择压路机的质量、振幅及振动频率。通常,在铺层厚度小于 60mm 的薄铺层上,最好使用振幅为 0.35~0.60mm 的 2~6t 小型振动式压路机,这样可避免出现堆料、起波和损坏集料等现象。同时,为了防止沥青混合料过冷,应在摊铺之后紧跟着进行碾压。对于厚度大于 100mm 的厚铺层,应使用高振幅(可高达 1.0mm)6~10t 的大中型振动式压路机。

(3)根据被压物料的种类选择。对于岩石填方压实,应选用大吨位压路机,以便使大型块料发生位移;对于黏土的压实,最好使用凸块捣实式压路机;对于混合料的压实,最好选择振动式压路机,以便使大小粒料掺和均匀;深层压实宜采用重型振动压路机慢速碾压,浅层则应选用静力作用式压路机。

各种压路机所适用的物料种类以及压实厚度见表 3-4。

常用压路机的适用范围 表 3-4

机 型	适宜的厚度(cm)	适用的土质
8~10t 静光轮	15~20	非黏性土
10~20t 静光轮	20~25	非黏性土
9~20t 轮胎	20~30	亚黏土、非黏性土
30~50t 拖式轮胎	30~50	各类土
2~6t 拖式羊足碾	20~30	黏性土
14t 拖式振动	100~120	砂砾土、砾石

7)凿岩穿孔机械

凿岩穿孔机械主要有凿岩机、穿孔机及其辅助机械,它们都是钻凿炮孔的石方工程机械。

凿岩机属于小型机具,有风动凿岩机、液压凿岩机、电动凿岩机和内燃凿岩机等形式,适用于钻凿小直径炮孔。穿孔机适用于钻凿大直径炮孔。

2.路基工程施工机械配置

在路基工程施工中,主要根据施工对象的特点、地下水位高低和土的含水率等进行机械选择。首先可根据各种施工机械的适用范围(土质、运距、坡度等)进行机械类型的选择,见表3-5。

根据运距和道路条件选择施工机械表　　表3-5

机械	履带式推土机	履带式装载机	轮胎式装载机	拖式铲运机	自行式铲运机	轮式拖车	自卸汽车
经济运距(m)	<80	<100	<150	100~500	200~1 000	>200	>2 000
道路条件	土路不平	土路不平	土路不平	土路不平	土路不平	平坦路面	一般路面

(1)当地形起伏不大,坡度在20°以内,挖填平整土方的面积较大,土的含水率适当,平均运距短(一般在1km以内)时,采用铲运机较为合适。如果土质坚硬或冬季冻土层厚度超过10~15cm时,必须由其他机械辅助翻松再铲运。当一般土的含水率大于25%,或坚硬的黏土含水率超过30%时,铲运机会陷入土中,必须将水排干后再施工。

(2)地形起伏较大的丘陵地带一般挖土高度在3m以上,运输距离超过1km,工程量较大且又集中时,一般可采用下述两种方式进行挖土和运土。

①用挖掘机配合自卸汽车进行施工,并在弃土区配备推土机平整土堆。选择挖掘机铲斗容量时,应考虑到土质情况、工程量和工作面高度。开挖普通土,集中工程量在1.5万m³以下时,可采用0.5m³的铲斗;开挖集中工程量为1.5万~5万m³时,以选用1.0m³的铲斗为宜,此时,普通土和硬土都能开挖。

②先用推土机把土推挤成一堆,再用装载机铲装,汽车运走,效率很高。

(3)按照施工条件选择土方机械,见表3-6。

土方施工机械的选用条件　　表3-6

路基形式及施工方法	填挖高度(m)	土方移运水平直距(m)	主要施工机械名称	辅助机械	机械施工运距(m)	最小工作段长度(m)
一、路堤							
路侧取土	<0.75	<15	自动平地机			300~500
路侧取土	<3.00	<40	58.9kW推土机		10~40	—
路侧取土	<3.00	<60	73.6~103kW推土机		10~60	—
路侧取土	>6.00	20~100	6m³拖式铲运机		80~250	50~80
路侧取土	>6.00	50~200	6m³拖式铲运机	58.9kW推土机	250~500	80~100
远运取土	不限	<500	6m³拖式铲运机		<700	>50~80
远运取土	不限	500~700	9~12m³拖式铲运机		<1 000	>50~80
远运取土	不限	>500	9m³自动铲运机		>500	>50~80
远运取土	不限	>500	自卸汽车		>500	(5 000m³)
二、路堑							
路侧弃土	<0.60	<15	自动平地机			300~500
路侧弃土	<3.00	<40	58.9kW推土机		10~40	—

续上表

路基形式及施工方法	填挖高度(m)	土方移运水平直距(m)	主要施工机械名称	辅助机械	机械施工运距(m)	最小工作段长度(m)
路侧弃土	<4.00	<70	73.6~103kW 推土机	58.9kW 推土机	10~70	—
路侧弃土	<6.00	30~100	6m³ 拖式铲运机		100~300	50~80
路侧弃土	<15.0	50~200	6m³ 拖式铲运机		300~600	>100
路侧弃土	>15.0	>100	9~12m³ 拖式铲运机		<1 000	>200
纵向利用	不限	20~70	58.9kW 推土机	推土机	20~70	—
纵向利用	不限	<100	73.6~103kW 推土机	58.9kW 推土机	<100	—
纵向利用	不限	40~600	6m³ 拖式铲运机		80~700	>100
纵向利用	不限	<80	9~12m³ 拖式铲运机		<1 000	>100
纵向利用	不限	>500	9m³ 自动铲运机		>500	>100
纵向利用	不限	>500	自卸汽车		>500	(5 000m³)
三、半挖半填路基						
横向利用	不限	<60	73.6~103kW 斜角推土机		10~60	—

（4）对于施工机械的数量应根据工程量、工期以及机械的生产率等进行配置。

施工机械数量 N 的计算：

$$N = \frac{QK_1}{WCK_2} \tag{3-2}$$

式中：Q——计划时段内应完成的工程量（m³）；

K_1——工程量的不均匀系数，一般大于 1；

W——计划时段内的台班制度数；

C——机械的台班生产率（产量定额）（m³/台班）；

K_2——机械的时间利用率，一般小于 1。

实际上，在配置了 N 台设备情况下完成的工程量 $QK_1 = N \times C \times K_2 \times$ 时间（d）× 每天的班次，所以，式中计划时段内的台班制度数 W = 计划时段内的天数 × 每天的班次。

对于施工期长的大型工程，常以年为计划时段。对于小型和工期短的工程，或特定在某一时段内完成的工程，可根据实际需要选取计划时段。

[例 3-1] 图纸上挖方共 600 万 m³，松方系数 $K_1 = 1.05$；挖掘机的效率 $C = 475$m³/台班，机械时间利用率 $K_2 = 0.9$；工程工期 3 年，每月平均有效工作日为 25d，每天工作 12h（即 1.5 班次），试求取挖掘机的数量。

解：挖掘机的数量

$$N = \frac{(1.05 \times 6\,000\,000) \div 3}{(12\,\text{月} \times 25\,\text{天} \times 1.5) \times 475 \times 0.9} = 10.92（台）$$

取整，为 11 台。

二、路面工程施工机械的性能与配置

路面工程中各施工工序可以采用不同类型的机械,不同类型的机械具有不同的工艺要求和生产率,所以,路面机械化施工需要考虑机械的合理选择和配置,配置应遵循以下原则:

(1)要适应作业条件;
(2)作业效率高,运转费用低;
(3)施工机械的作业性能水平能够满足工程设计要求的质量标准;
(4)提高自动化程度,做到省时省力、操作简单、维修方便、工作可靠;
(5)使用安全且不污染和破坏环境,不会影响已有建筑,不会影响人们的正常生活;
(6)按工期长短、工程量大小及施工难易程度决定配套的机械组合类型及数量;
(7)每一个机械组合的设备数量应尽量减少,因为机械组合的运转生产率等于组合中各机械生产利用率的乘积;
(8)流水作业应保持机械组合中各机械作业能力的平衡;
(9)尽量减少机械型号,以便于统一管理和维修。

1. 水泥混凝土路面的机械选择、配置

水泥混凝土路面施工机械的合理配套主要指拌和机、摊铺机、运输车辆之间的配套。首先应进行主导机械的选型,而决定水泥混凝土路面质量和使用性能的施工工序,主要是混凝土的拌和与摊铺。通常以混凝土摊铺机为第一主导机械,拌和机械为第二主导机械。主导机械的选型应根据机械的技术性能、生产率以及施工质量、进度等进行确定,在确保摊铺机生产率充分发挥的前提下,拌和机的生产率正常发挥,并保持施工过程的连续性、均衡性。

配套机械主要是指混凝土运输车辆。运输车辆的配套主要根据混凝土的运量和运距来决定。应充分考虑到在运输过程中混凝土水分的散失和离析等问题。通常运距约为5km时,选用5~8t的中型自卸汽车较经济,更远距离的宜选用混凝土搅拌运输车运输。

其他各种配套、小型机具有切缝机、灌缝机、洒水车、拉毛机、发电机、装载机等。

2. 沥青混凝土路面的机械选择、配置

在沥青混凝土路面施工过程中,为保证机械化施工的连续性,沥青混凝土搅拌设备、混合料运输车辆、沥青混凝土摊铺设备、压实机械的合理选配十分重要,并在很大程度上决定了沥青混凝土路面施工机群的生产率。因此,在沥青混凝土路面施工中第一主导机械是沥青混凝土拌和设备,第二主导机械是沥青混凝土摊铺设备。

1)沥青混凝土拌和设备

沥青混凝土搅拌设备分间歇式和连续滚筒式,生产能力按每小时拌和成品料的数量确定。

主要有小型(40t/h以下)、中型(40~350t/h)和大型(400t/h以上)三种。间歇式搅拌设备的生产能力最高达700t/h,连续滚筒式搅拌设备的生产能力最高达1 200t/h。强制间歇式搅拌设备的特点是冷矿料的烘干、加热与热沥青的拌和,先后在不同的设备中进行,国内外应用广泛;连续滚筒式搅拌设备的特点是冷矿料的烘干、加热与热沥青的拌和在同一滚筒内连续进行。由于集料级配控制好,沥青用量稳定,目前我国公路建设中主要采用间歇式搅拌设备。

沥青混凝土搅拌设备的选型要保证拌和质量稳定,其生产能力应根据工程量(面积和厚度)、工期来决定。

沥青混合料拌和设备的生产能力,即生产率是按每小时拌制混合料的吨数计算的。

(1)根据路面工程量计算沥青混凝土搅拌设备应满足(达到)的生产能力:

$$Q_1 = \frac{SH\rho}{8TK_B} \tag{3-3}$$

式中:Q_1——搅拌设备的生产能力(t/h);
S——铺筑面积(m^2);
H——铺层厚度(m);
ρ——混合料压实密度(t/m^3);
T——计划铺筑天数;
K_B——时间利用系数。

(2)选用满足生产能力的沥青混合料拌和设备:
①间歇式设备生产率 Q_j(t/h)的计算公式:

$$Q_j = \frac{n_f G_j K_B}{1\,000} \tag{3-4}$$

式中:G_j——每拌制一份料的质量(kg);
n_f——每小时拌制的份数;
K_B——时间利用系数,$K_B = 0.8 \sim 0.9$。

$$n_f = \frac{60}{t_1 + t_2 + t_3}$$

式中:t_1——搅拌器加料时间(min);
t_2——混合料搅拌时间(min);
t_3——成品料卸料时间(min)。

②连续式设备生产率 Q_L(t/h)的计算公式:

$$Q_L = \frac{60\,G_L K_B}{1\,000 t} \tag{3-5}$$

式中:G_L——搅拌器内的料的质量(kg);
t——拌和时间(混合料在搅拌器内的停留时间)(min)。

2)沥青混凝土摊铺设备

摊铺机的选配应保证路面铺设质量、摊铺机的连续作业,摊铺机的生产率应大于搅拌站生产率的1.2~1.3倍,然后用调整摊铺机速度的办法与搅拌设备协调,保证连续作业,减少停车而造成的路面不平整。

沥青混合料摊铺机的性能指标以其最大摊铺宽度确定,一般按摊铺宽度分为小型(3.6m)、中型(4~6m)、大型(6~10m)和超大型(10~12m)四类。小型:最大摊铺宽度小于3 600mm,主要用于路面养护和城市街道路面修筑工程。中型:最大摊铺宽度在4 000~6 000mm,主要用于普通公路路面的修筑和养护。大型:最大摊铺宽度在7 000~9 000mm,主要用于高速公路和一级公路路面工程。超大型:摊铺宽度大于9 000mm,主要用于业主有要求的高速公路路面施工。

沥青混合料摊铺机的生产率以每小时的吨数(t/h)来计算,计算公式如下:
$$Q = hB v_0 \rho K_B \tag{3-6}$$
式中:h——铺层厚(m);
B——摊铺带宽(m);
v_0——摊铺工作速度(m/h);
ρ——沥青混合料密度(t/m³);
K_B——时间利用率,$K_B = 0.75 \sim 0.95$。

3)沥青混凝土压实设备

选择压实机械种类、大小和数量时,应考虑摊铺机的生产率、混合料特性、摊铺厚度和施工现场的具体条件等因素。摊铺机的生产率决定了需要压实的能力,从而影响压路机吨位和数量的选用;混合料的特性则为选择压路机的吨位、最佳频率与振幅提供了依据。混合料矿料含量的增加、集料最大尺寸的加大、沥青稠度的提高都会使压路机的工作能力下降,要达到要求的密实度就需要较大压实能力的压路机。选择压路机质量和振幅,应与摊铺厚度相适应,摊铺层厚度小于6cm,最好使用振幅为0.35~0.6mm的中小型振动压路机(2~6t),以避免材料出现堆料、波浪。

4)沥青混凝土运输设备

对于沥青混凝土混合料的运输,应根据施工现场具体位置、施工条件、摊铺能力、运输路线、运距和时间,以及混合料的种类和数量合理配置运输车辆的型号和数量。配置时在保证沥青混凝土拌和设备及摊铺设备连续作业的同时又不使车辆因装料、卸料和等待时间过长而造成浪费。运输车辆的数量 N 由下式计算:

$$N = \frac{t_1 + t_2 + t_3}{T}\alpha \tag{3-7}$$

式中:α——储备系数,一般取 1.11~1.12,视交通情况而定;
t_1——载重运输时间(min);
t_2——空载运输时间(min);
t_3——卸料和等待的总时间(min);
T——拌制一车混合料所需的时间(min)。

3. 稳定类基层(底基层)设备

稳定类基层(底基层)施工分为厂拌法和路拌法。高速公路要求厂拌法和摊铺机进行摊铺作业。厂拌法主要的拌和机械有强制式拌和机、双转轴桨叶式拌和机等。摊铺可以用专用稳定土摊铺机,也可用沥青混合料摊铺机。

第四节　施工进度计划

一、施工进度计划的形式和作用

施工进度计划是在确定了施工方案的基础上,以工程项目为对象、以合同工期要求为依据,对工程的施工顺序和施工时间以及各单位、分部、分项工程之间的搭接关系,工程的开工时间、竣工时间及工期等做出的安排。在这个基础上,可以编制劳动力计划,材料供应计划,成品、半成品计划,机械需用量计划等。所以,施工进度计划是施工组织设计中一项非常重要的内容。施工进度计划的合理性会直接影响施工速度、施工成本和工程质量。

施工进度计划的形式主要有四种:横道图、垂直图(斜条图)、网络图、工程进度曲线图(S曲线)。进度计划的每种图形都有各自的特点和各自擅长反映进度状况的优势,这几种进度图应互相补充,取长补短。在绘制进度计划图时,应发挥每种进度图的优点和特色,切不可要求一种进度图就能全面反映工程施工进度。

1. 施工进度图的作用

(1)它是对全部施工项目进行时间组织的成果。
(2)确定了各工程项目之间的衔接关系。
(3)它是控制施工进度、指挥施工活动的依据。
(4)它是编制作业计划、物资供应计划、机具调度计划、资金使用计划等施工组织文件的依据。

施工进度图简单易懂,有助于领导部门抓住关键,统筹全局,合理布置人力、材料、机械,正确指导施工生产活动的顺利进行;有利于工人明确目标,更好地发挥主动精神;有利于施工企业内部及时配合。

2. 施工进度计划的形式和特点

1)横道图

横道图也叫作甘特图。其常用的格式如图 3-6 所示,它由两大部分组成,左边部分是以分部分项工程或工序为主要内容的表格,包括工程量、劳动量、工作日等;右边部分是进度图表,横道线的长短表示施工的期限,横道线所在的位置表示施工的内容,线上可以用数字标出劳动力或其他资源的需要数量。

编号	工程名称	施工方法	工程量 单位	工程量 数量	1月	2月	3月	4月	5月	6月	7月	8月	9月	10月	起止时间 开工	起止时间 结束
1	临时通信	人工为主	km	40	6										1月初	7月底
2	沥青混凝土基地	人工安装	处	1	35										1月上旬	5月中旬
3	清除路基	机械	m²	350 000			4								3月初	7月底
4	路用房屋	人工	m²	1 300	60			40							1月初	5月底
5	大桥	半机械化	座	1					94						5月中旬	8月中旬
6	中桥	半机械化	座	5			53								3月中旬	7月下旬
7	集中性土方	机械	m²	230 000				20							4月上旬	8月下旬
8	小型构造物	半机械化	座	23					30						5月初	9月初
9	沿线土方	机械为主	m³	89 000					36						5月初	9月下旬
10	基层	半机械化	m²	280 000						48					6月中旬	10月中旬
11	面层	半机械化	m²	280 000							18				7月中旬	10月底
12	整修工程	人工为主	km	40					10						5月上旬	10月底

图 3-6 公路工程进度图(横道图)

横道图的优点是简单、直观、易懂、容易编制,但有以下缺点:

(1)工程量的实际分布情况不清楚,也无法表示;
(2)施工日期和施工地点的关系不明确,即什么日期在什么地点施工不明确;
(3)不能表示各工程项目之间的衔接情况及施工专业队之间的相互配合关系;
(4)不能绘制对应施工项目的平面示意图。

2)垂直图

垂直图也叫作斜线图。其常用的格式如图3-7所示,以纵坐标表示施工日期,以横坐标表示里程或工程位置,用不同的线条或符号表示各项工程及其施工进度,资源平衡可在图表右侧以曲线表示。

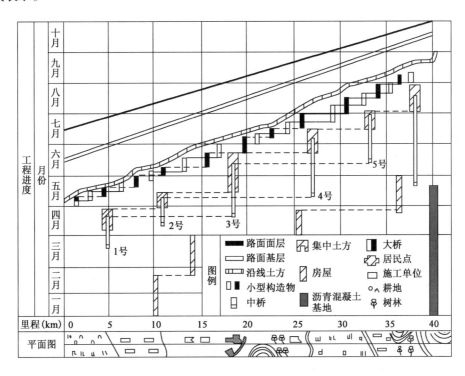

图 3-7 公路工程进度图(垂直图)

垂直图的优点是工程量的分布情况、工程项目的相互关系、施工的紧凑程度、施工期限都十分清楚。从垂直图中可以找出任何一天各施工队的施工地点和正在进行的施工项目。但垂直图仍有一些不足之处:

(1)不能反映哪些工作是关键工作;
(2)计划安排的优劣程度很难评价;
(3)反映不出某些工作的时差;
(4)难以使用计算机绘制,因而绘制和修改进度图的工作量很大。

3)网络图

网络图也叫作流程图。与横道图、垂直图比较,网络图不仅能反映施工进度,而且能清楚地表达各施工项目、各施工专业队之间错综复杂的联系、制约、协作等关系。它的最大优点是在计划的执行过程中可以很方便地根据当时的条件进行调整,指导工程施工按最佳的进度运行。因此,不论是集中型工程,还是线形工程,都可以用网络图表示工程进度,尤其是时标网络图更能准确、直观地表达工程进度。

如图 3-8 所示是施工进度图的网络表示形式,该图主要说明工程项目之间的相互关系。

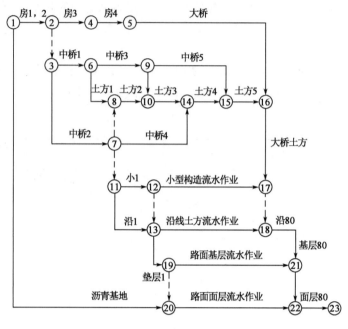

图 3-8 网络图

网络图具有下列明显的优点:

(1)整个工程项目生产过程的各个环节有机地组织起来,并指明其中的关键所在,从而可使各级领导和管理人员既能统筹安排,考虑全局,又能抓住关键,合理协调资源,实行重点管理,照顾全局;

(2)可以反映整个生产过程各项工序(活动)之间的相互制约和相互依赖关系;

(3)进行各种时间计算,能在工序繁多、错综复杂的计划中找出影响工程进度的关键工序,便于管理人员集中精力抓住施工中的主要矛盾,确保按期竣工,避免盲目抢工;

(4)通过网络计划中反映出来的各工序的总时差(即机动时间)和局部时差可以更好地运用和调配人力、设备,节约人力和物力,达到降低成本和加快进度的目的;

(5)在计划的执行过程中,当某一工序因故提前或推迟完成时,能够预见到它对工程的影响程度,便于及早采取措施以充分利用有利的条件或有效地消除不利的因素,保证自始至终对计划进行有效的控制与监督;

(6)能够设计出多种可行方案,并从中选出最佳方案;

(7)可以利用电子计算机进行计算、调整与优化。

网络计划技术不仅是一种编制计划的方法,而且是一种科学的施工管理方法。它有助于管理人员合理地组织生产,使其做到心中有数,懂得管理的重点应当放在何处,怎样缩短工期,在哪里挖掘潜力,如何降低成本。故采用网络计划技术能够取得好、快、省的全面效果,是一种先进的工程进度图的表示形式,应大力推广使用。

4)工程进度曲线图(S 曲线)

S 曲线是以时间为横轴,以累计完成的工程费用的百分数为纵轴的图表化曲线。一般在图上标注有一条计划曲线和实际支付曲线,实际支付线高于计划线则实际进度快于计划,否则慢于计划;曲线本身的斜率也反映进度推进的快慢。有时,为反映实际进度另增加一条实际完成线(支付滞后于完成)。在公路工程中,常将 S 曲线和横道图合并在同一张图表中,称之为"公路工程进度表",既能反映各分部(项)工程的进度,又能反映工程总体的进度。

二、施工进度计划的编制

1. 施工进度计划编制的依据

(1)工程设计图纸。

(2)合同规定的工期,工程开工、竣工日期,还要注意有无工程的阶段工期要求。因为,阶段工期需要用"最迟不迟于""最早不早于"等强制时限来表示。

(3)工程所在地有关水文、地质、气象和经济资料。

(4)主要工程施工方案。

(5)各类定额数据和影响施工的经济技术条件。

(6)劳动力、材料、机械的供应情况。

2. 施工进度计划的编制方法

(1)研究施工图纸与有关资料以及施工条件和工期要求。

(2)根据施工方法(或施工方案)划分施工细目(作业、工作)。

要编制施工进度计划,首先要划分施工细目,施工细目划分时应注意:

①划分的施工细目应与选择的施工方法一致;

②划分的施工细目的"粗细"程度要适当,一般可按施工定额的细目或子目划分,这样既简明清晰,又便于使用定额来计算有关参数;

③施工细目在进度计划表内填写时,应尽可能按工程的施工顺序排列,并应首先考虑安排主导(主控)工程;

④施工细目的划分要结合工程结构特点分项填列,不可漏项,以免影响进度计划的准确性。

(3)计算工程量和劳动量(作业量)。

①工程量计算。施工细目划分好后,可根据施工图纸及有关工程数量的计算规则,按照施工细目的排列,分别计算各个施工细目的工程数量并填列表中。工程数量的计算单位应与相应定额的计量单位相一致。

②劳动量(作业量)P 计算。劳动量(作业量)等于工程细目的工程数量 Q 乘以相应时间定额 S,或者工程数量 Q 除以相应产量定额 C。劳动量也等于使用的工人数与工作(作业)时间的乘积,机械台数与工作(作业)时间的乘积称为作业量。劳动量(作业量)的计算见式(3-8)。Excel 的电子表格有助于作业量的计算。

$$P = \frac{Q}{C} \text{ 或 } P = Q \times S \tag{3-8}$$

式中:P——劳动量或作业量(工日或台班);

Q——工程数量;

S——时间定额;

C——产量定额。

(4)生产周期(持续时间)的确定。

生产周期(持续时间)是工程量、资源量和工作效率,以及班次的函数。因此,需要搜集这些数据和资料,尤其是企业现有的资源数量和种类、企业的定额效率(时间定额、产量定额)等。

生产周期(持续时间)的确定可分为计算法和估算法。对于计算法,一旦工程量和效率(定额消耗)确定后(即已知),其劳动量或作业量就是确定的值(即已知),见式(3-8)。劳动量或作业量 = 人数(台数) × 持续时间,在资源数量和时间这两个变量中应先假设一个数值才能计算出另一个值,所以计算法又分为两种,一是先设资源数量后试计算持续时间;二是先设时间后试计算资源数量。不论哪种试计算和估算,最终都要平衡进度计划与资源计划,使工程的计划工期满足合同工期,资源的计划需要量不突破其供给量。因此,进度与资源之间是相互制约、相辅相成的关系,存在着作用与反作用。

①先设资源数量,然后试算持续时间。以施工单位现有的人力、机械的实际生产能力以及工作面大小计算完成已知劳动量所需的生产周期(持续时间)。一般按式(3-9)计算:

$$t \text{ 或 } D = \frac{P}{N B_Z} \tag{3-9}$$

式中:t——生产周期(即持续时间 D);

P——劳动量(工日或台班);

N——人数或机械台数;

B_Z——一天的生产工作班制数。

施工进度计划编制中常会遇到工作班制的安排问题。采用"二班制"或"三班制"作业可以加快施工速度,提高施工机械的利用率,但也会引起加班费、工地照明、材料消耗等方面的费用增加、工效降低。对于那些使用大型机械的主要施工过程,为了充分发挥机械使用效率,就有必要采用"二班制"或"三班制"施工;某些技术上不能中断的连续施工,如大体积混凝土的连续浇筑,则只能采用"二班制"或"三班制"作业。

机械的使用数量还需考虑设备完好率的影响。对于先设资源数量然后试计算生产周期法的难点在于如何确定主导资源和数量,这一点在下面专门讲述并计算,见[例3-2]。

②先确定时间,然后计算所需的资源数量。对于某些技术上的主控工程或重点工程(细目),在施工组织管理的进度计划编制过程中应将其安排在关键线路上。这体现了"施工重点和难点的主控工程要与关键线路一致性的进度计划评价"原则。因此,这类主控施工细目根据规定的工程工期倒排确定出各工作的持续时间,从而计算专业队(作业队、班组)人数或机械台数,如下式:

$$N = \frac{P}{t B_Z} \tag{3-10}$$

式中符号意义同式(3-9)。

例如,以路基土石方为主要工程量的公路施工,其路基土石方工程就是公路路基施工甚至是合同段的主控工程,此时往往以业主给定的工期反算资源量。

③估算法。经验估算法,即根据过去施工的同类型、相似工程的经验进行估算,施工经验

丰富时其准确度相当高;对于一些无定额可循的工程亦常常采用经验估算。当个人经验不足时,可采用专家估算法,借助有经验的专家估算时间,或者采用类比法,借助同类型工程的资料类比估算时间。

(5)确定各施工细目之间的逻辑关系以及可能的搭接关系。

施工细目(作业、工作)之间的逻辑关系分为工艺关系和组织关系,一般先根据施工方法考虑工艺关系然后再考虑组织关系。确定各作业间的搭接关系时,要遵循施工技术规律和合理的组织关系,并应尽可能以流水作业的方式进行安排。

(6)绘制施工进度图。

根据需要分别绘制横道图、垂直图、网络图和工程进度曲线。

(7)检查和调整施工进度计划,使之更加符合实际,更加完善。

对于第(4)步的生产周期(持续时间)确定,很难一次就能确定得很合理,尤其在施工经验不足时更显得有难度。因此,整体施工进度计划编制要经过多次分析、调整修改才能确定。

(8)施工进度计划的评价。

通常采用工程工期、劳动力消耗的均衡性等指标对施工进度计划编制的质量进行评价。

在考虑施工进度的劳动量消耗均衡以后,还需要分别按照各个工种来考虑劳动量消耗的均衡情况。在计算各工种工人人数时,可能有些零星工作没有考虑在内,工人的劳动生产率可能比定额的规定有所提高,如果变动的幅度不超过15%,通常可认为是均衡的。

当施工对象为多个单项工程(或单位工程)时,则一个单项工程(或单位工程)的劳动量消耗是否均衡就不是主要的问题。在这种情况下,应当绘制整个工程项目需要的劳动量图,力求项目劳动量消耗是均衡的。

三、主导资源量与主导劳动量的确定

施工进度计划编制中的关键步骤是确定编制进度计划的三要素,即工作名称(或代码)、工作的生产周期(持续时间)、工作间的逻辑关系。尤其在应用计算机软件编制进度计划时只需输入这三个要素,进度计划就能自动生成。在三个关键的步骤中,使用计算法确定各工作的生产周期(持续时间)对没有施工经验的初学者是最困难的。

先设资源数量,然后计算持续时间的关键点,确定分项工程的主导资源数量和主导劳动量。

(一)主导资源量的确定

1. 确定主导资源考虑的因素

主导资源是对生产周期起控制作用的资源。在一般情况下,某一施工过程(工作、作业)中同时使用多种资源时,主导资源就是占用时间最长的资源。除了将起主控作用的资源作为主导资源外,还可将以下资源作为主导资源。

(1)施工中可以达到满负荷的资源;
(2)施工中的主控设备或工种;
(3)便于快速试算的资源。

2. 根据分项工程性质和施工方法确定主导资源及其数量

(1) 路基土石方工程:路基土石方工程以机械为主导,土方的挖方主要选择推土机、挖掘机,汽车是配合机械,一般不作为主导资源考虑。填方主要选择压路机为主导,平地机、推土机为配合。石方开挖要考虑凿岩设备与装运设备之间的配合。

(2) 小型构造物(挡土墙等)砌筑工程以砌筑工人为主导。

(3) 桩基础:挖孔桩以人工为主;钻孔桩以钻机为主导资源。

3. 考虑工作面或施工段的大小来确定配置资源的数量

工作面和施工段的大小决定了在某一时间段内机械的使用效能、工人的劳动组合和材料的供应情况,因此,应该根据工作面和施工段的大小考虑配备机械、人工的数量。

4. 考虑施工组织方法

利用顺序作业、平行作业、流水作业确定主导资源和数量。

(二)主导劳动量确定

人们一般取生产周期(持续时间)最长的劳动量作为主导劳动量,它的生产周期(持续时间)叫作主导生产周期(持续时间)。在先设资源量,再计算工作持续时间时,主要先确定主导资源,然后估计数量,经过几次试算最后确定主导劳动量。在编制施工进度计划图时,应尽量调节各平行作业所需的人工、机械投入数量,使各种作业的持续时间大致一致,即都成为主导作业。但在施工阶段,由于条件限制,往往不能使各种作业的持续时间相等,此时则应以主导作业的主导持续时间作为控制该施工过程的持续时间,绘制施工进度图;其他非主导作业所需的人工、机械数量只能供统计之用。

在先确定时间的情况下,再确定资源的数量以满足进度要求,此时应注意首先选择哪类资源的劳动量作为主导劳动量(作业量)进行重点资源调配,此时不能选择汽车的作业量作为主导作业量。

理论上讲,生产周期有两种计算方法,但是在实际工作中,生产周期往往取决于合同工期。一般做法是:①先根据施工的先后顺序和当前技术控制的要求,理清各分部分项工程的逻辑关系,正确选择安排施工组织方法(式),也就是安排顺序作业、流水作业,还是平行作业的问题;②按照合同工期适当考虑富余时间(考虑雨季、内部资源供应不足或外界干扰对工期的影响),来决定施工单位的内控总工期;③把内控总工期分布到各分部分项工程直至各工序上,再由各工序允许的施工持续时间参考产量定额反算配置资源(工人、设备)的数量,同时要考虑设备的配套。

下面举 3 个例子简要说明主导资源量与主导劳动量的确定方法。

[例3-2] 某建设单位(业主)要求 8 个月完成路基土方 90 万 m^3,其中挖土方 50 万 m^3,填方 40 万 m^3。请确定主导资源并计算所需主导资源的数量。

解:根据题意,路基土方是施工网络计划中的关键工作,因此,土方施工的持续时间不能大于 8 个月。这时,应计算 8 个月完成路基土方 90 万 m^3 所必须满足的各种资源配置,机械数量按式(3-10)计算(也可参考[例3-1]的计算式)。本例中挖方大于填方,一般的施工方法是:先修筑施工便道,然后对原始地面进行推土机清表处理,确定挖填范围,然后移挖作填,多余方作弃方处理。因此,挖方是控制整个工程进度的主导工序,而挖方的挖掘机是主导资源,以挖土方工程量和挖掘机的产量定额作为计算的主要依据。扣除清表、收尾等工作的占用时间,假定正常挖方施工时间控制在7个月内,不考虑多班制,按照公路工程施工定额2.0m³斗容量的挖掘机的效率计算,挖方挖掘机数量为:

$$P = \frac{Q}{C} = \frac{500\,000}{862} = 580(台班),N = \frac{P}{tB_z} = \frac{580}{7 \times 30 \times 1} = 3(台)$$

以3台挖掘机考虑挖方的配套机械如推土机和汽车(运距影响)等。此时,移挖作填,填方与挖方平行工作,考虑40万m³填方在约7个月时间中使用的机械设备如压路机、推土机或平地机等,最后计算人工的数量。

[例3-3] 以[例3-2]的工程量为例,合同工期为3年。此时该合同段的隧道工程是主控工程,除了隧道进出口之外的路基土方是辅助工程,当没有施工经验时,如何试算路基土方工程主导资源的数量并计算生产周期。

解:假定施工单位有2.0m³斗容量的挖掘机2台(可以开辟2个工作面)。在正常情况下,企业定额每台班产量为850m³,考虑每天施工时间12h,即$B_z = 1.5$班制,设备完好率按80%考虑,则需要的施工时间为:

$$P = \frac{Q}{C} = \frac{500\,000}{850} = 589(台班),D = \frac{P}{NB_z} = \frac{589}{(2 \times 80\%) \times 1.5} = 246(d)$$

计算出路基土方工程的施工时间为246d,分析与相关分项工程的衔接关系,比较判断是否合理可行,并进行适当调整。

[例3-4] 在[例3-3]的基础上将路基土方工程改为路基土石方工程,微调数量。路基土石方90万m³,其中挖方50万m³(土方为35万m³、石方为15万m³),填方40万m³。考虑挖土方与挖石方工序之间的逻辑关系,其影响路基土石方分项工程的生产周期。

解:仍然假定施工单位有2.0m³斗容量的挖掘机2台(可以开辟2个工作面)。在正常情况下,企业定额每台班产量为850m³,考虑每天施工时间12h,即$B_z = 1.5$班制,设备完好率按80%考虑,则土方与石方需要的施工时间分别为:

土方 $P = \frac{Q}{C} = \frac{350\,000}{850} = 412(台班),D = \frac{P}{NB_z} = \frac{412}{(2 \times 80\%) \times 1.5} = 172(d)$

挖石方的机械不仅要用挖掘机挖装石方,还需要凿岩设备和爆破器材进行石方的开炸。

那么挖石方工序与挖土方工序之间的逻辑关系又如何确定呢?

这个问题较为复杂,要根据具体情况从工艺关系和组织关系的角度去分析。最普遍和最简单的情况是,石方开炸与石方挖装之间的工艺关系虽然是顺序关系,但是从组织关系角度分析,一个路段中在保证爆破安全的距离的情况下石方开炸与石方挖装分别是两个不同的工作面,它们之间是平行关系。那么,此时石方开炸与石方挖装之间的逻辑关系就是组织关系为主,谁的时间长谁就是主导工序,从施工组织合理的角度石方挖装工序是主导工序,石方开炸服务于石方挖装。因此,主导资源仍然是挖掘机。

石方 $P = \dfrac{Q}{C} = \dfrac{150\,000}{850} = 177(台班), D = \dfrac{P}{NB_z} = \dfrac{177}{(2 \times 80\%) \times 1.5} = 74(d)$

挖土方工序和挖石方工序之间的逻辑关系,如果仅从土石方的地理分布,往往会得出不完整的偏颇结论:位于同一处当上层是土方下层是石方时为顺序关系;土方与石方分别位于不同桩号位置时是平行关系。事实上,该结论忽视了逻辑关系中的组织关系,仅从一个工作面判断其为顺序或平行往往只是工艺关系,是不全面的;在一个路段中,从主导资源的角度分析,同一台挖掘机不是在挖装土方,就是在挖装石方,站在这个角度判断其结论会不同,它们之间的逻辑关系是顺序关系。所以,路基土石方分项工程的时间是 172 + 74 = 246(d)。因此,如果路基土石方是以挖装为主导工序时只需按照挖掘机的能力计算时间和数量。

如果土石方与其他工程相互影响,可根据具体情况用上述介绍的方法进行分析处理。

四、编制施工进度图的步骤

1. 确定施工方法

确定施工方法时,首先应考虑工程特点、现有机具的性能、施工环境等因素,如以下为某施工单位根据工程特点和本单位所拥有的机械设备、技术力量等确定的路基、路面施工方法。

(1)石方挖方。本合同段路基施工的主要特点是:石方开挖量大,占总挖方的70%以上,其中又以弱风化花岗岩为主。

施工方法:采用进口大型凿岩机打岩,采取松动爆破方法,严格控制装药量,精心计算,确保施工安全。

(2)土方挖方。采用挖掘机配合自卸汽车或推土机、装载机配合自卸汽车运土。在地势平坦,土量集中的路段,使用大型铲运机。

(3)填方路基。清理场地后,当地面横坡不大于1:10时,直接填筑路堤;采用推土机配合平地机摊土、石,严格掌握虚铺厚度,按工艺要求充分碾压,土、石材料分层填筑、分段使用。对填石路堤采用大吨位振动式压路机;土方适用于光轮压路机,配合振动压路机碾压。对于地面横坡大于1:10的路段,分别采取翻松或挖土质台阶的方法。

(4)路面基层施工。采用路拌法和集中厂拌法,下承层检查合格后,用摊铺机配合平地机摊平。经初压后,用振动式压路机压实。

(5)路面面层施工。第一步,做好沥青混凝土的配合比试验。在准备好的基层上喷洒透油层,将合格的热拌混合料,用自卸车运到摊铺路段。采用摊摊铺机整幅摊铺。第二步,碾压,用8t轻型压路机初压两遍,用12~15t压路机压四遍,用6~8t轻型压路机压实。

2. 选择施工组织方法

根据具体的施工条件选择最先进、最合理、最经济的施工组织方法，是编制工程进度图的关键。流水作业法是公路工程施工中较好的组织方法，但不建议单独采用。有些工程技术复杂，工程量大，可以考虑采用平行流水作业法、立体交叉流水作业法、网络计划法等。有些工程工程量小，工作面窄小，工期要求不紧，可以采用顺序作业法。

3. 划分施工项目

施工组织方法确定后，就可以划分施工项目。每项工程都由若干个相互关联的施工项目所组成，如桥梁工程由施工准备、基础工程、下部工程、上部工程、桥面系、引道工程等施工项目组成。施工项目划分的粗细程度与工程进度图的阶段，即用途有关（施工项目可以是单位工程、分部工程、分项工程、工序等）。一般按所采用的定额的细目或子目来划分，这样，便于查阅定额。

划分施工项目时，必须明确哪一项是主导施工项目。在一般情况下，主导施工项目就是施工难度大，耗用资源多或施工技术复杂、需要使用专门的机械设备的工序或单位工程。主导施工项目常控制施工进度，因此，首先应安排好主导施工项目的施工进度，其他施工项目的进度要密切配合。在公路工程中，路面、集中土石方、特殊路基、大中桥等一般都是主导施工项目。

4. 排序

排序即列项。按照客观的施工规律和合理的施工顺序，将所划分的施工项目进行排序，如施工准备、路基处理、路基填筑、涵洞、防护及排水、路面基层、路面铺筑等。路面基层施工项目必须安排在路基填筑、涵洞施工项目的后面。注意不要漏列、重列。工程进度图的实质就是科学合理地确定这些施工项目的排列次序。

5. 划分施工段，并找出最优施工次序

在一般的横道图中，一般采用横线工段式。设计阶段所做的施工进度图一般不明确划分施工段。在实施性施工进度中，如果组织流水作业，为了更好地安排施工进度，缩短施工工期，就应该划分施工段，并尽可能按约翰逊-贝尔曼法则找出最优或较优施工次序，并在施工进度图中表示出来。

6. 计算工程量与劳动量

当划分完施工项目并排好工序后，即可根据施工图纸及有关工程数量的计算规则，计算各个施工项目的工程数量，并填入相应表格中，工程数量的单位应与所采用的定额单位一致。当划分施工段组织流水作业时，必须分段计算工程数量。此外，还应考虑为保证施工质量和安全的附加工程数量。

计算劳动量时要注意施工现场的具体情况和施工的难易程度，同样工程数量，都是挖基坑，挖普通土和挖硬土的劳动量不同；同样工程数量的砌筑工程，搬运材料的运距不同，劳动量也不同。

劳动量的计算：所谓劳动量，就是施工项目的工程量与相应的时间定额的乘积，也就是实际投入的人数与施工项目的作业持续时间的乘积。人工操作时叫作劳动量，机械操作时叫作作业量。

7. 计算各施工项目的作业持续时间

具体的计算方法见本章第三节，计算过程中应结合实际的施工条件认真考虑以下几点：

①各施工项目均应按一定技术操作程序进行;②保证工作面和劳动人数的最佳施工组合;③相邻施工项目之间应有良好的衔接和配合,互不影响工程进度;④必须保证施工安全和工程质量;⑤确定技术间歇时间(混凝土的养生、油漆的干燥等),确定组织间歇时间(施工人员或机械的转移及施工中的检查、校正等属于最小流水步距以外增加的间歇时间)。

8. 初步拟定工程进度

按照客观的施工规律和合理的施工顺序,采用前面确定的施工组织方法、施工段间最优或较优施工次序及各施工项目的作业持续时间,就可以拟定工程进度。在拟定时应考虑施工项目之间的相互配合。例如:某一路线工程采用流水施工,为了使各施工项目尽早投入施工生产,首先集中人力、物力进行第一段的施工准备工作。第一段的施工准备工作完成后,小桥涵等人工构造物可以投入施工。小桥涵等人工构造物完成后,路基施工开始。路基完成后,路面施工开始,其他辅助工作(材料加工及运输等)应与工程进度相配合。

拟定工程进度时,应特别注意人工的均衡使用。施工开始后,人工数目应逐渐增加,然后在较长时间内保持稳定,接近完工时又应逐渐减少。另外,还要力求材料、机械及其他物资的均衡使用。初拟方案若不能满足规定工期要求或超过物资资源供应量,应对工程进度进行调整。

9. 检查和调整施工进度计划

无论采用流水作业法,还是网络计划法组织施工,都要在初拟方案的基础上通过优化调整,最后得到工程进度图。在优化过程中重点检查的内容有:

(1)施工工期,施工进度计划的工期应符合上级或合同规定的工期。

(2)施工顺序,检查施工项目的施工顺序是否科学、合理,相邻施工项目之间衔接、配合是否良好。

(3)动力等资源的消耗是否均衡,劳动力需要量图反映了施工期间劳动力的动态变化,它是衡量施工组织设计合理性的重要标志。不同的工程进度安排,劳动力需要量图呈现不同的形状,一般可归纳为如图3-9所示的三种典型图式。图3-9a)出现短暂的劳动力高峰,图3-9b)劳动力需要量为锯齿波动形,这两种情况都不便于施工管理并增大临时生活设施的规模,应尽量避免。图3-9c)在一个较长时间内劳动力保持均衡,符合施工规律,是最理想的状况。

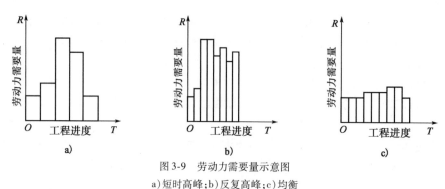

图3-9 劳动力需要量示意图
a)短时高峰;b)反复高峰;c)均衡

劳动力消耗的均衡性用劳动力不均衡系数表示。劳动力不均衡系数应大于或等于1,越接近于1越合理,一般不允许超过1.5。其值按下式计算:

$$K = \frac{R_{\max}}{R_{平均}} \tag{3-11}$$

式中：$R_{\max}$——施工期间工人人数最高峰值；

$R_{平均}$——施工期间加权平均工人人数，即总劳动量/计划总工期。

针对出现的问题，采取有效的技术措施和组织措施，使全部施工在技术上协调，在人工、材料、机具的需要量上均衡，力争达到最优的状态。调整结束后，采用恰当的形式绘制工程进度图。

五、注意事项

(1)安排工程进度时，应扣除法定节假日，并充分估计因气候或其他原因的停工时间。上级规定或合同签订的施工工期减去这些必要的停工时间之后，才是实际可作安排的施工作业时间。此外，还要考虑必要的准备工作时间，必需的外部协调时间。

(2)注意施工的季节，如桥梁的基础施工应避开洪水期，沥青路面和水泥混凝土路面应避免冬季施工等。

(3)公路工程在野外施工，影响施工的因素很多，任何周密详尽的计划也很难一一实现。安排工程进度时应保证重点、留有余地、方便调整。特别是对于施工难度大、物资资源供应条件差的工程，更应注意留有充分的调整余地。

(4)各种施工间歇时间(技术间歇时间、组织间歇时间等)，由于不消耗资源，往往容易被忽视。采用网络计划法组织施工时，可以将间歇时间作为一条箭线处理(不消耗资源，但消耗时间，故仍为实箭线)。

(5)在对初步方案进行优化时，注意外购材料和各种设备分批到达工地的合同日期，需要这些材料和设备的施工项目的开工时间不得早于合同日期。

(6)编制工程进度图是一项十分细致而又复杂的工作，因此在编制前必须做好深入的调查研究和资料收集工作，编制时要认真负责，充分估计可能发生的各种情况，根据现场的条件实事求是地进行编制。

第五节 资源供应计划

在确定施工方案和施工进度的基础上，应进行工程项目资源需要量供应计划的编制。根据施工方法的确定提出劳动力使用计划；根据施工机械的确定提出所需的各种机械的使用计划；根据施工顺序的确定提出周转性材料计划；根据施工进度的要求编制资源的供应计划，可避免停工待料对施工进度的影响。

资源供应计划与施工成本有密切的关系，特别是材料供应计划，编制一定要切合实际，既要保证正常的施工需要，还要保证施工进度加快时的需要，否则，计划过大会增加施工成本，计划过小则影响施工的正常进展。

一、资源供应计划的编制原则、依据和要求

1. 资源供应计划的编制原则

资源供应计划准确与否，直接影响项目施工的成本，为此必须遵循下列原则：

(1)遵循国家的法律、法规和各项规定;
(2)遵循国家各项物资管理政策和要求;
(3)了解市场、掌握市场、按照市场规律编制资源供应计划;
(4)按照甲方的合同要求确定资源供应计划;
(5)编制供应计划,尽量采用当地的资源,以减少运、杂费,降低资源采购成本;
(6)用科学的态度,实事求是地编制资源供应计划,计划应留有余地;
(7)资源供应计划的严肃性和灵活性相结合。

2. 资源供应计划的编制依据

(1)设计图纸和工程量。
(2)施工方案及施工进度对资源供应的要求。
(3)包方在合同条款中提出的特殊要求。
(4)资源消耗标准。资源消耗标准包括材料、机构件、半成品、机构使用台班、劳动力、周转材料等消耗标准。资源需要量计划是否符合实际,选择消耗定额标准很重要。没有消耗定额标准的,参考相关定额或经验进行资源需要量的计算。

3. 资源供应计划的编制要求

编制资源供应计划的指导思想是以提高经济效益为中心,降低施工成本为目的。为此,编制资源供应计划时,工程项目部各职能部门都要参加编制,投标时由施工技术部门编制,做到按质、按量、适时、适地、适价、经济合理、成套齐备地供应工程项目建设所需的材料,保证施工活动顺利进行,完成项目建设。

(1)"按质"指按工程设计所提供的质量标准,正确选用品种、规格并能满足相应的质量要求;不能低于设计要求,否则工程质量不合格;高于要求,则材料费用增加,引起工程造价的增加。
(2)"按量"指进货量、储存量和供应量要能满足施工需要,要有一定的余量,不能满打满算。过少,造成停工待料;过多,造成积压和资金浪费。
(3)"适时"指按施工进度对材料需要量的要求,以最短的储存时间,分批、分期地均衡供应现场。过早,费用增加;过晚,造成窝工。
(4)"适地"指材料一次运到指定地点,避免二次倒运,造成材料损失,增加运输费用。
(5)"适价"指购进材料单价,尽量不超过工程预算价格。
(6)"经济合理"指质量好、价格低。
(7)"成套齐备"指材料构件应符合项目建设的配套要求;不齐,则此配套项目不能一次完成。

二、劳动力需要量计划

劳动力需要量的多少是根据工程项目的工程量和规定使用的劳动定额和要求的工期计算完成工程所需要的劳动力。在计算过程中要考虑日历天中扣除节假日和大雨、雪天对施工的影响系数,还要考虑施工方法,是人工施工,还是半机械施工及机械化施工,不同的施工方法所需的劳动力数量也不同。

根据已确定的施工进度计划,可计算出各个施工项目每天所需的人工数,将同一时间内所有施工项目的人工数进行累加,即可绘出每日人工数随时间变化的劳动力需要量图。同时还可编制劳动力需要量计划,附于施工进度图之后,为劳动部门提供劳动力进退场时间,保证及时调配,做好平衡,以满足施工的需要。如现有劳动力不足或多时,应提出相应的解决措施,或者增开工作面,以按时或提前完成任务。劳动力需要量计划见表3-7。

劳动力需要量计划　　　　　　　　　　　表3-7

序号	工种名	需要人数及时间										备注
		年　度					年　度					
		一季度	二季度	三季度	四季度	合计	一季度	二季度	三季度	四季度	合计	
1	2	3	4	5	6	7	8	9	10	11	12	13

编制:　　　　　　　　　　　　　复核:

由于特殊情况的影响,考虑法定的节假日的日历工作日系数为0.71,气候影响系数为$K_气$($K_气$随不同地区而变化)。实际上

$$T = 施工期日历天数 \times 0.71 K_气 \tag{3-12}$$

[**例3-5**] 某桥台基坑开挖土方为400m³,坑深7m,无地下水,不设挡板,人工开挖,机械垂直吊土(吊头为架子车)至坑口,架子车运距为50m,基坑平均面积为30m²,二班制作业要求工期为7d。求所需的劳动力数量。

解:(1)计算每班开挖人数:

$$N = \frac{基坑平均开挖面积}{f}$$

式中:f——每人占用的最小工作面,一般为2m²(根据所使用的工具实测确定)(m²/人)。

故每班开挖人数:

$$N = \frac{30}{2} = 15(人)$$

(2)根据工期和工程量计算所需劳动力:

工期为7d,应完成400m³土方,查《公路工程预算定额》为

$$0.218 + 0.146 + 0.0059 \times 2 = 0.38(工日/m³)$$

则所需的劳动力数量:

$$N = \frac{400 \times 0.38}{7 \times 0.85} = 29(人)$$

(3)按保证每个劳动力最小工作面计算:

二班制需要劳动力的数量为:

$$15 \times 2 = 30(人)$$

> 因此,选用按工程量计算所需 29 人即能保证每人的最小工作面,充分发挥每个人的工作效率,又能保证工期要求,这样是合理的劳动力配置。

从[例 3-5]可以看出:第一,人力施工在不受工作面限制时,可直接查定额,与工程量相乘计算需要的总工日,并除以工期即得劳动力数量;第二,人力施工受到工作面限制时,必须按保证每个人最小工作面这个条件来计算所需的劳动力数量,否则会在施工过程中出现窝工现象。

半机械化施工方法主要是有的施工项目采用机械施工,有的项目采用人力施工,如路基土石方工程,填、挖、运、压实等工序采用机械施工,而边坡、路拱、路肩修整,及边坡夯实采用人工施工;又如混凝土工程、拌和采用机械施工方法,而运、提升采用人工施工方法等。

半机械化施工在计算劳动力需要量时除了根据定额和工程量外,还要能保证工期的要求,以及考虑充分发挥机械的工作效率,否则会出现窝工或机械的工作效率降低,影响工程的施工成本。

机械化施工方法所需要的劳动力主要是司机及维修保养人员和管理人员(即机械辅助施工人员)。因此,计算机械施工方法所需的劳动力数量与机械的施工班制有关,即一班制、二班制、三班制,一班制配备的驾驶员少于二班、三班制工作的人数,辅助人员相应也少。其次是与投入施工的机械数有关,投得多所需要劳动力也多。只有同时考虑上述两个方面的问题,才能够较准确地计算所需的劳动力数量。

三、施工机械、设备计划

在确定施工方法时,已经考虑了各个施工项目应选择何种施工机械或设备。为了做好机械、设备的供应工作,应根据已确定的施工进度计划将每个项目采用的施工机械种类、规格和需用数量,以及使用的具体日期等综合起来编制施工机械、设备计划(表 3-8),以配合施工,保证施工进度正常进行。

机械、设备计划　　　　　　　　　表 3-8

序号	机构名称及规格	数量		使用期限		年　度								备注
						一季度		二季度		三季度		四季度		
		台班	台/辆	开始日期	结束日期	台班	台/辆	台班	台/辆	台班	台/辆	台班	台/辆	
1	2	3	4	5	6	7	8	9	10	11	12	13	14	15

编制:　　　　　　　　　　复核:

施工机械、设备需要量包括基本施工过程、辅助施工过程所需的主要机械、设备及其备用数量以及辅助机械的需要量。应注意考虑机械的备用数量,以免影响正常施工。备用数量的确定主要依据工程量的大小、机械工作时间的长短、机械状况的优劣及定期维护、不定期修理等因素。

机械台班需要量计算应先根据施工方案选择机械配备方案,确定机械种类的匹配要求,再根据工程量和机械时间定额,考虑施工所需各种机械的施工班制(即每天一个工作台班制,还是两个、三个工作台班制),工作日是否包含节假日等因素。

[**例 3-6**] 某路基工程土方量为 20 000m³,采用斗容量小于 8m³ 的拖式铲运机施工,推土机配合,土质为硬土,运距为 400m。求铲运机、推土机所需的台数。气候系数为 0.9,二班制,工作日系数为 0.71(扣除法定节假日),工期 1.5 个月。

解:(1)查《公路工程预算定额》。

铲运机的时间定额:$3.31 + 0.48 \times (400 - 100)/50 = 6.19$(台班/1000m³);

推土机的时间定额:0.56 台班/1000m³。

(2)计算实际工作天数:$T = 1.5 \times 30 \times 0.71 \times 0.9 = 28.7$(d)。

(3)铲运机所需台班数。

$$N = \frac{20\ 000 \times 6.19/1\ 000}{28.7 \times 2} = 2.16 \approx 3(台)$$

(4)推土机所需台班数。

$$N = \frac{0.56 \times 20}{28.7 \times 2} = 0.20 \approx 1(台)$$

施工机械要求主机与辅机匹配合理,在保证主机充分发挥生产效率的前提下配备一定数量的辅机,其计算公式为:

$$N = \frac{Q_w}{q_w} \tag{3-13}$$

式中:N——辅机的需要量(台或辆);

Q_w——计算时间内完成的工程量;

q_w——计算时间内某一种机械的生产率,其计算方法为:

$$q_w = \frac{q_1 T}{t' + t'' + \frac{2L}{V_{cp}} + t_d} K_i \tag{3-14}$$

式中:q_1——辅助机械生产效率;

T——完成工程量所规定的工作时间(min);

L——运距(m);

V_{cp}——往返平均运距(m/min);

K_i——辅机工作时间利用系数,一般为 0.80~0.95;

t_d——辅机等待时间(min);

t'——装车时间(min);

t''——卸车时间(min)。

[**例 3-7**] 某路基工程,土方横向调配远运,运距为 8km,要求每天完成 1 000m³ 的施工任务。主机为斗容量 1m³ 的挖掘机,辅机采用载质量为 12t 的自动倾卸汽车,二班制作业,求自动倾卸汽车的需要量。

解:(1)根据现场实际情况,测定如下数据:

$$t' = 4.9\text{min}, \ t'' = 1.4\text{min}, \ t_d = 2.6\text{min}, \ V_{cp} = 31.8\text{km/h} = 530\text{m/min}$$

(2)可知每天完成工程量:

$$Q_w = 1\,000\text{m}^3$$

完成工程量的规定时间:

$$T = 2 \times 8 \times 60 = 960(\text{min})$$

每台车的生产效率:

$$q_1 = 12\text{t}(\text{即每车的定额容量为 }6.3\text{m}^3)$$

采用汽车工作时间利用系数 $K_i = 0.80$,运距 $L = 8\text{km}$。

(3)由上述已知条件可得:

$$q_w = \frac{6.3 \times 960}{4.9 + 1.4 + \dfrac{2 \times 8 \times 1\,000}{530} + 2.6} \times 0.8 = 123.78 \ (\text{m}^3)$$

$$N = \frac{1\,000}{123.78} = 8.07 \approx 8(\text{辆})$$

为了保证主机的工作效率,考虑辅机的工作状态优劣及辅机停机修理等因素,辅机配备需要考虑备用数量,因此,在提出机械使用数量时应计入辅机备用数量。

四、主要材料计划

材料计划是为物资部门提供采购供应、组织运输和筹建仓库及堆料场的依据。主要材料包括施工需要的国家调拨、统筹分配、地方供应和特殊的材料,如钢材、水泥、木材、沥青、石灰等,以及有关临时设施和拟采取的各种施工技术措施用料、预制构件及其他半成品亦列入主要材料计划中。

主要材料(包括预制构件、半成品)计划应包括材料的规格、名称、数量、材料的来源及运输方式等,根据施工项目的施工进度编制年、季、月主要材料计划表,见表3-9。

主 要 材 料 计 划　　　　　　　　　　　表3-9

序号	材料名称及规格	单位	数量	来源	运输方式	年 度					年 度					备注
						一季度	二季度	三季度	四季度	合计	一季度	二季度	三季度	四季度	合计	
1	2	3	4	5	6	7	8	9	10	11	12	13	14	15	16	17

编制:　　　　　　　　　　　　　　　复核:

材料的需要量计算可按照工程量和材料消耗定额进行。在编制竞标性施工组织设计时，应根据标书上指定的材料消耗标准计算材料的需要量。实施性施工组织设计采用企业或行业材料消耗定额，一般在实施性施工组织总设计中，主要材料的需要量计划比较粗略，而单位工程或分项、分部工程的实施性施工组织设计中，材料计划中所需要的材料种类比较细致，几乎除了低值易耗品外，都要进行需要量的计算，作为领发料和材料核算的依据：

$$所需材料消耗量 = 工程量 \times 材料消耗定额$$

计划时应注意，对于消耗量大的材料要考虑一定的储备数量。

五、临时工程计划

临时工程包括生活房屋、生产房屋、便道、便桥、电力和电信设施，以及小型临时设施等，其表格见表3-10。

临 时 工 程　　　　表3-10

序号	设置地点	工程名称	说明	单位	数量	工 程 数 量							备注
1	2	3	4	5	6	7	8	9	10	11	12	13	14

编制：　　　　　　　　　　　　　复核：

第六节　工地运输与临时设施设计

为使公路工程施工正常进行，除了安排合理的施工进度之外，还需在正式开工前充分做好各项准备工作，如各种临时设施（临时道路、临时供水、供电、通信、工棚、办公室、仓库、工地运输等）的设计。

各种临时设施的设计图是施工平面图设计中的一部分，尤其是实施性施工平面图设计，除了应确定各临时设施的相互位置外，还应确定各个临时设施的容量、面积等。

一、工地运输组织

工地运输组织的任务是：编制运输计划、确定运输量、选择运输方式、确定运输工具数量等。公路施工需要运输的物资有建筑材料、构件、半成品以及机械设备、施工及生活用品等。这些物资由外地运到工地（即场外运输），一般都由专业运输单位承运。工地内的运输（即场内运输）通常由施工单位承担。不论哪种运输，都应有组织，按计划进行。

1. 编制运输计划

这里所说的运输计划，是指寻求施工物资需用量、每日运输量、库存量三者之间的最佳平衡关系。通过运输计划，达到确保施工需要、运量均衡、库存最小的目的。运输计划是确定运输日期、计算运输工具需用量和工地临时仓库面积的依据。运输计划可通过运输曲线来确定，主要包括差额曲线、累计曲线和指示性供应图。

1)差额曲线法

在公路施工中,同一种材料(如水泥、钢材)常在不同施工过程的不同时间使用。因此,材料每日需用量的变化十分频繁,几乎没有任何规律。如果完全按照每日材料需用量组织运输,将导致运输工具每日变化,增加了运输管理工作难度,效果也差。

所谓差额曲线,是指累计运输量与累计消耗量之差随施工时间的变化曲线,它反映材料库存量的变化,正值表示有库存,负值则表示停工待料。通过差额曲线,可以把无规律的材料需用量转化为库存量的变化规律,从而实现有序的均衡运输。根据优化后的工程进度图,假设得到某工程施工的水泥需用量如图3-10上部分的柱状图所示。由图3-10可知,施工需用水泥的日期是从开工后的第15天后到第75天末,最高用量为103t/d(第20天后到第25天),最低用量为34t/d(70天后到第75天末),最高用量为最低用量的3倍。从图中可计算出水泥的总需用量为4 100t($77 \times 5 + 103 \times 5 + 60 \times 15 + 93 \times 10 + 60 \times 20 + 34 \times 5 = 4\ 100t$)。

(1)方案Ⅰ 若提前5天开始运输,运量为100t/d,则$4100 \div 100 = 41(d)$即可运完。这一运输方案如图3-10中的点划线所示。在第10天后到第51天末这一时间段差额值增加,过了第51天后差额值递减。分析该差额曲线图,可以得出以下几点结论:

①差额值为正,表示有足够的库存量,能确保工程连续施工的需要;
②每日运量不变,运输是均衡的,有利于安排运输工具;
③运输日期明确(从第10天后到第51天末),简化了运输工具的调度;
④最大库存量清楚(为1310t,发生在第51天),可按此修建工地临时仓库。

(2)按方案Ⅱ组织运输。图3-10中虚线,即提前11天开始运输,运量为60t/d,需68天(从第4天后到第72天末)运完,最大库存量为660t,发生在第15天。在第50天末的库存为30t[$46 \times 60 - (385 \times 5 + 515 \times 5 + 900 \times 15 + 930 \times 10) = 30(t)$],保持不变到第70天末;第70天后库存增加到第72天的120t,然后库存又递减,到第75天末时为0。

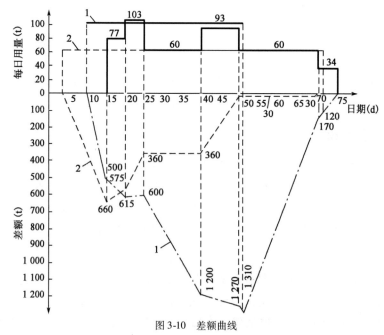

图3-10 差额曲线
1-方案Ⅰ,100t/d,用点划线表示;2-方案Ⅱ,60t/d,用虚线表示

比较方案Ⅰ和方案Ⅱ可以发现,两个方案都能保证工程连续施工和均衡运输。但方案Ⅱ的最大库存量仅为方案Ⅰ的50%,这就意味着工地临时仓库建筑面积可以减少一半。由于两个方案的运输费用不变,可见方案Ⅱ产生的经济效益是不言而喻的。

2) 累计曲线法

差额曲线法不能事先控制材料的储备量,采用累计曲线法则能弥补这一缺陷。所谓累计曲线法,是将材料的累计消耗线、累计供应线绘于同一张图上,它反映了材料消耗量、供应量、库存量随时间变化的情况。图3-11是图3-10这同一示例的累计曲线。从图3-11可以看出:

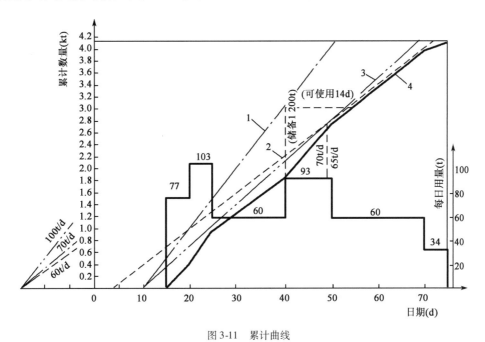

图3-11 累计曲线
1-单点划线为方案Ⅰ;2-虚线为方案Ⅱ;3-双点划线为方案Ⅲ;4-实线为消耗线

(1) 同一日期的供应线值都大于消耗线值,说明能保证工程连续施工对材料的需求;

(2) 供应线与消耗线之间的垂直距离是材料的储备(库存)量(如方案Ⅰ在第40天末的储备量为1200t);

(3) 供应线与消耗线之间的水平距离表示暂时停止运输后当时的储备量仍能保证施工使用的天数(如方案Ⅰ在第40天的储备量还能使用14天,即可使用到第54天)。

若在整个施工期间,材料的储备量保持基本稳定,临时仓库的利用率将大大提高,这就必须利用累计曲线对储备量进行控制。控制储备量的方法是调整供应线的斜率,使之与消耗线基本平行。

供应线的斜率取决于运量,因而可以先绘几条表示不同运量的斜线(如图3-11的左下角所示),然后按照"尽量与消耗线平行的同时,它们之间的竖直间距又是最小"为原则,选择适合的斜线,直接在图上用推平行线的方法绘出供应线。图3-11中的方案Ⅲ就是一例:从第10天后到第49天末的运量为70t/d,第50天后到第69天末的运量为65t/d(图中双点划线),该方案的运输时间为60天,储备量在200t左右,最大储备量为350t,发生在第15天。方案Ⅲ的材料最大库存量又比方案Ⅱ降低将近一半。根据差额曲线或累计曲线,可以得到运输计划的主要数据:运输日期、运量、储备量、暂停运输后可保证施工的天数等。

3)指示性供应图

从图 3-11 得知,当材料的每日需要量相同时,材料的消耗累计线由折线变成直线。如假设每日的运输量相同,那么材料供应量也是一条直线,不过其起点和终点要早于材料需要量直线。指示性供应图实质上是累计曲线法当材料每日需要量相同时的特例。

综上所述,在编制材料运输供应计划时,使用最广泛的方法是累计曲线法。

2. 确定运输量

工地需要运输的物资有:建筑材料、构件、半成品、机械设备、施工生活用品等,其运输量用下式计算:

$$q = \frac{\sum Q_i \times L_i}{T} \times K \tag{3-15}$$

式中:q——每日运输量($t \cdot km$);

Q_i——各种物资的年度或季度需用量;

L_i——运输距离(km);

T——工程年度或季度计划运输天数(d);

K——运输工作不均衡系数,公路运输取 1.2,铁路运输取 1.5。

3. 选择运输方式

目前,工地运输的方式有:铁路运输、公路运输、水路运输和特种运输(索道、管道)等。选择运输方式,必须充分考虑各种影响因素,如运输量大小、运距长短和物资性质;现有运输设备条件;利用永久性道路的条件;地形、地质、水文等自然条件;运杂费用等。

在一般情况下,当货运量较大,运距远,又具备条件时,宜采用铁路运输。运距短、地形复杂、坡度较陡时,宜采用汽车或当地的拖拉机运输。当有几种可能的运输方式可供选择时,应通过比较后确定。

4. 确定运输工具数量

运输方式确定后,即可计算所需的运输工具数量。运输工具数量可用下式计算:

$$m = \frac{Q \times K_1}{q \times T \times n \times K_2} \tag{3-16}$$

式中:m——所需的运输工具台数;

Q——年度或季度最大运输量;

K_1——运输不均衡系数,场内运输一般采用 1.2,场内运输一般采用 1;

T——工程年度或季度的工作天数(d);

K_2——运输工具供应系数,一般采用 0.9;

q——汽车台班产量(台班),根据运距按定额确定;

n——每日的工作班数。

二、临时设施设计

1. 工地加工场地设计

工地临时加工场地施工组织设计的任务主要是确定建筑面积和结构形式。

工地临时加工厂(站、场)的建筑面积通常参照有关资料或按经验确定,也可按以下公式计算。

(1)钢筋混凝土构件预制厂、木工房、钢筋加工间等的场地或建筑面积用下式计算:

$$F = \frac{K \times Q}{T \times S \times \alpha} \tag{3-17}$$

式中:F——所需建筑面积(m^2);
Q——加工总量(m^2);
K——不均衡系数,取1.2~1.5;
T——加工总工期(月);
S——每平方米场地的月平均产量;
α——场地或建筑面积利用系数,取0.6~0.7。

(2)水泥混凝土搅拌站面积用下式计算:

$$F = N \times A \tag{3-18}$$

式中:F——搅拌站面积(m^2);
N——搅拌机台数(台);
A——每台搅拌机所需的面积(m^2),按下式计算:

$$A = \frac{Q \times K}{T \times R} \tag{3-19}$$

式中:Q——混凝土总需要量(m^2);
T——混凝土工程施工总工作日(d);
K——不均衡系数,取1.5;
R——混凝土搅拌机台班产量。

大型沥青混凝土拌和设备的场地面积根据设备说明书的要求确定。

上述建筑场地的结构形式应根据当地条件和使用期限而定,使用年限短的用简易结构,使用年限长的宜采用砖木结构。

2.临时仓库设计

工地临时仓库分为转运仓库、中心仓库和现场仓库等,其施工组织设计的任务是确定材料储备量和仓库面积、选择仓库位置和进行仓库设计等。

1)确定材料储备量

材料储备量既要考虑保证连续施工的需要,又要避免材料积压。对于场地窄小、运输方便的现场可少储存;对供应不易保证、运输困难、受季节影响大的材料可多储存些。

常用材料,如砂、石、水泥、钢材、木材等的储备量可按下式计算:

$$P = T_e \times \frac{Q_i \times K}{T} \tag{3-20}$$

式中:P——材料储备量(m^2、t等);
T_e——储备期(d),按材料来源确定,一般不少于10d,即保证10d的需用量;

Q_i——材料、半成品等的总需要量;

K——材料使用不均衡系数,取 1.2～1.5;

T——有关施工项目的总工日数(d)。

对于不经常使用或储备期长的材料,可按年度需用量的某一百分比储备。

2)确定仓库面积

一般的仓库面积可按下式计算:

$$F = \frac{P}{q \times K} \qquad (3-21)$$

式中:F——仓库总面积(m^2);

P——仓库材料储备量;

q——每平方米仓库面积能存放的材料数量;

K——仓库面积利用系数(考虑人行道和车道所占面积),一般为 0.5～0.8。

特殊材料,如爆炸品、易燃或易腐蚀品的仓库面积按有关安全要求确定。

在设计仓库时,除满足仓库总面积外,还要正确地确定仓库的平面尺寸。仓库的长度应满足装卸要求,宽度要考虑材料存放方式、使用方便和仓库结构形式。

3. 行政、生活、福利临时建筑设计

此类临时建筑的建筑面积主要取决于建筑工地的人数,包括职工和家属人数,建筑面积按下式计算:

$$S = N \times P \qquad (3-22)$$

式中:S——建筑面积(m^2);

N——工地人数;

P——建筑面积指标,见表 3-11。

行政、生活临时建筑面积指标(m^2/人)　　　　　表 3-11

项次	名称	面积定额	说明
1	办公室	2.1～2.5	
2	宿舍	3.0～3.5	
3	食堂	0.7	
4	卫生所	0.06	
5	浴室与理发室	0.1	
6	招待所	0.06	包括家属招待所
7	会议及文娱室	0.1	
8	商店	0.7	
9	锅炉房	10～40(m^2)	指的是总面积

施工组织设计时,应尽量利用工地附近的现有建筑物,或提前修建能利用的永久房屋,如道班房、加油站等,不足部分再修建临时建筑。

临时建筑按"节约、适用、拆装方便"的原则设计,其结构形式按当地气候、材料来源和工期长短确定。

4.工地临时供水、供电、供热设计

工地临时供水、供电、供热应解决的主要问题有:确定用量、选择供应来源、设计管线网路等。如需工地自行解决供应来源,还需确定相应的设备。

1)工地临时供水

(1)用水量计算。

①施工工程用水:

$$q_1 = K_1 \sum \frac{Q_1 \times N_1}{T_1 \times b} \times \frac{K_2}{8 \times 3600} \tag{3-23}$$

式中:q_1——施工工程用水量(L/s);

K_1——未预见的施工用水系数,$K_1 = 1.05 \sim 1.15$;

Q_1——年度或季度工程量(以实物计量单位表示);

N_1——施工用水定额,见表3-12;

T_1——年度或季度有效作业日;

b——每天工作班数;

K_2——用水不均衡系数,见表3-13。

施工用水定额表 表3-12

序 号	用水对象	单位	耗水量	备 注
1	浇筑混凝土全部用水	m²	1700~2400	
2	搅拌混凝土	m²	250~350	
3	混凝土养生	m²	200~700	
4	湿润、冲洗模板	m²	5~15	
5	洗石子、砂	m²	600~1000	
6	砌砖工程全部用水	m²	150~250	
7	砌石工程全部用水	m²	50~80	
8	搅拌砂浆	m²	300	
9	抹灰	m²	4~6	不包括调剂用水
10	素土路面、路基	m²	0.2~0.3	
11	消化生石灰	m²	3000	
12	浇砖	m²	500	

②施工机械用水:

$$q_2 = K_1 \sum Q_2 \times N_2 \frac{K_3}{8 \times 3600} \tag{3-24}$$

式中:q_2——施工机械用水量(L/s);

K_1——未预见的施工用水系数,$K_1 = 1.05 \sim 1.15$;

Q_2——同一种机械台数;

N_2——机械台班用水定额,见表3-14;

K_3——用水不均衡系数,见表3-13。

用水不均衡系数表　　　　　　　　　　　　表3-13

序　号	用水名称	系　数
K_2	施工工程用水	1.5
	生产企业用水	1.25
K_3	施工机械、运输机具	2.00
	动力设备	1.05～1.10
K_4	施工现场生活用水	1.30～1.50
K_5	居住区生活用水	2.00～2.50

③施工现场生活用水：

$$q_3 = \frac{P_1 \times N_3 \times K_4}{8 \times 3\,600} \times b \tag{3-25}$$

式中：q_3——施工机械用水量(L/s)；

P_1——施工现场高峰人数(人)；

N_3——施工现场生活用水定额，一般为 20～60L/(人·班)；

b——每天工作班数；

K_4——用水不均衡系数，见表3-13。

机械台班用水量定额表　　　　　　　　　　表3-14

序　号	机械名称	单　位	耗水量	备　注
1	内燃挖掘机	L/(台班·m³)	200～300	以斗容量计
2	内燃起重机	L/(台班·t)	15～18	以起重吨数计
3	蒸汽打桩机	L/(台班·t)	1 000～1 200	以锤重吨数计
4	内燃压路机	L/(台班·t)	12～15	以压路机吨数计
5	拖拉机	L/(昼夜·台)	200～300	
6	汽车	L/(昼夜·台)	400～700	
7	空气压缩机	L/[台班·(m/min)]	40～80	以压缩空气排气量计
8	内燃动力装置	L/(台班·kW)	160～480	直流水
9	内燃动力装置	L/(台班·kW)	35～55	循环水
10	锅炉	L/(h·t)	1 000	以小时蒸发量计
11	锅炉	L/(h·m²)	15～30	以受热面积计
12	电焊机	L/h	100～350	
13	对焊机	L/h	300	
14	冷拔机	L/h	300	
15	凿岩机	L/min	8～12	

④生活区生活用水：

$$q_4 = \frac{P_2 \times N_4 \times K_5}{24 \times 3\,600} \tag{3-26}$$

式中：q_4——生活区生活用水量(L/s)；
N_4——生活区生活用水量定额,见表3-15；
P_2——生活区居住人数(人)；
K_5——用水不均衡系数,见表3-13。

生活区用水量定额表　　　　表3-15

序 号	用水名称	单 位	耗水量	备 注
1	生活用水	L/(人·日)	20～30	盥洗、饮用
2	食堂	L/(人·日)	15～20	
3	淋浴	L/(人·次)	50	淋浴人数按出勤人数的30%计
4	洗衣	L/人	30～35	
5	理发室	L/(人·次)	15	
6	工地医院	L/(病床·日)	100～150	

⑤消防用水量：

消防用水量用q_5表示,见表3-16。

消防用水量参考表　　　　表3-16

序 号	用水区域	用水情况	火灾同时发生次数	用水量(L/s)
1	生活区	5 000人以内	一次	10
		10 000人以内	二次	10～15
		25 000人以内	二次	15～20
2	施工现场	施工现场在$25×10^4 m^2$以内	一次	10～15
		施工现场每增加$25×10^4 m^2$	一次	5

⑥总用水量：

总用水量并不是所有用水量的总和,因为施工用水是间断的,生活用水时多时少,而消防用水又是偶然的,因此,工地总用水量按以下公式计算：

当$q_1 + q_2 + q_3 + q_4 \leq q_5$时,则

$$Q = q_5 + 0.5(q_1 + q_2 + q_3 + q_4) \quad (3-27)$$

当$q_1 + q_2 + q_3 + q_4 > q_5$时,则

$$Q = q_1 + q_2 + q_3 + q_4 \quad (3-28)$$

当工地面积小于$5×10^4 m^2$,而且$q_1 + q_2 + q_3 + q_4 < q_5$时,则

$$Q = q_5 \quad (3-29)$$

式中：Q——总用水量(L/s)。

(2)水源选择。工地临时供水水源,首先应考虑当地的自来水,如不可能时,才另选天然水源。天然水源有河水、湖水、水库蓄水等地面水和泉水、井水等地下水。

任何临时水源都应满足以下要求:①水量充足稳定,能保证最大需水量供应;②符合生活饮用和生产用水的水质标准;③取水、输水、净水设施安全可靠;④施工安装、运转、管理和维护方便。

根据《取水许可管理办法》(水利部2015年47号令),建设项目取得取水许可申请批准文件,申请人方可兴建取水工程或设施。

2)工地临时供电

(1)工地总用电量。工地用电可分为动力用电和照明用电两类,用电量可用下式计算:

$$P = (1.05 \sim 1.10)\left(K_1 \frac{\sum P_1}{\cos\varphi} + K_2 \sum P_2 + K_3 \sum P_3 + K_4 \sum P_4 \right) \tag{3-30}$$

式中:P——工地总用电量($kV \cdot A$);

P_1、K_1——电动机额定功率(kW),需要系数$K_1 = 0.5 \sim 0.7$,电动机10台以下取0.7,超过30台取0.5;

P_2、K_2——电焊机额定容量($kV \cdot A$),需要系数$K_2 = 0.5 \sim 0.6$,电焊机10台以下取0.6;

P_3、K_3——室内照明容量(kW),需要系数$K_3 = 0.8$;

P_4、K_4——室外照明容量(kW),需要系数$K_4 = 1.0$;

$\cos\varphi$——电动机的平均功率因数,根据用电量和负荷情况而定,最高为$0.75 \sim 0.78$,一般为$0.65 \sim 0.75$。

(2)选择电源及确定变压器。根据所确定的总用电量来选择电源,并确定变压器。

如果选择当地电网供电,要考虑当地电源能否满足施工期间最高负荷,电源距离较远时是否经济;如果设临时电站,供电能力应满足需要,避免浪费或供电不足,电源位置应设在设备集中、负荷最大而输电距离又最短的地方。

一般首先考虑将附近的高压电通过工地的变压器引入。变压器的功率按下式计算:

$$P = K\left(\frac{\sum P_{max}}{\cos\varphi} \right) \tag{3-31}$$

式中:P——变压器的功率($kV \cdot A$);

K——功率损失系数,取1.05;

$\sum P_{max}$——各施工区的最大计算负荷(kW);

$\cos\varphi$——功率因数。

(3)选择导线截面。合理的导线截面应满足三个方面的要求:①足够的机械强度,即在各种不同的敷设方式下,确保导线不致因一般机械损伤而折断或损坏漏电;②应满足通过一定的电流强度,即导线必须能承受电流长时间通过所引起的温度升高;③导线上引起的电压降必须限制在容许范围之内。按这三项要求,选其截面最大者。

(4)配电线路的布置要点。线路宜架设在道路的一侧,并尽可能选择平坦路线。线路距建筑物的水平距离应大于1.5m。在380/220V低压线路中,木杆间距为25~40m。分支线及引入线均应从电杆处接出。

临时布线一般都用架空线,因为架空线工程简单、经济,便于检修。电杆及线路的交叉跨越要符合有关输变电规范。配电箱要设在便于操作的地方,并设有防雨、防晒设施。各种施工用电机具必须单机单闸,绝不可一闸多用。闸刀的容量按最高负荷选用。

3)工地临时供热

工地临时供热的主要对象是:临时房屋(办公室、宿舍、食堂等)的冬季采暖、给某些冬季施工项目供热、预制场(钢筋混凝土构件的蒸汽养生等)供热。

建筑物内部采暖耗热量按有关建筑设计手册计算。

临时供热的热源一般都设立临时的锅炉房或个别分散设备(煤火炉),如果有条件,也利用当地的现有热力管网。

临时供热的蒸汽用量用下式计算:

$$W = \frac{Q}{IH} \tag{3-32}$$

式中:W——蒸汽用量(kg/h);

Q——所需总热量,按建筑采暖设计手册计算(J/h);

I——在一定压力下蒸汽的含热量,查有关热工手册(J/h);

H——有效利用系数,一般为 0.4~0.5。

蒸汽压力根据供热距离确定,供热距离在 300m 以内时,蒸汽压力为 30~50kPa;在 1 000m 以内时,则需要 200kPa。确定了蒸汽压力后,又按式(3-32)计算得到了蒸汽用量,即可查阅锅炉手册,选定锅炉的型号。

5. 其他临时工程设施设计

在施工组织设计中,除了前面提到的临时设施,还会遇到其他临时工程设施,如便道、便桥、临时车站、码头、通信设施等。

全部临时建筑及临时工程设施都应在设计完成之后,再编制临时工程一览表。临时工程一览表是施工组织设计规定的文件之一,它的内容及格式见表3-17。

临时工程一览表　　表3-17

序号	设置地点	工程名称	说明	单位	数量	工程数量										备注
1	2	3	4	5	6	7	8	9	10	11	12	13	14	15	16	17

表3-17的格式和内容可根据实际情况进行删或增。第7~16栏一般可填写临时便道、便桥等的工程数量(如土方、石方、基层、面层等)。若临时工程中只有一些加工场地、临时建筑等简单设施,第7~16栏可删去。

第七节　施工平面图

工程进度图是施工过程时间组织的具体成果,施工平面图是施工过程空间组织的具体成果。它们都是施工组织设计规定的文件。

工程进度图反映各个工程项目和时间的关系。施工平面图表达施工期间各项临时设施、管理机构、永久建筑之间的空间关系。

施工平面布置图是用平面图的形式来表达项目在施工阶段在建设区域内的空间布置。用以表示在建的建筑物、构筑物和现有的建筑物、构筑物，以及为施工服务的临时生产、行政和生活用房、机械设备、吊装设备、室内和露天仓库、运输线路、拌和场地、预制场地、电力、通信和热力，及其他管线的相对平面位置。

一、施工总平面图

1. 施工总平面图的作用

正确解决各施工细目（分项）之间的时间关系和空间关系，是施工组织设计顺利实施的必要前提。工程进度图解决了时间关系问题，而整个工地在施工期间所需的各项设施、管理机构、永久建筑之间的空间关系则需用施工总平面图表示。施工总平面图是整个拟建项目施工场地的总体规划布置图，它是加强施工管理、指导现场文明施工的重要依据。

2. 公路施工总平面图的内容

（1）拟建公路的主要工程内容和位置，如路线及里程；大中桥、隧道、集中土石方、交叉口、特殊路基等重点工程的位置；永久测量放线标桩的位置；公路养护、运营管理使用的永久建筑，如道班房、加油站，高速公路的收费站、服务区等。

（2）为工程施工服务的临时设施及其位置，如采石场、采砂场、便道、便桥、仓库、码头、沥青拌和基地、生活用房等。

（3）施工管理的相关机构，如业主的办事机构、监理机构、工程处、施工队等。

（4）工地附近与施工有关的永久建筑设施，如已有公路、铁路、车站、码头、居民点、地方政府所在地等。

（5）重要的地形地物，如河流、山峰、文物及自然保护区、高压铁塔、重要通信线等。

（6）其他与施工有关的内容，如地质不良路段、国家测量标志、气象台、水文站、变电站，以及防洪、防火、安全设施等。

许多规模宏大的施工项目工期往往很长。随着工程的进展，施工现场的面貌将不断改变。在这种情况下，应按不同阶段分别绘制若干张施工总平面图，或者根据工地的变化情况及时对施工总平面图进行调整和修正，以便适应不同时期的需要。

3. 施工总平面图的形式

施工总平面图可用两种形式表示。一种是根据公路路线的实际走向按适当的比例绘制，如图3-12 a）所示。这种图形直观，图中所绘内容的位置准确。另一种是将公路路线绘成水平直线，将图中各点的平面位置以路中心线为基准相对移动，如图3-12 b）所示。这种图形只能表示图中内容相对于路线的位置，但它可以采用不同的纵横向比例将长度缩短，还可以略去若干次要的路段。

由于复印技术已十分普及，目前多采用按路线实际走向绘制总平面图，绘图比例一般为1:5 000或1:2 000。

4. 施工总平面图布置的原则

施工总平面图的布置应遵循"有利生产、方便生活、保护环境、安全可靠"的原则。要求做到：

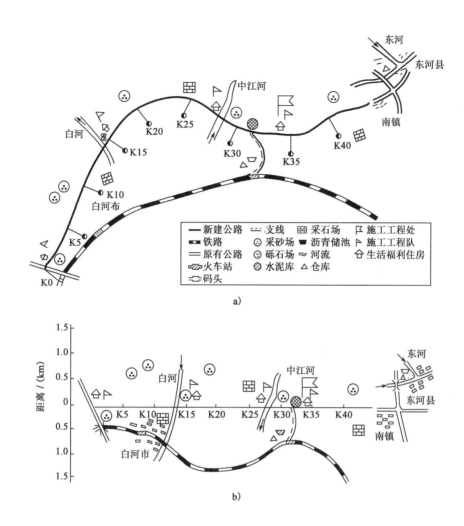

图 3-12 施工总平面图
a)实际坐标施工图平面图；b)相对坐标施工图平面图

(1) 少占地尤其少占耕地；
(2) 临时道路要"永""临"结合，确保场内外运输畅通；
(3) 符合施工方案中安排的施工顺序；
(4) 材料堆放要考虑运输与使用方便，尽量减少二次转运的次数，且场内运输距离要短，不出现反向运输；
(5) 临时设施修建及使用要力求费用较低，尽量利用工地附近已有的建筑物或施工界内须拆除的建筑物，尽量减少使用中的维护费；
(6) 临时房屋及设施符合劳动保护、安全和防火的规定和要求；
(7) 材料、机械设备仓库及临时房屋的位置必须布置在较高的地方，以防止被洪水淹没；
(8) 加工厂的位置要合理，既要保证安全，又要运输距离最短；
(9) 生产、生活、安全、消防、环保、卫生等符合有关规定，同时还要便于管理。

5. 施工总平面图的设计步骤

1) 场外交通的引入

设计整个施工项目的施工总平面布置图时,首先应从研究大宗材料、成品、半成品、设备等进入工地的运输方式入手。可供选择的运输方式有水路、公路、铁路,据此布置进场道路。

2) 仓库与材料堆场的布置

仓库与材料堆场的布置通常考虑设置在运输方便、位置适中、运距较短并且安全防火的地方,并应区别不同材料、设备和运输方式来设置。

3) 加工厂布置

混凝土搅拌站根据工程的具体情况可采用集中、分散或集中与分散相结合的三种布置方式。当现浇混凝土量大时,宜在工地设置混凝土搅拌站;当运输条件好时,采用集中搅拌最有利;当运输条件较差时,以分散搅拌为宜。

预制加工一般设置在施工场地的空闲地带上,如材料进场专用线转弯的扇形地带或场外临近处。

钢筋加工厂区别不同情况,采用分散或集中布置。对于需进行冷加工、对焊、点焊的钢筋和大片钢筋网,宜设置中心加工厂;其位置应靠近预制构件加工厂;对于小型加工件,用简单机具加工钢筋时,可在靠近使用地点的分散的钢筋加工棚里进行。

金属结构、锻工、电焊和机修等车间在生产上联系密切,应尽可能布置在一起。

4) 布置场内运输道路

根据各加工厂、仓库及各施工对象的相应位置,研究货物运输线路,规划场内运输道路。做到合理规划临时道路,以便材料的运输、使用;保证运输通畅;选择合适的路面结构。临时道路的路面结构应当根据运输情况和运输工具的不同类型而定。

二、施工场地布置图

公路立交枢纽、集中土石方工点、大中桥、隧道等施工技术复杂或施工条件困难的重点工程地段由于施工环节多,需用较多的机械、设备和人力,为做好施工现场的施工布置,需要用较大的比例尺(一般为1:500~1:100)绘制施工场地布置图。施工场地布置图应在等高线地形图上按比例绘制。图上应详细绘出施工作业现场、辅助生产设施、办公和生活等区域的布置情况。对原有地物,特别是交通线、车站、码头等应适当绘出;与施工密切相关的资料,如洪水位线、地下水出入处、供水供电管线等亦应在图上注明。

图 3-13 是某大桥工程的施工场地布置图。图的右边部分为办公和生活区,中部为辅助生产与材料堆放区,左下部为大桥施工区。现有道路将生活区和施工生产区分隔开,临时仓库和材料堆置场位于现有道路两侧。所有生产和生活设施都在历史最高洪水位线以上。

需要指出的是,布置施工场地没有固定的模式,必须因地制宜、密切联系实际。因此,只能通过详细调查研究,充分收集资料,针对施工对象的工程特点和施工现场的环境条件,以及确定的施工方案,才能编制出既切实可行又富有特色的施工场地布置图。

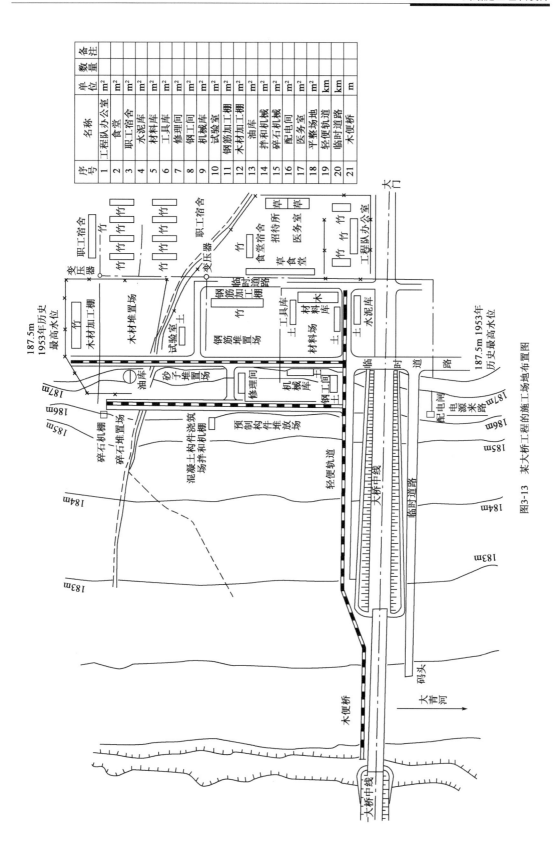

图3-13 某大桥工程的施工场地布置图

三、其他局部平面图

高速公路、特大桥梁、长大隧道等大型工程项目施工年限一般都较长,施工管理工作量大,与主体工程施工配套的辅助部门众多,为使施工在整体上协调进行,还应绘制其他局部平面图。局部平面图的内容和编制要求与施工场地布置图相似,这类平面图主要有以下几种:

(1)沿线砂石料场平面布置图。
(2)辅助施工生产部门的平面布置图,如沥青混合料拌和基地、主要材料加工或制备厂、外购材料转运及储存场地等。
(3)施工管理机构的平面布置图。
(4)临时供水、供电、供热基地及管线分布平面图。
(5)大型仓储基地主要设施及物资存放布置图。
(6)旧路改造时,保证原有交通通畅的组织平面图。

第八节 施工组织设计案例

本例主要通过某桥的施工组织设计实例来说明编制施工组织设计的内容和步骤,并非一套完整的施工组织设计文件,因此对其他方面没有进行叙述。

一、工程概况介绍

1. 工程项目的特征

某桥位于东市以西20km处的郊区县境内,是一条县级公路上的新建桥梁。长104m,桥面净宽(7+2×1.0)(m),全桥混凝土工程数量1 055m,钢材72.47t,水泥429t,投资总额为58万元。

该桥设计为5×20m的钢筋混凝土简支T梁桥,基础采用桩基础,桩径1.5m,桩长24m,桥墩为双柱式桥墩,柱径为1.2m,墩高10m。设计于2019年6月底完成,同年10月初工程队开始施工前准备工作。次年2月底全面开工,6月底主体工程完工,7月底全部竣工通车。

2. 建设地区特征

工程所处地区为平原区,地势平坦。河流蜿蜒曲折,河流水位按年周期性变化,枯水期几乎断流,洪水期流量可达1 200m³/s。桥位处河岸顺直,西岸植被较好,东岸砂层外露,河槽稳定。

河床地质在42m深度范围内由粗砂、亚黏土、细砂和砂砾层组成。河床冲刷较为严重,最大冲刷深度达5.62m。气候温和,雨量适中,冬季最低气温-7℃左右,夏季气温可达约40℃。冬季多西北风。

3. 施工条件

当地劳动力供应充足,水源充足,水质良好,电力供应方便,交通状况较发达。

由于地势平坦,场地平整及临时便道工程量小。当地砂、石料资源丰富,特别是砂子可就地采集,石料产地也不过10km左右。水泥、钢材供应充足,采购、运输方便。加之施工单位为国有一级企业,技术力量雄厚,管理水平较高,施工条件非常优越。

二、施工方案的确定及施工部署

1. 施工流向的确定

该桥的施工流向由西岸1号桥台桩基础开始,顺序施工到东岸6号桥台桩基础完成。桥墩升高、盖梁混凝土浇筑、T梁安装均按此顺序进行。因此,施工力量全部布置在西岸。需要对门号桩基、盖梁、耳墙施工时,可临时转移施工机械于东岸,完成后可转移到西岸。

2. 施工顺序的确定

(1)基础施工顺序。由于该桥基础工程数量较少,工程量不大,仅采用一台钻机、一组施工专业人员进行施工。按图3-14所示施工顺序进行桩基础施工。

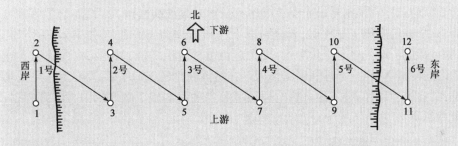

图3-14 基础施工顺序

(2)桥墩的施工顺序。桥墩的墩柱、盖梁采用定型钢模三套,建立三个专业队:扎筋、支模、浇注混凝土,组织流水施工,其顺序如图3-15所示。

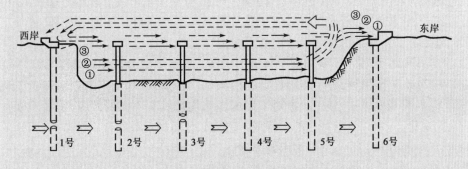

图3-15 墩柱、盖梁施工顺序

(3)T梁预制。T梁预制场设置四个底座。四套定型钢模根据梁体预制的工艺过程分解为四道工序,即支模、扎筋、浇注混凝土及养生拆模整修。建立四个相应的专业队,组织流水施工。同时,梁体预制与桩基础安排平行施工,其目的是缩短工程的总工期。最理想的安排方式是:预制的最后一片梁体混凝土强度刚达到吊装强度要求时,就开始起吊并安放在最后一孔的桥台上,此时桥台混凝土强度也刚达到设计要求的强度。这种安排方式,平行作业多,工期最短,但并不经济合理。劳力、机具、材料需要量过分集中,占地面积大、临时设施过多,不仅增加工程成本,更重要的是施工现场容易混乱,工程质量和施工安全难于保证,管理难度大大增加。

预制场和堆放场设置与底座相适应的移梁轨道和安装时的纵向运梁轨道,以便于横向堆放和纵向运梁安装。T梁预制时,应考虑安装顺序,将边梁与中梁间隔放置。

(4)T梁安装顺序。该桥选用单导梁法安装T梁。配合龙门架、蝴蝶架以及滑车、链滑车、千斤顶、绞车等辅助设备架设安装预制梁。其优点是可完全不设桥下支架、不受洪水威胁,架设过程中不影响桥下通车或通航。预制梁的纵移、起吊、横移、就位都比较便利。

①纵向顺序。该桥安装顺序:由西岸第一孔开始,安装完第一孔五片梁后,再安紧接的第二孔,直至最后一孔(第五孔)安装完成为止。

②横向顺序。预制梁横向安装顺序有三种方案可供选择。

总之,在确定施工顺序时,要坚持以下原则:先地下,后地上;先主体、后附属。地下由深到浅,地下地上尽量平行、交叉进行可尽量组织流水作业,在保证工人连续工作的前提下,充分合理利用工作面。在整体安排施工顺序时,要在上述原则指导下,结合施工条件、施工的自然地理环境及各种影响施工顺序的因素统筹规划、全盘考虑。

3.施工方法与施工机械的选择

施工方法与施工机械的选择是施工方案的核心内容。施工方法的选择脱离不开施工机械,而施工机械的选择也涉及施工方法的确定,二者之间存在着密切的关系。

施工方法与施工机械的选择要具体到分部、分项工程上去。既然是选择,就得进行比较,比较就应该规定条件,这个条件是技术经济条件。下面对分部、分项工程的施工方法与施工机械选择作简要说明。

(1)基础工程施工方法与施工机械的确定。该桥基础为桩基础,桩径为1.5m,桩长为24m、33m两种,每个基础设计为两根桩。目前,柱基施工的方法和施工机械很多,各种成孔方法、施工机械对不同的地质构造具有不同的效应,主要反映在成孔的速度、质量以及桩基础的工程成本方面。该桥桥位处的地质构造为:西岸亚黏土、粉砂层,厚约13m;下层为粗砂和砂砾层,厚约60m;东岸则为粗砂层夹砂砾,厚约70m。针对这种地质构造,再比较各种钻孔(钻机)方法的适用范围见表3-18、表3-19。根据成孔速度、成本及安全可靠性来最后确定钻孔方法采用正循环回旋钻机。

施工方案比较　　　　表3-18

钻孔方法	适用范围			是否需泥浆悬浮钻渣
	土层	(孔深/孔径)(cm)	成孔速度	
正循环回旋钻机	黏性粉砂,细、中、粗砂,含少量砾石、卵石(含量小于20%)的土,软岩	(80~100)/(80~160)	约5m/班	需要
反循环回旋钻机	黏性土,砂类土,含少量砾石、卵石(含量小于20%,粒径小于钻杆内径2/3)的土,软岩	真空泵≤35,空气吸泥机65/(80~150)	砂约32m/班	不需要
潜水钻机(正循环)	淤泥、腐殖土、粉砂、砂类土	50/(80~150)	经45m/班	需要
冲抓锥	淤泥、腐殖土、密实黏性土、砂类土、砂砾石、卵石(大于20m时,进度慢)	50/(100~200)	(4~0.2)m/班	不需要
冲击实心锥	黏性土、砂类土、砾石、卵石、漂石、较软岩石	50/(80~200)	(9~0.4)m/班	需要
冲击空心锥	黏性土、砂类土、砾石、松散卵石	50/(80~150)	(9~0.4)m/班	需要

砂砾层中各种钻孔方法比较　　　　表3-19

钻孔方法	成孔速度	成本	优、缺点说明
正循环回旋钻机	5m/班	2 009元/10m	钻进与排渣连续进行,需设置泥浆槽、沉淀池、储浆池,占地面积大,需大量的水和泥浆原料。机具设备复杂,机具故障多,钻孔深度深
反循环回旋钻机	32m/班	2 009元/10m	钻进与排渣连续进行,需设泥浆槽、沉淀池、储浆池,占地面积大,需大量的水和优质泥浆原料。机具设备复杂,机具故障多。配备真空泵时,钻孔深度不大于35m,配备水力或空气吸泥机时可达65m。在砂砾层中,孔壁坍塌的现象比正循环回旋钻机严重得多
潜水钻机(正循环)	45m/班	3 017元/10m	由于潜水钻机的动力和钻锥紧紧相连,潜入水下工作,因此,钻孔效率较一般正循环回旋钻高些。钻具简单、轻便,易于搬运,噪声小,操作条件也有所改善。最大缺点是钻潜入水下工作,易发生故障
冲抓锥	(0.4~4)m/班	2 152元/10m	适用土质较为广泛,当钻孔深度超过20m后,钻孔进度大为降低。在密实砂砾层中进度很慢
冲击锥(冲击钻机)	(1~2)m/班	2 569元/10m	适用的地层和土地广泛,钻渣挤入孔壁,使孔壁更加密实。钻进速度慢,卷扬机带冲击锥成本低,1 776元/10m

(2)桥墩升高施工方法与施工机械的选择。该桥为双柱式桥墩,双柱混凝土数量仅18m,盖梁11.6m,分两次浇注。模板均采用定型模板,柱用钢模板,盖梁用现成木模板。混凝土的水平及垂直运输可供选择的方法很多,例如采用简易木扒杆、汽车吊装垂直运输,二者配以四轮斗车。可作为水平运输工具,也可使用缆索吊机兼顾水平和垂直运输,还可采用混凝土泵和皮带运输机。但由于混凝土的数量小,桥墩又不高,最后选用木扒杆做垂直运输,配以小四轮斗车做水平运输,施工简便,成本也低。

(3)T梁安装施工方法与施工机械的选择。装配式钢筋混凝土T梁桥的安装可根据不同的施工现场条件和吊装设备采用不同的方法进行(表3-20),但均须事先经过有关人员共同研究,对各种可采用的施工方法进行技术经济比较,做出抉择(制定经济合理的吊装方案),经过主管部门审查批准,并且应符合以下要求:

①在全部安装阶段中,应采取临时固定措施,使桥梁已安好的各部分有足够的稳定性、坚固性和最小的变形。

②当安装条件与设计所规定的条件不同时,应对构件在安装时所产生的内力加以复核。

③应充分发挥起重设备的能力,并保证安装施工安全。几种可采用的施工方案见表3-20。

T梁吊装方案比较 表3-20

T梁安装方案	成本(元)	使用机具设备	说 明
单导梁法	29 437	导梁、龙门架、蝴蝶架、若干滑车、链滑车、千斤顶、绞车等	成本计算中,考虑了安装费、吊装设备费、轨道运输费
跨墩门架法	31 148	门架及若干滑车、链滑车、千斤顶、绞车等	成本中考虑了安装费8 724元,吊装设备费15 804元、整修便道或搭设支架5 000元、轨道运输费1 620元
缆索吊装设备	171 556	吊装梁式桥的缆索吊装系统由主索、天线滑车、起重索、牵引索、起重及牵引绞车、主索地锚、塔架、风缆等主要部件组成	成本中考虑了塔架、地缆、索道缆索运输等费用

根据上述方案比较,最后确定的安装方案是单导梁法,该法不仅成本较低,而且施工单位对单导梁法安装T梁已具有丰富的施工经验,操作熟练、安全可靠。

4.尽量采用科学的流水作业方法

该桥由于考虑了其他原因,在桩基施工过程中未组织流水作业,而在梁体预制、墩柱升高及盖梁浇注中均采用了流水作业方式进行施工,但由于桩基水下混凝土浇注过程对拌和机的需求数量较多,不时干扰其他项目流水作业的正常进行,效果不十分显著,故决定交叉施工。

三、施工进度计划的编制

施工进度计划编制的主要依据是施工方案和上级指令性期限。前述施工方案已确定了该桥的施工顺序、流向、分部分项工程的施工方法及施工机具设备,安排了流水作业的项目。因此,施工方案对估算施工速度、编制施工进度计划具有指导和决定作用,而上级的指令性期限则意味着对已定施工方案前提下的劳力、机具设备数提出了最低限的要求,即最低施工速度。

编制施工进度计划,特别是网络计划要按下述几个步骤进行。

1. 划分施工项目

将单位工程分解为许多的分部工程,又将分部工程分解为许多分项工程,根据计划要求的类型不同,甚至要将分项工程分解为许多道工序(班组一级实施性计划或旬、月作业计划)。

2. 确定各施工项目或工序的持续时间

确定各施工项目或工序的持续时间,一般有以下两种方法。

(1)定额法。计算公式为:

$$R = Q \times S \qquad (3-33)$$

式中:Q——工序的工程量;

R——人力或机械数量;

S——产量定额。

(2)经验估计法。即根据过去的施工经验或资料估计。有时为提高估计的准确程度,而采用"三时估计法",即先估计出最长、最短、最可能的三种持续时间,然后据以求出期望的持续时间作为工序的持续时间。

3. 确定各施工项目或工序之间的逻辑关系

各施工项目或工序之间的逻辑关系包括工艺关系和组织关系,工艺关系取决于施工方法和施工机械,当施工方法和施工机械确定之后,工艺关系就固定下来,不能改变,而组织关系则是人为关系,也受许多因素的制约,但可以改变,存在着优化问题。施工进度计划编制的好坏在很大程度上取决于组织关系处理是否合理。因此,在编制施工进度计划时,重点应放在组织关系的处理上。当然,由于种种因素的影响和施工条件的限制,它并不起决定性作用。

4. 编制初始网络计划

根据施工方案、项目或工序的划分、各项目或工序之间逻辑关系的分析以及工序的持续时间就可以编制出初始网络计划方案。该桥初始网络计划方案如图3-16所示。

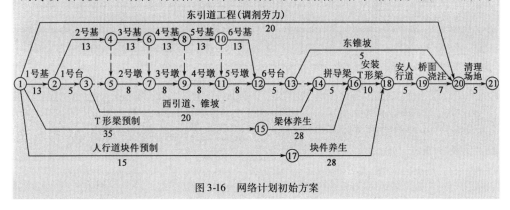

图3-16 网络计划初始方案

编制网络计划的初始方案是一项工作量大、费时多的工作,需要反复研究,才能较好地完成。

5. 计算时间参数、寻找关键线路、转换为网络横道图

计算时间参数的目的是从时间安排角度去考察网络计划的初始方案是否合乎要求,以便对网络计划进行优化。为了考察时更明显、更直观,将计算过时间参数的网络计划转换为网络横道图,如图 3-17 所示。

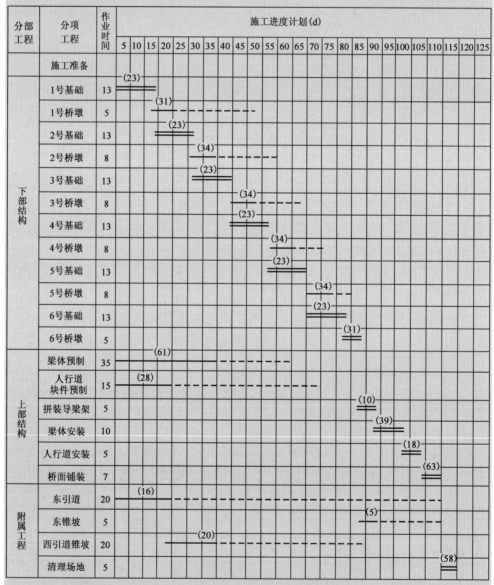

图 3-17 初始横道图

6. 对计划进行审查与调整

对网络计划的初始方案进行审查,是要确定它是否符合工期要求与资源限制的条件。

首先,要分析网络计划的总工期是否超过规定的要求。如果超过,就要调整关键工序持续时间,使总工期符合要求。

其次,要对资源需要量进行审查,检查劳力和物资供应是否满足计划要求,如不符合,就要进行调整,以使计划切实可行。

7. 正式绘制可行的工程网络计划

网络计划的初始方案通过调整,就成为一个可行的计划,可把它绘制成正式的网络横道计划,如图 3-18 所示。这样的网络计划还不是一个最优的网络计划,要

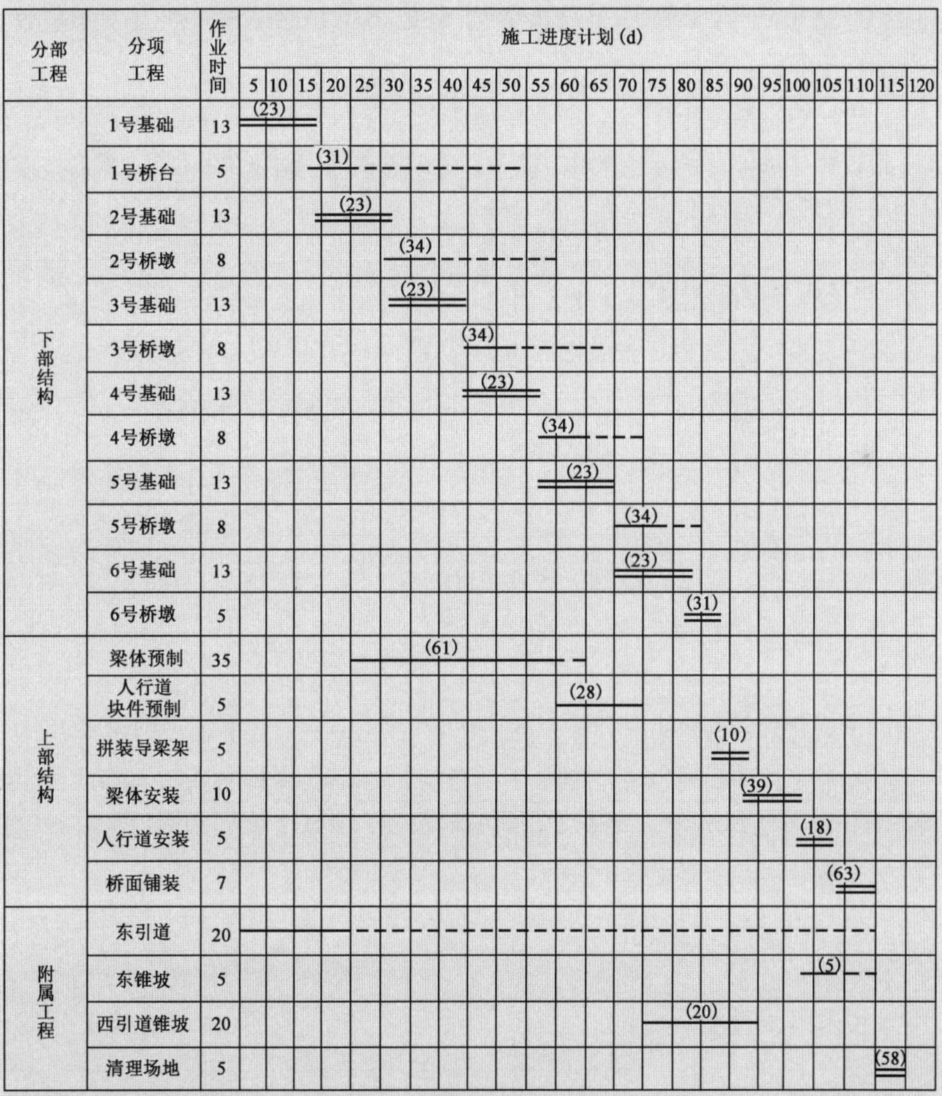

分部工程	分项工程	作业时间	施工进度计划(d)
下部结构	1号基础	13	(23) 5—15
	1号桥台	5	(31) 20—25
	2号基础	13	(23) 20—30
	2号桥墩	8	(34) 35—45
	3号基础	13	(23) 30—40
	3号桥墩	8	(34) 45—55
	4号基础	13	(23) 40—50
	4号桥墩	8	(34) 55—65
	5号基础	13	(23) 50—60
	5号桥墩	8	(34) 65—75
	6号基础	13	(23) 60—70
	6号桥墩	5	(31) 75—80
上部结构	梁体预制	35	(61) 25—60
	人行道块件预制	5	(28) 45—50
	拼装导梁架	5	(10) 80—85
	梁体安装	10	(39) 85—95
	人行道安装	5	(18) 90—95
	桥面铺装	7	(63) 100—107
附属工程	东引道	20	5—100
	东锥坡	5	(5) 95—100
	西引道锥坡	20	(20) 85—105
	清理场地	5	(58) 110—115

图中:━━━ 表示关键工序 ─── 表示非关键工序; ━━━ 表示调整后成为关键工序; --- 表示总时差; 括号内数字为平均每天需要劳动力数

图 3-18 调整后的施工进度计划

得到一个令人满意的计划,还必须进行优化。但过分的优化会使计划的弹性越来越小,在执行过程中由于管理水平的限制,实际进度与计划产生偏离,即使不断地进行调整,其结果还是达不到预定目标。因此,优化应结合计划留有充分的余地。根据可行的施工进度总计划,可进一步把这个总计划目标进行纵向切割成许多子计划目标,即年度、季度、月度及旬作业计划。横向切割时,可形成许多分部、分项工程的子计划目标。在计划执行中,时刻抓紧子目标计划按期实现,则必然保证总计划目标能按期完成。

四、资源需要量计划

当施工进度计划确定之后,各分项工程施工所需用的劳力、材料及机具设备、资金的数量和时间也就确定,然后按年度、季度、月汇总就得到劳力、主要材料、机具设备和资金的使用计划。

1. 劳动力需要量计划

根据施工进度计划可计算出劳动力资源动态曲线,如图 3-19 所示,然后按季、月和旬填写劳动力计划表即可。

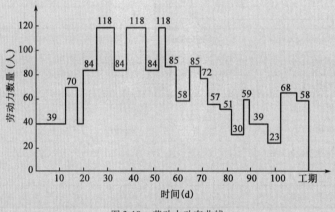

图 3-19 劳动力动态曲线

2. 主要材料需要量计划

根据施工进度计划也可绘制出主要材料,如水泥、钢材的资源动态曲线,如图 3-20 和图 3-21 所示,然后按季、月和旬填写水泥、钢材计划表即可。

3. 主要施工机具需要量计划(略)

4. 资金的使用计划(略)

五、采购运输计划(略)

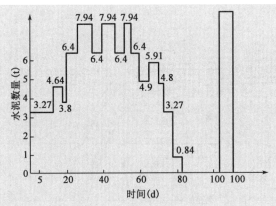

图 3-20　水泥需要量动态曲线

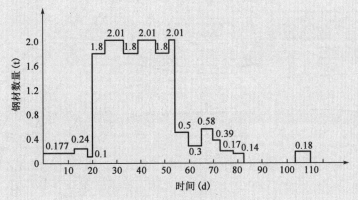

图 3-21　钢材需要量动态曲线

六、施工准备工作计划（略）

七、施工总平面图设计

以 T 梁安装、运输、堆放和预制为线索，首先安排 T 梁运输线路、堆放位置，再确定 T 梁的预制场地，接着安排砂石料堆放场、拌和机、水泥库位置。围绕预制场布置钢材、木材加工制作场地。根据施工现场实际情况布置临时职工宿舍、食堂、娱乐场地及临时供电、供水线路、临时便道等。在具体设计布置时，还应遵循"方便工人的生产和生活、水路电路运输道路最短、临时生产生活设施费用最低、各种设施布置位置发挥效能最高及符合卫生、防火及安全规定"的原则。本桥施工总平面图布置如图 3-22 所示。

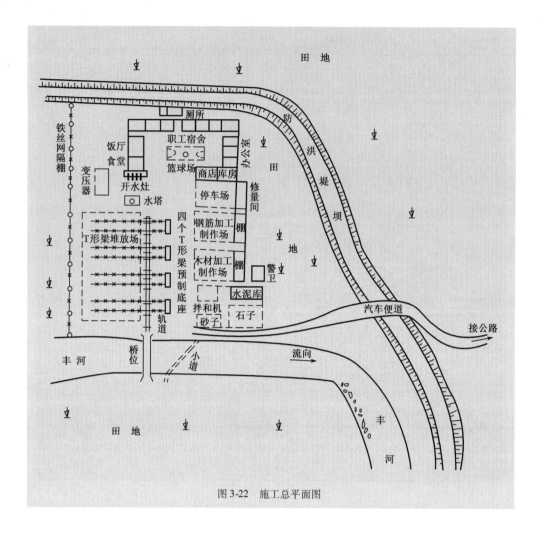

图 3-22 施工总平面图

【思考题】

1. 编制施工组织设计的基本原则包括哪些？
2. 公路施工组织设计的编制包括哪些步骤？
3. 施工进度图的形式有哪些？横道图有什么特点？
4. 施工进度计划的编制步骤是什么？
5. 施工方案的编制包括哪些内容？
6. 施工进度图的形式有几种？各有什么特点？
7. 劳动力需要量图如何绘制？如何根据劳动力需要量图来判断施工进度计划的优劣？
8. 施工平面图有几种形式？包括哪些主要内容？
9. 施工组织设计的临时设施设计包括哪些内容？
10. 临时用水量的确定方法是什么？
11. 施工现场应采取哪些环保、安全、文明的施工生产措施？

第四章 网络计划技术

【学习要求】

掌握单代号、双代号、时标网络图的绘制方法及时间参数的计算;掌握工期优化、费用优化的方法,熟悉资源优化;熟悉搭接网络计划时间参数的计算。

网络计划技术是指用于工程项目的计划与控制的一项管理技术。它是 20 世纪 50 年代末发展起来的,依其起源有关键路径法(CPM)与计划评审法(PERT)之分。在工程建设进度控制中,更多采用的是肯定型网络计划技术。肯定型网络计划技术的基本原理是:第一,用网络图形描绘出一项工程计划方案中各项工作之间的相互关系和先后顺序关系;第二,计算得到影响施工进度的关键线路和工作;第三,通过调整网络计划,寻求最优方案;第四,在计划实施过程中,采取有效的措施对其进行控制,合理使用有限的资源,高效、低耗、优质地完成计划任务。因此,网络计划技术不仅是一种科学的规划方法,同时也是一种科学的动态控制方法。

第一节 基 本 概 念

一、网络图

网络图是指网络计划技术的图解模型。它是由节点和箭线组成,且用来表示工作流程的有向、有序网状图形。网络图中的工作可以是单位工程,还可以是分部工程,也可以是分项工程。通常,完成一项工作既消耗时间,也消耗资源(如消耗劳动力、原材料、施工机具等),但也有些工作只消耗时间,而不消耗资源(如混凝土的养护)。

网络图有双代号网络图和单代号网络图两种。双代号网络图是以箭线及其两端节点的编号表示工作,同时,节点表示工作的开始或结束及工作间的连接状态。单代号网络图是以节点及其编号表示工作,箭线表示工作间的逻辑关系。双代号网络图和单代号网络图工作的表示方法如图4-1和图4-2所示。

图4-1 双代号网络图中工作的表示方法　　图4-2 单代号网络图中工作的表示方法

网络图中的节点都必须要有编号,并且编号严禁重复。另外,每条箭线上箭尾节点编号小于箭头节点编号。在双代号网络图中,一项工作可以用其箭头和箭尾的节点编号表示。有时,为了正确表达两邻工作之间的逻辑关系而引入虚工作,虚工作既不消耗时间,也不消耗资源。在单代号网络图中,虚工作只能出现在网络图中的起节点、终节点处。

二、紧前(后)工作、平行工作

1. 紧前(后)工作

在网络图中,相对于某工作而言,紧排在该工作之前(后)的工作称为该工作的紧前(后)工作。在双代号网络图中,工作与其相应的紧前(后)工作之间可以有虚工作存在。如图4-3所示,支模1是支模2在组织上的紧前工作,支模1是扎筋1在工艺上的紧前工作;扎筋2是扎筋1在组织上的紧后工作,混凝土1是扎筋1在工艺上的紧后工作。

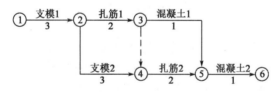

图4-3 某工程双代号网络计划

2. 平行工作

在网络图中,相对于某工作而言,可以与该工作同时进行的工作称为该工作的平行工作。如图4-3所示,支模2和扎筋1是平行工作。

紧前工作、紧后工作和平行工作是工作之间逻辑关系的体现,是正确绘制网络图的前提条件。

三、工艺关系和组织关系

1. 工艺关系

生产性工作之间由工艺过程决定的、非生产性工作之间由工作程序决定的先后顺序关系称为工艺关系。如图4-3所示,支模1→扎筋1→混凝土1为工艺关系。

2. 组织关系

工作之间由于组织安排需要或资源（劳动力、原材料、施工机具等）调配需要而规定的先后顺序关系称为组织关系。如图4-3所示，支模1→支模2和扎筋1→扎筋2等为组织关系。

四、先行工作和后续工作

1. 先行工作

对于某项工作而言，从网络图的起点节点开始，顺箭头方向经过一系列箭线与节点到达该工作为止的各条通路上的所有工作都称为该工作的先行工作。如图4-3所示，支模1、扎筋1、混凝土1、支模2、扎筋2均是混凝土2的先行工作。

2. 后续工作

对于某项工作而言，从该工作之后开始，顺箭头方向经过一系列箭线与节点到网络图的终点节点的各条通路上的所有工作都称为该工作的后续工作。如图4-3所示，扎筋1的后续工作有混凝土1、扎筋2、混凝土2。

五、线路、关键线路和关键工作

线路是指网络图中从起点节点开始沿着箭线方向连续通过一系列箭线与节点，最后到达终点节点的通路。在图4-3中，线路一共有三条，分别是：①—②—③—⑤—⑥、①—②—③—④—⑤—⑥和①—②—④—⑤—⑥。

线路分为关键线路和非关键线路。关键线路是指在网络图中线路持续时间之和最长的线路，关键线路上的工作就是关键工作，有时候，关键线路可能不止一条。在图4-3中，①—②—④—⑤—⑥是关键线路。

在网络计划的实施过程中，关键工作的实际进度不管是提前还是滞后，都对总工期产生决定性的作用。因此，关键工作是计划执行过程中控制的重点，在时间和费用等方面要严格控制。

关键线路具有以下性质：①关键线路的各工作持续时间之和等于整个网络计划的总工期；②关键线路上的工作都称为关键工作；③关键线路没有时间储备，关键工作也没有时间储备；④在网络图中至少有一条关键线路；⑤若管理人员采取某些技术组织措施，则缩短关键工作的持续时间就可能使关键线路变为非关键线路。

第二节 网络图的绘制

一、双代号网络图的绘制

1. 绘图规则

双代号网络图的绘制应遵循以下基本规则。

（1）网络图必须正确表达已定的逻辑关系。例如，根据表4-1所示的工作逻辑关系，绘出两种网络图（图4-4a和图4-4b），在图4-4a）中，工作B的紧后工作为C和D，不符合表4-1的逻辑关系,为错误画法;正确画法如图4-4b)所示。

工 作 逻 辑 关 系　　　　　　表4-1

工作	A	B	C	D
紧后工作	CD	C	—	—

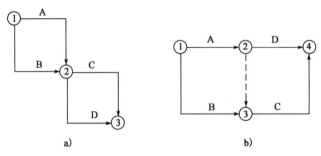

图4-4　双代号网络图
a)错误画法;b)正确画法

(2)网络图中严禁出现循环回路。循环回路是指从网络图中某个节点出发,顺着箭头方向又回到原出发点的线路,如图4-5所示。

(3)在网络图中,两个节点之间严禁出现无箭头线或双向箭头线,如图4-6a)和图4-6b)所示。

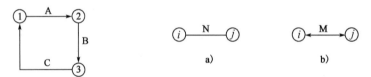

图4-5　循环回路示意图　　　　　图4-6　箭线的错误画法
　　　　　　　　　　　　　　　　a)无箭头线;b)双向箭头线

(4)网络图中严禁出现没有箭头节点或没有箭尾节点的箭线,如图4-7所示。

(5)当网络图中某节点有多条箭线引入或引出时,可采用母线法绘图(将多条箭线经一共用的垂直线引入该节点,或从该节点由一条共用的垂直线引出各箭线),如图4-8所示。

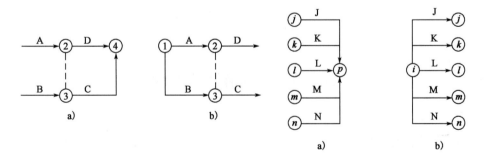

图4-7　错误的箭线画法　　　　　　图4-8　母线法
a)无箭尾节点箭线;b)无箭头节点箭线　　a)多箭线引入节点;b)节点引出多条箭线

(6)网络图中应尽量避免箭线交叉,当交叉难以避免时,可采用过桥法、指向法等加以处理,如图4-9所示。

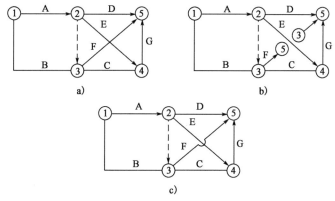

图 4-9 交叉箭线及其处理
a)交叉箭线；b)指向法；c)过桥法

（7）网络图应只有一个起始节点和一个终点节点。除起始节点和终点节点外，所有节点都应有引入箭线和引出箭线（起始节点只有引出箭线，终点节点只有引入箭线）。如图 4-10 所示，图 4-10a)中有两个起始节点和两个终点节点，应改为图 4-10b)的形式。

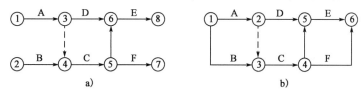

图 4-10 多个起止节点网络图及修正
a)多个起止节点网络图；b)正确网络图形式

2. 绘图方法

双代号网络图的绘制方法根据个人的经验而有所不同，一般可按照如下方法进行。

（1）找出无紧前工作的工作放在起始节点后。

（2）按照紧前工作或紧后工作确定各工作的先后顺序。

（3）确定各工作的开始节点编号和结束节点编号。网络图中的节点编号习惯上采用连续的编号方法：

①无紧前工作的工作，其开始节点编号为1；

②有紧前工作的工作，其开始节点编号为其紧前工作开始节点编号的最大值加1；

③有紧后工作的工作，其结束节点编号为其紧后工作开始节点编号的最小值；

④无紧后工作的工作，其结束节点编号为网络图中各工作开始节点编号的最大值加1。

（4）按逻辑关系对某些节点和箭线进行适当调整，完成网络图的绘制。

3. 绘图举例

[例 4-1] 已知各工作之间的逻辑关系，见表 4-2，试绘制其双代号网络图。

工 作 逻 辑 关 系　　　　表 4-2

工作	A	B	C	D	E
紧前工作	—	—	A	AB	CD

解:网络图绘制步骤如下:
(1)工作 A 和 B 无紧前工作,将其放在起始节点后,如图 4-11a)所示;
(2)按照紧前工作确定工作 C、D 和 E 的位置,如图 4-11b)所示;
(3)按照逻辑关系确定各工作箭线和节点,完成网络图的绘制,如图 4-11c)所示。

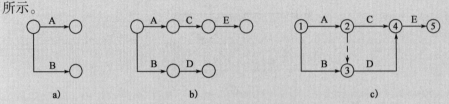

图 4-11　例 4-1 网络图绘制过程

[例 4-2]　已知各工作间的逻辑关系,见表 4-3,试绘出其双代号网络图。

工 作 逻 辑 关 系　　　　　　　　　　　表 4-3

工作	A	B	C	D	E	F	G
紧前工作	—	—	—	A	AB	ABC	EF

解:网络图绘制步骤如下:
(1)工作 A、B 和 C 无紧前工作,绘出箭线 A、B、C 和节点,如图 4-12a)所示;
(2)按紧前工作确定余下工作的位置,如图 4-12b)所示;
(3)根据各工作间的逻辑关系调整箭线,确定节点号,如图 4-12c)所示。

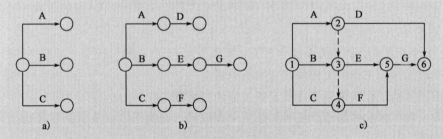

图 4-12　例 4-2 网络图绘制过程

[例 4-3]　已知各工作间的逻辑关系,见表 4-4,试绘出其双代号网络图。

工 作 逻 辑 关 系　　　　　　　　　　　表 4-4

工作	A	B	C	D	E	F	G	H
紧前工作	—	—	—	AB	BC	BE	D	FG

解:网络图绘制步骤如下:
(1)绘出箭线 A、B、C 和起始节点,如图 4-13a)所示;
(2)按紧前工作确定其余工作的位置关系,如图 4-13b)所示;
(3)根据各工作的逻辑关系进行调整,使布局简明,完成节点编号,如图 4-13c)所示。

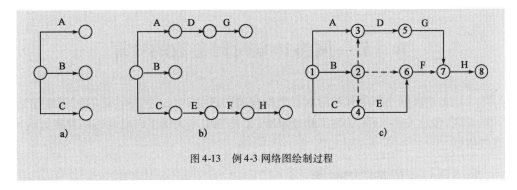

图 4-13 例 4-3 网络图绘制过程

二、单代号网络图的绘制

1. 绘图规则

单代号网络图的绘制和双代号网络图差别不大,二者的区别主要在于其符号所表达的意义不同。此外,当网络图中有多项开始工作时,应增设一项虚拟的工作(S)作为该网络图的起点节点;当有多项结束工作时,应增设一项虚拟的工作(F)作为终点节点。在单代号网络图中,以节点及其编号表示某项工作,以箭线表示工作间的逻辑关系。

2. 绘图示例

[例4-4] 已知各工作间的逻辑关系,见表4-5,试绘出其单代号网络图。

工作逻辑关系　　　　　　　　　　表4-5

工作	A	B	C	D	E	F	G
紧前工作	—	—	—	AB	AC	CD	EF

解:网络图的绘制步骤如下:

(1)绘出工作 A、B、C,如图 4-14a)所示;
(2)按前后顺序确定各工作的位置,如图 4-14b)所示;
(3)根据逻辑关系完成各箭线和节点,如图 4-14c)所示。

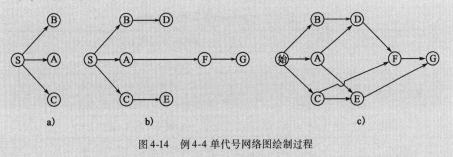

图 4-14 例 4-4 单代号网络图绘制过程

第三节 网络计划时间参数的计算

网络计划是指在网络图上标注时间参数而编制的进度计划。网络计划的时间参数是确定工程计划工期、确定关键线路、关键工作的基础,也是判定非关键工作机动时间和进行优化、计划管理的依据。

一、网络计划时间参数的概念

1. 工作持续时间和工期

1)工作持续时间

工作持续时间是指一项工作从开始到完成的时间。在单代号网络计划中,工作 i 的持续时间用 D_i 表示。在双代号网络计划中,工作 $i—j$ 的持续时间用 D_{i-j} 表示。

2)工期

工期指的是完成一项任务所需要的时间。在网络计划中,工期一般有三种:

(1)计算工期。计算工期是指根据网络计划时间参数计算而得到的工期,用 T_c 表示。

(2)要求工期。要求工期是指任务委托人所指出的指令性工期,用 T_r 表示。

(3)计划工期。计划工期是指根据要求工期和计算工期所确定的作为实施目标的工期,用 T_p 表示。

当已规定要求工期时,计划工期不应超过要求工期,即:

$$T_p \leq T_r \qquad (4-1)$$

当未规定要求工期时,可令计划工期等于计算工期,即:

$$T_p = T_c \qquad (4-2)$$

2. 时间参数

网络计划中工作时间参数和节点时间参数见表 4-6。

网络计划中工作时间参数和节点时间参数　　表 4-6

工作时间参数	最早开始时间 *ES*（Early Start）
	最早完成时间 *EF*（Early Finish）
	最迟开始时间 *LS*（Late Start）
	最迟完成时间 *LF*（Late Finish）
	总时差 *TF*（Total Float）
	自由时差 *FF*（Free Float）
节点时间参数	最早时间 *ET*（Early Time）
	最迟时间 *LT*（Late Time）

1)最早开始时间和最早完成时间

工作的最早开始时间是指其所有紧前工作全部完成后,本工作有可能开始的最早时刻。

在双代号网络图中,工作 $i—j$ 的最早开始时间以 ES_{i-j} 表示;在单代号网络图中,工作 i 的最早开始时间以 ES_i 表示。

工作的最早完成时间是指在其所有紧前工作全部完成后,本工作有可能完成的最早时刻。工作最早完成时间等于本工作最早开始时间与其持续时间之和。在双代号网络图中,工作 $i—j$ 的最早完成时间以 EF_{i-j} 表示;在单代号网络图中,工作 i 的最早开始时间以 EF_i 表示。

2)最迟开始时间和最迟完成时间

工作的最迟开始时间是指在不影响整个任务按期完成的前提下,本工作必须开始的最迟时刻。工作最迟开始时间等于本工作的最迟完成时间与其持续时间之差。在双代号网络图中,工作 $i—j$ 的最迟开始时间以 LS_{i-j} 表示;在单代号网络图中,工作 i 的最迟完成时间以 LS_i 表示。

工作的最迟完成时间是指在不影响整个任务按期完成的前提下,本工作必须完成的最迟时刻。在双代号网络图中,工作 $i—j$ 的最迟完成时间以 LF_{i-j} 表示;在单代号网络图中,工作 i 的最迟完成时间以 LF_i 表示。

3)总时差

工作总时差是在不影响总工期的前提下,本工作可以利用的机动时间。在双代号网络图中,工作 $i—j$ 的总时差用 TF_{i-j} 表示。在单代号网络图中,工作 i 的总时差用 TF_i 表示。

4)自由时差

工作自由时差是指在不影响其紧后工作最早开始时间的前提下本工作可以利用的机动时间。工作的自由时差是该工作可以自由利用的时间。在双代号网络图中,工作 $i—j$ 的自由时差用 FF_{i-j} 表示。在单代号网络图中,工作 i 的自由时差用 FF_i 表示。

5)最早时间

节点的最早时间是指在双代号网络计划中,以该节点为开始节点的各项工作的最早开始时间。节点 i 的最早时间用 ET_i 表示。

6)最迟时间

节点的最迟时间是指在双代号网络计划中,以该节点为完成节点的各项工作的最迟完成时间。节点 j 的最迟时间用 LT_j 表示。

3. 相邻两项工作之间的时间间隔

相邻两项工作之间的时间间隔是指本工作的最早完成时间与其紧后工作最早开始时间之间可能存在的差值。工作 i 与工作 j 之间的时间间隔用 $LAG_{i,j}$ 表示。

二、双代号网络计划时间参数的计算

双代号网络计划时间参数的计算方法有按工作计算法和按节点计算法及标号法三种。

1. 按工作计算法

按工作计算法是指以网络计划中的工作为对象,直接计算各项工作的时间参数。这些参数包括最早开始时间 ES_{i-j} 和最早完成时间 EF_{i-j}、工作的最迟开始时间 LS_{i-j} 和最迟完成时间 LF_{i-j}、工作的总时差 TF_{i-j} 和自由时差 FF_{i-j},此外还要计算网络计划的计算工期 T_c。

以图 4-15 所示网络计划为例,说明按工作计算法计算时间参数的过程,其计算结果如图 4-16 所示。

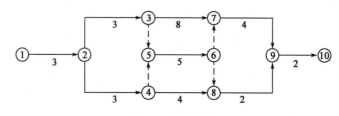

图 4-15 网络计划

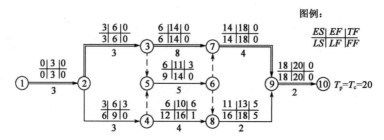

图 4-16 双代号网络计划（按工作计算法）

1）计算工作的最早开始时间和最早完成时间

工作的最早开始时间和最早完成时间的计算应从网络计划的起点节点开始，顺着箭线方向自左向右依次逐项计算，直到终点节点为止。

（1）以网络计划起点节点为开始节点的工作的最早开始时间，如没有规定最早开始时间时，其值等于零。在本例中，工作 1—2：$ES_{1-2}=0$。

（2）工作的最早完成时间等于其最早开始时间与该工作持续时间之和，即：

$$EF_{i-j} = ES_{i-j} + D_{i-j} \tag{4-3}$$

在本例中，工作 1—2：$EF_{1-2} = ES_{1-2} + D_{1-2} = 0 + 3 = 3$。

（3）其他工作的最早开始时间等于其紧前工作的最早完成时间的最大值，即：

$$ES_{i-j} = \max\{EF_{h-i}\} = \max\{ES_{h-i} + D_{h-i}\} \tag{4-4}$$

式中：EF_{h-i}——工作 $i-j$ 的紧前工作 $h-i$（非虚工作）的最早完成时间；

ES_{h-i}——工作 $i-j$ 的紧前工作 $h-i$（非虚工作）的最早开始时间；

D_{h-i}——工作 $i-j$ 的紧前工作 $h-i$（非虚工作）的持续时间。

在本例中，工作 3—7 和工作 8—9 的最早开始时间分别为：

$$ES_{3-7} = EF_{2-3} = 6$$

$$ES_{8-9} = \max\{EF_{5-6}, EF_{4-8}\} = \max\{11,10\} = 11$$

（4）网络计划的计算工期等于以网络计划终点节点为完成节点的工作最早完成时间的最大值，即：

$$T_c = \max\{EF_{i-n}\} = \max\{ES_{i-n} + D_{i-n}\} \tag{4-5}$$

式中：T_c——网络计划的计算工期；

EF_{i-n}——以网络计划终点节点 n 为完成节点的工作的最早完成时间；

ES_{i-n}——以网络计划终点节点 n 为完成节点的工作的最早开始时间;

D_{i-n}——以网络计划终点节点 n 为完成节点的工作的持续时间。

在本例中,$T_c = EF_{9-10} = 20$。

2)确定网络计划的计划工期

网络计划的计划工期按照式(4-1)或式(4-2)确定。在本例中,假设未规定工期要求,则计划工期等于计算工期,即 $T_p = T_c = 20$。

计划工期应标注在网络计划终点节点的右上方。

3)计算工作的最迟完成时间和最迟开始时间

工作的最迟完成时间应从网络计划的终点节点开始逆着箭线方向自右向左依次进行计算,直到起点节点为止。

(1)以网络计划终点节点 n 为完成节点的工作的最迟完成时间等于网络计划的计划工期,即:

$$LF_{i-n} = T_p \tag{4-6}$$

式中:LF_{i-n}——以网络计划终点节点 n 为完成节点的工作的最迟完成时间;

T_p——网络计划的计划工期。

在本例中,工作 9—10 的最迟完成时间为:$LF_{9-10} = T_p = 20$。

(2)工作的最迟开始时间可利用下式计算:

$$LS_{i-j} = LF_{i-j} - D_{i-j} \tag{4-7}$$

在本例中,工作 9—10 的最迟开始时间为:$LS_{9-10} = LF_{9-10} - D_{9-10} = 20 - 2 = 18$。

(3)其他工作的最迟完成时间等于其紧后工作的最迟开始时间的最小值,即:

$$LF_{i-j} = \min\{LS_{j-k}\} = \min\{LF_{j-k} - D_{j-k}\} \tag{4-8}$$

式中:LF_{i-j}——工作 $i—j$ 的最迟完成时间;

LS_{j-k}——工作 $i—j$ 的紧后工作 $j—k$(非虚工作)的最迟开始时间;

LF_{j-k}——工作 $i—j$ 的紧后工作 $j—k$(非虚工作)的最迟完成时间;

D_{j-k}——工作 $i—j$ 的紧后工作 $j—k$(非虚工作)的持续时间。

在本例中,工作 5—6 和工作 4—8 的最迟完成时间分别为:$LF_{5-6} = \min\{LS_{7-9}, LS_{8-9}\} = \min\{14, 16\} = 14$;$LF_{4-8} = LS_{8-9} = 16$。

4)计算工作的总时差

工作的总时差等于该工作最迟完成时间与最早完成时间之差,或该工作最迟开始时间与最早开始时间之差,即:

$$TF_{i-j} = LF_{i-j} - EF_{i-j} = LS_{i-j} - ES_{i-j} \tag{4-9}$$

在本例中,$TF_{5-6} = LF_{5-6} - EF_{5-6} = LS_{5-6} - ES_{5-6} = 14 - 11 = 9 - 6 = 3$;$TF_{4-8} = LF_{4-8} - EF_{4-8} = LS_{4-8} - ES_{4-8} = 16 - 10 = 12 - 6 = 6$。

5)计算工作的自由时差

(1)以网络计划终点节点为完成节点的工作自由时差等于计划工期与本工作最早完成时

间之差,即:

$$FF_{i-n} = T_p - EF_{i-n} = T_p - ES_{i-n} - D_{i-n} \qquad (4\text{-}10)$$

式中: FF_{i-n} ——以网络计划终点节点 n 为完成节点的工作 i—n 的自由时差;
   T_p ——网络计划的计划工期;
   EF_{i-n} ——以网络计划终点节点 n 为完成节点的工作 i—n 的最早完成时间;
   ES_{i-n} ——以网络计划终点节点 n 为完成节点的工作 i—n 的最早开始时间;
   D_{i-n} ——以网络计划终点节点 n 为完成节点的工作 i—n 的持续时间。

在本例中,工作 9—10 的自由时差为: $FF_{9-10} = T_p - EF_{9-10} = T_p - ES_{9-10} - D_{9-10} = 20 - 20 = 20 - 18 - 2 = 0$。

(2)其他工作的自由时差等于该工作的紧后工作的最早开始时间与该工作最早完成时间之差的最小值,即:

$$FF_{i-j} = \min\{ES_{j-k} - EF_{i-j}\} = \min\{ES_{j-k} - ES_{i-j} - D_{i-j}\} \qquad (4\text{-}11)$$

式中: FF_{i-j} ——工作 i—j 的自由时差;
   ES_{j-k} ——工作 i—j 的紧后工作 j—k (非虚工作)最早开始时间;
   EF_{i-j} ——工作 i—j 的最早完成时间;
   ES_{i-j} ——工作 i—j 的最早开始时间;
   D_{i-j} ——工作 i—j 的持续时间。

在本例中,工作 5—6 和工作 4—8 的自由时差为: $FF_{5-6} = \min\{ES_{7-9} - EF_{5-6}, ES_{8-9} - EF_{5-6}\} = \min\{14 - 11, 11 - 11\} = 0$; $FF_{4-8} = ES_{8-9} - EF_{4-8} = 11 - 10 = 1$。

需要特别指出的是,以网络计划终点节点为完成节点的工作自由时差等于总时差。另外,工作的自由时差是总时差的一部分,当其总时差为零时,其自由时差必然为零。在本例中,工作 9—10 的自由时差和总时差均为零。

6)确定关键线路

在网络计划中,总时差最小的工作为关键工作。当网络计划的计划工期等于计算工期时,总时差为零的工作就是关键工作。本例中的工作 1—2、工作 2—3、工作 3—7、工作 7—9、工作 9—10 的总时差均为零,故它们都是关键工作。

找出关键工作后,将这些关键工作首尾相连,便得到至少一条从起点节点到终点节点的通路,通路上各项工作的持续时间之和最大的就是关键线路;关键线路上各项工作的持续时间之和等于网络计划的计算工期;关键线路上可能有虚工作存在。为了区别其他线路,关键线路一般用双箭线或粗箭线标出,也可以用彩色箭线标出。在本例中,关键线路为①—②—③—⑦—⑨—⑩。

2.按节点计算法

节点计算法是以网络计划的节点为对象,先计算节点的最早时间和最迟时间,再计算出各项工作的时间参数和网络计划的计算工期。

下面仍以图 4-15 所示网络计划为例,说明按节点计算法计算时间参数的过程,其结果如图 4-17 所示。

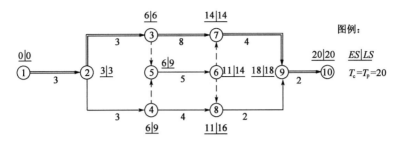

图 4-17 双代号网络计划（按节点计算法）

1）计算节点的最早时间

计算节点的最早时间应从网络计划的起点节点开始，顺着箭线方向依次进行计算。

(1) 网络计划的起点节点的最早时间如无规定时，其值等于零，即：$ET_1 = 0$。

(2) 其他节点的最早时间按式(4-12)计算：

$$ET_j = \max\{ET_i + D_{i-j}\} \tag{4-12}$$

式中：ET_j——工作 i—j 的完成节点 j 的最早时间；
ET_i——工作 i—j 的开始节点 i 的最早时间；
D_{i-j}——工作 i—j 的持续时间。

在本例中，节点③和节点⑧的最早时间分别为：$ET_3 = ET_2 + D_{2-3} = 3 + 3 = 6$；$ET_8 = \max\{ET_6 + D_{6-8}, ET_4 + D_{4-8}\} = \max\{11 + 0, 6 + 4\} = 11$。

(3) 网络计划的计算工期等于网络计划终点节点的最早时间，即：

$$T_c = ET_n \tag{4-13}$$

式中：T_c——网络计划的计算工期；
ET_n——网络计划终点节点 n 的最早时间。

在本例中，计算工期为：$T_c = ET_{10} = 20$。

2）确定网络计划的计划工期

网络计划的计划工期按式(4-1)或式(4-2)确定。在本例中，假设未规定要求工期，则计划工期等于计算工期，即：

$$T_p = T_c = ET_{10} = 20 \tag{4-14}$$

3）计算节点的最迟时间

节点的最迟时间应从网络图的终点节点开始，逆着箭线的方向依次逐项计算。

(1) 终点节点的最迟时间等于网络计划的计划工期，即：

$$LT_n = T_p \tag{4-15}$$

式中：LT_n——网络计划终点节点 n 的最迟时间；
T_p——网络计划的计划工期。

在本例中，$LT_{10} = T_p = 20$。

(2) 其他节点的最迟时间按下式计算：

$$LT_i = \min\{LT_j - D_{i-j}\} \tag{4-16}$$

式中：LT_i——工作 i—j 的开始节点 i 的最迟时间；

LT_j——工作 i—j 的完成节点 j 的最迟时间；

$D_{i\text{—}j}$——工作 i—j 的持续时间。

在本例中，节点⑨和节点⑥的最迟时间分别为：$LT_9 = LT_{10} - D_{9\text{—}10} = 20 - 2 = 18$；$LT_6 = \min\{LT_8 - D_{6\text{—}8}, LT_7 - D_{6\text{—}7}\} = \min\{16 - 0, 14 - 0\} = 14$。

4) 计算工作的 6 个时间参数

(1) 工作最早开始时间的计算。工作的最早开始时间等于该工作开始节点的最早时间，即：

$$ES_{i\text{—}j} = ET_i \tag{4-17}$$

在本例中，$ES_{2\text{—}3} = ET_2 = 3$；$ES_{5\text{—}6} = ET_5 = 6$。

(2) 工作最早完成时间的计算。工作的最早完成时间等于该工作开始节点的最早时间与其持续时间之和，即：

$$EF_{i\text{—}j} = ET_i + D_{i\text{—}j} \tag{4-18}$$

在本例中，$EF_{2\text{—}3} = ET_2 + D_{2\text{—}3} = 3 + 3 = 6$；$EF_{5\text{—}6} = ET_5 + D_{5\text{—}6} = 6 + 5 = 11$。

(3) 工作最迟完成时间的计算。工作的最迟完成时间等于该工作完成节点的最迟时间，即：

$$LF_{i\text{—}j} = LT_j \tag{4-19}$$

在本例中，$LF_{2\text{—}3} = LT_3 = 6$；$LF_{5\text{—}6} = LT_6 = 14$。

(4) 工作最迟开始时间的计算。工作的最迟开始时间等于该工作完成节点的最迟时间与其持续时间之差，即：

$$LS_{i\text{—}j} = LT_j - D_{i\text{—}j} \tag{4-20}$$

在本例中，$LS_{2\text{—}3} = LT_3 - D_{2\text{—}3} = 6 - 3 = 3$；$LS_{5\text{—}6} = LT_6 - D_{5\text{—}6} = 14 - 5 = 9$。

(5) 工作总时差的计算。根据前面讲过的工作总时差的含义，以及根据式(4-19)和式(4-18)即可得到如下公式：

$$TF_{i\text{—}j} = LF_{i\text{—}j} - EF_{i\text{—}j} = LT_j - (ET_i + D_{i\text{—}j}) = LT_j - ET_i - D_{i\text{—}j} \tag{4-21}$$

在本例中，$TF_{2\text{—}3} = LT_3 - ET_2 - D_{2\text{—}3} = 6 - 3 - 3 = 0$；$TF_{5\text{—}6} = LT_6 - ET_5 - D_{5\text{—}6} = 14 - 6 - 5 = 3$。

(6) 工作自由时差的计算。根据工作自由时差的含义，以及根据式(4-17)和式(4-11)即可得到如下公式：

$$\begin{aligned}FF_{i\text{—}j} &= \min\{ES_{j\text{—}k} - ES_{i\text{—}j} - D_{i\text{—}j}\} = \min\{ES_{j\text{—}k}\} - ES_{i\text{—}j} - D_{i\text{—}j} \\ &= \min\{ET_j\} - ET_i - D_{i\text{—}j}\end{aligned} \tag{4-22}$$

在本例中，$FF_{2\text{—}3} = ET_3 - ET_2 - D_{2\text{—}3} = 6 - 3 - 3 = 0$；$FF_{5\text{—}6} = ET_6 - ET_5 - D_{5\text{—}6} = 11 - 6 - 5 = 0$。

这里需要指出的是，如果本工作与其紧后工作之间存在虚工作时，其中的 ET_j 为本工作紧后工作开始节点的最早时间，而不是本工作完成节点的最早时间。

5）关键线路和关键工作的确定

在双代号网络计划中,关键线路上的节点称为关键节点。关键工作两端的节点必为关键节点;两端为关键节点的工作不一定是关键工作。关键节点的最迟时间与最早时间的差值最小。当网络计划的计划工期等于计算工期时,关键节点的最早时间和最迟时间相等。在本例中,①、②、③、⑦、⑨、⑩就是关键节点,关键节点必然在关键线路上,但由关键节点组成的线路不一定是关键线路。

当利用关键节点判别关键线路和关键工作时,还应满足下列判别式:

$$ET_i + D_{i-j} = ET_j \tag{4-23}$$

$$LT_i + D_{i-j} = LT_j \tag{4-24}$$

如果两个关键节点之间的工作符合上述判别式,则该工作必为关键工作。否则,该工作就不是关键工作,关键线路就不会从此处通过。本例关键线路为①→②—③—⑦—⑨—⑩。

3. 标号法

标号法是快速寻求网络计划计算工期和关键线路的一种方法。它是对网络计划中的每一个节点进行标号,然后利用标号值确定网络计划的计算工期和关键线路。

下面仍以图 4-15 为例说明标号法的计算过程,其结果如图 4-18 所示。

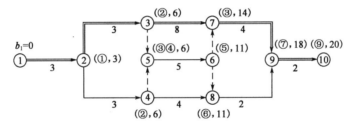

图 4-18 双代号网络计划(标号法)

(1)网络计划起点节点的标号值为零,即 $b_1 = 0$。

(2)其他节点的标号值根据下式按节点编号从小到大的顺序逐个进行计算:

$$b_j = \max\{b_i + D_{i-j}\} \tag{4-25}$$

式中: b_j ——工作 i—j 的完成节点 j 的标号值;

b_i ——工作 i—j 的完成节点 i 的标号值;

D_{i-j} ——工作 i—j 的持续时间。

在本例中,节点③、节点④、节点⑨的标号值分别为: $b_3 = b_2 + D_{2-3} = 3 + 3 = 6$; $b_4 = b_2 + D_{2-4} = 3 + 6 = 6$; $b_9 = \max\{b_7 + D_{7-9}, b_8 + D_{8-9}\} = \max\{14 + 4, 11 + 2\} = 18$。

计算出节点标号值后,应该用其标号值及其源节点对该节点进行双标号。把用来确定本节点标号值的节点称为源节点。在本例中,节点④的标号值由节点②所确定,故节点④的源节点是节点②。如果源节点有多个,应将所有源节点标出。

(3)网络计划的计算工期就是网络计划终点节点的标号值。在本例中,计算工期就等于终点节点⑩的标号值 20。

(4)关键线路应从网络计划的终点节点开始,逆着箭线方向按源节点确定。在本例中,从终点节点⑩开始,逆着箭线按源节点可以找出关键线路为①—②—③—⑦—⑨—⑩。

三、单代号网络计划时间参数的计算

单代号网络计划与双代号网络计划只是表现形式不一样,而表达的内容则完全相同。下面以图4-19为例,说明时间参数的计算过程,结果如图4-20所示。

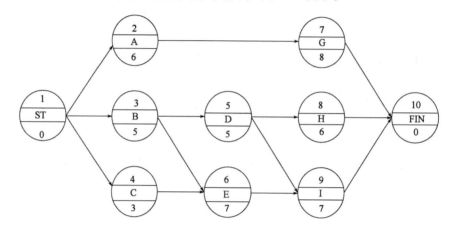

图4-19 单代号网络计划

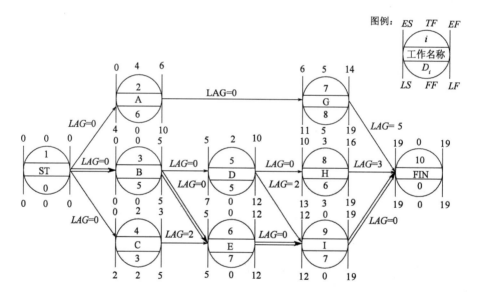

图4-20 单代号网络计划

1. 计算最早开始时间和最早完成时间

网络计划中各项工作的最早开始时间和最早完成时间的计算应从网络计划的起点节点开始,顺着箭线方向依次逐项计算。

(1)网络计划的起点节点代表工作的最早开始时间,未规定时取值为零。本例中,起点节点所代表的工作ST(虚拟工作)的最早开始时间为零。即:

$$ES_1 = 0 \tag{4-26}$$

(2)工作的最早完成时间等于本工作最早开始时间与其持续时间之和,即:

$$EF_i = ES_i + D_i \tag{4-27}$$

式中：EF_i——工作 i 的最早完成时间；

ES_i——工作 i 的最早开始时间；

D_i——工作 i 的持续时间。

本例中，虚拟工作 ST 和工作 B 的最早完成时间分别为：

$$EF_1 = ES_1 + D_1 = 0 + 0 = 0$$
$$EF_3 = ES_3 + D_3 = 0 + 5 = 5$$

(3) 其他工作的最早开始时间等于其紧前工作的最早完成时间的最大值，即：

$$ES_j = \max\{EF_i\} \tag{4-28}$$

式中：ES_j——工作 j 的最早开始时间；

EF_i——工作 j 的紧前工作的最早完成时间。

本例中，工作 E 和工作 G 的最早开始时间分别为：

$$ES_6 = \max\{EF_3, EF_4\} = \max\{5, 3\} = 5$$
$$ES_7 = EF_2 = 6$$

(4) 计算网络计划的计算工期

网络计划的计算工期等于其终点节点所代表工作的最早完成时间。即：

$$T_c = EF_n \tag{4-29}$$

本例中，计算工期为：$T_c = EF_{10} = 19$

2. 计算相邻两项工作之间的时间间隔

相邻两项工作 i 和 j 之间的时间间隔 $LAG_{i,j}$ 等于紧后工作 j 的最早开始时间 ES_j 和本工作的最早完成时间 EF_i 之差，即：

$$LAG_{i,j} = ES_j - EF_i \tag{4-30}$$

式中：$LAG_{i,j}$——工作 i 和其紧后工作 j 之间的时间间隔；

ES_j——工作 i 的紧后工作 j 的最早开始时间；

EF_i——工作 i 的最早完成时间。

本例中，工作 A 和工作 G、工作 C 和工作 E 的时间间隔分别为：

$$LAG_{2,7} = ES_7 - EF_2 = 6 - 6 = 0$$
$$LAG_{4,6} = ES_6 - EF_4 = 5 - 3 = 2$$

3. 确定网络计划的计划工期

网络计划的计算工期仍按式(4-1)或式(4-2)确定。本例中，假设未规定要求工期，则其计划工期等于计算工期，即：

$$T_p = T_c = 19 \tag{4-31}$$

4. 计算工作总时差

工作的总时差应从网络计划的终点节点开始，逆着箭线方向依次逐项计算。

(1) 网络计划终点节点的总时差 TF_n 等于计划工期与计算工期之差，即：

$$TF_n = T_p - T_c \tag{4-32}$$

如计划工期等于计算工期,其值为零,即:

$$TF_n = 0$$

(2)其他工作的总时差等于本工作与其各紧后工作之间的时间间隔加该紧后工作的总时差之和的最小值,即:

$$TF_i = \min\{LAG_{i,j} + TF_j\} \tag{4-33}$$

式中:TF_i——工作 i 的总时差;

$LAG_{i,j}$——工作 i 与其紧后工作 j 的时间间隔;

TF_j——工作 i 的紧后工作 j 的总时差。

本例中,工作 H 和工作 D 的总时差分别为:

$$TF_8 = LAG_{8,10} + TF_{10} = 3 + 0 = 3$$

$$TF_5 = \min\{LAG_{5,8} + TF_8, LAG_{5,9} + TF_9\} = \min\{0+3, 2+0\} = 2$$

5.计算工作的自由时差

(1)网络计划终点节点所代表的工作的自由时差等于计划工期与本工作的最早完成时间之差,即:

$$FF_n = T_p - EF_n \tag{4-34}$$

式中:FF_n——终点节点 n 所代表工作的自由时差;

T_p——网络计划的计划工期;

EF_n——终点节点 n 所代表工作的最早完成时间(即计算工期)。

本例中,终点节点所代表的工作 FIN(虚拟工作)的自由时差为:

$$FF_{10} = T_p - EF_{10} = 19 - 19 = 0$$

(2)其他工作的自由时差等于本工作与其紧后工作之间的时间间隔的最小值,即:

$$FF_n = \min\{LAG_{i,j}\} \tag{4-35}$$

本例中,工作 D 和工作 G 的自由时差分别为:

$$FF_5 = \min\{LAG_{5,8}, LAG_{5-9}\} = \min\{0, 2\} = 0$$

$$FF_7 = LAG_{7,10} = 5$$

6.计算工作的最迟完成时间和最迟开始时间

(1)工作 i 的最迟完成时间 LF_i 等于本工作最早完成时间 EF_i 与其总时差 TF_i 之和,即:

$$LF_i = EF_i + TF_i \tag{4-36}$$

本例中,工作 D 和工作 G 的最迟完成时间分别为:

$$LF_5 = EF_5 + TF_5 = 10 + 2 = 12$$

$$LF_7 = EF_7 + TF_7 = 14 + 5 = 19$$

(2)工作 i 的最迟开始时间 LS_i 等于本工作的最早开始时间 ES_i 与其总时差 TF_i 之和,即:

$$LS_i = ES_i + TF_i \tag{4-37}$$

本例中,工作 D 和工作 G 的最迟开始时间分别为:

$$LS_5 = ES_5 + TF_5 = 5 + 2 = 7$$
$$LS_7 = ES_7 + TF_7 = 6 + 5 = 11$$

7. 关键线路的确定

由前述可知,总时差最小的工作是关键工作。将这些关键工作相连,并保证相邻两项工作之间的时间间隔为零的线路就是关键线路。

本例中,工作 B、E、I 的总时差为零,故为关键工作。由起点节点、终点节点以及 B、E、I 工作所组成的线路,相邻两项工作之间的时间间隔全部为零,所以,线路①—③—⑥—⑨—⑩为关键线路。

第四节 双代号时标网络计划

双代号时标网络计划简称时标网络计划。它以实箭线表示工作,其水平投影长度表示持续时间;以虚箭线表示虚工作,由于虚工作不占用时间,故虚工作只能垂直画;以波形线表示工作与其紧后工作之间的时间间隔(以终点节点为完成节点的工作除外,特别是当计划工期等于计算工期时,波形线的长度表示其自由时差),如图 4-21 所示。由图 4-21 可知,时标网络计划综合了横道图和网络图的优点,较一般网络计划更为直观。

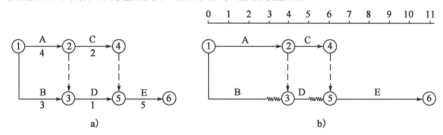

图 4-21 双代号网络计划和时标网络计划
a)双代号网络计划;b)时标网络计划

一、时标网络计划的绘制方法

与一般网络计划相比,时标网络计划多了一个水平时间坐标,其单位根据工作时间确定,可以是小时、天、周或月等。在编制时标网络计划之前,应先绘制时标网络计划表,并将时间坐标标注在时标网络计划表的顶部或底部,必要时,可在顶部时间坐标之上或底部时间坐标之下加注日历时间,见表 4-7。

时标网络计划表　　　　表 4-7

日历									
(时间单位)	1	2	3	4	5	6	7	8	9
网络计划									
(时间单位)	1	2	3	4	5	6	7	8	9

时标网络计划宜按各个工作的最早开始时间进行编制,分为直接绘制法和间接绘制法两种。

1. 直接绘制法

直接绘制法指根据各工作的持续时间及其逻辑关系,直接在时标网络计划表上用箭线的长短表示各工作的持续时间,将节点绘在所有以该节点为完成节点的工作箭线后,若某工作的箭线长度不足以到达该节点时,则用波形线补足。

2. 间接绘制法

间接绘制法指先根据一般网络计划草图算出其时间参数并确定关键路线,然后在时标网络计划表上确定各工作节点的位置,接着用工作箭线连接完成整个时标网络计划。同样,当某工作箭线不足以达到其完成节点时,用波形线补足。

二、时标网络计划绘制的注意事项

在一般网络计划基础上,绘制时标网络计划还需注意以下4点。

(1) 网络计划的起始节点应位于时标网络计划表的起始刻度线上,如图 4-22 所示。

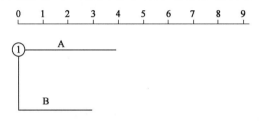

图 4-22　时标网络计划起始节点

(2) 应从左向右依次绘图,当某个节点的位置确定后,即可绘制以该节点为起始节点的工作箭线。

(3) 时标网络计划中从起始节点到终点节点的无波形线的线路即为关键线路,如图 4-23 所示的粗线线路。

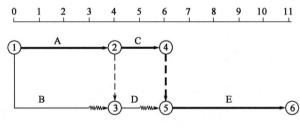

图 4-23　关键线路

(4) 当虚工作中出现波形线时,其垂直部分仍为虚线,如图 4-24b) 所示。

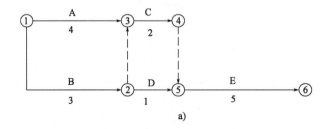

a)

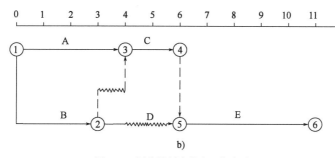

图 4-24 网络计划中的虚工作表示
a)一般网络计划中的虚工作；b)时标网络计划中的虚工作

三、时标网络计划中的时间参数计算

1. 关键线路与计算工期

（1）自始至终不出现波形线的线路就是关键线路。不出现波形线意味着相邻两项工作之间的时间间隔全部为零。计算工期等于计划工期时，这些工作的总时差和自由时差全部为零。如图4-24b)所示时标网络计划关键线路为①—③—④—⑤—⑥。

（2）网络计划的计算工期为终点节点对应的时标值与起始节点对应的时标值之差，如图4-24b)中的计算工期为：$T_c = 11 - 0 = 11$。

2. 相邻两项工作间的时间间隔

在网络计划中，除以终点节点为其完成节点的工作外，某工作与其紧后工作之间的时间间隔为该工作箭线中波形线的水平投影长度。例如，在图4-24b)中，工作B与工作C间的时间间隔为1，工作D与工作E的时间间隔为2，其他工作之间的时间间隔为零。

3. 工作时间参数

1）工作最早开始时间与最早完成时间

工作的最早开始时间为该工作的开始节点对应的时标值；工作的最早完成时间为该工作的非波形箭线右端点对应的时标值。例如，在图4-24b)中，工作C的最早开始时间为4，最早完成时间为6。

2）工作总时差

计算某工作的总时差从网络计划的终点节点开始逆着箭线进行。

（1）以终点节点为其完成节点的工作，其总时差为计划工期与该工作最早完成时间之差，即：

$$TF_{i-n} = T_p - EF_{i-n} \tag{4-38}$$

式中：TF_{i-n}——以终点节点 n 为完成节点的工作总时差；

T_p——计划工期；

EF_{i-n}——以终点节点 n 为完成节点的工作最早完成时间。

例如，在图4-24b)中，假设计划工期为11天，则工作E的总时差：$TF_{5-6} = T_p - EF_{5-6} = 11 - 11 = 0$。

（2）其余工作的总时差为其紧后工作总时差和该工作与其紧后工作之间时间间隔之和的最小值：

$$TF_{i-j} = \min\{TF_{j-k} + LAG_{i-j,j-k}\} \tag{4-39}$$

式中：TF_{i-j}——工作 i—j 的总时差；

TF_{j-k}——工作 i—j 的紧后工作 j—k（非虚工作）的总时差；

$LAG_{i-j,j-k}$——工作 i—j 与紧后工作 j—k（非虚工作）间的时间间隔。

例如，在图 4-24b）中，求工作 C、D、B、A 的总时差过程如下：

工作 C 的总时差：$TF_{3-4} = TF_{5-6} + LAG_{3-4,5-6} = 0 + 0 = 0$。

工作 D 的总时差：$TF_{2-5} = TF_{5-6} + LAG_{2-5,5-6} = 0 + 2 = 2$。

则工作 B 的总时差：$TF_{1-2} = \min\{TF_{3-4} + LAG_{1-2,3-4}, TF_{2-5} + LAG_{1-2,2-5}\} = \min\{0 + 1, 2 + 0\} = 1$。

工作 A 的总时差：$TF_{1-3} = TF_{3-4} + LAG_{1-3,3-4} = 0 + 0 = 0$。

3）工作自由时差

（1）以终点节点为完成节点的工作自由时差为计划工期与该工作最早完成时间之差，即：

$$FF_{i-n} = T_p - EF_{i-n} \tag{4-40}$$

式中：FF_{i-n}——以终点节点 n 为完成节点的工作自由时差；

T_p——计划工期；

EF_{i-n}——以终点节点 n 为完成节点的工作最早完成时间。

例如，在图 4-24b）中，工作 E 的自由时差：$FF_{5-6} = T_p - EF_{5-6} = 11 - 11 = 0$。

（2）其余工作的自由时差为该工作箭线中波形线的水平投影长度。需要注意的是，当某工作之后只紧接虚工作时，该工作箭线中一定不存在波形线，此时其自由时差为其后紧接的虚箭线中波形线水平投影长度的最小值。

例如，在图 4-24b）中，工作 A、B、C、E 的自由时差为零，工作 D 的自由时差为 2。

4）工作最迟开始时间与最迟完成时间

（1）工作的最迟开始时间为该工作最早开始时间与其总时差之和：

$$LS_{i-j} = ES_{i-j} + TF_{i-j} \tag{4-41}$$

式中：LS_{i-j}——工作 i—j 的最迟开始时间；

ES_{i-j}——工作 i—j 的最早开始时间；

TF_{i-j}——工作 i—j 的总时差。

例如，在图 4-24b）中，工作 D 的最迟开始时间为：$LS_{2-5} = ES_{2-5} + TF_{2-5} = 3 + 2 = 5$。

工作 B 的最迟开始时间为：$LS_{1-2} = ES_{1-2} + TF_{1-2} = 0 + 1 = 1$。

（2）工作的最迟完成时间为该工作的最早完成时间与其总时差之和：

$$LF_{i-j} = EF_{i-j} + TF_{i-j} \tag{4-42}$$

式中：LF_{i-j}——工作 i—j 的最迟完成时间；

EF_{i-j}——工作 i—j 的最早完成时间；

TF_{i-j}——工作 i—j 的总时差。

例如，在图 4-24b）中，工作 D 的最迟完成时间为：$LF_{2-5} = EF_{2-5} + TF_{2-5} = 4 + 2 = 6$。

工作 B 的最迟完成时间为：$LF_{1-2} = EF_{1-2} + TF_{1-2} = 3 + 1 = 4$。

四、时标网络计划的坐标体系

时标网络计划的坐标体系有计算坐标体系、工作日坐标体系和日历坐标体系 3 种。

1. 计算坐标体系

计算坐标体系的优点是便于网络计划时间参数的计算,但它不表示具体的工作日期,不够直观。

2. 工作日坐标体系

在工作日坐标体系中,整个工程的开工日期和各工作的开始日期为计算坐标体系中相应的日期加 1;整个工程的完工日期和各工作的完成日期即为计算坐标体系中相应的日期。

此外,工作日坐标体系不能表示整个工程或某个工作的开工和完工日期,但它可以反映某工作在整个工程开工后第几天开始及第几天完成。

3. 日历坐标体系

在日历坐标体系中,可以明确看出整个工程的开工日期和完工日期及各工作的开始日期和完成日期。

三种坐标体系的形式如图 4-25 所示。

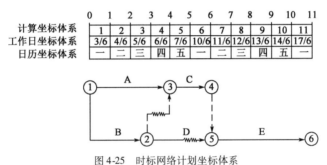

图 4-25 时标网络计划坐标体系

五、形象进度计划表

形象进度计划表是建设工程进度计划的一种表达方式,分为工作日形象进度计划表和日历形象进度计划表两种。

1. 工作日形象进度计划表

工作日形象进度计划表是根据工作日坐标体系的时标网络计划编制的一种工程进度计划表。例如,根据图 4-25 编制的工作日形象进度计划见表 4-8。

工作日形象进度计划表　　　　表 4-8

序号	工作代号	工作名称	持续时间	最早开始时间	最早完成时间	最迟开始时间	最迟完成时间	自由时差	总时差	关键工作
1	1—3	A	4	1	4	1	4	0	0	是
2	1—2	B	3	1	3	2	4	0	1	否
3	3—4	C	2	5	6	5	6	0	0	是
4	2—5	D	1	4	4	6	6	2	2	否
5	5—6	E	5	7	11	7	11	0	0	是

2. 日历形象进度计划表

日历形象进度计划表是根据日历坐标体系的时标网络计划编制的一种工程进度计划表。例如,根据图4-25编制的日历形象进度计划见表4-9。

日历形象进度计划表　　　　　　表4-9

序号	工作代号	工作名称	持续时间(d)	最早开始日期	最早完成日期	最迟开始日期	最迟完成日期	自由时差(d)	总时差(d)	关键工作
1	1—3	A	4	3/6	6/6	3/6	6/6	0	0	是
2	1—2	B	3	3/6	5/6	4/6	6/6	0	1	否
3	3—4	C	2	7/6	10/6	7/6	10/6	0	0	是
4	2—5	D	1	6/6	6/6	10/6	10/6	2	2	否
5	5—6	E	5	11/6	17/6	11/6	17/6	0	0	是

第五节　网络计划优化

网络计划的优化是指利用时差不断地改善网络计划的最初方案,在满足既定目标的条件下按某一衡量指标来寻求最优方案。网络计划优化不得影响工程的质量和安全。

网络计划的优化目标应按计划任务的需要和条件选定,包括工期目标、费用目标和资源目标三个方面。根据优化目标的不同,网络计划的优化可分为工期优化、费用优化和资源优化三种。

一、工期优化

当网络计划的计算工期大于要求工期时,就需要通过压缩关键工作的持续时间来满足工期的要求。

1. 工期优化方法

工期优化方法在不改变网络计划中各项工作的逻辑关系的前提下,通过压缩关键工作的持续时间来达到优化的目的。

在工期优化过程中要注意以下两点:

(1)工期优化过程中不能将关键工作压缩成非关键工作;

(2)当工期优化过程中出现多条关键线路时,必须将各条关键线路的总持续时间压缩相同数值,否则就不能够有效地缩短工期。

工期优化的步骤如下。

(1)找出网络计划中的关键工作和关键线路,并计算出计算工期。

(2)按要求工期计算应缩短的时间 ΔT:

$$\Delta T = T_c - T_r$$

式中:T_c——网络计划的计算工期;

T_r——要求工期。

(3)选择需要被压缩的关键工作,在确定优先压缩的关键工作时,应考虑以下因素:
①缩短持续时间对质量和安全影响不大的关键工作;
②有充足备用资源的关键工作;
③缩短工作持续时间而所需增加费用最少的工作。

(4)将优先选定的关键工作的持续时间压缩至最短,并重新确定计算工期和关键线路;如果被压缩的工作变成了非关键工作,则应将其工作持续时间延长,使之仍然是关键工作。

(5)若已经达到工期要求,则优化完成。若计算工期仍超过要求工期,则按上述步骤依次压缩其他关键工作,直到满足工期要求或计算工期已不能再压缩为止。

(6)当所有关键工作的持续时间均已经达到最短而工期仍不能满足要求时,应对计划的技术、组织方案进行调整,或重新审订要求工期。

2. 工期优化示例

[例4-5] 已知网络计划如图4-26所示,箭线下方括号外数字为正常持续时间,括号内数字为最短持续时间,假定要求工期为100d,根据实际情况和考虑被压缩工作选择的因素,缩短顺序依次为B、C、D、E、G、H、I、A,试对该网络计划进行工期优化。

解:(1)找出关键线路并计算工期,如图4-27所示。

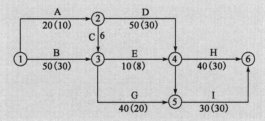

图4-26 初始网络计划图

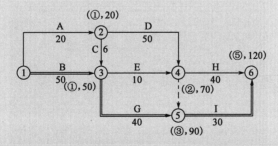

图4-27 初始网络计划图中的关键线路

(2)计算应缩短的工期:

$$\Delta T = T_c - T_p = 120 - 100 = 20 \text{ (d)}$$

（3）根据已知条件，将工作 B 压缩到极限工期，再重新计算网络计划和关键线路，如图 4-28 所示。

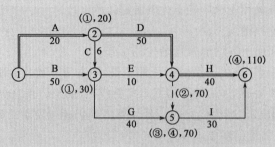

图 4-28　工作 B 压缩至最短时的关键线路

（4）显然，关键线路已发生转移，关键工作 B 变为非关键工作，所以，只能将工作 B 压缩 10 天，使之仍然为关键工作，如图 4-29 所示。

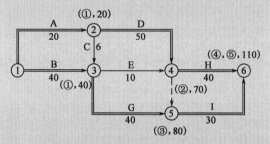

图 4-29　第一次压缩后的关键线路

（5）再根据压缩顺序，将工作 D、G 各压缩 10 天，使工期达到 100d 的要求，如图 4-30 所示。

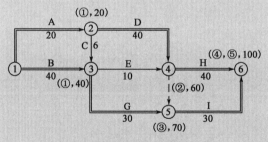

图 4-30　工期优化后的网络计划

二、费用优化

费用优化又叫作工期成本优化，是指寻求工程总成本最低时的工期安排，或按要求工期寻求最低成本的计划安排的过程。

1. 费用和时间的关系

工程网络计划一经确定（工期确定），其所包含的总费用也就确定了。网络计划所涉及的工程总费用由直接费和间接费两部分组成。直接费由人工费、材料费和机械费组成,它是随工期的缩短而增加的;间接费属于管理费范畴,它是随工期的缩短而减小的。由于直接费随工期缩短而增加,间接费随工期缩短而减小的,两者进行叠加,必有一个总费用最少的工期,这就是费用优化所要寻求的目的。费用和时间的关系如图4-31所示。

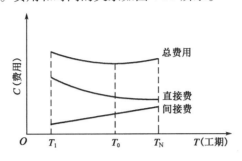

图4-31 费用和时间的关系

费用优化的目的:一是求出工程费用(C_0)最低相对应的总工期(T_0),一般用在计划编制过程中;二是求出在规定工期条件下的最低费用,一般用在计划实施调整过程中。

2. 费用优化的方法

费用优化的基本思想是:不断地从工作的时间和费用关系中找出能使工期缩短而又能使直接费增加最少的工作,缩短其持续时间,同时考虑间接费随工期缩短而减小的情况。把不同工期的直接费与间接费分别叠加,从而求出工程费用最低时相应的最优工期或工期指定时相应的最低工程费用。

费用优化的步骤如下。

(1)算出工程总直接费。工程总直接费等于组成该工程的全部工作的直接费(正常情况)的总和。

(2)算出直接费的费用率(直接费用率)。直接费的费用率是指缩短工作每单位时间所需增加的直接费,工作 $i—j$ 的直接费的费用率用 ΔC_{ij}^0 表示。直接费的费用率等于按最短持续时间完成工作所需的直接费与按正常持续时间完成工作所需的直接费之差除以正常持续时间减最短持续时间之差的商值,即:

$$\Delta C_{ij}^0 = \frac{C_{ij}^c - C_{ij}^n}{D_{ij}^n - D_{ij}^c} \tag{4-43}$$

式中:D_{ij}^n ——正常持续时间;

D_{ij}^c ——最短持续时间;

C_{ij}^n ——按正常持续时间完成工作所需的直接费;

C_{ij}^c ——按最短持续时间完成工作所需的直接费。

(3)确定出间接费的费用率(间接费用率)。工作 $i—j$ 的间接费的费用率用 ΔC_{ij}^k 表示,其值根据实际情况确定。

(4)找出网络计划中的关键线路,并计算出计算工期。

(5)在网络计划中找出直接费的费用率(或组合费用率)最低的一项关键工作(或一组关键工作),作为压缩的对象。

(6)压缩被选择关键工作(或一组关键工作)的持续时间,其压缩值必须保证所在的关键线路仍然为关键线路,同时压缩后的工作持续时间不能小于最短持续时间。

(7)计算相应的费用增加值和总费用值(总费用必须是下降的),总费用值可按下式计算:

$$C_t^0 = C_{t+\Delta T}^0 + \Delta T(\Delta C_{ij}^0 - \Delta C_{ij}^k) \tag{4-44}$$

式中:C_t^0——将工期缩短到 t 时的总费用;

$C_{t+\Delta T}^0$——工期缩短前的总费用;

ΔT——工期缩短值。

(8)重复以上步骤,直至费用不再降低为止。

在优化过程中,当直接费用率(或组合费率)小于间接费用率时,总费用呈下降趋势;当直接费用率(或组合费率)大于间接费用率时,总费用呈上升趋势。所以,当直接费用率(或组合费率)等于或略小于间接费用率时,总费用最低。整个优化过程可通过表4-10进行。

优 化 过 程 表　　　　　　表4-10

缩短次数	被压缩工作	直接费用率 (或组合费率)	费率差	缩短时间	缩短费用	总费用	工期
1	2	3	4	5	6	7	8

注:费率差 = 直接费用率(或组合费率) − 间接费用率。

3. 费用优化示例

[**例4-6**] 已知网络计划如图4-32所示,箭线上方括号外数字为工作按正常持续时间完成时所需的直接费,括号内数字为按最短持续时间完成时所需的直接费;箭线下方括号外数字为工作的正常持续时间,括号内数字为最短持续时间。试对其进行费用优化。间接费率为0.120千元/d。

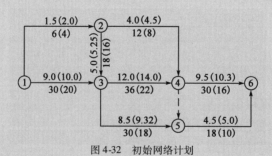

图 4-32　初始网络计划

解:(1)计算工程总直接费:

$\sum C^0 = 1.5 + 9.0 + 5.0 + 4.0 + 12.0 + 8.5 + 9.5 + 4.5 = 54.0$(千元)

(2)计算各工作的直接费用率,见表4-11。

直接费用率计算表　　　　　　　　表4-11

工作代号	最短持续时间直接费 – 正常持续时间直接费 $C_{ij}^c - C_{ij}^n$/(千元)	正常持续时间 – 最短持续时间 $D_{ij}^n - D_{ij}^c$/(d)	直接费用率 ΔC_{ij}^0（千元/d）
1—2	2.0 – 1.5 = 0.5	6 – 4 = 2	0.25
1—3	10 – 9 = 1.0	30 – 20 = 10	0.10
2—3	5.25 – 5.0 = 0.25	18 – 16 = 2	0.125
2—4	4.5 – 4 = 0.5	12 – 8 = 4	0.125
3—4	14.0 – 12.0 = 2.0	36 – 22 = 14	0.143
3—5	9.32 – 8.5 = 0.82	30 – 18 = 12	0.068
4—6	10.3 – 9.5 = 0.8	30 – 16 = 14	0.057
5—6	5.0 – 4.5 = 0.5	18 – 10 = 8	0.062

（3）找出网络计划的关键线路和计算出计算工期，如图4-33所示。

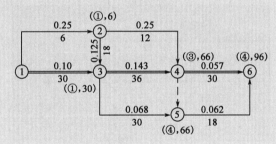

图4-33　初始网络计划中的关键线路

（4）第一次压缩。

在关键线路上，工作4—6的直接费率最小，故将其压缩到最短持续时间16d，压缩后再用标号法找出关键线路，如图4-34所示。

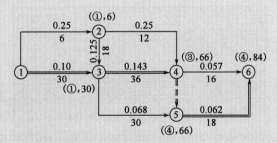

图4-34　工作4—6压缩至最短时的关键线路

原关键工作4—6变为非关键工作，所以，通过试算，将工作4—6的持续时间延长到18d，工作4—6仍为关键工作，如图4-35所示。

在第一次压缩中，压缩后的工期为84d，压缩工期12d。直接费率为0.057千元/d，费率差为0.057 – 0.12 = –0.063（千元/d）（负值，总费用呈下降）。

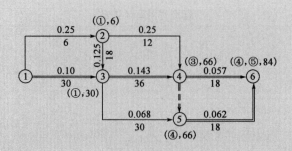

图 4-35 第一次压缩后的网络计划

(5)第二次压缩。

方案1:压缩工作1—3,直接费用率为0.10千元/d;

方案2:压缩工作3—4,直接费用率为0.143千元/d;

方案3:同时压缩工作4—6和5—6,组合直接费用率为0.057+0.062=0.119(千元/d)。

故选择压缩工作1—3,将其也压缩到最短持续时间20d,如图4-36所示。

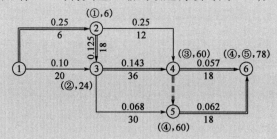

图 4-36 工作1—3 压缩至最短时间的关键线路

从图4-36中可以看出,工作1—3变为非关键工作。通过试算,将工作1—3压缩至24d,可使工作1—3仍为关键工作,如图4-37所示。

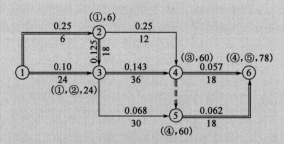

图 4-37 第二次压缩后的网络计划

第二次压缩后,工期为78d,压缩了84-78=6(d),直接费率为0.10千元/d,费率差为0.10-0.12=-0.02(千元/d)(负值,总费用仍呈下降)。

(6)第三次压缩。

方案1:同时压缩工作1—2、1—3,组合费率为0.10+0.25=0.35(千元/d);

方案2:同时压缩工作1—3、2—3,组合费率为0.10+0.125=0.225(千元/d);

方案3:压缩工作3—4,直接费率为0.143(千元/d);

方案4:同时压缩工作4—6、5—6,组合费率为0.057+0.062=0.119(千元/d)。

经比较,应采取方案4,只能将它们压缩到两者最短持续时间的最大值,即16d,如图4-38所示。

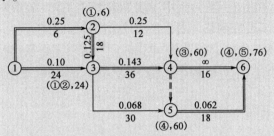

图4-38 费用优化后的网络计划

此时,费率差为0.119-0.120=-0.001(千元/d)。如果继续压缩,只能选取方案3,而方案3的直接费率为0.143千元/d,费率差为0.143-0.120=0.023(千元/d),费率差为正值,总费用呈上升趋势。至此,优化方案已得到,经优化后的工期为76d。

压缩后的总费用为:

$$\sum C_t^0 = \sum \{C_{t+\Delta T}^0 + \Delta T(\Delta C_{ij}^0 - \Delta C_{ij}^k)\}$$
$$= 54 - 0.063 \times 12 - 0.02 \times 6 - 0.001 \times 2 = 53.122(千元)$$

优化过程表见表4-12。

优化过程表　　　　表4-12

缩短次数	被压缩工作	直接费用率（或组合费率）(千元/d)	费率差(千元/d)	缩短时间(d)	缩短费用(千元)	总费用(千元)	工期(d)
1	2	3	4	5	6	7	8
1	4—6	0.057	-0.063	12	-0.756	53.244	84
2	1—3	0.100	-0.020	6	-0.120	53.124	78
3	4—6 5—6	0.119	-0.001	2	-0.002	53.122	76
4							

三、资源优化

资源是指为完成一项计划任务所需投入的人力、材料、机械设备和资金等。完成一项工程任务所需要的资源量基本上是不变的,不可能通过资源优化将其减少。资源优化的目的是通过改变工作的开始时间和完成时间,使资源按照时间的分布符合优化目标。

在通常情况下,网络计划的资源优化分为两种,即"资源有限,工期最短"的优化和"工期固定,资源均衡"的优化。前者是通过调整计划安排,在满足资源限制条件下,使工期延长最少的过程;后者是通过调整计划安排,在工期保持不变的条件下,使资源需用量尽可能均衡的过程。

这里所讲的资源优化,其前提条件是:

(1)在优化过程中,不改变网络计划中各项工作之间的逻辑关系。

(2)在优化过程中,不改变网络计划中各项工作的持续时间。

(3)网络计划中各项工作的资源强度(单位时间所需资源数量)为常数,而且是合理的。

(4)除规定可中断的工作外,一般不允许中断工作,应保持其连续性。

为简化问题,这里假定网络计划中的所有工作需要同一种资源。

1."资源有限,工期最短"的优化

1)优化步骤

"资源有限,工期最短"的优化一般可按以下步骤进行:

(1)按照各项工作的最早开始时间安排进度计划,并计算网络计划每个时间单位的资源需用量。

(2)从计划开始日期起,逐个检查每个时段(每个时间单位资源需用量相同的时间段)资源需用量是否超过所能供应的资源限量。在整个工期范围内,如果每个时段的资源需用量均能满足资源限量的要求,则可行优化方案就编制完成,否则,必须转入下一步进行计划的调整。

(3)分析超过资源限量的时段。在该时段内如果有几项工作平行作业,则采取将一项工作安排在与之平行的另一项工作之后进行的方法,以降低该时段的资源需用量。

对于两项平行作业的工作 m 和工作 n 来说,为了降低相应时段的资源需用量,现将工作 n 安排在工作 m 之后进行,如图 4-39 所示。

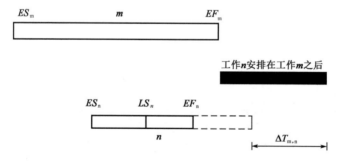

图 4-39 m,n 两项工作的排序

如果将工作 n 安排在工作 m 之后进行,网络计划的工期延长值为:

$$\Delta T_{m,n} = EF_m + D_n - LF_n \quad (4\text{-}45)$$
$$= EF_m - (LF_n - D_n)$$
$$= EF_m - LS_n$$

式中:$\Delta T_{m,n}$ ——将工作 n 安排在工作 m 之后进行时网络计划的延长值;

EF_m ——工作 m 的最早完成时间;

D_n ——工作 n 的持续时间;

LF_n ——工作 n 的最迟完成时间;

LS_n——工作 n 的最迟开始时间。

这样,在有资源冲突的时段中,对平行作业的工作进行两两排序,即可得出若干个 $\Delta T_{m,n}$,选择其中最小的 $\Delta T_{m,n}$,将相应的工作 n 安排在工作 m 之后进行,既可降低该时段的资源需用量,又使网络计划的工期延长最短。

(4)对调整后的网络计划安排重新计算每个时间单位的资源需用量。

(5)重复(2)~(4),直至网络计划整个工期范围内每个时间单位的资源需用量均满足资源限量为止。

2. "工期固定,资源均衡"的优化

安排建设工程进度计划时,需要使资源需用量尽可能地均衡,使整个工程每单位时间的资源需用量不出现过多的高峰和低谷,这样不仅有利于工程建设的组织与管理,而且可以降低工程费用。

"工期固定,资源均衡"的优化方法有多种,如方差值最小法、极差值最小法、削高峰法等。这里仅介绍方差值最小法。

1)方差值最小法的基本原理

现假设已知某工程网络计划的资源需用量,则其方差为:

$$\sigma^2 = \frac{1}{T}\sum_{t=1}^{T}(R_t - R_m)^2 \tag{4-46}$$

式中:σ^2——资源需用量方差;

T——网络计划的计算工期;

R_t——第 t 个时间单位的资源需用量;

R_m——资源需用量的平均值。

式(4-46)可以简化为:

$$\sigma^2 = \frac{1}{T}\sum_{t=1}^{T}R_t^2 - 2R_m\frac{\sum_{t=1}^{T}R_t}{T} + \frac{1}{T}\sum_{t=1}^{T}R_m^2$$

$$= \frac{1}{T}\sum_{t=1}^{T}R_t^2 - 2R_m \cdot R_m + \frac{1}{T} \cdot T \cdot R_m^2$$

$$= \frac{1}{T}\sum_{t=1}^{T}R_t^2 - R_m^2 \tag{4-47}$$

由式(4-47)可知,由于工期 T 和资源需用量的平均值 R_m 均为常数,为使方差 σ^2 最小,必须使资源需用量的平方和最小。

对于网络计划中某项工作 k 而言,其资源强度为 r_k。在调整计划前,工作 k 从第 i 个时间单位开始,到第 j 个时间单位完成,则此时网络计划资源需用量的平方和为:

$$\sum_{t=1}^{T}R_{t0}^2 = R_1^2 + R_2^2 + \cdots + R_i^2 + R_{i+1}^2 + \cdots + R_j^2 + R_{j+1}^2 + \cdots + R_T^2 \tag{4-48}$$

若将工作 k 的开始时间右移一个时间单位,即工作 k 从第 $i+1$ 个时间单位开始,到第 $j+1$ 个时间单位完成,则此时网络计划资源需用量的平方和为:

$$\sum_{t=1}^{T} R_{t1}^2 = R_1^2 + R_2^2 + \cdots + (R_i - r_k)^2 + R_{i+1}^2 + \cdots + R_j^2 + (R_{j+1} + r_k)^2 + \cdots + R_T^2 \quad (4\text{-}49)$$

比较式(4-49)和式(4-48)可以得到,当工作 k 的开始时间右移一个时间单位时,网络计划资源需用量平方和的增量 Δ 为:

$$\Delta = (R_i - r_k)^2 - R_i^2 + (R_{j+1} + r_k)^2 - R_{j+1}^2$$

即

$$\Delta = 2r_k(R_{j+1} + r_k - R_i) \quad (4\text{-}50)$$

如果资源需用量平方和的增量 Δ 为负值,说明工作 k 的开始时间右移一个时间单位能使资源需用量的平方和减小,也就使资源需用量的方差减小,从而使资源需用量更均衡。因此,工作 k 的开始时间能够右移的判别式是:

$$\Delta = 2r_k(R_{j+1} + r_k - R_i) \leq 0 \quad (4\text{-}51)$$

由于工作 k 的资源强度 r_k 不可能为负值,故判别式(4-51)可以简化为:

$$R_{j+1} + r_k - R_i \leq 0$$

即

$$R_{j+1} + r_k \leq R_i \quad (4\text{-}52)$$

判别式(4-52)表明,当网络计划中工作 k 完成时间之后的一个时间单位所对应的资源需用量 R_{j+1} 与工作 k 的资源强度 r_k 之和不超过工作 k 开始时所对应的资源需用量 R_i 时,将工作 k 右移一个时间单位能使资源需用量更加均衡。这时,就应将工作 k 右移一个时间单位。

同理,如果判别式(4-53)成立,说明将工作 k 左移一个时间单位能使资源需用量更加均衡。这时,就应将工作 k 左移一个时间单位:

$$R_{i-1} + r_k \leq R_j \quad (4\text{-}53)$$

如果工作 k 不满足判别式(4-52)或判别式(4-53),说明工作 k 右移或左移一个时间单位不能使资源需用量更加均衡,这时可以考虑在其总时差允许的范围内,将工作 k 右移或左移数个时间单位。

向右移时,判别式为:

$$[(R_{j+1} + r_k) + (R_{j+2} + r_k) + (R_{j+3} + r_k) + \cdots] \leq [R_i + R_{i+1} + R_{i+2} + \cdots] \quad (4\text{-}54)$$

向左移时,判别式为:

$$[(R_{i-1} + r_k) + (R_{i-2} + r_k) + (R_{i-3} + r_k) + \cdots] \leq [R_j + R_{j-1} + R_{j-2} + \cdots] \quad (4\text{-}55)$$

2)优化步骤

按方差值最小的优化原理,"工期固定,资源均衡"的优化一般可按以下步骤进行。

(1)按照各项工作的最早开始时间安排进度计划,并计算网络计划每个时间单位的资源需用量。

(2)从网络计划的终点节点开始,按工作完成节点编号从大到小的顺序依次进行调整。当某个节点同时作为多项工作的完成节点时,应先调整开始时间较迟的工作。

在调整工作时,一项工作能够右移或左移的条件是:

①工作具有机动时间,在不影响工期的前提下能够右移或左移;

②工作满足判别式(4-52)或判别式(4-53),或者满足判别式(4-54)或判别式(4-55)。

只有同时满足以上两个条件,才能调整该工作,将其右移或左移至相应的位置。

(3)当所有工作均按上述顺序自右向左调整一次之后,为使资源需用量更加均衡,再按上述顺序自右向左进行多次调整,直至所有工作既不能右移,也不能左移为止。

第六节 单代号搭接网络计划

在前面所讲的双代号和单代号网络计划中,工作与工作之间的逻辑关系是一种衔接关系,即只有当其紧前工作全部完成之后,本工作才能开始。紧前工作的完成是本工作开始的必要条件。但在实际的工程建设中,某些工作并不是一定要等到其紧前工作完成之后才能开始,而是只要其紧前工作开始一段时间之后,即可开始本工作。工作之间的这种关系称为搭接关系。

工作之间的搭接关系如果再用前面所述的简单网络图来表示,就会使得网络计划变得很复杂,令人难以明白。为了更直观地表示工作之间的搭接关系,人们便开始使用搭接网络计划。搭接网络计划一般都采用单代号网络图的表示方法,即以节点表示工作,以节点之间的箭线表示工作之间的逻辑关系和搭接关系。

一、搭接关系的种类及其表达方式

在搭接网络计划中,工作之间的搭接关系是由相邻两项工作之间的时距决定的。顾名思义,时距是指搭接网络计划中相邻两项工作之间的时间差值。

搭接关系的种类主要分为完成到开始(FTS)、开始到开始(STS)、完成到完成(FTF)、开始到完成(STF)、混合等五种搭接关系。下面详细讲解这五类关系。

1. 完成到开始(FTS)的搭接关系

完成到开始的搭接关系如图4-40a)所示,这种搭接关系在网络计划中的表达方式如图4-40b)所示。

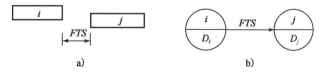

图4-40 FTS搭接关系及其在网络计划中的表达方式
a)搭接关系;b)网络计划中的表达方式

例如,对于混凝土沉箱码头工程,沉箱在岸上预制后,要求静置一段养护存放的时间,然后才可以下水沉放,预制沉箱和下水沉放之间的等待时间是 FTS 时距。

当 FTS = 0 时,表示两项工作之间没有时距,说明本工作与其紧后工作之间紧密衔接。当网络计划中所有的相邻工作任务中只有这一种搭接关系且 FTS 都为零时,整个搭接网络计划就会变成为单代号网络计划。

2. 开始到开始(STS)的搭接关系

开始到开始的搭接关系如图4-41a)所示,这种搭接关系在网络计划中的表达方式如图4-41b)所示。

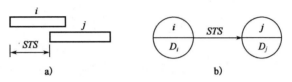

图4-41 STS搭接关系及其在网络计划中的表达方式
a)搭接关系;b)网络计划中的表达方式

例如,在道路工程中,当路基铺设工作开始一段时间为路面浇筑工作创造一定条件之后,路面浇筑工作就可以开始,路基铺设工作与路面浇筑工作的开始时间之间的差值就是 STS 时距。

3. 完成到完成(FTF)的搭接关系

完成到完成的搭接关系如图4-42a)所示,在网络计划中的表达方式如图4-42b)表示。

例如,在道路工程中,路基铺设工作结束一定时间之后,路面浇筑工作才可能结束,路基铺设工作的完成时间与路面浇筑工作的完成时间之间的差值就是 FTF 时距。

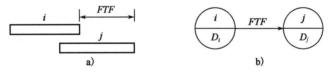

图4-42 FTF搭接关系及其在网络计划中的表达方式
a)搭接关系;b)网络计划中的表达方式

4. 开始到完成(STF)的搭接关系

开始到完成的搭接关系如图4-43a)所示,其在网络计划中的表达方式如图4-43b)所示。

图4-43 STF搭接关系及其在网络计划中的表达方式
a)搭接关系;b)网络计划中的表达方式

例如,当基坑开挖工作进行一段时间后,就应开始降低地下水位的工作,一直进行到地下水水位降到设计位置为止。基坑开挖一段工作开始时间与降低地下水位至设计位置的完成时间的差值就是 STF 时距。

5. 混合搭接关系

在搭接网络计划中,相邻两项工作之间有时还会同时出现两种以上的基本搭接关系。例如,工作 i 和工作 j 之间可能同时存在 STS 时距和 FTF 时距,或同时存在 STF 和 FTS 时距等,这种情况下称为混合搭接关系。其表达方式如图 4-44 和图 4-45 所示。

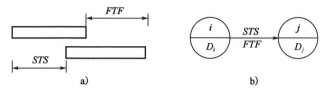

图 4-44　STS 和 FTF 混合搭接关系及其在网络计划中的表达方式
a)混合搭接关系;b)网络计划中的表达方式

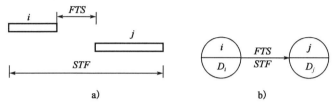

图 4-45　STF 和 FTS 混合搭接关系及其在网络计划中的表达方式
a)混合搭接关系;b)网络计划中的表达方式

二、搭接网络计划时间参数的计算

单代号搭接网络计划时间参数的计算与单代号网络计划和双代号网络计划时间参数的计算原理基本相同。现以图 4-46 为例,说明单代号搭接网络计划的计算方法。

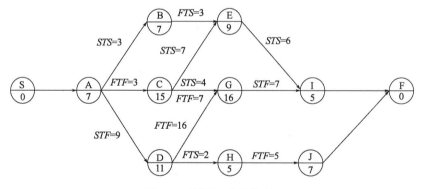

图 4-46　单代号网络搭接计划

1. 计算工作的最早开始时间和最早完成时间

工作最早开始时间和最早完成时间的计算应从网络计划的起点节点开始,顺着箭头方向依次进行。

(1)由于在单代号搭接网络计划中的起点节点一般都代表虚拟工作,故其最早开始时间和最早完成时间均为零,即:

$$ES_S = EF_S = 0$$

(2)凡是与网络计划起点节点相联系的工作,其最早开始时间为零。在本例中,工作 A 的最早开始时间就应等于零,即:

$$ES_A = 0$$

137

(3)凡是与网络计划起点节点相联系的工作,其最早完成时间应等于其最早开始时间与持续时间之和。在本例中,工作 A 的最早完成时间为:

$$EF_A = ES_A + D_A = 0 + 7 = 7$$

(4)其他工作的最早开始时间和最早完成时间应根据时距按下列公式计算:

①相邻时距为 FTS 时

$$ES_j = EF_i + FTS_{i,j} \tag{4-56}$$

②相邻时距为 STS 时

$$ES_j = ES_i + STS_{i,j} \tag{4-57}$$

③相邻时距为 FTF 时

$$EF_j = EF_i + FTF_{i,j} \tag{4-58}$$

④相邻时距为 STF 时

$$EF_j = ES_i + STF_{i,j} \tag{4-59}$$

$$EF_j = ES_j + D_j \tag{4-60}$$

$$ES_j = EF_j - D_j \tag{4-61}$$

式中:ES_i——工作 i 的最早开始时间;

ES_j——工作 i 紧后工作 j 的最早开始时间;

EF_i——工作 i 的最早完成时间;

EF_j——工作 i 紧后工作 j 的最早完成时间;

D_j——工作 j 的持续时间;

$FTS_{i,j}$——工作 i 到工作 j 之间完成到开始的时距;

$STS_{i,j}$——工作 i 到工作 j 之间开始到开始的时距;

$FTF_{i,j}$——工作 i 到工作 j 之间完成到完成的时距;

$STF_{i,j}$——工作 i 到工作 j 之间开始到完成的时距。

下面利用本例,对上述公式进行简单的应用。

①工作 B 的最早开始时间为:

$$ES_B = ES_A + STS_{A,B} = 0 + 3 = 3$$

其最早完成时间为:$EF_B = ES_B + D_B = 3 + 7 = 10$

②工作 C 的最早完成时间为:

$$EF_C = EF_A + FTF_{A,C} = 7 + 3 = 10$$

其最早开始时间为:$ES_C = EF_C - D_C = 10 - 15 = -5$

工作 C 的最早开始时间出现负值,显然不合理。为此,应将工作 C 与虚拟工作 S(起点节点)用虚箭线相连,如图 4-47 所示。重新计算工作 C 的最早开始时间和最早完成时间:

$$ES_C = 0$$

$$EF_C = ES_C + D_C = 0 + 15 = 15$$

③工作 D 的最早完成时间为:

$$EF_D = ES_A + STF_{A,D} = 0 + 9 = 9$$

其最早开始时间为:$ES_D = EF_D - D_D = 9 - 11 = -2$

同工作 C 一样,工作 D 的最早开始时间也出现负值,这显然也不合理。因此,仍将工作 D 与虚拟工作 S(起点节点)用虚箭线相连,如图 4-48 所示。重新计算工作 D 的最早开始时间和最早完成时间。

$$ES_D = 0 \qquad EF_D = ES_D + D_D = 0 + 11 = 11$$

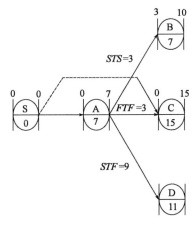

图 4-47 工作 C 与起点节点用虚箭线相连后的局部网络计划

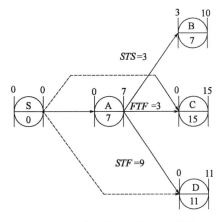

图 4-48 工作 D 与起点节点用虚箭线相连后的局部网络计划

④工作 E 同时有两项紧前工作 B 和 C，应根据工作 E 与工作 B 和工作 C 之间的搭接关系分别计算其最早开始时间，然后从中取最大值。

首先，根据工作 E 与工作 B 之间的搭接关系，有：

$$ES_E = EF_B + FTS_{B,E} = 10 + 3 = 13$$

其次，根据工作 E 与工作 C 之间的搭接关系，有：

$$ES_E = ES_C + STS_{C,E} = 0 + 7 = 7$$

从上述两个计算结果中取大值，则工作 E 的最早开始时间为：

$$ES_E = \max[13, 7] = 13$$

于是，工作 E 的最早完成时间为：

$$EF_E = ES_E + D_E = 13 + 19 = 22$$

⑤工作 G 不仅有两项紧前工作 C 和 D，而且在该工作与其紧前工作 C 之间存在着两种搭接关系。这时，也应分别计算后取其中的最大值。

首先，根据工作 C 与工作 G 之间的 STS 时距，有：

$$ES_G = ES_C + STS_{C,G} = 0 + 4 = 4$$

其次，根据工作 C 与工作 G 之间的 FTF 时距，有：

$$EF_G = EF_C + FTF_{C,G} = 15 + 7 = 22$$

$$ES_G = EF_G - D_G = 22 - 16 = 6$$

最后，根据工作 D 与工作 G 之间的 FTF 时距，有：

$$EF_G = EF_D + FTF_{D,G} = 11 + 16 = 27$$

$$ES_G = EF_G - D_G = 27 - 16 = 11$$

从上述三个计算结果中取最大值,则工作 G 的最早开始时间为:

$$ES_G = \max[4,6,11] = 11$$

于是,工作 G 的最早完成时间为:

$$EF_G = ES_G + D_G = 11 + 16 = 27$$

⑥工作 H 的最早开始时间为:

$$ES_H = EF_D + FTS_{D,H} = 11 + 2 = 13$$

其最早完成时间为:

$$EF_H = ES_H + D_H = 13 + 5 = 18$$

⑦工作 I 同时有两项紧前工作 E 和 G,应根据工作 I 与工作 E、G 之间的搭接关系分别计算后取最大值。

首先,根据工作 I 与工作 E 之间的 STS 时距,有:

$$ES_I = ES_E + STS_{E,I} = 13 + 6 = 19$$

其次,根据工作 I 与工作 G 之间的 STF 时距,有:

$$EF_I = ES_G + STF_{G,I} = 11 + 7 = 18$$

$$ES_I = EF_I - D_I = 18 - 5 = 13$$

从上述两个计算结果中取较大值,则工作 I 的最早开始时间为:

$$ES_I = \max[19,13] = 19$$

于是,工作 I 的最早完成时间为:

$$EF_I = ES_I + D_I = 19 + 5 = 24$$

⑧工作 J 的最早完成时间为:

$$EF_J = EF_H + FTF_{H,J} = 18 + 5 = 23$$

则其最早开始时间为:

$$ES_J = EF_J - D_J = 23 - 7 = 16$$

(5)终点节点所代表的工作,其最早开始时间按理应等于该工作紧前工作最早完成时间的最大值。例如在本例中,工作 F 的最早开始时间应取工作 I 和工作 J 最早完成时间的最大值:

$$ES_F = \max[EF_I, EF_J] = \max[24,23] = 24$$

由于在搭接网络计划中,终点节点一般都表示虚拟工作(其持续时间为 0),故其最早完成时间与最早开始时间相同,且一般为网络计划的计算工期。但是,由于在搭接网络计划中,决定工期的工作不一定是最后进行的工作。因此,在用上述方法完成计算后,还应检查网络计划中其他工作的最早完成时间是否超过已算出的计算工期。例如在本例中,由于工作 G 的最早完成时间 24 为最大,故网络计划的计算工期是由工作 G 的最早完成时间决定的。为此,应将工作 G 与虚拟工作 F(终点节点)用虚箭线相连,得到工作 F 的最早开始时间和最早完成时间为:

$$ES_F = EF_F = \max[27,24,23] = 27$$

工作最早开始时间和最早完成时间的计算结果如图 4-49 所示。该网络计划的计算工期为 24。

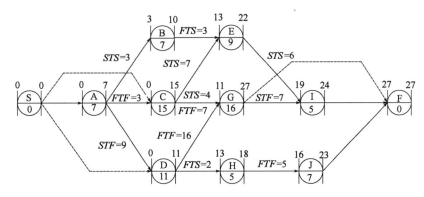

图 4-49　单代号搭接网络计划中 ES 和 EF 的计算结果

2. 相邻两项工作之间间隔时间的计算

由于相邻两项工作之间的搭接关系不同,时间间隔的计算方法也不同。

1) FTS 关系

如果在搭接网络计划中出现 $ES_j > (EF_i + FTS_{i,j})$ 的情况时,说明工作 i 和工作 j 之间存在时间间隔 $LAG_{i,j}$,如图 4-50 所示。

由图 4-50 知:

$$LAG_{i,j} = ES_j - (EF_i + FTS_{i,j}) = ES_j - EF_i - FTS_{i,j} \tag{4-62}$$

2) STS 关系

如果在搭接网络计划中出现 $ES_j > (ES_i + STS_{i,j})$ 的情况时,说明工作 i 和工作 j 之间存在时间间隔 $LAG_{i,j}$,如图 4-51 所示。

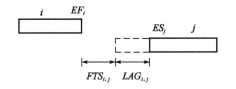

图 4-50　时距为 FTS 时的时间间隔

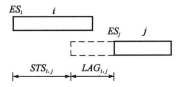

图 4-51　时距为 STS 时的时间间隔

由图 4-51 知:

$$LAG_{i,j} = ES_j - (ES_i + STS_{i,j}) = ES_j - ES_i - STS_{i,j} \tag{4-63}$$

3) FTF 关系

如果在搭接网络计划中出现 $EF_j > (EF_i + FTF_{i,j})$ 的情况时,说明工作 i 和工作 j 之间存在时间间隔 $LAG_{i,j}$,如图 4-52 所示。

由图 4-52 知:

$$LAG_{i,j} = EF_j - (EF_i + FTF_{i,j}) = EF_j - EF_i - FTF_{i,j} \tag{4-64}$$

4) STF 关系

如果在搭接网络计划中出现 $EF_j > (ES_i + STF_{i,j})$ 的情况时,说明工作 i 和工作 j 之间存在时间间隔 $LAG_{i,j}$,如图 4-53 所示。

由图 4-53 知:

$$LAG_{i,j} = EF_j - (ES_i + STF_{i,j}) = EF_j - ES_i - STF_{i,j} \tag{4-65}$$

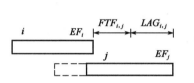
图 4-52 时距为 FTF 时的时间间隔

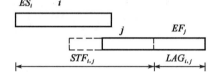
图 4-53 时距为 STF 时的时间间隔

5) 混合搭接关系

当相邻两项工作之间为两种或两种以上时距的搭接关系时,则应分别计算出时间间隔,然后取其中的最小值。即:

$$LAG_{i,j} = \min \begin{Bmatrix} ES_j - EF_i - FTS_{i,j} \\ ES_j - ES_i - STS_{i,j} \\ EF_j - EF_i - FTF_{i,j} \\ EF_j - ES_i - STF_{i,j} \end{Bmatrix} \tag{4-66}$$

根据上述计算公式即可计算出本例中相邻两项工作之间的时间间隔,其结果如图 4-54 中箭线下方数字所示。

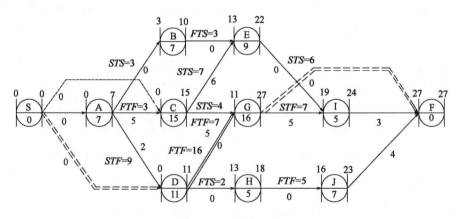
图 4-54 单代号搭接网络计划中时间间隔的计算结果

3. 计算工作的时差

搭接网络计划同前面简单的网络计划一样,其工作的时差也有总时差和自由时差两种。

1) 工作的总时差

搭接网络计划中工作的总时差可以利用公式 $TF_n = T_p - T_c$ 和公式 $TF_i = \min\{LAG_{i,j} + TF_j\}$ 计算。但在计算出总时差后,需要根据公式 $EF_i = ES_i + TF_i$ 判别该工作的最迟完成时间是否超出计划工期。

在本例中,按照上述方法进行计算可得,工作 E 的总时差为 6,其最迟完成时间为 22 + 6 = 28,超出计划工期 27,这明显是不合理的。为此,将工作 E 与虚拟工作 F(终点节点)用虚箭线相连,如图 4-55 所示。此时,工作 E 与虚拟工作 F 之间的时间间隔为 1,而工作的总时差也为 1。工作总时差的计算结果如图 4-56 所示。

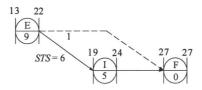

图 4-55 工作 E 与终点节点用虚箭线相连后的局部网络计划

2) 工作的自由时差

搭接网络计划中工作的自由时差需要利用公式 $FF_n = T_p - EF_n$ 和公式 $FF_i = \min\{LAG_{i,j}\}$ 来计算。计算结果如图 4-56 所示。

4. 计算工作的最迟完成时间和最迟开始时间

工作最迟完成时间和最迟开始时间可以利用 $LF_i = EF_i + TF_i$ 和 $LS_i = ES_i + TF_i$ 两个公式计算,其计算结果如图 4-56 所示。

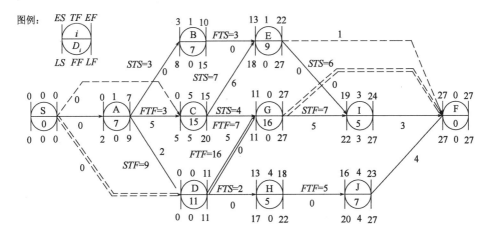

图 4-56 单代号搭接网络计划时间参数的计算结果

5. 确定关键线路

确定关键线路的方法同前述简单的单代号网络计划一样,利用相邻两项工作之间的时间间隔确定关键线路。即从网络计划的终点节点开始,逆着箭线方向依次找出相邻两项工作之间的时间间隔为零的线路就是关键线路。关键线路上的工作就是关键工作,关键工作的总时差最小。

在本例中,线路 S—D—G—F 为关键线路。关键工作是工作 D 和工作 G,而工作 S 和工作 F 为虚拟工作,它们的总时差为 0。

需要说明的是,单代号搭接网络计划中,由于搭接关系的存在,关键线路上工作的持续时间总和不一定等于该网络计划的计算工期。

【练习题】

1. 在施工进度计划中,工作之间由于劳动力、施工机械、材料和配件等资源的组织和安排需要而形成的逻辑关系称为( )。

  A. 依次关系   B. 搭接关系   C. 组织关系   D. 工艺关系

2. 下列有关虚工序的说法,错误的是( )。

  A. 虚工序只表示工序之间的逻辑关系

  B. 混凝土养护可用虚工序表示

  C. 只有双代号网络图中才有虚工序

  D. 虚工序一般用虚箭头表示

3. 在网络计划中,工作最早开始时间应为( )。

  A. 所有紧前工作最早完成时间的最大值

  B. 所有紧前工作最早完成时间的最小值

  C. 所有紧前工作最迟完成时间的最大值

  D. 所有紧前工作最迟完成时间的最小值

4. 在工程网络计划中,如果某项工作的最早开始时间和最早完成时间分别为 3 天和 8 天,则说明该工作实际上最早应从开工后( )。

  A. 第 3 天上班时刻开始,第 8 天下班时刻完成

  B. 第 3 天上班时刻开始,第 9 天下班时刻完成

  C. 第 4 天上班时刻开始,第 8 天下班时刻完成

  D. 第 4 天上班时刻开始,第 9 天下班时刻完成

5. 当双代号网络计划的计算工期等于计划工期时,以关键节点为完成节点的工作的( )。

  A. 总时差最小   B. 自由时差为零

  C. 自由时差等于总时差   D. 时间间隔最小

6. 在某工程双代号网络计划中,工作 M 的最早开始时间为第 15 天,其持续时间为 7 天。该工作有两项紧后工作,它们的最早开始时间分别为第 27 天和第 30 天,最迟开始时间分别为第 28 天和第 33 天,则工作 M 的总时差和自由时差( )。

  A. 均为 5 天   B. 分别为 6 天和 5 天

  C. 均为 6 天   D. 分别为 11 天和 6 天

7. 当工程网络计划的计算工期小于计划工期时,(   )。
   A. 单代号网络计划中关键线路上相邻工作的时间间隔为零
   B. 双代号网络计划中关键节点的最早时间和最迟时间相等
   C. 双代号网络计划中所有关键工作的自由时差全部为零
   D. 单代号搭接网络计划中关键线路上相邻工作的时距之和最大

8. 工程网络计划费用优化的目的是为了寻求(   )。
   A. 满足要求工期的条件下使总成本最低的计划安排
   B. 使资源强度最小时的最短工期安排
   C. 使工期总费用最低时的资源均衡安排
   D. 工程总费用固定条件下的最短工期安排

9. 某网络计划的有关资料见表4-13,试绘制双代号网络计划,并在图中标出各项工作的六个时间参数。最后,用双箭头表明关键线路。

某网络计划表　　　　　　　　　　　　表4-13

工作	A	B	C	D	E	F	G	H	I	J	K
持续时间	22	10	13	8	15	17	15	6	11	12	20
紧前工作	—	—	B、E	A、C、H	—	B、E	E	F、G	F、G	A、C、I、H	F、G

10. 某网络计划的有关资料见表4-14,试绘制双代号网络计划,在图中标出各个节点的最早时间和最迟时间,并据此判定各项工作的六个主要时间参数。最后,用双箭线标明关键线路。

某网络计划资料表　　　　　　　　　　表4-14

工作	A	B	C	D	E	G	H	I	J	K
持续时间	2	3	4	5	6	3	4	7	2	3
紧前工作	—	A	A	A	B	C、D	D	B	E、H、G	G

11. 某网络计划的有关资料见表4-15,试绘制单代号网络计划,并在图中标出各项工作的6个时间参数及相邻两项工作之间的时间间隔。最后,用双箭线标明关键线路。

某网络计划资料表　　　　　　　　　　表4-15

工作	A	B	C	D	E	G
持续时间	12	10	5	7	6	4
紧前工作	—	—	—	B	B	C、D

【思考题】

1. 什么是网络图？什么是工作？工作和虚工作之间有什么不同？

2. 网络计划的基本原理和优点分别是什么?

3. 简述网络图的绘制规则。

4. 双代号时标网络计划的特点有哪些?

5. 简要阐述双代号网络计划图和双代号时标网络计划图的异同。

6. 什么是资源优化?在"资源有限,工期缩短"的优化中,当工期增量为负值时,说明什么?

7. 简要阐述搭接关系的种类及其表达方式。

第五章
施工进度计划的监测与调整

【学习要求】

了解工程进度监测的方法;熟悉进度偏差的比较方法;熟悉进度计划实施中的调整方法。

在工程项目的实施过程中存在着大量不确定因素,诸如气候的变化、地质条件的变化、不可抗力的发生均会对进度计划的实施产生影响,从而使实际进度和计划进度发生偏离,如果实际进度和计划进度的偏差得不到及时修正,将影响整个项目进度目标的实现。因此,在计划执行过程中,应通过实际进度和计划进度的比较,以便及时发现问题,并采取有效的方法来解决问题,进而确保进度项目的实现。

第一节 实际进度的监测与调整

一、进度监测

在工程实施过程中,应经常、定期地对进度计划的执行情况进行跟踪检查,发现问题及时采取措施加以解决。进度监测过程如图 5-1 所示。

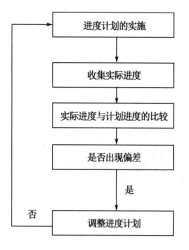

图 5-1 工程进度监测过程

1. 进度计划的跟踪检查

对进度计划执行情况的跟踪检查是计划执行信息的主要来源,是进度分析和调整的依据。主要工作是收集工程实际进度的有关数据,收集的数据应全面、真实、可靠,收集的数据信息不完整将导致判断上的错误和决策上的失误。

2. 实际进度数据的加工处理

通过对收集到的实际进度数据进行加工处理,形成与计划进度具有可比性的数据,从而进行实际进度与计划进度的比较。

3. 实际进度与计划进度的对比分析

将实际进度与计划进度进行比较,就可以确定实际进度是超前、滞后还是一致的结论。为了直观地反映实际进度偏差,通常采用图形或表格的方法来进行监测。

二、进度调整

当实际进度和计划进度产生偏差时,要认真分析产生偏差的原因及其对后续工作和总工期的影响,必要时采取相应的措施,确保进度目标实现。

1. 分析产生偏差的原因

当发现工程实际进度与计划进度有偏差时,必须进行深入的调查研究,分析产生偏差的原因。

2. 分析偏差对后续工作和总工期的影响

通过查明进度偏差的原因后,检查进度偏差对后续工作和总工期的影响程度,从而确定是否应采取措施调整进度计划。

3. 确定后续工作和总工期的限制条件

当进度偏差影响到后续工作或总工期需要采取调整措施时,应确定可调整进度的范围,比如关键节点、后续工作的限制条件、总工期的允许变化范围。

4. 调整进度计划

为了确保进度目标实现,采取的进度调整措施应以后续工作和总工期为限制条件。

5. 实施调整后的进度计划

进度计划调整后,应采取相应的组织措施、经济措施、技术措施等来实现调整后的进度计划,并监测其执行情况。

第二节 进度偏差的比较方法

当实际进度和计划进度产生偏差时,通过比较的方法确定偏差的具体情况,这些方法包括:横道图比较法、S曲线比较法、香蕉曲线比较法、前锋线比较法和列表比较法。

一、横道图比较法

横道图比较法是指将实际进度的数据用横道线绘于原计划的横道线处,并进行实际进度和计划进度的比较方法。该方法形象、直观地反映了实际进度和计划进度的比较情况。

例如,某基础工程的进度计划和截至第9周末的实际进度如图5-2所示,粗实线表示实际进度。从图中可以看出,到第9周末进行实际进度检查时,挖土方和做垫层两项工作已完成;支模板按计划也应完成,但实际只完成75%,任务量拖欠25%;绑钢筋应该完成60%,而实际完成20%,拖欠40%。

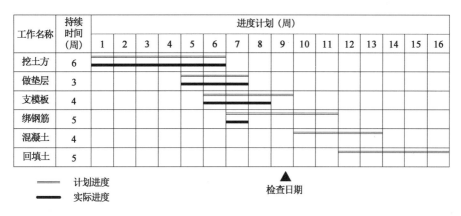

图5-2 某基础工程实际进度与计划进度比较图

上述所表达的方法仅适用于各项工作都是匀速进展的情况,即每项工作在单位时间内完成的任务量都相等。实际上,各项工作的进展不一定是匀速的。根据各项工作是否匀速,可以采用以下两种方法进行进度的比较。

1.匀速进展横道图比较法

采用匀速进展横道图比较法时的步骤:

(1)编制横道图进度计划;

(2)标出检查日期;

(3)将实际进度按比例用涂黑的粗线标于进度计划的下方,如图5-3所示;

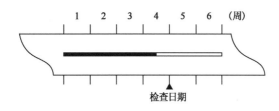

图5-3 匀速进展横道图比较

(4)将实际进度与计划进度进行对比分析,具体方法如下。

①涂黑的粗线右端落在检查日期的左侧,则进度拖后;

②涂黑的粗线右端落在检查日期的右侧,则进度超前;

③涂黑粗线的右端与检查日期重合,则实际进度与计划进度一致。

该方法仅适用于工作从开始到结束的整个过程中其进展速度均为固定不变的情况。

2. 非匀速进展横道图比较法

非匀速进展横道图比较法是在用涂黑的粗线表示实际进度的同时,还要标出其对应时刻完成任务量的累计百分比,并将该百分比与其同时刻计划完成任务量的累计百分比进行比较。步骤如下。

(1)编制横道图进度计划。

(2)在横道线上方标出各主要时间工作的计划完成任务量累计百分比。

(3)在横道线下方标出相应时间工作的实际完成任务量累计百分比。

(4)用涂黑的粗线标出工作的实际进度,同时要反映出该工作的连续与间断情况。

(5)通过对同一时刻实际完成任务量累计百分比和计划完成任务量累计百分比的比较,判断实际进度与计划进度的关系:

①同一时刻横道线上方累计百分比大于横道线下方累计百分比,表明进度拖后,拖欠的任务量为两者之差;

②同一时刻横道线上方累计百分比小于横道线下方累计百分比,表明进度超前,超前的任务量为两者之差;

③同一时刻横道线上方累计百分比等于横道线下方累计百分比,则表明实际进度与计划进度一致。

[**例5-1**] 某土方工程按进度计划安排需要7周完成,每周计划完成任务量的百分比如图5-4所示。

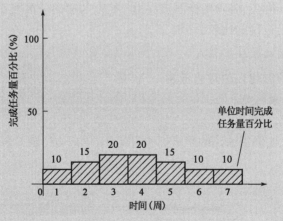

图5-4 基槽开挖工作进展时间与完成任务量关系

解:(1)编制横道图进度计划,如图5-5所示。

(2)在横道图上方标出基槽开挖工作每周计划累计完成任务量的百分比,分别为10%、25%、45%、65%、80%、90%、100%。

(3)在横道线下方标出第一周至检查日(第四周)每周实际累计完成任务量的百分比,分别为8%、22%、42%、60%。

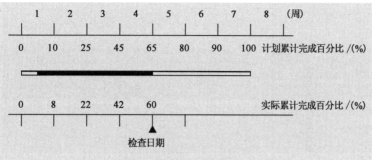

图5-5 非匀速进展横道图比较

(4)用涂黑粗线标出实际投入的时间。图5-5表明,该工作实际开始时间晚于计划开工时间,在开始后连续工作,没有中断。

(5)进行进度比较。从图5-5中可以看出,该工作在第一周实际进度比计划进度拖后2%,以后各周末累计拖后3%、3%、5%。

横道图比较法虽具有简单、形象直观等优点,但存在各项工作之间的逻辑关系表达不明确,关键工作和关键线路无法确定的缺点。一旦某些工作出现偏差,难以预测其对后续工作和总工期的影响,也就难以确定相应的进度计划调整方法。因此,横道图比较法主要用于某些工作实际进度与计划进度的局部比较。

二、S 曲线比较法

S 曲线比较法是以横坐标表示时间,纵坐标表示累计完成任务量,绘制一条按计划时间累计完成任务量的 S 曲线,然后将工程项目实施过程中各检查时间实际累计完成任务量的 S 曲线也绘制在同一坐标系中,进行实际进度与计划进度比较的一种方法。

S 曲线比较法也是在图上进行工程项目实际进度与计划进度的直观比较。在工程项目实施过程中,按照规定时间将检查收集到的实际累计完成任务量绘制在原计划 S 曲线图上,即可得到实际进度 S 曲线。

1. S 曲线的绘制方法

(1)确定单位时间计划完成任务量。
(2)计算规定时间累计完成任务量。
(3)绘制 S 曲线。

例如,某工程计划完成的工程量见表5-1,根据该计划绘制的累计完成任务量的 S 曲线如图5-6所示。

某工程计划完成的工程量　　　　　表5-1

时间(d)	1	2	3	4	5	6	7	8	9
计划每月完成量(m^3)	60	140	220	300	380	300	220	140	40
累计完成量(m^3)	60	200	420	720	1 100	1 400	1 620	1 760	1 800

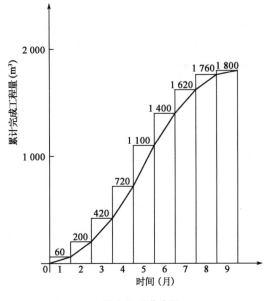

图 5-6 S 曲线图

2. S 曲线的比较

通过比较实际进度 S 曲线和计划进度 S 曲线,可以获得如下信息。

1)工程项目实际进展状况

如果工程实际进展点落在计划 S 曲线左侧,表明此时实际进度比计划进度超前,如图 5-7 中的 a 点;如果工程实际进展点落在 S 计划曲线右侧,表明此时实际进度拖后,如图中的 b 点;如果工程实际进展点正好落在计划 S 曲线上,则表示此时实际进度与计划进度一致。

2)工程项目实际进度超前或拖后的时间

在 S 曲线比较图中可以直接读出实际进度比计划进度超前或拖后的时间。如图 5-7 所示,ΔT_a 表示 T_a 时刻实际进度超前的时间;ΔT_b 表示 T_b 时刻实际进度拖后的时间。

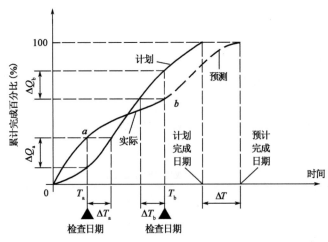

图 5-7 S 曲线比较图

3)工程项目实际超额或拖欠的任务量

在 S 曲线比较图中也可直接读出实际进度比计划进度超额或拖欠的任务量。如图 5-7 所示,ΔQ_a 表示 T_a 时刻超额完成的任务量,ΔQ_b 表示 T_b 时刻拖欠的任务量。

4)后期工程进度预测

如果后期工程按原计划速度进行,则可做出后期工程计划 S 曲线,如图 5-7 中虚线所示,从而可以确定工期拖延预测值 ΔT。

三、香蕉曲线比较法

香蕉曲线是两条 S 曲线组合成的闭合曲线,从 S 曲线比较法中得知,按某一时间开始的施工项目的进度计划,其计划实施过程中进行时间与累计完成任务量的关系都可以用一条 S 曲线表示。对于一个施工项目的网络计划,在理论上总是分为最早和最迟两种开始与完成时间。因此,一般而言,任何一个施工项目的网络计划都可以绘制出两条曲线:其一是以各项工作的最早开始时间安排进度而绘制的 S 曲线,称为 ES 曲线;其二是以各项工作的最迟开始时间安排进度而绘制的 S 曲线,称为 LS 曲线。

两条 S 曲线都是从计划的开始时刻开始和完成时刻结束,因此两条曲线是闭合的。一般而言,其余时刻 ES 曲线上的各点均落在 LS 曲线相应点的左侧,形成一个形如香蕉的曲线,故此称为香蕉曲线。

在项目的实施中,进度控制的理想状况是任一时刻按实际进度描绘的点,应落在该香蕉曲线的区域内,如图 5-8 所示。

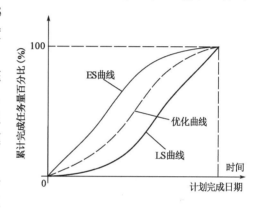

图 5-8 香蕉曲线比较图

1. 香蕉曲线的作用

1)利用香蕉曲线进行进度的合理安排

如果工程项目的各项工作均按最早开始时间安排进度,将导致投资增加;如果按最迟开始时间安排进度,一旦工程受到某些因素的干扰,则将导致工期拖延。因此,合理的进度优化曲线应处于香蕉曲线所包络的区域之内,如图 5-8 中的点划线所示。

2)施工实际进度与计划进度的比较

根据实际完成的任务量即可绘制实际进度 S 曲线,便可与计划进度进行比较。如果工程实际进展点落在 ES 曲线的左侧,表明实际进度比各项工作按其最早开始时间安排的计划进度超前;如果落在 LS 曲线的右侧,表明实际进度比各项工作按其最迟开始时间安排的计划进度拖后。

3)预测后期工程进展趋势

利用香蕉曲线可以对后期工程的进展情况进行预测。如图 5-9 所示,该工程在检查日实际进度超前。检查日期之后的后期工程进度安排如图 5-9 中虚线所示,预计该工程将提前完成。

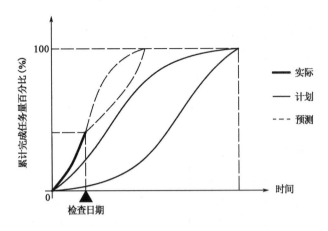

图 5-9　工程进展趋势预测图

2. 香蕉曲线的绘制

(1) 以施工项目的网络计划为基础计算最早开始时间和最迟开始时间。

(2) 确定各项工作在各单位时间的计划完成任务量。分为两种情况：一种是按最早开始时间确定各工作在各单位时间的计划完成任务量；一种是按最迟时间确定各工作在各单位时间的计划完成任务量。

(3) 计算施工项目总任务量，即对所有工作在某一单位时间计划完成任务量累加求和。

(4) 分别按最早开始时间和最迟开始时间将各项工作在某一单位时间内计划完成的任务量求和。

(5) 分别根据各项工作按最早开始时间、最迟开始时间安排的进度计划，确定不同时间累计完成的任务量或任务量的百分比。

(6) 根据最早开始时间和最迟完成时间确定的累计完成任务量或任务量百分比描绘各点，并连接各点 ES 曲线和 LS 曲线，由 ES 曲线和 LS 曲线组成香蕉曲线。

在项目实施过程中，将每次检查得到的各项工作实际累计完成的任务量按同样的方法在原计划香蕉曲线的平面内绘出实际进度曲线，便可以进行实际进度与计划进度的比较。

[例 5-2]　某工程项目的网络计划如图 5-10 所示，图中箭线上方括号内数字表示各工作计划完成任务量，以劳动消耗量表示；箭线下方数字表示各工作持续时间。试绘制香蕉曲线。

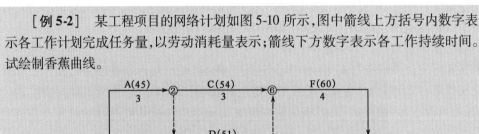

图 5-10　某工程项目网络计划

解:假设各项工作均为匀速进展,即各项工作每周劳动消耗量相等。

(1)计算各工作每周劳动消耗量。

A 工作:$45 \div 3 = 15$　　B 工作:$60 \div 5 = 12$　　C 工作:$54 \div 3 = 18$
D 工作:$51 \div 3 = 17$　　E 工作:$26 \div 2 = 13$　　F 工作:$60 \div 4 = 15$
G 工作:$40 \div 2 = 20$

(2)计算工程项目劳动消耗总量 Q。

$$Q = 45 + 60 + 54 + 51 + 26 + 60 + 40 = 336$$

(3)根据各项工作按最早开始时间安排的进度计划,确定工程项目每周计划劳动消耗量及各周累计劳动消耗量,如图 5-11 所示。

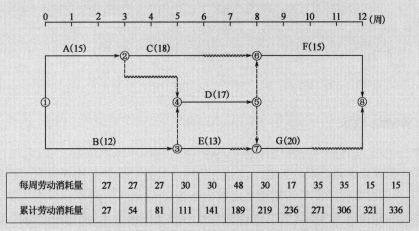

每周劳动消耗量	27	27	27	30	30	48	30	17	35	35	15	15
累计劳动消耗量	27	54	81	111	141	189	219	236	271	306	321	336

图 5-11　按工作最早开始时间安排的进度计划及劳动消耗量

(4)根据各项工作按最迟开始时间安排的进度计划,确定工程项目每周计划劳动消耗量及各周累计劳动消耗量,如图 5-12 所示。

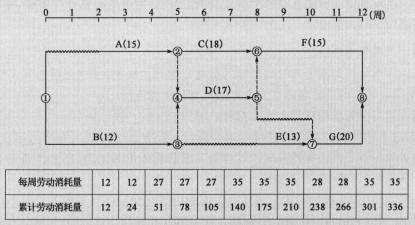

每周劳动消耗量	12	12	27	27	27	35	35	35	28	28	35	35
累计劳动消耗量	12	24	51	78	105	140	175	210	238	266	301	336

图 5-12　按工作最迟开始时间安排的进度计划及劳动消耗量

(5)根据不同的累计劳动消耗量分别绘制 ES 曲线和 LS 曲线,便得到如图 5-13 所示的香蕉曲线。

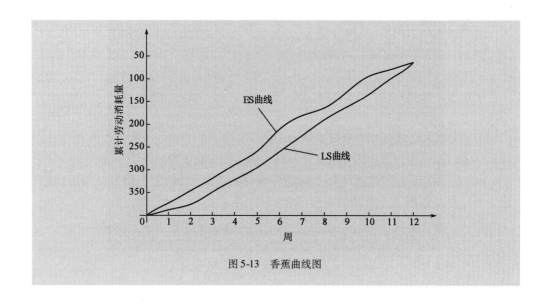

图 5-13 香蕉曲线图

四、前锋线比较法

所谓前锋线,是指在原时标网络计划上,从检查时刻的时标点出发,用点划线依次将各项工作实际进展位置点连接而成的折线。前锋线比较法是通过绘制某检查时刻工程项目实际进度前锋线,进行工程实际进度与计划进度比较的方法,即通过实际进度前锋线与原进度计划中各工作箭线交点的位置来判断工作实际进度与计划进度的偏差,进而判定该偏差对后续工作及总工期影响程度的一种方法,它主要用于时标网络计划。

采用前锋线比较法进行实际进度与计划进度的比较步骤如下。

1. 绘制时标网络计划图

工程项目实际进度前锋线在时标网络计划图上标示,为清楚起见,可在时标网络计划图的上方和下方各设一时间坐标。

2. 绘制实际进度前锋线

一般从时标网络计划图上方时间坐标的检查日期开始绘制,依次连接相邻工作的实际进展位置点,最后与时标网络计划图下方坐标的检查日期相连接。

工作实际进展位置点的标定方法有两种。

(1) 按该工作已完任务量比例进行标定。假设工程项目中各项工作均为匀速进展,根据实际进度检查时刻该工作已完任务量占其计划完成总任务量的比例,在工作箭线上从左至右按相同的比例标定其实际进展位置点。

(2) 按尚需作业时间进行标定。当某些工作的持续时间难以按实物工程量来计算而只能凭经验估算时,可以先估算出检查时刻到该工作全部完成尚需作业的时间,然后在该工作箭线上从右向左逆向标定其实际进展位置点。

3. 实际进度与计划进度的比较

从前锋线上可以直观地反映出检查日期有关工作实际进度与计划进度之间的关系。对某项工作来说,其实际进度与计划进度之间的关系可能存在以下三种情况:

(1)工作实际进展位置点落在检查日期的左侧,表明该工作实际进度拖后,拖后的时间为两者之差;

(2)工作实际进展位置点落在检查日期的右侧,表明该工作实际进度超前,超前的时间为两者之差;

(3)工作实际进展位置点与检查日期重合,表明该工作实际进度与计划进度一致。

4.预测进度偏差对后续工作及总工期的影响

通过实际进度与计划进度的比较确定进度偏差后,还可根据工作的自由时差和总时差预测该进度偏差对后续工作及项目总工期的影响。

[例5-3] 某时标网络计划如图5-14所示。计划执行到第六周末检查实际进度时,发现工作A和工作B都已完成,工作D和工作E分别完成计划20%和50%,工作C尚需三周完成。试用前锋线法进行实际进度与计划进度的比较。

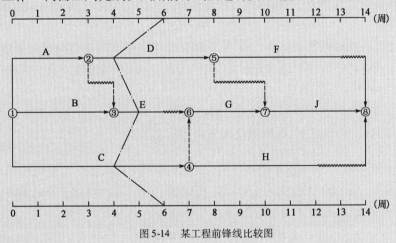

图5-14 某工程前锋线比较图

解:根据第六周末实际进度检查结果绘制前锋线,即图5-14中点划线。进行偏差分析时,通过总时差来分析对总工期的影响;通过自由时差来分析对后续工作的影响。先局部分析,后总体分析。通过比较分析可以看出:

(1)工作D实际进度拖后两周,因为其自由时差为零,所以,将其后续工作F的最早开始时间推迟两周;又因为总时差为1,故使总工期延长1周;

(2)工作E实际进度拖后1周,因为其总时差和自由时差均为1周,故既不影响总工期,也不影响后续工作正常进行;

(3)工作C实际进度拖后2周,因为其自由时差为零,所以,将其后续工作G、H、J的最早开始时间推迟两周;又因为其总时差为零,从而使总工期延长2周。

五、列表比较法

列表比较法,是指通过将截至某一检查日期工作的尚有总时差与其原有总时差的计算结果列于表格之中,根据尚有总时差和原有总时差比较实际进度与计划进度,从而判断工程实际进度超前或滞后的方法。

采用列表比较法比较实际进度与计划进度,其步骤如下：
(1)计算检查正在进行的工作；
(2)计算工作最迟完成时间；
(3)计算工作时差；
(4)填表分析工作实际进度与计划进度的偏差。

由于工作总时差是在不影响整个工期的前提下该项工作可以利用的机动时间,因此,工作尚有总时差可定义为某项工作从检查日期到原计划的最迟完成时间尚余时间与该工作尚需作业时间之差。某一检查日期各项工作尚有总时差标志着工作进度的偏差以及能否如期完成整个工程进度计划。

将工作尚有总时差与原有总时差进行比较而形成的进度计划执行情况检查的具体结论可归纳如下。

(1)若工作尚有总时差大于原有总时差,则说明该工作的实际进度超前,超前时间为两者之差。

(2)若工作尚有总时差等于原有总时差,则说明该工作的实际进度与计划进度一致。

(3)若工作尚有总时差小于原有总时差,但仍为正值,则说明进度滞后。滞后时间为两者之差,但总工期不受影响。

(4)若工作尚有总时差小于原有总时差且已为负值,则说明该工作的实际进度比计划进度滞后,滞后的时间为两者之差,此时进度偏差将影响总工期。

例如,对于如图 5-14 所示的网络计划,在第 10 周末对该计划进行检查时,工作 A、B、C、D、E 已全部完成,工作 F 已进行一周,工作 G、H 均已进行两周,用列表法进行进度比较的结果见表 5-2。

用列表法进行进度比较的结果　　　　　表 5-2

工作代号	工作名称	检查时尚需作业周数	到最迟完成时尚余周数	原有总时差	尚有总时差	判断情况
⑤—⑧	F	4	4	1	0	拖后一周 不影响工期
⑥—⑦	G	1	0	0	−1	拖后一周 影响工期一周
④—⑧	H	3	4	2	1	拖后一周 但不影响工期

第三节　进度计划中的调整方法

在工程项目实施过程中,如果实际进度与计划进度出现偏差,就要对原有的进度计划进行调整,形成新的进度计划。进度计划调整的方法主要有两种：一是通过压缩某些工作的持续时间来缩短工期；二是通过改变工作间的逻辑关系来缩短工期。

一、压缩某些工作的持续时间

这种方法通过增加投入、提高劳动效率等措施,压缩关键线路上的关键工作以及超过计划工期的非关键线路上工作的持续时间,从而达到按期完成工程项目的目的。这种调整方法分为以下三种情况。

1. 某项工作的拖延时间超过其自由时差,但未超其总时差

在这种情况下,该工作不影响总工期,只对后续工作产生影响。因此,需要确定后续工作允许拖延的时间限制,以此来作为进度调整的限制条件。

[**例5-4**] 某工程时标网络计划如图5-15所示,该计划执行到第35天下班时刻检查时,实际进度前锋线如图5-15所示。试分析实际进度对后续工作和总工期的影响。

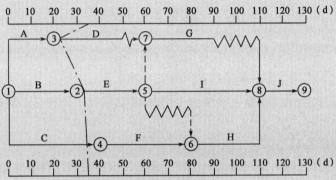

图5-15 某工程时标网络计划

解:根据进度图可知,工作D拖后15d,从而影响工作G的最早开始时间,其他工作正常。由于 $TF_D = 30d$,所以,不影响总工期。该进度计划调整与否,取决于工作D和工作G的限制条件。

1) 后续工作拖延时间无限制

如果后续工作拖延时间完全被允许,可将拖延后的时间参数代入原计划,并简化网络图即可得到调整方案,如图5-16所示。在本例中,经调整后,工作D、G的开始时间分别为35d和65d。

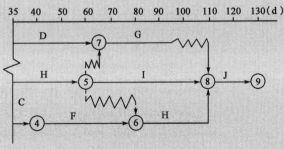

图5-16 后续工作拖延时间无限制时的网络计划

2)后续工作拖延时间有限制

如果后续工作不允许拖延或拖延的时间有限制,可以根据限制条件对网络计划进行调整,寻求最优方案。在本例中,假设工作 G 的开始时间不允许超过 60d,将工作 G 的紧前工作 D 的持续时间压缩为 25d 即得到调整后的网络计划,如图 5-17 所示。

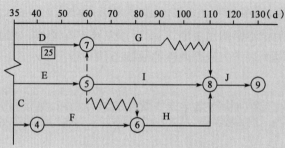

图 5-17 后续工作拖延时间有限制时的网络计划

2. 网络计划中某项工作进度拖延的时间超过总时差

出现此种情况,无论该工作是否为关键工作,都将对后续工作和总工期产生影响。具体调整方法有以下三种情况。

1)总工期不允许拖延

如果总工期不允许拖延,则只能采取压缩关键线路上关键工作持续时间的措施,实质上就是采取工期优化的方法保证工程项目按计划完成。

[例 5-5] 仍以图 5-15 网络计划为例,如果计划执行到 40 天下班时刻检查时,其实际进度如图 5-18 中的前锋线所示,试分析目前实际进度对后续工作和总工期的影响以及对进度计划的调整。

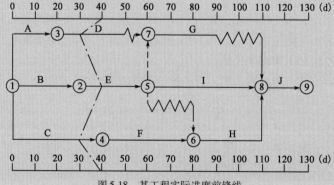

图 5-18 某工程实际进度前锋线

解:由图 5-15 可知:

(1)工作 D 实际进度拖后 10 天,由于 $FF_D=10d$,$TF_D=30d$,故既不影响后续工

作,也不影响总工期;

(2)工作 E 实际进度正常,故既不影响后续工作,也不应响总工期;

(3)工作 C 实际进度拖后 10d,由于是关键工作,所以总工期将延长 10d,后续工作 F、H、J 的开始时间都推迟 10d。

如果要求工期按原计划 130d 完成,则采取压缩关键线路上后续工作的持续时间。假设工作 F、H、J 均可以压缩 10d,通过比较,压缩工作 H 的持续时间代价最小,故将工作 H 的持续时间由 30d 压缩 20d,调整后的网络计划如图 5-19 所示。

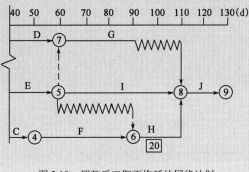

图 5-19 调整后工期不拖延的网络计划

2)总工期允许拖延

如果总工期允许拖延,只需以实际数据取代原计划数据,并重新绘制实际进度检查日期后的简化网络计划即可。

[例 5-6] 有如图 5-18 网络计划所示的前锋线,如果总工期允许拖延,只需以检查日期第 40d 为起点,用其后各项工作尚需作业时间取代相应的原计划数据,绘制网络图即可,如图 5-20 所示,此时总工期为 140d。

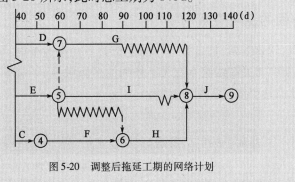

图 5-20 调整后拖延工期的网络计划

3)总工期允许拖延的时间有限

如果项目总工期允许拖延,但允许拖延时间有限,则当实际进度拖延时间超过此限制时,允许对网络计划进行调整。调整方法就是对检查日期后尚未实施的网络计划进行工期优化,也就是通过压缩关键线路上后续工作的持续时间来满足规定的工期。

[例5-7] 有如图5-18网络计划所示的前锋线,如果总工期允许拖延至135d,则按下面的方法进行调整:

解:(1)绘制简化的网络图,如图5-20所示。

(2)确定压缩的时间。从图5-20可以知道总工期为140d,而现在总工期只允许拖延至135d,故需压缩5d。

(3)进行工期优化。由图5-20知,关键线路上的关键工作为C、F、H、J,假设压缩关键工作H付出的代价最小,故将工作H的持续时间由30d压缩至25d,调整后的网络计划如图5-21所示。

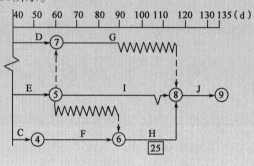

图5-21 总工期拖延时间有限时的网络计划

3. 网络计划中某项工作进度超前

对于工程建设计划阶段工期目标的确定,往往是考虑了各个方面的因素影响确定的合理工期。不论某项工作进度超前或者滞后,都会导致资源需求发生改变,从而打乱原计划中对人员、材料、设备等资源的合理安排。因此,无论是进度提前还是滞后,都可能造成其他目标失控。所以,对于工程实施过程中进度超前的情况,控制人员必须综合分析进度超前给后续工作带来的影响,提出合理的进度调整方案,以确保工期总目标顺利实现。

二、改变工作间的逻辑关系

当进度偏差影响到总工期,且有关工作的逻辑关系允许改变时,可以改变关键线路,并改变逻辑关系计划工期中非关键线路上有关工作间的逻辑关系,如将顺序作业改为平行作业或流水作业等方式,从而达到缩短工期的目的。

[例5-8] 某基础工程包括挖基坑、铺设垫层、砌基础、回填土4个工作,各工作持续时间分别为21d、15d、18d和9d,如果采取顺序作业,则总工期为63d。为了缩短总工期,在条件允许的情况下,将工程量分为大致相等的3个施工段组织流水作业。试绘制流水作业网络计划并计算工期。

解:该基础工程网络计划如图5-22所示,从图5-22可知,通过组织流水施工,工期由63d缩短为35d。

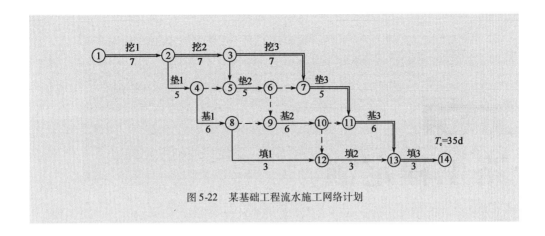

图 5-22　某基础工程流水施工网络计划

【思考题】

1. 比较实际进度与计划进度的方法有哪些？
2. 匀速进展横道图与非匀速进展横道图比较法有什么区别？
3. 利用 S 曲线比较法如何进行工程进度预测？
4. 香蕉曲线的作用有哪些？
5. 进度计划的调整方法有哪些？如何进行调整？

第六章

公路工程定额

【学习要求】

了解定额的概念、特点及作用；熟悉定额的分类及组成；掌握工程定额的套用、换算及调整。

第一节　公路工程定额概述

一、定额的概念、特点及其作用

在现代社会经济生活中，定额几乎无处不在，它们存在于生产、流通、分配与消耗领域，也存在于技术领域乃至日常的社会生活之中。定额的存在和发展，从根本上说，是协调现代社会化大生产和现代社会生活的必需，是发展社会生产力和提高社会经济效益的必需，人们借助它去达到既定的目的。

1. 定额的概念

定额就是规定的标准额度或限额，是指在正常的施工条件下，为完成一定量合格产品所规定的人力、物力、资金等消耗量的标准。定额是经过科学的测定、分析、计算后用数字加以规定的法定尺度，是组织施工的基础，是计算工、料、机、资金消耗量的依据，也是工程计价的主要依据之一。定额反映了一定时期的社会生产力水平,随着生产技术的提高和生产管理的现代化,定额需要及时得到修改及补充,以提高劳动生产率、降低成本。

定额产生于 19 世纪末资本主义科学管理的发展时期。当时,为了适应工业的高速发展,解决生产率低下的矛盾,美国工程师泰罗用科学方法分析工人劳动中操作和动作的时间消耗,从而制定出最节约的工作时间——工时定额,提高了工人的劳动生产率。

实行定额的目的是加强企业的科学管理,充分发掘生产潜力,将生产过程中投入的巨大人力、物力、资金科学合理地组织起来,在保护工人安全和健康的前提下,以最少的劳动消耗,生产出质量最好、数量最多、成本最低、经济效益最好的产品,不断提高劳动生产率水平。定额既是使工程建设活动中的计划、设计、施工、安装等各项工作取得最佳经济效益的有效工具和杠杆,又是衡量、考核上述各项工作经济效益的尺度,是按劳分配及经济核算的依据。

什么是工程定额?

在建筑安装工程施工过程中,为完成某项工作或某结构构件,都必须消耗一定数量的劳动力、材料和机具。在社会平均的生产条件下,把科学的方法和实践经验相结合,生产质量合格的单位工程产品所必需的人工、材料、机具数量标准,就称为工程定额。工程定额除了规定数量标准外,也规定出它的工作内容、质量标准、生产方法、安全要求和适用的范围等。它属于生产消费定额的性质,是在一定的社会生产力发展水平下,完成工程建设中的某项产品与各种生产消费之间特定的数量关系。此关系是客观的,也是特定的。

2. 定额的特点

我国公路工程定额具有科学性、系统性、统一性、法令性、相对稳定性等特点。

1) 定额的科学性

公路工程定额的科学性包括两重含义:一是指定额必须和生产力发展水平相适应,反映出工程建设中生产消费的客观规律,否则,它就难以作为国民经济中计划、调节、组织、预测、控制工程建设的可靠依据,难以实现它在管理中的作用;另一重含义是指定额管理在理论、方法和手段上必须科学化,以适应现代科学技术和信息社会发展的需要。

定额的科学性表现在定额中的各类参数是遵循客观规律的要求,运用科学的方法确定的。定额项目的内容采用了经过实践证明是成熟的、行之有效的先进技术和先进操作方法,同时在编制定额的技术方法上,吸取了现代科学管理的成就,具有一套科学、严密的定额水平确定手段和方法。因此,定额中各种消耗量指标,能正确反映当前社会生产力的水平。

2) 定额的系统性

任何一种专业定额都是一个完整、独立的系统,公路工程定额也不例外,它从测定到使用,直至再修订都是为了全面地反映公路工程所有的工程内容和项目。公路工程定额与公路工程技术标准、规范配套,完全、准确地反映公路工程施工工艺流程中的每一环节。

公路工程定额是为公路建设服务的,虽然公路是一个庞大的实体,但定额将其项目分解为成千上万道工序,而内部却层次分明,如项、目、节的划分。任何一个分部分项工程在公路工程定额中都能一一确定,如在概算定额中,一共用七章定额来将所有公路工程的内容进行分割和包容。而且在编制定额过程中,每一个不同工作都有不同的计算规则或计算模型,他们互相协调组成一个完善的系统。

3) 定额的统一性

定额的统一性,主要由国家对经济发展的有计划的宏观调控职能决定的。为了使国民经济按照既定的目标发展,就需要借助于某些标准、定额、参数等,对工程建设进行规划、组织、调节、控制。而这些标准、定额、参数必须在一定范围内有统一的尺度,才能实现上述职能,才能利用它对项目的决策、设计方案、投标报价、成本控制进行比选和评价。

公路工程定额从初期借助于国家统一的技术标准、规范到现在依据交通工程的统一标准、规范,在交通运输部的统一管理下,按照定额的制定、发布和贯彻执行统一的制度,使定额管理有统一的程序、统一的原则、统一的要求和统一的标准。

4）定额的法令性

定额是由国家主管部门或其他授权机关统一制定的,一经发布便具有了法令的性质,只要在执行范围内,任何单位都必须严格执行,不得任意变更定额的内容和水平。定额的法令性保证对工程项目有一个统一的核算尺度,使国家对设计的经济效果和施工管理水平能够实行统一的考核和监督。定额的法令性表现在权威性和强制性两方面。

在计划经济条件下,定额经授权单位批准发布后即具有法令性,只要是属于规定范围内的任何单位都必须严格遵守。各有关职能部门都必须认真执行,任何单位或个人都应当遵守,定额管理权限的规定,不得任意改变定额的结构形式和内容,不得任意降低或变相降低定额水平,如需要进行调整、修改和补充,必须经授权批准。企业管理部门和定额管理部门应对企业和基层单位进行必要的监督,这是保证定额得以正确执行的重要条件。

但是,在市场经济条件下,定额不能由某主管部门硬行规定,它要体现市场经济的特点。定额也不具有法令性的特性。那么,既然国家要宏观调控市场又要让市场充分发育,就必须要有一个社会公认的,在使用过程中可以有根据地改变定额水平的定额。这种定额是一个具有权威性的控制量。各工程建设项目的业主和承包商可以在一定的范围内,根据具体情况适当调整。这种具有权威性的、可灵活适用的定额,符合社会主义市场经济条件下建筑产品的生产规律。定额的权威性是建立在采用先进科学的方法制定且能反映社会生产力水平并符合市场经济发展规律的基础上的。

定额的强制性,意味着在规定的范围内,对于定额的使用者和执行者来说,不论主观上是否愿意,都必须严格按定额的要求和规定执行。但定额毕竟是主观对客观的反映,定额的科学性受人们认识水平的限制,所以定额的法令性也不能绝对化,要适应市场经济形势下的经济政策。

5）定额的相对稳定性

定额所反映的是一定时期内施工技术和先进工艺的水平,所以,表现为一定的稳定性,公路工程定额的稳定期一般在5~10年之间。但是,由于定额水平是一定时期内社会生产力水平的反映,因此,它不是一成不变的,而是随着生产力水平变化而变化的。由于编制和修改定额是一项十分重要的工作,它需要动员和组织大量的人力、物力,需要很长的周期来收集大量的资料、数据,并进行反复的调查研究、测算、比较、平衡、审查、批准,最后才能印刷发行。因此,当生产力水平变化不大时,有必要保持定额的相对稳定,但当生产力变化幅度较大时,定额必须随之变化。

中华人民共和国成立以来,随着社会生产力水平的不断提高,我国公路工程定额也得到不断地发展和完善。1958年交通部公路总局,在对定额实行测定的基础上制定了全国统一的《公路工程预算定额》,各省、自治区、直辖市制定了地方性的《公路工程预算定额》或《公路工程施工定额》,基本上解决了当时公路建设上的急需,符合当时的生产力水平。1971年,交通部根据我国公路工程技术标准、技术规范,以及设计和施工图纸的变化,特别是在考虑当时公路建设采用专业队伍与民工相结合的施工方式所达到的定额水平,对1964年和1958年的定额进行了综合与调整,于1973年发布了《公路工程概算定额》《公路工程预算定额》。1983年,交通部发布了《公路工程概算定额》和《公路工程预算定额》。1992年,交通部以交工发〔1992〕65号通知发布《公路工程概算定额》和《公路工程预算定额》,此后,为适应国内建筑市场的需要,经过科学的测定,对1992年的公路工程概、预算定额,机械台班费用定额,公路基本建设工程概、预算编制办法做了较大幅度的调整和补充,于1996年发布修订的《公路工程机械台班费用定额》《公路基本建设工程概、预算编制办法》《公路工程概算定额》《公路工程预算定额》基价表,同时颁布了《公路工程估算指标》和《公路基本建设工程投资估算编制办法》,与1992年的公路工程概、预算定额同时施行。2007年,交通部以〔2007〕第33号公告发布了《公路工程概算定额》(JTG/T B06-01—2007)、《公路工程预算定额》(JTG/T B06-02—2007)、《公路工程机械台班费用定额》(JTG/T B06-03—2007)、《公路工程基本建设项目概算预算编制办法》(JTG/T B06—2007),自2008年1月1日起施行。2011年,交通运输部以〔2011〕第82号公告公布了《公路工程基本建设项目投资估算编制办法》(JTG M20—2011)和《公路工程估算指标》(JTG/T M21—2011),自2012年1月1日起施行。2018年,交通运输部以〔2018〕第86号公告公布了《公路工程建设项目投资估算编制办法》(JTG 3820—2018)、《公路工程建设项目概算预算编制办法》(JTG 3830—2018)作为公路工程行业标准;同时公布了《公路工程估算指标》(JTG/T 3821—2018)、《公路工程概算定额》(JTG/T 3831—2018)、《公路工程预算定额》(JTG/T 3832—2018)、《公路工程机械台班费用定额》(JTG/T 3833—2018),作为公路工程行业推荐性标准,自2019年5月1日起施行。

3.定额的作用

定额,确定了在现有生产力发展水平下,生产单位合格产品所需的活劳动和物化劳动的数量标准,以及用货币来表现某些必要费用的额度。定额是国家控制基本建设规模,利用经济杠杆对建筑安装企业加强宏观管理,促进企业提高自身素质,加快技术进步,提高经济效益的规范性文件。所以,无论是设计、计划、生产、分配、预算、结算、奖励、财务等各项工作、各个部门都应以它作为自己工作的主要依据。

定额的作用主要表现在以下6个方面。

(1)定额是计划管理的重要基础。

建筑安装企业在计划管理中,为了组织和管理施工生产活动,必须编制各种计划,而计划的编制又依据各种定额和指标来计算人力、物力、财力等需用量,因此,定额是计划管理的重要基础。

(2)定额是提高劳动生产率的重要手段。

施工企业要提高劳动生产率,除了加强政治思想工作,提高群众积极性外,还要贯彻执行现行定额,把企业提高劳动生产率的任务具体落实到每个工人身上,促使他们采用新技术和新工艺,改进操作方法,改善劳动组织,降低劳动强度,使用更少的劳动量,创造更多的产品,从而提高劳动生产率。

(3)定额是衡量设计方案的尺度和确定工程造价的依据。

同一工程项目的投资多少,是使用定额和指标,对不同设计方案进行技术经济分析与比较之后确定的。因此,定额是衡量设计方案经济合理性的尺度。

工程造价是根据设计规定的工程标准和工程数量,并依据定额指标规定的劳动力、材料、机械台班数量、单位价值和各种费用标准来确定的,因此,定额是确定工程造价的依据。

(4)定额是推行经济责任制的重要环节。

推行的投资包干和以招标承包为核心的经济责任制,其中签订投资包干协议,计算招标控制价和投标标价,签订总包和分包合同协议,以及企业内部实行适合各自特点的各种形式的承包责任制等,都必须以各种定额为主要依据,因此,定额是推行经济责任制的重要环节。

(5)定额是科学组织和管理施工的有效工具。

建筑安装是多工种、多部门组成的一个有机整体而进行的施工活动,在安排各部门各工种的活动计划中,要计算平衡资源需用量,组织材料供应。要确定编制定员,合理配备劳动组织,调配劳动力,签发工程任务单和限额领料单,组织劳动竞赛,考核工料消耗,计算和分配工人劳动报酬等都要以定额为依据,因此,定额是科学组织和管理施工的有效工具。

(6)定额是企业实行经济核算制的重要基础。

企业为了分析比较施工过程中的各种消耗,必须用各种定额为核算依据。因此,工人完成定额的情况是实行经济核算制的主要内容。以定额为标准,来分析比较企业各种成本,并通过经济活动分析,肯定成绩,找出薄弱环节,提出改进措施,以不断降低单位工程成本,提高经济效益,所以,定额是实行经济核算制的重要基础。

二、公路工程定额的分类

公路工程定额一般可分为两类,即按生产因素分类和按定额用途分类。其中按生产因素分类是基本方式;按用途分类的定额,实际上包括了按生产因素分类的定额。具体划分如图 6-1 所示。

1. 按生产因素分类的公路工程定额

1)劳动定额

劳动定额又称劳动消耗定额、工时定额或人工定额,它是在正常的生产技术和生产组织条件下,完成单位合格产品或工作所必需的劳动消耗的数量标准。劳动定额的表现形式有时间定额和产量定额两种。

(1)时间定额。时间定额是指在技术条件正常、生产工具使用合理和劳动组织正确的条件下,工人为生产单位合格产品所必须消耗的工作时间。工人的工作时间有些可以计入时间定额内,有些是不能纳入时间定额中的,即工人的工作时间包括定额时间和非定额时间两种,如图 6-2 所示,定额时间包括:与完成产品有直接关系的工作时间(即有效工作时间),由于技术操作和施工组织的原因而中断时间(不可避免的中断时间),工人工作中为了恢复体力所必需的暂时休息或喝水、大小便等生理上的要求所消耗的时间(即休息时间)。

时间定额以工日为单位,每个工日除潜水工作按 6 小时、隧道工作按 7 小时计算外,其余均为 8 小时。时间定额的计算方法如下:

$$S = \frac{D}{Q} \tag{6-1}$$

式中:S——时间定额(劳动量单位/产品单位);

D——耗用劳动量数量,一般单位为工日;

Q——完成合格产品数量(产品实物单位)。

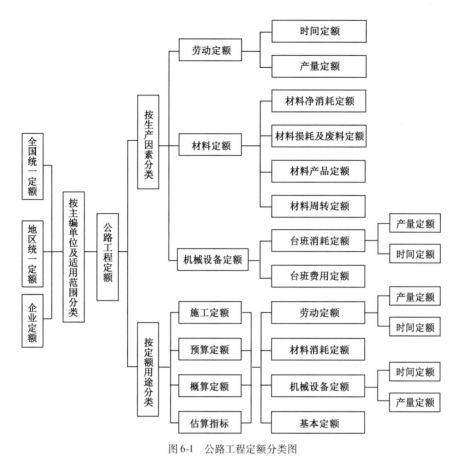

图 6-1　公路工程定额分类图

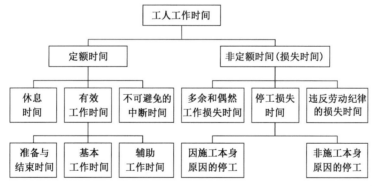

图 6-2　工人工作时间的分类

(2)产量定额。产量定额是指在技术条件正常、生产工具使用合理和劳动组织正常的条件下,工人在单位时间内完成合格产品的数量。产量定额与时间定额是互为倒数的关系,其计算方法如下:

$$C = \frac{Q}{D} = \frac{1}{S} \tag{6-2}$$

式中:C——产量定额(产品单位/劳动量单位);

其余符号意义同前。

[例6-1] 《公路工程预算定额》(JTG/T 3832—2018)中[1-1-4]表见表6-1。人工挖土质台阶(普通土),产品单位为1 000m³。

解:时间定额:28.1 工日/1 000m³;

产量定额:1 000m³/28.1 工日 = 35.59m³/工日。

1-1-4 挖土质台阶　　　　　　　表6-1

工程内容:1)画线挖土,台阶宽不小于1m;2)将土抛到填方处。

单位:1 000m³天然密实方

顺序号	项目	单位	代号	人工挖台阶			挖掘机挖台阶		
				松土	普通土	硬土	松土	普通土	硬土
				1	2	3	4	5	6
1	人工	工日	1001001	17.4	28.1	43.7	1.6	1.9	2.1
2	1.0m³以内履带式液压单斗挖掘机	台班	8001027	—	—	—	1.12	1.3	1.49
3	基价	元	9999001	1 849	2 986	4 644	1 508	1 755	2 004

2)材料定额

材料定额也可称材料消耗定额。它是指在节约和合理使用材料的条件下,生产单位合格品所必须消耗的一定品种规格的材料、半成品、配件、构件等的数量标准。

材料定额是由材料净消耗定额和材料损耗及废料定额两部分组成。材料的净消耗是指在不计废料和损耗的情况下,直接用于构造物上的材料量;材料的损耗及废料是指施工中不可避免的废料和必要的工艺性损耗,一般包括施工损耗及由仓库或露天堆料场运至施工地点的运输损耗,但不包括可以避免的消耗和损失的材料。材料的损耗量与材料的净消耗量之比,称为材料的损耗率,如式(6-3)。一般材料消耗定额按式(6-4)计算。

$$材料损耗率 = \frac{材料损耗量}{材料净消耗量} \times 100\% \quad (6-3)$$

$$材料消耗定额 = (1 + 材料损耗率) \times 完成单位产品的材料净消耗量 \quad (6-4)$$

[例6-2] 《公路工程预算定额》(JTG/T 3832—2018)中[4-6-4]表见表6-2,采用非泵送现浇C30水泥混凝土系梁时,由于混凝土在搅拌运输过程中不可避免的消耗,以及振捣后体积变得密实等原因,每完成10 m³实体需消耗10.2 m³的C30水泥混凝土混合料。即混凝土的损耗率为2%,水泥混凝土所用的各种原材料的损耗率也应为2%,则完成10m³实体的原材料消耗定额按式(6-4)计算,基本定额(见预算定额附录二)见表6-2,混凝土材料配合比计算如下:

$$32.5 \text{ 级水泥} = (1+2\%) \times 377 \text{kg/m}^3 \times 10\text{m}^3 = 3\,845\text{kg}$$

$$\text{中(粗)砂} = (1+2\%) \times 0.46 \text{ m}^3/\text{m}^3 \times 10\text{m}^3 = 4.69\text{m}^3$$

$$4\text{cm 碎石} = (1+2\%) \times 0.83 \text{ m}^3/\text{m}^3 \times 10\text{m}^3 = 8.47\text{m}^3$$

完成 10m^3 实体合格产品(地面以上系梁)所需的其他材料的消耗定额还有:型钢 0.084m^3、钢模板 0.196 m^3、螺栓 0.12kg、铁件 0.34kg、水 18m^3、其他材料费 12.5 元。

4-6-4 盖梁、系梁、耳背墙及墩顶固结 表6-2

工程内容:1)定型钢模板安装、拆除、修理、涂脱模剂、堆放;2)钢筋除锈、制作、电焊、绑扎及骨架吊装入模;3)混凝土浇筑、捣固、养护。

Ⅰ.混凝土　　　　　单位:10m^3 实体

顺序号	项目	单位	代号	盖梁 非泵送	盖梁 泵送	系梁 非泵送 地面以下	系梁 非泵送 地面以上	系梁 泵送 地面以下	系梁 泵送 地面以上	耳背墙	墩梁固结现浇段
				1	2	3	4	5	6	7	8
1	人工	工日	1001001	12.3	11.0	6.1	12.1	4.3	10.4	17.7	16.4
2	普 C25-32.5-4	m³	1503033	—	—	—	—	—	—	(10.2)	—
3	普 C30-32.5-4	m³	1503034	(10.2)	—	(10.2)	(10.2)	—	—	—	(10.2)
4	泵 C25-32.5-4	m³	1503084	—	(10.4)	—	—	(10.4)	(10.4)	—	—
5	HPB300 钢筋	t³	2001001	0.0	0.0	—	—	—	—	—	—
6	型钢	t	2003004	0.1	0.1	—	0.084	—	0.084	—	—
7	钢管	t	2003008	0.0	0.0	—	—	—	—	—	—
8	钢模板	t	2003025	0.2	0.2	0.07	0.196	0.07	0.196	0.086	0.154
9	螺栓	kg	2009013	0.1	0.1	0.56	0.12	0.56	0.12	9.52	15.97
10	铁件	kg	2009028	30.9	30.9	1.88	0.34	1.88	0.34	5.62	9.42
11	水	m³	3005004	12.0	18.0	12	12	18	18	12	12
12	中(粗)砂	m³	5503005	5	6	4.69	4.69	5.82	5.82	4.9	4.69
13	碎石(4cm)	m³	5505013	8.5	7.6	8.47	8.47	7.59	7.59	8.47	8.47
14	32.5 级水泥		5509001	3.8	4.4	3.845	3.845	4.368	4.368	3.417	3.845
15	其他材料费	元	7801001	109.8	109.8	11.5	12.5	11.5	12.5	84.8	207.4
16	60m³/h 以内混凝土输送泵	台班	8005051	—	0.1	—	—	0.12	0.14	—	—
17	25t 以内汽车式起重机	台班	8009030	0.7	0.3	0.31	0.64	0.08	0.31	1.1	1.26
18	小型机具使用费	元	8099901	11.4	9.4	10.8	11	9	9.2	15.7	14.2

续上表

顺序号	项目	单位	代号	盖梁		系梁				耳背墙	墩梁固结现浇段
				非泵送	泵送	非泵送		泵送			
						地面以下	地面以上	地面以下	地面以上		
				1	2	3	4	5	6	7	8
19	基价	元	9999001	6 033	5 822	3 838	5 887	3 684	5 633	6 276	7 020

材料消耗定额还有两种表现形式,即材料产品定额和材料周转定额。

材料产品定额,是指一定规格的原材料,在合理的操作条件下,获得合格产品的数量。这种定额形式在公路工程定额中应用较少,这里不予以叙述。

材料周转定额,即周转性材料(如模板、支架的木料)的周转定额。产品所消耗材料中包括工程本身使用的材料和为工程服务的辅助材料,即所谓的周转性材料。周转性材料应按规定进行周转使用,其合理周转使用的次数和用量称为周转性材料的周转定额(见预算定额附三)。在现行预算定额中,周转性材料均按正常周转次数摊入定额中,具体规定详见《公路工程预算定额》(JTG/T 3832—2018)总说明书及附录。

材料消耗定额不仅是实行经济核算,保证材料合理使用的有效措施,也是确定材料需用量,编制材料计划的基础,同时也是定包或组织限额领料、考核和分析材料利用情况的依据,因此,应对材料定额的组成予以熟悉掌握。

3)机械设备定额

机械设备定额简称机械定额,一般可分为按台班数量计算的定额和以货币形式表示的定额(如小型机具使用费等)。按台班数量计算的机械设备定额又称机械台班消耗定额,它是指在正常的施工条件下,要完成单位数量合格产品所消耗的台班数量标准,或在单位时间内机械完成的产品数量。机械台班消耗定额和劳动定额一样,具有两种表现形式,即机械时间定额和机械产量定额。

机械时间定额是指在一定的操作内容及质量、安全要求的条件下,某种机械完成单位合格产品所必须消耗的工作时间。机械的工作时间也与工人的工作时间一样,包括定额时间和非定额时间,如图6-3所示,在测定机械定额的时间定额时是不能将非定额时间纳入其中的。

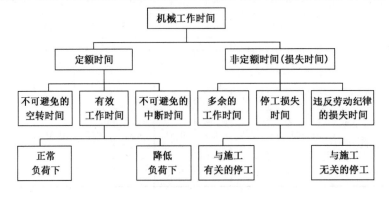

图6-3 机械工作时间的分析

机械时间定额以"台时"或"台班"为单位,一台机械工作一个小时为一台时,潜水设备每台班按6小时计算,变压器和配电设备每昼夜按一个台班计算,除此之外,各类机械每台班均按8小时计算。

机械产量定额是指在一定的操作内容及质量、安全要求的条件下,某种机械每单位作业量(如台班、台时等)所完成的合格产品的数量标准。机械时间定额和机械产量定额互为倒数。

[例6-3] 《公路工程预算定额》(JTG/T 3832—2018)的[1-1-9]表见表6-3,2.0m³以内履带式单斗挖掘机挖装硬土,产品单位为1 000m³天然密实土。

时间定额:1.47台班/1 000m³;

产量定额:1 000m³/1.47台班=680.27m³/台班。

1-1-9 挖掘机挖、装土石方　　　　　　表6-3

工程内容:挖掘机就位、开辟工作面、挖土或爆破后石方、装车、移位、清理工作面。

单位:1 000m³天然密实方

顺序号	项目	单位	代号	挖装土方 斗容量(m³)								
				0.6以内			1.0以内			2.0以内		
				松土	普通土	硬土	松土	普通土	硬土	松土	普通土	硬土
				1	2	3	4	5	6	7	8	9
1	人工	工日	1001001	2.7	3.1	3.4	2.7	3.1	3.4	2.7	3.1	3.4
2	0.6m³以内履带式单斗挖掘机	台班	8001025	2.7	3.16	3.64	—	—	—	—	—	—
3	1.0m³以内履带式单斗挖掘机	台班	8001027	—	—	—	1.7	1.98	2.26	—	—	—
4	2.0m³以内履带式单斗挖掘机	台班	8001030	—	—	—	—	—	—	1.14	1.3	1.47
5	基价	元	9999001	2 535	2 960	3 391	2 318	2 696	3 062	1 998	2 281	2 568

在公路工程概、预算编制中,按照机械台班消耗定额并根据工程数量可计算出工程所需各种机械台班数量,如上例,如果工程数量为10 000m³,由于2.0m³以内单斗挖掘机挖装硬土1 000m³,需要1.47台班,则挖装10 000m³硬土需要2.0m³以内单斗挖掘机的数量应为14.7台班。但是,要计算机械使用费,还需要使用"机械台班费用定额"。

机械台班费用定额是以机械的一个台班为单位,规定其所消耗的工时、燃料及费用等数量标准,并可折算为货币形式表现的定额。2018年,交通运输部发布了《公路工程机械台班费用定额》(JTG/T 3833—2018),用于分析计算台班单价和台班消耗实物(如人工、燃料等)的数量。自2019年5月1日起实施。

2.按定额用途分类的公路工程定额

1)施工定额

施工定额是属于施工企业内部使用的定额,体现一个企业在激烈的市场竞争中,对于完成同样产品的工程量,企业表现出来的竞争力。施工定额是在施工阶段及施工准备阶段使用的定额,一般只有施工企业内部人员使用。各个施工企业的施工定额不一定相同,为保持企业具有较强的竞争力,企业之间的施工定额应该是保密的。所以,施工企业内部要不断进行深化改革和技术进步,以提高自身定额水平,不断增强投标报价的竞争力。

施工定额是规定建筑安装工人或小组在正常施工条件下,完成单位合格产品的劳动力、材料和机械消耗的数量标准,是施工企业组织生产、编制施工阶段施工组织设计和施工作业计划、签发工程任务单和限额领料单、考核工效、评奖、计算劳动报酬、加强企业成本管理和经济核算、编制施工预算的依据,也是编制预算定额和补充定额的基础。它表现为时间定额和产量定额两种形式。在定额中采用的产品单位一般比较细,其中时间一般以工日或工时计,产品以最小单位(m、m^2、m^3等)计,则定额子目多、细目划分复杂。

2)预算定额

预算定额的性质是属于计价定额的性质。体现一个工程项目在正常条件下,用货币形式描述的一定时期的工程造价。预算定额的定额水平是社会平均水平,它具有广泛的社会性,但它比施工定额水平低。预算定额可确定一个工程的造价,是施工单位、建设单位、银行,以及监理单位都十分关心的编制依据。

预算定额是在施工定额的基础上经综合扩大通过一定的计算方法编制的。它是按分项工程和结构构件的要求,以一定产品单位来规定劳动力、材料和机械的消耗数量。预算定额采用的产品单位比施工定额大,如时间以工日、台班计,产品单位以$10m$、$1000m^2$、$10m^3$等计,主要是为了满足编制施工图预算的要求。它是编制施工图预算的基本依据;是确定和控制基本建设投资额,对结构的设计方案进行技术经济比较,对新结构、新材料进行技术经济分析的依据;是编制施工组织计划、确定劳动力、材料和机械需要量的依据;是工程结算、施工企业进行经济核算和经济活动分析的依据;也是编制概算定额和概算扩大定额的基础。

3)概算定额

概算定额在性质上与预算定额是相同的。在基本建设程序中,概算文件是国家对工程项目造价进行宏观控制,国民经济部门对资金流向进行控制的主要依据。所以概算定额与预算定额同样重要,只是偏重面及编制的阶段不同。

概算定额是在预算定额的基础上加以综合而成的,因而产品常使用更大的单位来表示,如:小桥涵以1座来表示。概算定额的定额水平比预算定额的定额水平低,概算定额是编制设计概算、修正概算的主要依据;是进行设计方案和施工方案的经济比较和选择的重要依据;是主要材料申请计划的计算基础,也是编制估算指标的基础。

4)公路工程估算指标

估算指标是编制项目建议书和可行性研究报告中投资估算的依据,也可作为技术方案比较的参考。投资估算是合理确定和有效控制工程造价的经济文件,随着国家对工程项目可行性研究的重视,估算指标也更加体现出它的重要性。

估算指标是根据交通运输部对公路建设项目建议书和可行性研究报告的深度要求,以公路工程行业标准、规范的规定以及近年来公路建设项目的设计和竣工资料为依据而制定的。

估算指标是以人工、材料和机械台班消耗量为表现形式的指标,与概算定额比较接近。

第二节 公路工程施工定额

一、施工定额概述

施工定额是建筑安装工人合理的劳动组织或工人小组在正常施工条件下,为完成单位合格产品所需劳动、机械、材料消耗的数量标准。它是根据专业施工的作业对象和工艺制定的。施工定额应反映企业的施工水平、装备水平和管理水平,作为考核建筑安装企业劳动生产率水平、管理水平的标尺和确定工程成本、投标报价的依据,也是编制预算定额的基础。

1. 施工定额的性质

施工定额是建筑安装企业内部管理的定额,定额水平是平均先进的,属于企业定额的性质,正确认识施工定额的这一性质,把施工定额和其他定额从性质上区别开来是非常必要的。

施工定额是企业加强管理、提高企业素质、降低劳动消耗、控制成本开支、提高劳动生产率和企业经济效益的有效手段,加强施工定额管理就成为企业的内在要求和必然的发展趋势,而不是国家、部门、地区从外部强加给企业的压力和约束。

施工定额要求明确地赋予企业以施工定额的管理权限,其中包括编制和发布施工定额的权限。企业应该能够根据本企业的具体条件和可能挖掘的潜力、市场的需求和竞争环境,根据国家有关政策、法律和规范、制度,自己编制定额,自行决定定额的水平,允许同类企业和同一地区的企业之间存在施工定额水平的差距,允许企业将施工定额的水平作为商业秘密对外保密,这样在市场上才能具有竞争力。

2. 施工定额的作用

1) 施工定额是企业计划管理的依据

施工组织设计和施工作业计划是企业计划管理中不可缺少的环节,施工定额则是企业编制施工组织设计与施工作业计划的依据。

施工组织设计是指导拟建工程进行施工准备和施工生产的技术经济文件,其基本任务是根据招标文件及合同协议的规定,确定出经济合理的施工方案,在人力和物力、时间和空间、技术和组织上对拟建工程做出最佳的安排。施工作业计划则是根据企业的施工计划、拟建工程施工组织设计和现场实际情况编制的,它是一个以实现企业施工计划为目的的施工队、组的具体执行计划。它综合体现了企业生产计划、施工进度计划和现场实际情况的要求,是组织和指挥生产的技术文件,也是施工队、组进行施工的依据,这些计划的编制必须依据施工定额。

2) 施工定额是组织和指挥施工生产的有效工具

企业组织和指挥施工队、组进行施工,是按照作业计划通过下达施工任务书和限额领料单来实现的。

施工任务书既是下达施工任务的技术文件,也是班组经济核算的原始凭证,它列明了应完成的施工任务,也记录着班组实际完成任务的情况,并且进行班组工人的工资结算。施工任务单上的工程计量单位、产量定额和计件单位,均需取自施工的劳动定额,工资结算也要根据劳动定额的完成情况计算。

限额领料单是施工队随任务书同时签发的领取材料的凭证。这一凭证是根据施工任务和施工的材料定额填写的。其中领料的数量,是班组为完成规定的工程任务消耗材料的最高限额,这一限额也是评价班组完成任务情况的一项重要指标。

3)施工定额是计算工人劳动报酬的依据

施工定额是衡量工人劳动数量和质量,计算劳动成果和效益的标准。所以,施工定额是计算工人计件工资的基础,也是计算奖励工资的依据。这样才能做到如果完成定额好,工资报酬就会增加;达不到定额,工资报酬就会减小。把工人劳动成果与个人生活资料分配的多寡直接联系,真正实现多劳多得、按劳分配的社会主义分配原则。这对于打破企业内部分配方面的"大锅饭"是很有现实意义的。

4)施工定额是企业激励工人的条件

激励政策对企业的发展极其重要。行为科学研究表明,如果职工受到充分的激励,其能力可发挥 80%~90%,如果缺少激励,仅仅能够发挥出 20%~30% 的能力。但激励只有在满足人们某种需要的情形下才起作用。施工定额可以对生活需要、自尊需要和自我实现需要起到直接激励作用。完成和超额完成定额,不仅能获取更多的工资报酬以满足生活需要,而且也能满足他人(社会)认同,从而实现自我价值。

5)施工定额有利于推广先进技术

施工定额水平中包含着某些已成熟的、先进的施工技术和经验,工人要达到或超过定额,就必须掌握和运用这些先进技术;如果工人要想大幅度超过定额,就必须创造性地劳动。第一,在自己的工作中注意改进工具和改进技术操作方法,注意原材料的节约,避免原材料和能源的浪费。第二,施工定额中往往明确要求采用某些较先进的施工工具和施工方法,所以贯彻施工定额也就意味着推广先进技术。第三,企业或主管部门为了推行施工定额,往往要组织技术培训,以帮助工人能够达到或超过定额。技术培训和技术表演等方式也都可以大大普及先进技术和先进操作方法。

6)施工定额是编制施工预算、加强企业成本管理和经济核算的基础

施工预算是施工单位用以确定单位工程上人工、机械、材料和资金需要量的计划文件。施工预算以施工定额为编制基础,既要反映设计图纸的要求,也要考虑在现有条件下可能采取的节约人工、材料和降低成本的各项具体措施。这就能够更加合理地组织施工生产,有效地控制施工中人力、物力消耗,节约成本开支。

施工中人工、机械和材料的费用,是构成工程成本中直接费用的主要内容,对间接费用的开支也有着很大的影响。严格执行施工定额不仅可以起到控制成本、降低费用开支的作用,同时为企业贯彻经济核算制、加强班组核算和增加盈利,创造了良好的条件。

7)施工定额是编制工程建设定额体系的基础

施工定额和生产结合最紧密,它直接反映生产技术水平和管理水平,而其他各类定额则是在较高的层次上、较大的跨度上反映社会生产力水平。

3. 公路工程施工定额的内容

现行的《公路工程施工定额》是交通运输部于 2009 年发布施行的。它的内容包括:总说

明,准备工作,路基工程,路面工程,隧道工程,基础工程,打桩工程,灌注桩造孔工程,砌筑工程,模板、架子及木作工程,钢筋及钢丝束工程,混凝土及钢筋混凝土工程,预制构件运输工程,安装工程,钢结构工程,杂项工程,临时工程,备料,材料运输及附录等。在应用时,可根据各地区、各部门的实际生产力水平的高低进行调整,不强求统一。

二、公路工程施工定额的应用

[例6-4] 试计算预制混凝土护筒木模板的综合时间定额和综合产量定额。

解:《公路工程施工定额》的[217-9-1(二)-34]表见表6-4。

每1m^2各个工序的时间定额为:

制作 1.12 工日;

安装 0.108 工日;

拆除 0.046 工日;

则预制混凝土护筒木模板的综合时间定额为:1.12 + 0.108 + 0.046 = 1.274(工日/m^2);

预制混凝土护筒木模板的综合产量定额为:1/1.274 = 0.785(m^2/工日)。

217-9-1(二)-34 木模板　　　　　　　　　　　　　　　表6-4

工作内容　制作:选配料、画线、下料、刨光、拼钉、制成品分类堆放,机具小修及50m内料具取放。
　　　　　安装:立模板、支撑、拼钉木带、拉杆、上螺栓、铁件、吊正找平、垫楞、搭拆简单架子及50m内料具取放。
　　　　　拆除:拆除支撑、侧板、螺栓、铁件、搭拆简单架子、清理模板,将模板、材料分类堆放在50m内指定地点。

(二)预制混凝土模板

每1m^2的劳动定额

项目	基础、下部结构						上部结构		序号
	薄壁浮运沉井	支撑梁	方柱、方桩	墩台管节	护筒	锚碇	矩形板、连续板	微弯板	
制作	$\frac{0.7}{1.429}$	$\frac{0.455}{2.198}$	$\frac{0.42}{2.381}$	$\frac{1.26}{0.794}$	$\boxed{\frac{1.12}{0.893}}$	$\frac{0.242}{4.132}$	$\frac{0.29}{3.448}$	$\frac{0.77}{1.299}$	一
安装	$\frac{0.319}{3.135}$	$\frac{0.158}{6.329}$	$\frac{0.084}{11.905}$	$\frac{0.097}{10.309}$	$\boxed{\frac{0.108}{9.259}}$	$\frac{0.05}{20}$	$\frac{0.105}{9.524}$	$\frac{0.098}{10.204}$	二
拆除	$\frac{0.136}{7.353}$	$\frac{0.067}{14.925}$	$\frac{0.036}{27.778}$	$\frac{0.041}{24.39}$	$\boxed{\frac{0.046}{21.739}}$	$\frac{0.02}{50}$	$\frac{0.045}{22.222}$	$\frac{0.042}{23.81}$	三
编号	30	31	32	33	34	35	36	37	

第三节 公路工程预算定额

一、预算定额概述

1. 预算定额的概念

预算定额是用于确定一定计量单位的分项工程或结构构件的人工、材料和机械台班消耗量的数量标准。预算定额是在施工定额的基础上,按照国家的方针、政策编制的,经过国家或授权机关批准的、具有权威性质的一种指标性文件。

预算定额的性质属于计价定额的性质,定额水平是先进合理的,它体现一个工程细目在正常条件下,用货币形式描述一定时期生产力的发展水平,它具有广泛的社会性。工程造价的确定是以预算定额为编制依据的。

2. 预算定额的作用

(1)预算定额是编制施工图预算,确定和控制项目建筑安装工程造价的基础

施工图预算是施工图设计文件之一,是控制和确定建筑安装工程造价的必要手段。预算定额是确定一定计量单位分项工程人工、材料、机械的消耗量的依据,也是计算分项工程单价的基础。所以,预算定额对建筑安装工程直接费影响甚大。

(2)预算定额是对设计方案进行技术经济比较和技术经济分析的依据。设计方案在设计工作中居于中心地位。根据预算定额对方案进行技术经济分析和比较,是选择经济合理设计方案的重要方法。对设计方案进行比较,主要是通过定额对不同方案所需人工、材料和机械台班消耗量、材料质量、材料资源等进行比较。这种比较可以判明不同方案对工程造价的影响。

(3)预算定额是编制施工组织设计的依据。在公路工程设计各个阶段,必须编制相应的施工组织设计文件。根据预算定额确定的劳动力、建筑材料、成品、半成品和施工机械台班的需用量,为组织材料供应和预制构件加工、平衡劳动力和施工机械提供了可靠依据。

(4)预算定额是投标报价的重要参考。目前在公路建设项目中,一般都实行招投标制度。施工单位的投标报价应采用自己的企业定额,也可以预算定额作为投标报价的参考。

(5)预算定额是编制概算定额和估算指标的基础。概算定额和估算指标就是在预算定额基础上经综合扩大编制而成的。

3. 预算定额的组成内容

2018年12月17日,交通运输部发布了《公路工程预算定额》(JTG/T 3832—2018),为公路工程行业推荐性标准,自2019年5月1日起施行。其内容主要由总说明、各种工程的章说明、节说明、定额表及附录几部分组成。

1)定额的总说明

总说明主要阐述了定额的编制原则、指导思想、编制依据、适用范围以及定额的作用。同时说明了编制定额时已经考虑和没有考虑的因素,使用方法及有关规定等。因此,要想正确而又熟练地运用定额,必须先透彻地理解总说明,并且争取全面记住这些说明。

2)章、节说明

《公路工程预算定额》(JTG/T 3832—2018)包括路基工程、路面工程、隧道工程、桥涵工程、交通工程及沿线设施、绿化及环境保护工程、临时工程、材料采集及加工、材料运输等九章及附录。根据工程项目特点及性质的不同,又将第一章的路基工程和第三章的隧道工程分为四节,第二章的路面工程分为三节,第四章的桥涵工程分为十一节,第五章的交通工程及沿线设施分为七节,第六章的绿化及环境保护工程分为两节。附录包括路面材料计算基础数据、基本定额、材料的周转及摊销以及定额人工、材料、设备单价表等四部分内容。基本定额又包括砂浆及混凝土材料消耗等三个内容,材料的周转及摊销包括临时轨道铺设材料摊销次数等七个内容。除了附录外,各章节前面均附有说明,章节说明是本章节工程项目的统一规定、综合内容、允许抽换的规定及工程量计算的规则。因此,为了正确地运用定额,要求概预算专业人员和技术人员在使用每章节的定额之前,必须先耐心地、反复地、全面地理解和牢记各章、节说明。

3)定额表

定额表是各种定额的最基本的组成部分,是定额指标数量的具体表示,一般由定额表名称、定额表号、工程内容、工程项目计量单位、顺序号、项目、项目单位、代号、工程细目、栏号、定额值、基价和小注组成,见表6-5。

1-1-14 开炸石方 表6-5

工程内容 人工开炸:1)选炮位,打眼,清眼;2)装药,填塞;3)安全警戒;4)引爆及检查结果;5)排险;6)撬落、撬移、解小。

机械开炸:1)开工作面,收放皮管,换钻头钻杆;2)选炮位,钻眼,清眼;3)装药,填塞;4)安全警戒;5)引爆及检查结果;6)排险;7)撬落、撬移、解小。

单位:1000m^3天然密实方

顺序号	项目	单位	代号	人工打眼			机械打眼		
				软石	次坚石	坚石	软石	次坚石	坚石
				1	2	3	4	5	6
1	人工	工日	1001001	143.3	202.9	297.0	33.5	51.3	77
2	钢钎	kg	2009002	18.0	36.0	45.0	—	—	—
3	空心钢钎	kg	2009003	—	—	—	9	18	27
4	50mm以内合金钻头	个	2009004	—	—	—	17	25	32
5	煤	t	3005001	0.171	0.207	0.27	—	—	—
6	硝铵炸药	kg	5005002	132.5	180.0	228.3	129	179	228.3
7	非电毫秒雷管	个	5005008	152.0	196.0	320.0	148	195	320
8	导爆索	m	5005009	81	104.0	126	79	103	126
9	其他材料费	元	7801001	12.1	17.7	22.2	17.6	25.6	33.1
10	9m^3/min以内机动空压机	台班	8017049	—	—	—	4.59	7.1	11.88
11	小型机具使用费	元	8099001	—	—	—	239.8	434	728.8
12	基价	元	9999001	17 684	24 913	36 026	9 896	14 907	22 695

注:本章定额仅包括爆破石方,如需清运,可按相关运输定额计算。

(1)定额表名称。位于定额表的最上端,是某项工程的项目名。如表6-5定额表名称为

"开炸石方"。

（2）定额表号。位于定额表名称之前，是定额表在定额中的排列编号。如表 6-1 的定额表号为"1-1-14"，表示第一章路基工程的第一节路基土、石方工程的第 14 表。

（3）工程内容。主要说明本定额表所包括的操作内容。查定额时，必须将实际发生的项目操作内容与表中内容进行比较，若不一致，应进行抽换或采取其他调整措施。

（4）工程项目计量单位。位于表的右上方，即定额概念所指的"单位合格产品"的数量标准。如表 6-5 工程项目计量单位为"1000m^3 天然密实方"。

（5）顺序号。表示工、料、机及费用的顺序号，起简化说明的作用。

（6）项目。即本定额表的工程所需用人工、材料、机具、费用的名称和规格。项目中的其他材料费是指项目中未列出，但实际使用的那部分材料的费用。其他定额表项目中的小型机具使用费是指未列入机械台班费用定额，但实际使用的小型机具的费用。

（7）项目单位。它是与工程计量单位不同的概念，是指项目对应的单位。

（8）代号。当采用电算方法来编制造价文件时，可引用表中代号作为对工、料、机名称的识别符号。每个定额表中工、料、机均按代号由小到大进行排列。各种工、料、机所对应的代号详见预算定额附录四。

（9）工程细目。表示本定额表所包括的工程项目。如表 6-5 共包括人工打眼开炸软石、人工打眼开炸次坚石、人工打眼开炸坚石、机械打眼开炸软石、机械打眼开炸次坚石、机械打眼开炸坚石目六个工程细目。

（10）栏号。指工程细目编号见表 6-5。定额中"人工打眼开炸软石"栏号为 1，"机械打眼开炸软石"栏号为 4。

（11）定额值。即定额表中各种资源的消耗量数量。预算定额表中部分定额值是带有括号的，括号内的数值一般是指所需半成品的数量（定额值），基价未包含此费用。

（12）基价。亦称定额基价或定额表基价，它是指该工程细目以规定的工料机基价计算人工费、材料费、机械使用费的合计价值。基价中的人工费、材料费基本上是按北京市 2018 人工、材料预算价格计算的（详见预算定额附录四），机械使用费是按 2018 交通运输部公布的《公路工程机械台班费用定额》（JTG/T 3833—2018）计算的。

（13）注。有些定额表列有"注"，位于定额表的下方。使用定额时，必须仔细阅读小注，以免发生错误。

4）附录

附录包括路面材料计算基础数据、基本定额、材料周转及摊销，以及定额人工、材料、设备单价表四部分内容。附录是编制定额的基本数据，也是定额抽换和编制补充定额的依据。

二、公路工程预算定额的应用

1. 定额编号

定额编号是概预算定额中每一工程细目的唯一编号。在编制概预算文件时，计算表格中均要列出所选用定额的编号，其目的一方面是便于快捷查找，核对所选用定额的准确性；另一方面是便于计算机识别和运算。定额编号的编写方法主要有以下三种。

（1）[页-表-栏]式。[页-表-栏]式的特点是容易查找，复核、检查方便，不易出错，但书写比较麻烦。定额编号采用数字加分隔符，即各层之间以"－"隔开。例如预算定额中定额编号

[24-1-1-14-1]（见表6-5），就是指第24页第1章第1节第14表第1栏，即人工打眼开炸软石。

（2）[表-栏]式。这种编号方法是舍去页码数，只用"表–栏"表示。[表–栏]式虽书写简单，但查找不便。如上例，其定额编号为[1-1-14-1]。

（3）数码式。通常采用计算机软件编制概预算文件，预算定额编号是用8位数码编制的，如图6-4所示。如预算定额[1-1-14-1]，数码式则为10114001。

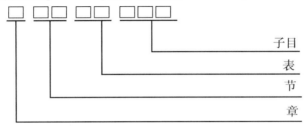

图6-4 预算定额编码组成结构图

第1位（"章"标识符）——用1位字符"1～9"表示。
第2、3位（"节"标识符）——用2位数字"01～99"表示。
第4、5位（"表"顺序号）——用2位数字"01～99"表示。
第6、7、8位（"子目"顺序号或栏号）——用3位数字"001～999"表示。

概算定额是用7位数码表示，即章占1位，节占1位，表占2位，子目占3位。例如：概算定额130页第1栏的定额，即[130–2–1–1–1]，当用数码式表示时为2101001。

2. 定额单位与工程数量

工程量的正确与否直接影响概预算造价，如何正确地摘取工程量是造价人员必须注意的一个重要环节。由于设计习惯、规范要求或设计者对概预算不了解，在设计图纸上或工程量清单中统计的工程量其单位和内容往往与所用定额的单位和流程并不完全一致，这就需要造价人员根据定额的需要进行分解、换算或调整，以达到使计算造价与实际造价相符的目的。

1）工程计量单位的换算及调整

概预算编制中，要注意把设计图纸的工程量单位进行换算或调整，使之与定额单位一致。如土石方在工程数量表上单位为$1m^3$，而土石方的定额单位均为$1000m^3$；砌体与混凝土工程在工程数量表上单位为$1m^3$，而定额单位均为$10m^3$，计算时要把工程量换算成定额单位，以保持一致。除此之外，还应特别注意以下几个比较容易疏忽的问题。

（1）体积与面积单位调整。计算中应特别留神面积与体积的单位不一致，这一点很容易被紧张的工作节奏和粗心的编制人员所疏忽，在预算定额中有很多这样的情况。

如沥青混合料路面，定额单位为$1000m^3$路面实体，设计图纸一般以千平方米为单位列出。要换算成统一的体积单位，应把设计图纸上的路面平方数乘以其厚度，从而求得体积。

（2）体积与个数的调整。在编制概预算文件时，如果遇到个数与体积的不一致，其换算不是简单的数学计算，必须与厂商、政府管理部门取得联系，获取基础资料。

如支座与伸缩缝，设计者一般提供各种型号及对应的个数（包括固定支座、滑动式支座），而定额单位所需的却为t或dm^3，必须找到有关生产厂家及型号，如标准图纸和基本数据等，才能换算出定额单位所需的 t 或 dm^3。伸缩缝的单位有多种,设计者一般提供桥梁宽度数据(即伸缩缝长度),但如毛勒伸缩缝及沥青麻絮伸缩缝定额单位则是 t 或 m^2。还有些伸缩缝的补充定额的单位是 m^3,如 NST 伸缩缝等。

定额的单位与设计工程量单位不一致的情况有很多,如在桥梁工程中,锚具、钢护筒、金属设备等工程数量的计算就应该注意换算,并且注意收集有关的基础数据。

(3)千克与吨的调整。这个问题看似很简单,实际应用时,很多造价人员稍不注意,就会发生错误。

最常见的是钢筋。钢筋在设计图纸上一般以 kg 为单位列出,而定额单位均为 t,应用时要注意把 kg 换算为 t。

2)工程数量的分解及自定

不是每一个工程项目所牵涉的定额都能在设计图上反映出来,换句话说,一个完整项目的造价计算除包括施工图纸上的工程数量外,还包括与施工方案、施工组织措施相关的其他内容所涉及的工程量。有时,虽然定额在设计上反映了,但是由于设计习惯、设计图纸的篇幅、设计图纸标准所限,反映得较为隐蔽,个别工程数量甚至包括了多个定额。这就需要造价人员在编制概预算时,应根据施工工艺流程对工程量加以分解和自定后采用。

(1)路基土石方数量的分解

"路基每公里土石方数量表"(表6-6)和"路基每公里土石方运量统计表"(表6-7)是路基土石方计算和调配的最终成果。虽然全国各地及各设计部门根据需要和习惯设计了一些不同的表格,但大同小异。以下以工程实例说明路基土石方数量分解的方法及应注意的事项。

> **[例 6-5]** 某二级公路工程经过土石方计算、调配和统计,得到的工程数量表见表 6-12 和表 6-13,试确定该土石方工程造价所需的预算定额。
> **解:** 要正确地分解表中的土石方工程量,首先应了解土石方的施工过程,它是由挖、装、运、填、压等几个步骤来完成的。其次了解各种施工机械的施工特点和性能,如推土机和铲运机均可同时进行挖、装、运几个施工步骤,而挖掘机只能用于挖和装车施工,不能运输,装载机只能用于装车,它不能作为挖方机械使用。同时,通过研究和分析预算定额,不难发现机动翻斗车是无法找到相应的定额计算机械装车费用的,只能套用人工装车计算其费用(详见《预算定额》表 1-1-8 的标注)。

通过以上的分析,要计算表 6-6 和表 6-7 中的土石方工程造价,所需的预算定额及其相应的工程数量如下。

推土机推运普通土第一个 20m:153 354m^3(定额 1-1-12-14),见表 6-8。

推土机推运土方每增 10m:225 941m^3(定额 1-1-12-16);

铲运机铲运普通土第一个 100m:64 531m^3(定额 1-1-13-10),见表 6-9。

铲运机铲运土方每增 50m:108 893m^3(定额 1-1-13-12);

挖掘机挖装普通土:1 782m^3(定额 1-1-9-8),见表 6-3。

自卸汽车运土方第 1km:1 782m^3(挖掘机挖装数量,定额 1-1-11-7),见表 6-10。

路基每公里土石方数量表

表 6-6 第 1 页 共 1 页

序号	起讫桩号	总量	挖方数量(m³) 土方 普通土	挖方数量(m³) 土方 硬土	挖方数量(m³) 石方 软石	挖方数量(m³) 石方 次坚石	挖方数量(m³) 石方 坚石	填方总数量(m³) 总数量	填方总数量(m³) 土	填方总数量(m³) 石	利用方(m³) 土	利用方(m³) 石	借方(m³) 土	借方(m³) 石	弃方(m³) 土	弃方(m³) 石	计价方(m³) 土	计价方(m³) 石
1	K0+000~K1+000	14 140	9 031	—	5 109	—	—	16 469	10 139	6 330	10 139	6 330	—	—	—	471	9 031	5 109
2	K1+000~K2+000	15 003	9 540	—	5 463	—	—	6 179	5 228	951	5 228	951	—	—	3 204	2 820	9 540	5 463
3	K2+000~K3+000	23 434	10 142	—	13 292	—	—	1 307	1 040	267	1 040	267	—	—	9 015	13 025	10 142	13 292
4	K3+000~K4+000	10 185	10 185	—	—	—	—	11 705	11 705	—	11 705	—	—	—	336	—	10 185	—
5	K4+000~K5+000	13 233	13 233	—	—	—	—	5 866	5 866	—	5 866	—	—	—	5 598	—	13 233	—
6	K5+000~K6+000	30 892	11 532	—	19 360	—	—	12 242	5 573	6 669	5 573	6 669	—	—	1 575	11 686	11 532	19 360
7	K6+000~K7+000	41 303	28 433	—	12 870	—	—	31 729	23 382	8 347	23 382	8 347	—	—	9 435	5 528	28 433	12 870
8	K7+000~K8+000	69 017	48 311	—	20 706	—	—	75 590	54 446	21 144	54 446	21 144	—	—	2 945	2 878	48 311	20 706
9	K8+000~K9+000	61 778	43 240	—	18 538	—	—	21 501	15 965	5 536	15 965	5 536	—	—	18 195	9 686	43 240	18 538
10	K9+000~K10+000	44 331	31 027	—	13 304	—	—	25 512	18 339	7 173	18 339	7 173	—	—	14 529	6 582	31 027	13 304
11	K10+000~K10+100	7 134	4 993	—	2 141	—	—	—	—	—	—	—	—	—	3 152	1 690	4 993	2 141
本页小计		330 450	219 667	—	110 783	—	—	208 100	151 683	56 417	151 683	56 417	—	—	67 984	54 366	219 667	110 783
合计		330 450	219 667	—	110 783	—	—	208 100	151 683	56 417	151 683	56 417	—	—	67 984	54 366	219 667	110 783

编制： 复核：

路基每公里土石方运量统计表

第 1 页 共 1 页　　　表 6-7

序号	起讫桩号	计价方分类												总运量 (m³)									路基压实 (m³)
		推土机推土 (m³)		铲运机铲土 (m³)		人工开炸石方 (m³)		机械钻眼炸石方 (m³)		挖掘机挖装土方 (m³)	装载机装土石方 (m³)		推土机每增10m			铲运机每增50m	机动翻斗车每增100m		汽车运土石每增500m		
		普通土	硬土	普通土	硬土	软石	坚石	软石	坚石	普通土	软石	坚石	土	软石	坚石	土	土	石	土	石	
1	K0+000～K1+000	1 745	—	7 286	—	3 196	—	1 913	—	—	—	—	—	1 680	—	25 736	—	4 798	—	—	16 367
2	K1+000～K2+000	8 000	—	1 231	—	1 944	—	3 519	—	309	421	—	10 374	—	—	1 563	—	5 850	309	842	5 902
3	K2+000～K3+000	10 142	—	—	—	—	—	13 292	—	—	—	—	261	—	—	—	—	—	—	—	1 187
4	K3+000～K4+000	4 116	—	6 069	—	—	—	—	—	—	—	—	6 786	—	—	12 401	—	—	—	—	11 414
5	K4+000～K5+000	7 658	—	4 102	—	—	—	—	—	1 473	—	—	5 711	—	—	9 342	—	—	148	—	5 401
6	K5+000～K6+000	7 148	—	4 384	—	1 005	—	18 355	—	—	—	—	5 622	6 496	—	11 721	—	—	—	—	11 980
7	K6+000～K7+000	20 863	—	7 570	—	—	—	12 870	—	—	—	—	12 936	14 701	—	1 614	—	900	—	—	31 232
8	K7+000～K8+000	40 716	—	7 595	—	3 718	—	16 988	—	—	—	—	124 305	56 862	—	5 139	—	1 059	—	—	74 332
9	K8+000～K9+000	30 316	—	12 924	—	4 539	—	13 999	—	—	—	—	49 965	20 696	—	39 536	—	6 256	—	—	21 073
10	K9+000～K10+000	19 498	—	11 529	—	4 968	—	8 336	—	—	—	—	9 981	3 690	—	—	—	—	—	—	25 257
11	K10+000～K10+100	3 152	—	1 841	—	1 171	—	970	—	—	—	—	—	—	—	1 841	—	—	—	—	0
	本页小计	153 354	—	64 531	—	20 541	—	90 242	—	1 782	421	—	225 941	104 125	—	108 893	—	18 863	457	842	204 145
	合计	153 354	—	64 531	—	20 541	—	90 242	—	1 782	421	—	225 941	104 125	—	108 893	—	18 863	457	842	204 145

编制：　　　　　　　　　　　　　　　　　复核：

1-1-12 推土机推土、石方　　　　　　　　　　　　　　　　　　　　　　　　　　　表6-8

工程内容　推土方:1)推土;2)空回;3)整理卸土。
　　　　　推石方:1)推运爆破后石方;2)空回;3)整理。

单位:1 000m³天然密实方

顺序号	项目	单位	代号	土方									
				推土机推土(kw)									
				135 以内				165 以内				240 以内			
				第一个20m			每增运10m	第一个20m			每增运10m	第一个20m			每增运10m
				松土	普通土	硬土		松土	普通土	硬土		松土	普通土	硬土	
				13	14	15	16	17	18	19	20	21	22	23	24
1	人工	工日	1001001	2.4	2.6	2.9	—	2.4	2.6	2.9	—	2.4	2.6	2.9	—
……	……	……	……	……	……	……	……	……	……	……	……	……	……	……	……
5	135kW 以内履带式推土机	台班	8001006	1.09	1.21	1.34	0.4	—	—	—	—	—	—	—	—
6	165kW 以内履带式推土机	台班	8001007	—	—	—	—	0.88	0.97	1.08	0.32	—	—	—	—
7	240kW 以内履带式推土机	台班	8001008	—	—	—	—	—	—	—	—	0.62	0.67	0.76	0.23
8	基价	元	9999001	2 000	2 213	2 453	640	1 923	2 114	2 355	606	1 715	1 854	2 098	542

1-1-13 铲运机铲运土方　　　　　　　　　　　　　　　　　　　　　　　　　　　　表6-9

工程内容:铲运土、分层铺土、空回、整理卸土。

单位:1 000m³天然密实方

顺序号	项目	单位	代号	拖式铲运机斗容(m³)											
				8 以内				10 以内				12 以内			
				第一个100m			每增运50m	第一个100m			每增运50m	第一个100m			每增运50m
				松土	普通土	硬土		松土	普通土	硬土		松土	普通土	硬土	
				1	2	3	4	5	6	7	8	9	10	11	12
1	人工	工日	1001001	2.4	2.6	2.9	—	2.4	2.6	2.9	—	2.4	2.6	2.9	—
2	75kW 以内履带式推土机	台班	8001002	0.26	0.32	0.56	—	0.2	0.24	0.42	—	0.14	0.19	0.32	—
3	8m³ 以内拖式铲运机	台班	8001022	2.16	2.66	3.31	0.48	—	—	—	—	—	—	—	—
4	10m³ 以内拖式铲运机	台班	8001023	—	—	—	—	1.65	2.03	2.53	0.35	—	—	—	—
5	12m³ 以内拖式铲运机	台班	8001024	—	—	—	—	—	—	—	—	1.22	1.6	1.95	0.27
6	基价	元	9999001	2 736	3 332	4 254	500	2 629	3 192	4 049	466	2 416	3 116	3 848	451

自卸汽车运输石方第1km:421m³(装载机装数量,定额1-1-11-21),见表6-10。
自卸汽车运输石方每增0.5km:842m³(定额1-1-11-22)。
自卸汽车运土方每增0.5km:457m³(定额1-1-11-8)。
人工开炸软石20 541m³(定额1-1-14-1),见表6-5。
机械开炸软石90 242m³(定额1-1-14-4),见表6-5。
机动翻斗车运石方第一个100m:20 541m³(人工开炸数量,定额1-1-8-2),见表6-11。
机动翻斗车运石方每增运50m:18 863m³(定额1-1-8-4)。
装载机装软石:421m³(定额1-1-10-5),见表6-12。
碾压填土路基:151 683m³(定额1-1-18-9),如表6-13所示。
碾压填石路基:56 417m³(定额1-1-18-16)。

1-1-11 自卸汽车运土、石方　　　　　　　　　　　　　　　　　　表6-10

工程内容:1)等待装、运、卸;2)空回。

单位:1 000m³ 天然密实方

顺序号	项目	单位	代号	土方				石方			
				自卸汽车装载量(t)				自卸汽车装载量(t)			
				10以内		12以内		10以内		12以内	
				第1个1km	每增运0.5km	第1个1km	每增运0.5km	第1个1km	每增运0.5km	第1个1km	每增运0.5km
				5	6	7	8	19	20	21	22
……	……	……	……	……	……	……	……	……	……	……	……
3	10t以内自卸汽车	台班	8007015	6.82	0.83	—	—	8.45	1.14	—	—
4	12t以内自卸汽车	台班	8007016	—	—	5.96	0.72	—	—	7.3	0.96
6	基价	元	9999001	5 178	630	5 015	606	6 415	865	6 143	808

1-1-8 机动翻斗车、手扶拖拉机配合人工运土、石方　　　　　　　表6-11

工程内容:等待装、卸车、运送、空回。

单位:1 000m³ 天然密实方

顺序号	项目	单位	代号	机动翻斗车					
				第一个100m		每增运50m			
						平距运距(m)			
						500以内		1 000以内	
				土方	石方	土方	石方	土方	石方
				1	2	3	4	5	6
1	1t以内机动翻斗车	台班	8007046	26.85	32.33	1.79	1.95	1.63	1.77
2	手扶拖拉机(带拖斗)	台班	8007054	—	—	—	—	—	—
3	基价	元	9999001	5 712	6 877	381	415	347	377

注:1. 本定额不包括人工挖土、开炸石方及装、卸车的工料消耗,需要时按"人工挖运土方、装运石方"定额附注的有关规定计算。

2. 本定额不适用运距超过1 000m的情况。

1-1-10 装载机装土、石方

表 6-12

工程内容:1)铲装土方或爆破后石方;2)装车;3)调位;4)清理工作面。

单位:1 000m³ 天然密实方

顺序号	项 目	单位	代号	软 石		
				装载机斗容量(m³)		
				1 以内	2 以内	3 以内
				4	5	6
1	1.0m³ 以内轮胎式装载机	台班	8001045	3.79	—	—
2	2.0m³ 以内轮胎式装载机	台班	8001047	—	2.13	—
3	3.0m³ 以内轮胎式装载机	台班	8001049	—	—	2.1
4	基价	元	9999001	2 218	2 099	1 987

1-1-18 机械碾压路基

表 6-13

工程内容 填方路基:1)机械整平土方,机械解小并摊平石方;2)拖式羊足蹍回转碾压;3)压路机前进、后退、往复碾压。

零填及挖方路基:1)机械推松、整平土方;2)压路机前进、后退、往复碾压。

Ⅰ.填方路基

单位:1 000m³ 压实方

顺序号	项 目	单位	代号	碾压土方		碾压石方	
				二级公路			
				振动压路机			
				机械自身质量(t)			
				10 以内	15 以内	10 以内	15 以内
				8	9	15	16
1	人工	工日	1001001	2.1	2.1	8	8
2	105kW 以内履带式推土机	台班	8001004	(1.2)	(1.2)	1.39	1.39
3	120kW 以内自行式平地机	台班	8001058	1.47	1.47	—	—
……	……	……	……	……	……	……	……
6	10t 以内振动压路机	台班	8001088	2.25	—	2.5	—
7	15t 以内振动压路机	台班	8001089	—	1.65	—	1.79
……	……	……	……	……	……	……	……
10	9 m³/min 以内机动空压机	台班	8017049	—	—	0.8	0.8
11	小型机具使用费	元	8099001	—	—	70.9	70.9
12	基价	元	9999001	4 004	3 750	5 396	5 067

注:1.本章定额按自行式平地机整平土方编列,当采用推土机整平土方时,可采用括号内并扣除定额中平地机的全部台班数量。

2.如需洒水,洒水费用另行计算。

(2)预制构件工程量的分解和自定

在公路工程中,构件的预制施工是常见的,如桥面板、栏杆和扶手的预制,圆管涵管节的预制,钢筋混凝土盖板涵盖板的预制等等。一般在设计图纸上只是列出需要预制和钢筋的工程量。应用时,应根据施工的工艺流程加以分解和自定。一个预制工程可分解成预制定额、混凝土拌和定额、混凝土运输定额、安装定额、构件运输定额及钢筋制作定额,预制、拌和、安装和运输的工程量一般是相等的,均为混凝土的体积,增运运距可根据构件的预制位置和安装位置间的距离来确定。

(3)路面工程量的分解和自定

设计图中路面工程量表只列出路面各层结构的面积数量,这些数量经过单位的换算后有些是可以直接采用的,如封层、二灰稳定土路拌施工等;而有些工程量则必须经过分析、分解和自定,以免造成计算结果不能正确反映施工的实际费用。如厂拌的各类混合料路面,除了拌和、摊铺、碾压的定额外,还应根据施工组织设计考虑拌和厂的位置和数量,采用相应的定额计算拌和设备的安装、拆除及混合料的运输费用。

(4)清除表土和淤泥工程量的分解和自定

路基土石方施工时,应先清除表面土、淤泥后才能进行土石方开挖与利用,进行路基填筑与碾压。完整的设计文件应该准确地反映出清除表土、淤泥的数量,表土、淤泥弃运方式与运输距离,反映出考虑松方系数后回填土的数量、取土位置、运输方式、运输距离,以及回填压实方的数量。但是,由于设计深度及要求不同,有些设计图纸上只列出清除的数量,这就要求造价人员应用这些数量时,必须加以分解,并根据弃土堆和借土坑位置,定出运输方式和运输距离。

准确计算清除表土和淤泥的工程造价,所用定额应包括表土或淤泥的挖装定额、运输定额(包括增运定额)、回填土的挖装定额、运输定额(如路基废方较多,应在土石方调配中考虑),以及回填土的碾压定额等。

工程数量采用时,要注意的问题很多,容易出现错漏的情况也很多,限于篇幅,在这里不一一列举,学生可通过多练习来提高自己运用定额的能力。

3. 定额的直接套用

如果设计要求、工作内容及确定的工程项目完全与相应定额的工程项目符合,则可直接套用定额。

[例6-6] 试确定人工抛石挤淤的预算定额。

解: (1)由预算定额目录可知抛石挤淤定额在第51页,定额表编号为[51-1-2-11]。

(2)确定人工抛石挤淤定额号为[51-1-2-11-1],见表6-14。

1-2-11 抛石挤淤 表6-14

工程内容 人工抛石:1)人工抛填片石;2)整平;3)碾压。
机械抛石:1)推土机抛填片石;2)整平;3)碾压。

单位:1 000m³ 设计抛石量

顺序号	项目	单位	代号	抛石挤淤	
				人工抛填片石	机械抛石
				1	2
1	人工	工日	1001001	155	15.1

续上表

顺序号	项目	单位	代号	抛石挤淤	
				人工抛填片石	机械抛石
				1	2
2	石渣	m³	5503012	70.45	70.45
3	片石	m³	5505005	1 100	1 100
4	165kw以内液压履带推土机	台班	8001007	—	3.4
5	15t以内单钢轮轮胎组合振动压路机	台班	8001089	0.1	0.1
6	基价	元	9999001	88 738	80 312

查得1 000m³人工抛石挤淤预算定额如下：

人工：155工日；

石渣：70.45m³；

片石：1 100.00m³；

15t以内单钢轮轮胎组合振动压路机：0.1台班；

基价：88 738元。

4. 复杂定额的套用

复杂定额是指一个定额的工程内容与设计图纸不符，可适当采用两个或两个以上的定额组合时，定额的工作内容又互相重叠，为了加以完善而需增减定额人工、材料、机械台班的消耗数量，或用另外相关的定额来补充的定额。虽然这部分定额占总定额量的比例不大，但如果采用时不予以注意，会对造价的计算产生很大的影响。

[例6-7] 用《公路工程预算定额》(JTG/T 3832—2018)确定采用人工开炸软石联合机动翻斗车运输150m的人工、机械消耗量。

解： 工程内容包括：人工开炸石方，装车，翻斗车运石方。定额单位：1 000m³

机械化施工是当前公路工程施工的特点，定额的选用也应充分考虑这一特点。预算定额没有机动翻斗车的机械装车定额，所以无论实际施工如何进行，计算时采用人工装车。

查阅表[1-1-14]（见表6-5）、表[1-1-8]（见表6-9）及表[1-1-6]（见表6-15）的工作内容及附注。

人工：143.3（人工开炸）+（167.6－52）（人工装车）=258.9（工日）

翻斗车：32.33+1.95=34.28（台班）

1-1-6 人工挖运土方、装运石方　　　　　　　　　　　　　　　　　表6-15

工程内容　人工挖运土方:1)挖松;2)装土;3)运送;4)卸除;5)空回。
　　　　　人工装运运土方:1)装石方;2)运送;3)卸除;4)空回。

单位:1 000m³天然密实方

顺序号	项目	单位	代号	挖运土方				装运石方			
				第一个20m			手推车运土每增运10m	第一个20m			手推车运石每增运10m
				松土	普通土	硬土		软石	次坚石	坚石	
				1	2	3	4	5	6	7	8
1	人工	工日	1001001	113.7	145.5	174.6	5.9	167.6	192.8	221.7	7.7
2	基价	元	9999001	12 084	15 464	18 556	627	17 813	20 491	23 562	818

注:当采用人工挖、装土方,机动翻斗车运输时,其挖、装所需的人工按第一个20m挖运定额减去30.0工日计算;当采用人工装石方,机动翻斗车运输时,其装石所需的人工按第一个20m挖运定额减去52.0工日计算。

[**例6-8**]　试确定20cm厚级配碎石面层的预算定额。

解:(1)由预算定额目录可知,该定额在第224页,由定额第224页和第225页内容可知,级配碎石路面有三种施工方法,即拖拉机带铧犁拌和人工摊铺、拖拉机带铧犁拌和机械摊铺及平地机拌和机械摊铺。施工方法的选择应综合考虑公路等级、工程质量的要求以及工程所在地的施工水平、常用施工方法来确定。这里选用平地机拌和机械摊铺集料的施工方法。由于层厚为20cm,所以定额编号应为[2-2-2-14 + 17 × 12],见表6-16。

2-2-2 级配碎石路面　　　　　　　　　　　　　　　　　　　　　表6-16

工程内容:1)清扫整理下承层;2)铺料、洒水、拌和;3)整形、碾压、找补。

单位:1 000m³

顺序号	项　　目	单位	代号	机械摊铺集料					
				平地机拌和					
				压实厚度8cm			每增加1cm		
				面层	基层	底基层	面层	基层	底基层
				13	14	15	16	17	18
1	人工	工日	1001001	1.9	1.8	1.7	0.2	0.1	0.1
2	黏土	m³	5501003	14.66	—	—	1.83	—	—
3	碎石	m³	5505016	122.63	122.66	122.84	15.31	15.34	15.35
4	设备摊销费	元	7901001						
5	120kW以内自行式平地机	台班	8001058	0.57	0.5	0.5	—	—	—
6	75kW以内履带式拖拉机	台班	8001066						
7	12～15t 光轮压路机	台班	8001081	0.12	0.12	0.12			
8	18～21t 光轮压路机	台班	8001083	0.91	0.8	0.68			
9	10 000L 以内洒水汽车	台班	8007043	0.08	0.08	0.08	0.01	0.01	0.01
10	基价	元	9999001	11 181	10 836	10 749	1 215	1 183	1 184

依据预算定额第二章第二节说明第1条(泥结碎石、级配碎石、级配砾石、天然砂砾、粒料改善土壤路面面层的压实厚度在15cm以内,拖拉机、平地机和压路机的台班消耗按定额数量计算,如超过上述压实厚度进行分层拌和、碾压时,拖拉机、平地机和压路机的台班消耗按定额数量加倍计算,每1 000m²增加1.5个工日),可知该项内容的人工定额每1 000 m³增加1.5个工日,平地机、压路机台班数量加倍。

(2)由定额表[2-2-2-13+16×12]查得1 000m²的20cm厚级配碎石面层的定额确定如下:

人工:$1.9+0.2\times12+1.5=5.8$(工日);
黏土:$14.66+1.83\times12=36.62$(m³);
碎石:$122.63+15.31\times12=306.35$(m³);
120kW以内自行式平地机:$0.57\times2=1.14$(台班);
12~15t光轮压路机:$0.12\times2=0.24$(台班);
18~21t光轮压路机:$0.91\times2=1.82$(台班);
6 000L以内洒水汽车:$0.08+0.01\times12=0.2$(台班)。

(3)基价计算。查定额附录四"定额人工、材料、设备单价表"得人工基价:106.28元/工日,查《公路工程机械台班费用定额》(JTG/T 3833—2018)得机械台班基价:120kW以内自行式平地机1 188.74元/台班,12~15t光轮压路机587.09元/台班,18~21t光轮压路机752.93元/台班。

基价:$11\ 181+1\ 215\times12+1.5\times106.28+0.57\times1\ 188.74+0.12\times587.09+0.91\times752.93=27\ 354$(元)

[**例6-9**] 确定人工开挖普通土,手推车运40m的预算定额,重载运输升7%的坡。

解:定额号为[1-1-6-(2+4)],见表6-17。

1-1-6 人工挖运土方、装运石方 表6-17

工程内容:1)挖松;2)装土;3)运送;4)卸除;5)空回。

单位:1 000m³天然密实方

顺序号	项目	单位	代号	挖 运 土 方			
				第一个20m			手推车每增运10m
				松土	普通土	硬土	
				1	2	3	4
1	人工	工日	1001001	113.7	145.5	174.6	5.9
2	基价	元	9999001	12 084	15 464	18 559	627

注:如遇升降坡时,除按水平距离计算运距时,并按下表增加运距。

项目	升降坡度	高 度 差	
		每升高1m	每降低1m
手推车	0%~5%	不增加	不增加
	6%~10%	15m	5m
	10%以上	25m	8m

根据注：坡度 7% 时，每升高 1m，运距要增加 15m，则运距为 $40 + 40 \times 7\% \times 15 = 82$m；工日为 $145.5 + [(82 - 20) \div 10] \times 5.9 = 182.1$（工日）；基价为 $12\,084 + [(82 - 20) \div 10] \times 627 = 15\,971$（元）

[例 6-10] 某桥的编织袋围堰工程，装袋土的运距为 220m，围堰高 2.2m，确定该工程的预算定额。

解：由《预算定额》第四章第二节说明 2 可知（草土、塑料编织袋、竹笼、木笼铁丝围堰定额中已包括 50m 以内人工挖运土方的工日数量，定额括号内所列"土"的数量不计价，仅限于取土运距超过 50m 时，按人工挖运土方的增运定额，增加运输用工），当运距大于 50m 时，应按"人工挖运土方"的增运定额，增加运输用工。

定额表 [4-2-2-6]，见表 6-18，和表 [1-1-6-4]，见表 6-17。

4-2-2 编织袋围堰　　　　　　　　　　　　　　　　表 6-18

工程内容：1）人工挖运土；2）装袋、缝口、运输、堆筑；3）中间填土夯实；4）拆除清理。

单位：10m 围堰

顺序号	项目	单位	代号	围堰高度(m)						
				1.0	1.2	1.5	1.8	2.0	2.2	2.5
				1	2	3	4	5	6	7
1	人工	工日	1001001	5.9	7.8	11.8	16.5	21.4	26	34.7
2	塑料编织袋	个	5001052	260	358	543	741	950	1 139	1 498
3	土	m³	5501002	(17.16)	(22.71)	(33.54)	(45.3)	(57.2)	(68.41)	(88.4)
4	基价	元	9999001	1 004	1 348	2 041	2 828	3 652	4 415	5 860

人工：$26 + 5.9 \times [(220 - 50) \div 10] \times (68.41 \div 1\,000) = 32.9$（工日）

塑料编织袋：1 139 个；

土：68.41 m³；

基价：$4\,415 + 627 \times [(220 - 50) \div 10] \times (68.41 \div 1\,000) = 5\,144$（元）。

5. 定额的调整换算

由于定额一般是按正常合理的施工组织和正常的施工条件编制的，定额中所采用的施工方法和工程质量标准，主要是根据国家现行公路工程施工技术及验收规范、质量评定标准及安全操作规程取定的。因此，使用时不得因具体工程的施工组织、操作方法和材料消耗与定额的规定不同而变更定额。以下是几种允许对定额中某些项目进行换算调整的情况。

1）稳定土基层定额配合比换算

水泥、石灰或二灰稳定类基层定额中的结合料与其他有关材料的消耗量是按固定的配合比计算的，当设计配合比与定额标明的配合比不同时，则需进行配合比换算，其有关材料数量按以下公式换算：

$$C_i = [C_d + B_d(H - H_0)] \times L_i / L_d \tag{6-5}$$

式中：C_i——按设计配合比换算后的材料用量；

C_d——定额中基本压实厚度的材料用量；

B_d——定额中压实厚度每增加或减少1cm的材料数量;

H_0——定额中基本压实厚度;

H——设计压实厚度;

L_i——设计配合比的材料百分比。

[例6-11] 求设计配合比为6:12:82(石灰:粉煤灰:碎石),设计厚度为18cm的厂拌石灰粉煤灰碎石混合料定额。

解:(1)定额表号。

设计压实厚度为18cm的厂拌石灰粉煤灰碎石混合料每1 000m²定额的定额编号为[2-1-7-31-32×2],见表6-19。

2-1-7 厂拌基层稳定土混合料   表6-19

工程内容:装载机铲运料、上料、配运料、拌和、出料。

Ⅲ.石灰粉煤灰稳定类   单位:1 000m²

顺序号	项目	单位	代号	石灰粉煤灰碎石	
				石灰:粉煤灰:碎石 5:15:80	
				压实厚度20cm	每增减1cm
				31	32
1	人工	人工	1001001	2.2	0.1
4	石灰粉煤灰碎石	m³	1507020	(202.00)	(10.10)
7	水	m³	3005004	27	2
8	粉煤灰	t	5501009	64.603	3.23
9	熟石灰	t	5503003	22.988	1.15
14	碎石	m³	5505016	224.33	11.22
15	3m³以内轮胎式装载机	台班	8001049	0.49	0.03
16	300t/h以内稳定土厂拌设备	台班	8003011	0.22	0.01
17	基价	元	9999001	33 966	1 705

(2)计算定额。

粉煤灰 = $[64.603 + 3.23(18 - 20)] \times 6/5 = 69.77(t)$;

熟石灰 = $[22.988 + 1.15(18 - 20)] \times 12/15 = 16.55(t)$;

碎石 = $[224.33 + 11.22(18 - 20)] \times 82/80 = 206.94(m^3)$;

人工:$2.2 - 0.1 \times 2 = 2.0(工日)$;

水:$27 - 2 \times 2 = 36(m^3)$;

3m³以内轮胎式装载机:$0.49 - 0.03 \times 2 = 0.43(台班)$;

300t/h以内稳定土厂拌设备:$0.22 - 0.01 \times 2 = 0.2(台班)$。

(3)定额基价计算。

查定额附录四"定额人工、材料、设备单价表"得材料基价:粉煤灰145.63元/t,熟石灰276.7元/t,碎石75.73元/m³。则:

基价 = $33\,966 - 1\,705 \times 2 + (69.77 - 64.603 + 3.23 \times 2) \times 145.63 + (16.55 - 22.988 + 1.15 \times 2) \times 276.7 + (206.94 - 224.33 + 11.22 \times 2) \times 75.73 = 31\,486.7(元)$

2)稳定土类混合料不同生产能力拌和设备定额消耗量的换算

厂拌基层稳定土混合料的定额是按拌和能力为300t/h的拌和设备编制的,若实际施工所用设备型号与定额不符时,需根据实际调整定额中人工、装载机和拌和设备的消耗数量。

[例6-12] 求采用拌和能力为400t/h的拌和设备拌和,水泥剂量为5%,设计厚度为17cm的水泥砂砾基层定额。

解:(1)定额表号。

设计配合比与定额相同,设计厚度为17cm的水泥砂砾基层定额的定额编号为[2-1-7-3 -4×3],见表6-20。

2-1-7 厂拌基层稳定土混合料 表6-20

工程内容:装载机铲运料、上料、配运料、拌和、出料。

Ⅰ. 水泥稳定类　　　　　　　　　　　　　　　　　单位:1 000m²

顺序号	项目	单位	代号	水泥砂 水泥:砂:土 10:83:7		水泥砂砾 水泥剂量5%		水泥碎石	
				压实厚度 20cm	每增减 1cm	压实厚度 20cm	每增减 1cm	压实厚度 20cm	每增减 1cm
				1	2	3	4	5	6
1	人工	人工	1001001	2.2	0.1	2.5	0.1	2.5	0.1
2	水泥砂	m³	1507002	(202.00)	(10.10)	—	—	—	—
3	水泥砂砾	m³	1507003	—	—	(202.00)	(10.10)	—	—
4	水泥碎石	m³	1507004	—	—	—	—	(202.00)	(10.10)
5	水	m³	3005004	33	2	27	1	28	1
6	土	m³	5501002	24.8	1.24	—	—	—	—
7	砂	m³	5503004	241.15	12.07	—	—	—	—
8	砂砾	m³	5503007	—	—	268.18	13.41	—	—
9	碎石	m³	5505016	—	—	—	—	296.73	14.84
10	32.5级水泥	t	5509001	38.733	1.94	22.125	1.106	22.566	1.128
11	3m³以内轮胎式装载机	台班	8001049	0.49	0.03	0.54	0.03	0.55	0.03
12	300t/h以内稳定土厂拌设备	台班	8003011	0.22	0.01	0.25	0.01	0.25	0.01
13	基价	元	9999001	32 147	1 613	20 644	1 029	30 769	1 535

注:本定额是按拌和能力为300t/h的拌和设备编制的。

(2)计算定额。

水:$27 - 1 \times 3 = 24 (m^3)$;

砂砾:$268.18 - 13.41 \times 3 = 227.95 (m^3)$;

32.5级水泥:$22.125 - 1.106 \times 3 = 18.81 (t)$。

人工、装载机和拌和设备消耗量按表6-21计算:

人工:$2.0-0.1\times3=1.7$(工日);

$3m^3$以内轮胎式装载机:$0.42-0.02\times3=0.36$(台班);

400t/h以内稳定土厂拌设备:$0.19-0.01\times3=0.16$(台班)。

不同生产能力拌和设备定额消耗数量调整表(单位:1 000m²)　　表6-21

项　目		单位	代号	稳定土类型						
				水泥砂	水泥砂砾	水泥碎石	水泥石屑	水泥石渣	水泥砂砾土	水泥碎石土
400t/h以内厂拌设备	压实厚度20cm	人工	工日	1001001	1.6	2.0	2.0	1.6	1.6	1.6	1.6
		3m³以内轮胎式装载机	台班	8001049	0.4	0.42	0.42	0.41	0.41	0.41	0.41
		400t/h稳定土厂拌设备	台班	8003012	0.18	0.19	0.2	0.19	0.18	0.18	0.19
	每增减1cm	人工	工日	1001001	0.1	0.1	0.1	0.1	0.1	0.1	0.1
		3m³以内轮胎式装载机	台班	8001049	0.02	0.02	0.02	0.02	0.02	0.02	0.02
		400t/h稳定土厂拌设备	台班	8003012	0.01	0.01	0.01	0.01	0.01	0.01	0.01

(3)计算基价。

查定额附录四"定额人工、材料、设备单价表"得人工基价:106.28元/工日,查《公路工程机械台班费用定额》(JTG/T 3833—2018)得机械台班基价:3m³以内轮胎式装载机1 249.79元/台班,400t/h以内稳定土厂拌设备1 519.98元/台班,300t/h以内稳定土厂拌设备1 301.08元/台班。

基价:$20\ 644-1\ 029\times3+(1.7-2.5+0.1\times3)\times106.28+(0.36-0.54+0.03\times3)\times1\ 249.79+(0.16\times1\ 519.98-(0.25-0.01\times3)\times1\ 301.08)=17\ 348.3$(元)

3)抽换定额砂浆、混凝土强度等级

当设计图纸砂浆或混凝土强度等级与定额砂浆或混凝土强度等级不一致时,必须将定额中原砂浆、混凝土材料用量抽出,换入设计图纸标号的砂浆或混凝土材料用量,并调整基价,这一过程称为抽换定额砂浆或混凝土强度等级。

[例6-13]　求M10水泥砂浆砌筑、M12.5水泥砂浆勾缝的浆砌片石轻型桥台预算定额。

解:查预算定额[4-5-2-5],见表6-22。

根据定额,砌筑用M7.5水泥砂浆为3.50 m³,勾缝用M10水泥砂浆为0.17 m³,基价为2 673元。实际砌筑用M10水泥砂浆,勾缝用M12.5水泥砂浆,故需要抽换。

4-5-2 浆砌片石   表 6-22

工程内容:1)选、修、洗石料;2)搭、拆脚手架、踏步或井字架;3)配、拌、运砂浆;4)砌筑;5)勾缝;6)养护。

单位:10m³

顺序号	项目	单位	代号	轻型墩台拱上横墙墩上横墙	拱圈	锥坡、沟、槽、池
				5	6	7
1	人工	工日	1001001	10	10.5	8.7
2	M7.5 水泥砂浆	m³	1501002	(3.50)	(3.50)	(3.50)
3	M10 水泥砂浆	m³	1501003	(0.17)	(0.18)	(0.29)
4	8~12 号铁丝	kg	2001021	2.2	1.5	—
5	钢管	kg	2003008	0.006	—	—
6	铁钉	m³	2009030	0.2	0.1	—
7	水	m³	3005004	10	15	18
8	原木	m³	4003001	0.02	0.01	—
9	锯材	m³	4003002	0.04	0.02	—
10	中(粗)砂	m³	5503005	4	4.01	4.13
11	片石	m³	5505005	11.5	11.5	11.5
12	32.5 级水泥	t	5509001	0.984	0.987	1.021
13	其他材料费	元	7801001	4.1	4.4	1.2
14	1.0 m³ 以内轮胎式装载机	台班	8001045	0.1	0.1	0.08
15	400L 以内灰浆搅拌机	台班	8005013	0.15	0.15	0.15
16	基价	元	9999001	2 673	2 670	2 443

查预算定额附录二基本定额的砂浆配合比表,见表 6-23。

可知 $1m^3$ M10 水泥砂浆材料用量:32.5 级水泥 $0.311t$,中(粗)砂 $1.07m^3$。

$1m^3$ M12.5 水泥砂浆材料用量:32.5 级水泥 $0.345t$,中(粗)砂 $1.07m^3$。

查定额附录四"定额人工、材料、设备单价表"得材料基价:32.5 级水泥 307.69 元/t,中(粗)砂 87.38 元/m^3。

将定额[4-5-2-5]中原 32.5 级水泥 $0.984t$、中(粗)砂 $4.00m^3$ 及基价换为:

32.5 号水泥 $= 0.311 \times 3.5 + 0.345 \times 0.17 = 1.147(t)$;

中(粗)砂 $= 1.07 \times 3.50 + 1.07 \times 0.17 = 3.927(m^3)$;

基价 $= 2 673 + (1.147 - 0.984) \times 307.69 + (3.927 - 4.00) \times 87.38 = 2 717$(元)。

原定额中其他人工、材料、机械及其他材料费不变。

Ⅰ.砂浆配合比表　　　　　表6-23

单位:1m³砂浆及水泥浆

顺序号	项目	单位	水泥砂浆									
			砂浆强度等级									
			M5	M7.5	M10	M12.5	M15	M20	M25	M30	M35	M40	M50
			1	2	3	4	5	6	7	8	9	10	11
1	32.5级水泥	kg	218	266	311	345	393	448	527	612	693	760	—
2	42.5级水泥	kg	—	—	—	—	—	—	—	—	—	—	1000
3	熟石灰	kg											
4	中(粗)砂	m³	1.12	1.09	1.07	1.07	1.07	1.06	1.02	0.99	0.98	0.95	0.927

顺序号	项目	单位	水泥砂浆				混合砂浆				石灰砂浆	水泥浆	
			砂浆强度等级										
			1:1	1:2	1:2.5	1:3	M2.5	M5	M7.5	M10	M1	32.5	42.5
			12	13	14	15	16	17	18	19	20	21	22
1	32.5级水泥	kg	780	553	472	403	165	210	253	290	—	1348	
2	42.5级水泥	kg	—	—	—	—	—	—	—	—	—		1498
3	熟石灰	kg					127	94	61	29	207		
4	中(粗)砂	m³	0.67	0.95	1.01	1.04	1.04	1.04	1.04	1.04	1.1		

注:表列用量已包括场内运输及操作损耗。

[**例6-14**] 求浇筑C30钢筋混凝土耳墙的预算定额。

解:查《预算定额》表[4-6-4-7],见表6-24。

浇筑用C25水泥混凝土10.20m³、32.5级水泥3.417t、中(粗)砂4.90m³、碎石(4cm)8.47m³、基价5 135元。实际用C30水泥混凝土,需要抽换。

查定额附录二基本定额的混凝土配合比表,见表6-24。

Ⅱ.混凝土配合比表　　　　　表6-24

单位:1m³混凝土

顺序号	项目	单位	普通混凝土									
			碎(砾)石最大粒径(mm)									
			40									
			混凝土强度等级									
			C10	C15	C20	C25	C30		C35		C40		
			水泥强度等级									
			32.5	32.5	32.5	32.5	32.5	42.5	32.5	42.5	32.5	42.5	52.5
			18	19	20	21	22	23	24	25	26	27	28
1	水泥	kg	225	267	298	335	377	355	418	372	461	415	359
2	中(粗)砂	m³	0.51	0.5	0.49	0.48	0.46	0.46	0.45	0.46	0.43	0.44	0.46
3	碎(砾)石	m³	0.87	0.85	0.84	0.83	0.83	0.84	0.82	0.83	0.81	0.83	0.84
4	片石	m³	—	—	—	—	—	—	—	—	—	—	—

由于需浇筑水泥混凝土的强度较大,将原定额中所有的 32.5 级水泥换成 42.5 级水泥。

$1m^3$ C30 混凝土的材料用量为:42.5 级水泥 0.355t,中(粗)砂 $0.46m^3$,碎石(4cm)$0.84m^3$。

查定额附录四"定额人工、材料、设备单价表"得材料基价:32.5 级水泥 307.69 元/t,42.5 级水泥 367.52 元/t,中(粗)砂 87.38 元/m^3,碎石(4cm)86.41 元/m^3。

将《预算定额》表[4-6-4-7]中原 32.5 级水泥、中(粗)砂、碎石(4cm)及基价换为:

32.5 级水泥:$10.20 \times 0.355 = 3.621(t)$;

中(粗)砂:$10.20 \times 0.46 = 4.692(m^3)$;

碎石(4cm):$10.20 \times 0.84 = 8.568(m^3)$;

基价:$6\,276 + (3.621 \times 367.52 - 3.417 \times 307.69) + (4.692 - 4.900) \times 87.38 + (8.568 - 8.470) \times 86.41 = 6\,546(元)$。

原定额中其他人工、材料、机械及其他材料费不变,即为所求定额。

4)片石混凝土定额的片石掺量换算

片石混凝土定额是按一定的片石掺量编制的。当设计图纸的片石掺量与片石混凝土定额的片石掺量不同时,就必须按设计图纸的片石掺量对定额进行调整换算。其换算方法举例说明如下。

[例 6-15] 求 C15 片石(掺量 20%)混凝土拱桥的桥墩预算定额。

解:(1)预算定额片石掺量的确定。

查预算定额第四章桥涵工程第六节现浇混凝土及钢筋混凝土的节说明 2 可知:定额中片石混凝土中片石含量均为 15%。即定额 $10.2m^3$ 片石混凝土中,片石实体为 $1.53m^3$,混凝土实体为 $8.67m^3$。

(2)定额中 $1m^3$ 片石实体材料定额用量(片石用码方数量,且计入了场内运输及操作损耗 2%)。

查《预算定额》表[4-6-2-6],见表 6-25。

片石材料定额用量为 $2.19m^3$,则 $1m^3$ 片石实体的片石材料定额用量为:
$$2.19 \div 1.53 = 1.43(m^3)$$

(3)求 C15 片石(掺量 20%)混凝土材料用量和搅拌机台班:

查《预算定额》表[4-6-2-6],其中 32.5 级水泥 2.193t,中(粗)砂 $4.79m^3$,片石 $2.19m^3$,碎石(8cm)$7.24m^3$,定额基价 3 213 元。

查定额附录二基本定额的混凝土配合比表得 $1m^3$ C15 混凝土材料用量:32.5 级水泥 0.253t,中(粗)砂 $0.55m^3$,碎石(8cm)$0.83m^3$。

查定额附录四"定额人工、材料、设备单价表"得材料基价：32.5级水泥307.69元/t，中(粗)砂87.38元/m³，碎石(8cm)82.52元/m³，片石63.11元/m³。

查《预算定额》表[4-6-2-6]中C15片石混凝土(含片石)为10.20m³，则每10m³C15片石(掺量20%)混凝土中混凝土10.2×80% = 8.16(m³)，片石实体2.04m³，其材料定额用量如下：

32.5级水泥：0.253×8.16 = 2.064(t)；

中(粗)砂：0.55×8.16 = 4.488(m³)；

碎石(8cm)：0.83×8.16 = 6.773(m³)；

片石：2.04×1.43 = 2.917(m³)；

基价：3 213 + (2.064 - 2.193)×307.69 + (4.488 - 4.79)×87.38 + (6.773 - 7.24)×82.52 + (2.92 - 2.19)×63.11 = 3 154(元)。

(4)求C15片石(掺量20%)混凝土拱桥桥墩定额。

将原定额[4-6-2-6]中32.5级水泥2.193t，中(粗)砂4.79m³，片石2.19m³，碎石(8cm)7.24m³，基价2 724元换为：32.5级水泥2.064t，中(粗)砂4.488m³，片石2.92m³，碎石(8cm)6.773m³，基价2 667元，其他人工、材料、机械、小型机具使用费不变，即为C15片石(掺量20%)混凝土拱桥桥墩定额。

注意：在计算水泥混凝土拌和和运输工程量时，应注意由于片石掺量的变化所带来的水泥混凝土数量的变化。

4-6-2 墩、台身 表6-25

工程内容：1)搭、拆脚手架及轻型上下架、安全爬梯；2)定型钢模板安装、拆除、修理、涂脱模剂、堆放；3)液压爬模拼拆及安装、提升、拆除、修理、涂脱模剂、堆放；4)钢筋除锈、制作、电焊、绑扎及骨架吊装入模；5)混凝土浇筑、捣固、养护。

Ⅰ.实体式墩台　　　　　　　　　　　　　　　　　　　单位：表列单位

顺序号	项目	单位	代号	混凝土 实体式墩台						钢筋	
				梁板桥 高度(m)		拱桥		薄壁台		现场加工	集中加工
				10以内	20以内	墩	台	壁式	箱式		
				10m³						1t	
				4	5	6	7	8	9	10	11
1	人工	工日	1001001	11.5	12.5	7.7	8.9	17.3	18	5.3	4.3
2	片C15-32.5-8	m³	1503002	(10.2)	(10.2)	(10.2)					
3	普C15-32.5-4	m³	1503031	—			(10.2)				
4	普C20-32.5-4	m³	1503032	—							
5	普C25-32.5-4	m³	1503033	—							
6	普C30-32.5-4	m³	1503034					(10.2)	(10.2)	—	

续上表

顺序号	项目	单位	代号	混凝土						钢筋	
				实体式墩台						现场加工	集中加工
				梁板桥 高度(m)		拱桥		薄壁台			
				10以内	20以内	墩	台	壁式	箱式		
				10m³						1t	
				4	5	6	7	8	9	10	11
7	HPB300钢筋	t	2001001	—	—	—	—	—	—	0.159	0.158
8	HPB400钢筋	t	2001002	—	—	—	—	—	—	0.866	0.862
9	钢丝绳	t	2001019	0.002	0.001	0.001	0.001	0.003	0.004	—	—
10	8~12号铁丝	kg	2001021	0.16		0.08	0.11	0.47	0.28		
11	20~22号铁丝	kg	2001022	—	—	—	—	—	—	2.06	2.06
12	钢管	t	2003008	0.009	0.005	0.003	0.006	0.025	0.015		
13	钢模板	t	2003025	0.049	0.031	0.023	0.034	0.042	0.061		
14	电焊条	kg	2009011							2.82	2.82
15	螺栓	kg	2009013	4.99	3.13	2.36	3.4	6.41	9.2	—	—
16	铁件	kg	2009028	2.95	1.85	1.39	2	3.78	5.43		
17	铁钉	kg	2009030	0.14	—	0.06	0.09	0.4	0.24		
18	水	m³	3005004	12	12	12	12	12	12		
19	锯材	m	4003002	0.02	0.01	0.01	0.01	0.05	0.03		
20	中(粗)砂	m³	5503005	4.79	4.79	4.79	5.1	4.69	4.69		
21	片石	m³	5505005	2.19	2.19	2.19	—	—	—		
22	碎石(4cm)	m³	5505013	—	—	—	8.67	8.47	8.47		
23	碎石(8cm)	m³	5505015	7.24	7.24	7.24					
24	32.5级水泥	t	5509001	2.193	2.193	2.193	2.723	3.845	3.845		
25	其他材料费	元	7801001	82.7	54.4	44.4	52.9	59.5	56.8		
26	25t以内汽车式起重机	台班	8009030	0.36	0.54	0.22	0.25	0.59	0.68	—	0.07
27	50kN以内单筒慢动卷扬机	台班	8009081	—	—	—	—	—	—	0.41	—
28	数控立式钢筋弯曲中心	台班	8015007	—	—	—	—	—	—		0.11
29	32kV·A以内交流电弧焊机	台班	8015028	—	—	—	—	—	—	0.55	0.55

续上表

顺序号	项目	单位	代号	混凝土						钢筋	
				实体式墩台						现场加工	集中加工
				梁板桥高度(m)		拱桥		薄壁台			
				10以内	20以内	墩	台	壁式	箱式		
				10m³							1t
				4	5	6	7	8	9	10	11
30	小型机具使用费	元	8099001	10.1	9.9	9.3	9.6	9.3	9.6	14.1	—
31	基价	元	9999001	4 060	4 227	3 213	3 677	5 557	5 814	4 118	4 105

5)钢筋混凝土锚碇体积比换算

当沉井浮运、定位、落床使用的钢筋混凝土锚碇质量与定额不相同时,按相近锚体质量定额执行,但应按锚质量比例(设计锚质量与定额锚质量的比例)抽换定额中的水泥、中(粗)砂、碎石的数量,并计算基价,同时注意相应调整水泥混凝土拌和和运输工程量,这就称为钢筋混凝土锚碇体积比换算。调整方法举例说明如下。

[例6-16] 求设计钢筋混凝土锚体质量为31t,体积为13.50m³的制锚、抛锚、起锚定额。

解:(1)求锚体设计与定额的体积比。

定额[4-2-8-13],见表6-25。

C20水泥混凝土为15.30m³,则定额锚碇的体积之比为:

$$\frac{13.5}{15.3}=0.8824$$

(2)求质量31t,体积为13.50m³的制锚、抛锚、起锚定额。

查定额附录四"定额人工、材料、设备单价表"得材料基价:32.5级水泥307.69元/t,中(粗)砂87.38元/m³,碎石(8cm)82.52元/m³。

将定额[4-2-8-13]中的32.5级水泥4.314t,中(粗)砂7.77m³,碎石(8cm)12.55m³,基价44 317元调整如下:

32.5级水泥:$4.315\times0.8824=3.808(t)$;

中(粗)砂:$8.26\times0.8824=7.289(m^3)$;

碎石(8cm):$12.55\times0.8824=11.074(m^3)$;

基价:$45\ 588+(3.808-4.315)\times307.69+(7.289-8.26)\times87.38+(11.074-12.55)\times82.52=45\ 225$(元)。

根据表6-26的注,定额中除水泥、中(粗)砂、碎石的数量需进行抽换外,其他定额值均不变。

注意:在计算水泥混凝土拌和工程量时,应注意对拌和量做相应的调整。

4-2-8 沉井浮运、定位落床　　　　　　　　　　　　　　　　　　表 6-26

工程内容　导向船连接梁:设备进场、清理、编号,万能杆件桁架拼装,导向船及万能杆件连接梁支座的布置、拼装、底座焊接加拼装、维护与拆除。
下水轨道:铺设轨道,校正轨距,拆除轨道。
沉井下水:拆除制动设备,下滑,下水,浮起。
无导向船浮运:地笼制作、埋设、船坞注水,沉井浮起并运到墩位。
有导向船浮运:套进导向船,固定位置,浮运到墩位。
沉井接高:沉井装船,固定,浮运到墩位,起吊,对接,校正位置。
定位落床:定位船、导向船设备安拆及定位船、导向船的定位、沉井定位落床。
锚碇系统:制锚、抛锚、起锚的全部操作。
井壁混凝土:混凝土运输、浇筑、捣固及养生。

Ⅲ. 锚碇系统　　　　　　　　　　　　　　　　　　　　　　　　　　　单位:1个

顺序号	项目	单位	代号	钢筋混凝土锚 锚体质量(t)				铁锚
				15	25	35	45	
				11	12	13	14	15
1	人工	工日	1001001	59.8	67	76.5	88.2	36.4
2	普 C20-32.5-8	m³	1503052	(6.5)	(10.50)	(15.30)	(19.40)	—
3	HRB400 钢筋	t	2001002	0.502	1.425	1.968	2.306	—
4	钢丝绳	t	2001019	0.2	0.2	0.629	0.629	0.629
5	20~22 号铁丝	kg	2001022	2.5	7.1	9.8	11.5	—
6	型钢	t	2003004	0.35	—	—	—	—
7	钢板	t	2003005	—	0.336	0.379	0.526	—
8	电焊条	kg	2009011	3.1	8.9	12.3	14.4	—
9	锚链	t	2009027	0.3	0.81	1.611	1.801	0.79
10	铁件	kg	2009028	9.2	15.1	21.4	26.7	0.5
11	水	m³	3005004	8	13	18	23	—
12	原木	m³	4003001	0.01	0.02	0.03	0.03	—
13	锯材	m³	4003002	0.14	0.24	0.33	0.41	0.01
14	中(粗)砂	m³	5503005	3.51	5.67	8.26	10.48	—
15	碎石(8cm)	m³	5505015	5.33	8.61	12.55	15.91	—
16	32.5 级水泥	t	5509001	1.833	2.961	4.315	5.471	—
17	其他材料费	元	7801001	22.7	35.8	60.6	60.6	3.8
18	设备摊销费	元	7901001	241.8	241.8	241.8	241.8	8400
19	25t 以内履带式起重机	台班	8009004	0.95	1.42	0.48	—	0.42
20	40t 以内履带式起重机	台班	8009006	—	—	0.91	1.61	—
21	50kN 以内单筒慢动卷扬机	台班	8009081	0.76	1.38	1.67	4.99	1.72

续上表

顺序号	项目	单位	代号	钢筋混凝土锚 锚体质量(t)				铁锚
				15	25	35	45	
				11	12	13	14	15
22	50kN以内双筒快动卷扬机	台班	8009102	1.88	1.88	2.45	2.45	1.27
23	32kV·A以内交流电弧焊机	台班	8015028	0.25	0.71	0.98	1.15	—
24	221kW以内内燃拖轮	台班	8019005	1.39	1.74	2.06	2.27	1.25
25	400t以内工程驳船	台班	8019025	1.86	3.38	4.48	5.82	2.28
26	小型机具使用费	元	8099001	60.1	70.1	80.2	87.4	54.8
27	基价	元	9999001	20 059	30 883	45 588	52 977	26 962

注：筋混凝土锚碇自重与定额不同时，按相近锚体质量定额执行，可按锚体体积比例抽换定额中的水泥、中(粗)砂、碎石的数量，但其他数量均不得调整。

6) 周转及摊销材料定额用量换算

如确因施工安排达不到规定的周转次数时，就地浇筑钢筋混凝土梁用的支架及拱圈的拱盔、支架及金属设备，需要进行周转及摊销材料定额用量换算。而其他周转性、摊销性材料已按规定的周转、摊销次数计入定额中，不论周转或摊销次数是否达到或超过规定次数，一般均不做调整。

材料换算周转(或摊销)次数后的用量按下式计算：

$$定额用量 = \frac{图纸一次使用量 \times (1 + 场内运输及操作损耗)}{周转次数(或摊销次数)} \tag{6-6}$$

[例6-17] 求材料周转4次的 $L=2m$ 以内拱涵拱盔及支架定额。

解：查预算定额附录三"材料的周转及摊销"，见表6-27。

可知拱盔支架木料和铁件的定额用量是按5次周转计算的，改为4次周转计算，定额用量应乘系数：

$$5/4 = 1.25$$

查定额[4-9-1-1]，见表6-28。

定额值为：原木3.25 m^3，锯材1.71 m^3，铁件87.1 kg，基价11 659 元。

查预算定额附录四"定额人工、材料、设备单价表"得材料基价：原木1 283.19 元/m^3，锯材1 504.42 元/m^3，铁件4.53 元/kg。

换算为4次周转定额用量如下：

原木：$3.25 \times 1.25 = 4.06(m^3)$。

锯材：$1.71 \times 1.25 = 2.14(m^3)$。

铁件：$87.1 \times 1.25 = 108.9(kg)$。

基价:$11\ 659 + (4.06 - 3.25) \times 1\ 283.19 + (2.14 - 1.71) \times 1\ 504.42 + (108.9 - 87.1) \times 4.53 = 13\ 444$(元)。

将原定额[4-9-1-1]中的原木 $3.25m^3$,锯材 $1.71m^3$,铁件 87.1kg,基价 8 989 元换为原木 $4.06m^3$,锯材 $2.14m^3$,铁件 108.9kg,基价 13 444 元,其他人工、材料、机械台班、小型机具使用费不变,即为所求定额。

Ⅰ 现浇混凝土的模板及支架、拱盔、隧道支撑　　　　表6-27

顺序号	材料名称	单位	工料机代号	空心墩及索塔钢模板	悬浇箱型梁钢模	悬浇箱型梁、T形梁、T形刚构、连续梁、木模板	其他混凝土的木模板及支架、拱盔、隧道、开挖衬砌用木支撑等	水泥混凝土路面
				1	2	3	4	5
1	木料	次数	—	—	—	8	5	20
2	螺栓、拉杆	次数	—	12	12	12	8	20
3	铁件	次数	2009028	10	10	10	8	20
4	铁钉	次数	2009030	4	4	4	4	4
5	8~12号铁丝	次数	2001021	1	1	1	1	1
6	钢模	次数	2003025	100	80	—	—	—

注:模板钉有铁皮者,木料周转次数应提高50%。打入混凝土中不抽出的拉杆及预埋螺栓周转次数按1次计。

4-9-1 涵洞拱盔、支架　　　　表6-28

工程内容:制作、安装、拆除。

单位:$100m^2$ 水平投影面积

顺序号	项目	单位	代号	拱涵拱盔及支架		板涵支架
				跨径(m)		
				2以内	4以内	
				1	2	3
1	人工	工日	1001001	41.4	33.8	23.5
2	铁件	kg	2009028	87.1	42.8	64.3
3	铁钉	kg	2009030	3.3	2.2	
4	原木	m^3	4003001	3.25	2.44	2.31
5	锯材	m^3	4003002	1.71	1.58	0.88
6	$\phi 500mm$ 以内木工圆锯机	台班	8015013	0.63	0.57	0.26
7	小型机具使用费	元	8099001	21.7	19.5	9
8	基价	元	9999001	11 659	9 400	7 121

7)定额钢筋品种比例调整

图纸与定额中光圆钢筋、带肋钢筋比例关系不同时,需进行定额钢筋品种比例调整,其调整方法举例说明如下。

[例6-18] 预制悬拼预应力箱梁,钢筋为:光圆钢筋(HPB300)15.603t,带肋钢筋(HRB400)37.680t,求钢筋现场加工制作定额。

解:定额[4-7-16-3],见表6-29。

4-7-16 预制、悬拼预应力节段箱梁　　　　表6-29

工程内容　预制:1)定型钢模组拼拆及安装、拆除、修理、涂脱模剂、堆放;2)内模及翼板门式钢支架、踏步、井字架搭、拆;3)钢筋除锈、制作、成型、绑扎、焊接、入模;4)混凝土浇筑、捣固及养护。

安装:1)预制构件起吊、试拼、就位;2)构件安装,接触面的清洗;3)环氧树脂胶结料的调配、涂刷;4)悬臂吊机过墩,安全网的装拆。

安拆临时支座:1)模板的制作、安装、拆除及修理;2)钢材及钢筋的除锈、制作、成型、焊接;3)混凝土及硫黄砂浆的人工配制、浇筑、捣固和养护;4)临时支座拆除并烧割锚筋。

单位:表列单位

顺序号	项目	单位	代号	预制节段箱梁混凝土		预制悬拼预应力箱梁钢筋	
				非泵送	泵送	现场加工	集中加工
				10m³		1t	1t
				1	2	3	4
1	人工	工日	1001001	22.7	17	6.6	5.3
2	普 C50-42.5-2	m³	1503018	(10.10)	—		
3	泵 C50-42.5-2	m³	1503069	—	(10.30)		
4	预制构件	m³	1517001		(10.30)		
5	HPB300 钢筋	t	2001001	0.001	0.001	0.196	0.195
6	HRB400 钢筋	t	2001002			0.829	0.825
7	钢丝绳	t	2001019	0.003	0.003	—	—
8	20~22号铁丝	kg	2001022			3.25	3.25
9	型钢	t	2003004	0.001	0.001		
10	钢模板	t	2003025	0.051	0.051		
11	电焊条	kg	2009011			1.7	1.7
12	铁件	kg	2009028	5.6	5.6		
13	铁钉	kg	2009030				
14	水	m³	3005004	16	16		
15	锯材	m³	4003002	0.01	0.01		
16	中(粗)砂	m³	5503005	4.44	5.46	—	—

续上表

顺序号	项 目	单位	代号	预制节段箱梁混凝土		预制悬拼预应力箱梁钢筋	
				非泵送	泵送	现场加工	集中加工
				$10m^3$		1t	1t
				1	2	3	4
17	碎石(2cm)	m^3	5505012	7.58	6.8	—	—
18	42.5级水泥	t	5509002	5.292	5.706	—	—
19	其他材料费	元	7801001	32	32	—	—
20	$60\ m^3/h$以内混凝土输送泵	台班	8005051	—	0.07	—	—
21	30kN以内单筒慢动卷扬机	台班	8009080	1.37	0.48	0.12	0.15
22	50kN以内单筒慢动卷扬机	台班	8009081	4.1	1.43	—	—
23	数控钢筋弯箍机	台班	8015006	—	—	—	0.01
24	数控立式钢筋弯曲中心	台班	8015007	—	—	—	0.16
25	32kV·A以内交流电弧焊机	台班	8015028	—	—	0.32	0.32
26	75kV·A以内交流电弧焊机	台班	8015047	—	—	0.15	—
27	100kV·A以内交流对焊机	台班	8015048	—	—	0.06	0.06
28	小型机具使用费	元	8099001	10.5	6.1	17.8	17.8
29	基价	元	9999001	6 758	5 812	4 231	4 188

注:0号块混凝土、钢筋以及箱梁内斜拉索锚固套筒采用悬浇预应力箱梁上部构造有关定额计算。

按光圆钢筋15.603t,带肋钢筋37.680t,共计53.283t进行每吨定额各种钢筋品种比例调整,由于钢筋的操作损耗为2.5%,即需要1.025t的钢筋才能制作出1.0t的成品,故:

$$光圆钢筋 = \frac{15.603}{53.283} \times 1.025 = 0.3(t)$$

$$带肋钢筋 = \frac{37.680}{53.283} \times 1.025 = 0.725(t)$$

查定额附录四"定额人工、材料、设备单价表"得材料基价:光圆钢筋3 333.33元/t;带肋钢筋3 247.86元/t。

将原定额[4-7-17-3]中的光圆钢筋0.196t,带肋钢筋0.829t,定额基价4 231元换算如下:

光圆钢筋:0.300t;

带肋钢筋:0.725t;

基价:$4\ 231 + (0.300 - 0.196) \times 3\ 333.33 + (0.725 - 0.829) \times 3\ 247.86 = 4\ 240$(元)。

> 原定额[4-7-17-3]中其他人工、材料、其他材料费、机械台班、小型机具使用费不变,即为所求定额。

第四节　公路工程概算定额

一、概算定额概述

1. 概算定额的概念

概算定额,是在预算定额基础上以主要工序为准综合相关分项的扩大定额,是按主要分项工程规定的计量单位及综合相关工序的劳动、材料和机械台班的消耗标准。定额水平比预算定额低。

概算定额与预算定额,都属于计价定额。不同的是在项目划分和综合扩大程度上的差异,以适用于不同设计阶段计价需要。概算定额是在预算定额的基础上加以综合而成的,因而产品常使用更大的单位来表示,如:小桥涵以座(道)、桥梁上部构造以10m标准跨径公路公里等。

2. 概算定额的作用

(1)概算定额是初步设计阶段编制建设项目概算和技术设计阶段编制修正概算的依据。

建设程序规定,采用两阶段设计时,其初步设计必须编制概算。采用三阶段设计时,其技术设计必须编制修正概算,对拟建项目进行总估价。

(2)概算定额是设计方案比较的依据。

设计方案比较是为了选择出技术先进可靠、经济合理的方案,在满足使用功能的条件下,达到降低造价和减小资源消耗的目的。概算定额采用扩大综合后可方便设计方案的比较。

(3)概算定额是编制主要材料需要量的计算基础。

根据概算定额所列材料消耗指标计算工程用料数量,可在施工图设计之前提出供应计划,为材料的采购、供应做好准备。

(4)概算定额是编制建设项目投资估算指标的基础。

(5)在按初步设计招标的工程中,概算定额还可以作为制定工程控制价的基础。

(6)在实行建设项目投资包干时,其项目包干费用通常以概算定额为计算依据。

3. 概算定额的内容

交通运输部于2018年12月17日公布了最新的《公路工程概算定额》(JTG/T 3831—2018),2019年5月1日起实施。概算定额的内容、格式与预算定额基本相同,《公路工程概算定额》包括路基工程、路面工程、隧道工程、桥涵工程、交通工程及沿线设施、绿化与环境保护工程、临时工程共七章。

二、公路工程概算定额的应用

[例6-19] 某路基在新疆境内,海拔2 800m,山岭重丘地形,机械打眼开炸次坚石,试确定其概算定额。

解:(1)公路工程概算定额表号为[1-1-15-2],见表6-30。

(2)每1 000m³天然密实岩石定额值如下:

人工:151.3工日;

空心钢钎:18kg;

ϕ50mm以内合金钻头:25个;

硝铵炸药:179kg;

非电毫秒雷管:195个;

导爆索:103m;

其他材料费:25.6元;

9m³/min以内机动空压机:8.45台班;

小型机具使用费:438.3元;

基价:14 962元。

1-1-15 机械打眼开炸石方　　　　　　　　　　　表6-30

工程内容:1)开工作面、收放皮管、换钻头钻杆;2)选炮位、钻眼、清眼;3)装药、填塞;4)安全警戒5)引爆及检查结果;6)排险;7)撬落、撬移、解小。

单位:1 000m³天然密实方

顺序号	项目	单位	代号	机械打眼开炸		
				软石	次坚石	坚石
				1	2	3
1	人工	工日	1001001	33.5	51.3	77
2	空心钢钎	kg	2009003	9	18	27
3	ϕ50mm以内合金钻头	个	2009004	17	25	32
4	硝铵炸药	kg	5005002	129	179	228.3
5	非电毫秒雷管	个	5005008	148	195	320
6	导爆索	m	5005009	79	103	126
7	其他材料费	元	1801001	17.6	25.6	33.1
8	9m³/min以内机动空压机	台班	8017049	4.64	7.17	12
9	小型机具使用费	元	8099001	242.2	438.3	736.1
10	基价	元	9999001	9 934	14 962	22 789

[例6-20] 某高速公路路基工程,全长28km,按设计断面计算的填缺压实方为6 720 000m³,无利用方,平均填土高度7.0m,两边各宽填0.2m,路基平均占地宽

45m,路基占地及取土坑均为耕地,土质为普通土。采用1m³以内斗容量单斗挖掘机挖装土方,平均挖深2m,填土前以12t光轮压路机压实耕地。设12t光轮压路机的有效作用力为66kN/cm²,普通土的抗沉陷系数为3.5kN/cm³。试确定:路基宽填增加土方量为多少?填前压实增加土方量为多少?总计价土方量(压实方)为多少?挖掘机挖装借方作业所需工料机消耗量及基价为多少?

解:(1)路基宽填增加土方量:宽填压实方 = 28 000 × 7 × 0.2 × 2 = 78 400m³(借方)。

(2)按概算定额第一章路基工程第一节路基土、石方说明2:因路基沉陷需增加的填方应计入路基填方。

天然土压实产生的沉降量:66/3.5 = 18.86(cm)。

平均路基基底面积:45 × 28 000 = 1 260 000m²(借方)。

填前压实增加土方量(压实方):12 600 000 × 0.188 6 = 237 636m³(借方)。

(3)总计价方(压实方):78 400 + 6 720 000 + 237 636 = 7 036 036(m³)。

(4)挖掘机挖装土方(借方)工料机消耗量。

按《概算定额》第一章路基工程第一节路基土、石方说明1:当以填方压实体积为工程量,采用以天然密实方为计量单位时,普通土的换算系数为1.16。

查概算定额[1-1-6-5],见表6-31。计算工料机消耗量如下:

人工:3.1 × 7 036 036 × 1.16/1 000 = 25 301.6(工日);

1 m³以内单斗挖掘机:2 × 7 036 036 × 1.16/1 000 = 16 323.6(台班)。

(5)总基价:2 719 × 7 036 036 × 1.16/1 000 = 22 191 939(元)。

1-1-8 挖掘机挖装土、石方 表6-31

工程内容:1)安设挖掘机;2)开辟工作面;3)挖土;4)装车;5)移位;6)清理工作面。

单位:1 000m³天然密实方

顺序号	项 目	单位	序号	挖掘机挖装土方							
				斗容量(m³)							
				0.6以内			1.0以内			2.0以内		
				松土	普通土	硬土	松土	普通土	硬土	松土	普通土	硬土
				1	2	3	4	5	6	7	8	9
1	人工	工日	1001001	2.7	3.1	3.4	2.7	3.1	3.4	2.7	3.1	3.4
2	0.6m³以内履带式单斗挖掘机	台班	8001025	2.73	3.19	3.68	—	—	—	—	—	—
3	1.0m³以内履带式单斗挖掘机	台班	8001027	—	—	—	1.72	2	2.28	—	—	—
4	2.0m³以内履带式单斗挖掘机	台班	8001030	—	—	—	—	—	—	1.15	1.31	1.49
5	基价	元	9999001	2 560	2 985	3 425	2 342	2 719	3 086	2 013	2 296	2 598

第五节 公路工程估算指标

一、公路工程估算指标概述

估算指标既不同于施工定额,也不同于概、预算定额。它是以某项目或其单位工程或单项工程为对象,综合项目全过程投资和建设成本的技术性经济指标,是在研究阶段编制估算文件的依据。由于估算的总费用仅仅只作为社会效益、内部收益率、回收期计算的参考,所以它的作用和重要性是特别的。

估算指标主要是用于公路基本建设项目可行性研究中的投资估算工作,为经济效益评价提供建设项目造价成本的计算依据。当可行性研究报告的工作深度已达到初步设计的深度时,可采用现行《公路工程概算定额》编制可行性研究报告投资估算。

交通运输部于2018年12月17日公布了《公路工程估算指标》(JTG/T 3821—2018)和《公路工程建设项目投资估算编制办法》(JTG 3820—2018),自2019年5月1日起实施。估算指标是交通运输部对公路建设项目建议书和可行性研究报告的工作深度要求,以公路工程行业标准、规范的规定以及近年来公路建设项目的设计和竣工资料为依据而制定的,适用于公路基本建设新建、改建工程。指标内容包括路基工程、路面工程、隧道工程、桥涵工程、交叉工程、交通工程、临时工程共七章及附录。

估算指标与概算定额、预算定额一样,是以人工、材料、机械台班消耗量表现的指标。编制估算指标时,其人工费、材料费、机械使用费应按照《公路工程建设项目投资估算编制办法》(JTG 3820—2018)的规定计算。

对指标中缺少的项目可以编制补充指标。补充指标应按照估算指标的编制原则、方法进行编制,由各省、自治区、直辖市交通运输主管部门批准执行,并报交通运输部公路局备案。

二、公路工程估算指标的应用

[例6-21] 某二级公路改建工程,在该路线中有跨径为10m的桥梁3座,桥面宽7.0m,试确定该路线工程中桥梁工程投资估算的人工、锯材、钢模板的消耗数量。

解:由《公路工程估算指标》(JTG/T 3821—2018)第四章桥涵工程说明中第二条的规定可知:标准跨径小于16m的桥梁指标已综合不同结构类型的桥梁指标,使用时不得调整指标。

查估算指标表4-6,见表6-32,计算人工、锯材、钢模板的消耗量如下:

桥面的总面积为:$10 \times 7.0 \times 3 = 210(m^2)$;

人工:$661.8 \times 210 \div 100 = 1\ 389.8(工日)$;

锯材:$0.572 \times 210 \div 100 = 1.201\ 2(m^3)$;

钢模板:$0.687 \times 210 \div 100 = 1.4427(t)$。

4-6 标准跨径小于16m的桥梁 表6-32

工程内容:挖基、围堰、基础、下部、上部、桥面系(不含桥面铺装)、桥台锥坡、桥头搭板及钢筋等工程的全部工作。

单位:100m² 桥

顺序号	项 目	单 位	代 号	标准跨径<16m的桥梁
				1
1	人工	工日	1001001	661.8
……	……	……	……	……
15	钢护筒	t	2003022	0.147
16	钢模板	t	2003025	0.687
……	……	……	……	……
31	原木	m³	4003001	0.137
32	锯材	m³	4003002	0.572
……	……	……	……	……
107	小型机械使用费	元	8099001	536.1
108	基价	元	9999001	234 028

第六节 公路工程机械台班费用定额

一、机械台班费用定额概述

1.机械台班费用定额的概念

机械台班费用定额是指在一个台班中,为使机械正常运转需要支出和分摊的折旧费、检修费、维护费、安装辅助费以及人工费、动力燃料费、车船使用税等七项费用的消耗标准,即确定机械台班单价的定额。

2.机械台班费用定额的作用

机械台班费用定额是编制公路基本建设工程设计概算和施工图预算的依据,它在公路基本建设过程中具有很重要的作用:

(1)机械台班费用定额是计算机械台班单价的依据;

(2)机械台班费用定额是计算台班消耗的人工、燃料等实物量的依据;

(3)机械台班费用定额是编制施工组织设计,进行经济比较的依据。

3.机械台班费用定额的内容

交通运输部于2018年12月17日公布《公路工程机械台班费用定额》(JTG/T 3833—2018),作为公路工程行业推荐性标准,自2019年5月1日起实施。定额内容包括说明,土、石方工程机械,路面工程机械,混凝土及灰浆机械,水平运输机械,起重及垂直运输机械,打桩、钻孔机械、泵类机械、金属、木、石料加工机械,动力机械,工程船舶,工程检测仪器仪表,通风机,其他机械等共13类972子目,以及定额用词说明。

机械台班费用由不变费用和可变费用组成。

不变费用包括以下四项：

(1)折旧费:指施工机械在规定的耐用总台班内,陆续收回其原值(含智能信息化管理设备费)的费用；

(2)检修费:指施工机械在规定的耐用总台班内,按规定的检修间隔进行必要的检修,以恢复其正常功能所需的费用；

(3)维护费:指施工机械在规定的耐用总台班内,按规定的维修间隔进行各级维护和临时故障排除所需的费用。包括为保障机械正常运转所需替换设备与随机配备工具附具的摊销费用,机械运转中日常保养所需润滑与擦拭的材料费用及机械停滞期间的维护费用等；

(4)安拆辅助费:指施工机械在现场进行安装与拆卸所需的人工、材料、机械和试运转费用以及机械辅助设施的折旧、搭设、拆除等费用。

可变费用包括以下三项：

(1)人工费:指随机操作人员的工作日工资(包括工资、各类津贴、补贴、辅助工资、劳动保护费等)；

(2)动力燃料费:指施工机械在运转作业中所耗用的电力、固体燃料(煤、木柴)、液体燃料(汽油、柴油、重油)和水的费用；

(3)车船税:指施工机械按照国家、省(自治区、直辖市)规定应缴纳的车船税。

二、公路工程机械台班费用定额的应用

[例6-22] 试分析135kW履带式推土机12.3台班的基价。

解:查现行《公路工程机械台班费用定额》土、石方工程机械,135kW履带式推土机代号为[8001006]。

折旧费:209.63元。

检修费:123.21元。

维护费:325.62元。

安装拆卸及辅助设施费:0元。

不变费用小计:658.46元。

人工:2工日。

柴油:98.06kg。

查预算定额附录四"定额人工、材料、设备单价表"得,人工基价:106.28元/工日,柴油基价:7.44元/kg。

可变费用基价:$2 \times 106.28 + 98.06 \times 7.44 = 942.13$(元)。

定额基价:不变费用 + 可变费用 = $658.46 + 942.13 = 1\,600.59$(元)。

12.3台班基价:$12.3 \times 1\,600.59 = 19\,687.26$(元)。

【练习题】

1. 某高速公路路基工程,全长28km,按设计断面填缺计算的压实方为6 720 000m³,无利用方,平均填土高度为7.0m,填宽厚度0.2m,路基平均占地宽45m,路基占地及取土坑均为耕地,土质为Ⅲ类土。采用0.6m³以内单斗挖掘机装土方,填前以15t压路机压实耕地。试问:路基宽填增加土方量为多少?填前压实增加土方量为多少?总计计价土方量(压实方)为多少?

2. 某沥青混合料路面基层摊铺工程,基层为厚20cm水泥稳定碎石,路面宽22.5cm,路段长18km,基层较面层每侧加宽0.25m,水泥稳定碎石为厂拌,机械铺筑,平地机功率120kW以内,试计算其所需人工数量及平地机、压路机等台班数量。

3. 某隧道工程,采用喷射混凝土做衬砌,设计厚度为8cm,喷射面积为6 000m²,其洞内预制混凝土沟槽:数量50m³,混凝土盖板数量30m³,试确定其工、料、机消耗量。

4. 某桥在水中工作平台上打桩基础。已知地基土层为亚黏土8.0m,黏土2.0m,干的固结黄土;设计垂直桩入土深为11.0m,斜桩入土深为12m,设计规定凿去桩头1.00m,打桩工作平台160m²。试确定打钢筋混凝土方桩及工作平台的预算定额。

5. 试确定某浆砌片石挡土墙的砌石基础和填片石垫层的人工、材料的预算定额。

6. 试确定下列工程的预算定额。
(1)浆砌片石护坡;(2)浆砌片石锥坡;(3)浆砌片石边沟、截水沟、急流槽;(4)开挖浆砌片石挡土墙。

7. 某浆砌块石拱圈工程,设计采用M10水泥砂浆砌筑。试问编制预算时是否需要抽换?怎样抽换?(取跨径20m)

8. 某2孔跨径20m石拱桥,制备1孔木拱盔(满堂式),试确定其实际周转2次的材料预算定额。

9. 某段公路路基土方采用借土填方为普通土96 000m³(天然方),取土场取土。拟采用3m³装载机配合推土机集土,自卸汽车运输5km施工,试按概算定额计算其工料机消耗。

10. 某水泥稳定土基层(施工工艺为路拌法稳定土拌和机拌和)。定额规定的配合比为(水泥:砂:土)10:83:7;基本压实厚度为15cm,本工程设计配合比9:85:6,设计厚度为13cm,求各种材料调整后的概算定额数量。

11. 某预制安装T形梁工程,已知主梁239m³,横隔板15m³,桥面连续结构1.5m³,人行道板20m³,现浇混凝土3m³,采用普通钢筋,试确定所需人工工日及钢筋的总重量。

12. 某桥结构设计为4孔20m预应力简支箱梁,下部为柱式墩、肋式台、桩基础,桥墩桩基为每墩4个桩,桩长28m,桥台为每台8个桩,桩长24m,桩径均为1.5m,地层由上至下为粉砂土5m,砂砾6m,亚黏土9m,角砾3m,以下为弱风化岩,试确定该项目钻孔的预算定额消耗和钢护筒设计质量(无地面水)。

13. 某一级公路路基边坡防护采用7.5号浆砌片石护脚混凝土菱形块护坡,设计工程量见表6-33,试计算其工、料、机消耗的概算定额。

某一级公路设计工程量   表6-33

桩号	位置及长度		边坡面积 （m²）	7.5号浆砌 片石（m³）	20号混凝土 预制块（m³）	砂砾垫层 （m³）	伸缩缝 （m³）	开挖土方 （m³）
	左（m）	右（m）						
K34+680~K34+850	170	170	1410	311.1	83.42	72.42	29.28	541
K34+850~K34+960	110	90	484	183.0	21.44	46.86	15.56	267
合计	280	260	1894	494.1	104.86	119.28	44.84	808

【思考题】

1. 何谓定额？
2. 定额有何作用？
3. 定额有哪些特点？
4. 你能否从不同的角度对定额进行分类？分别为哪些定额？
5. 何谓产量定额？何谓时间定额？两者有何关系？
6. 材料定额由哪些部分组成？它有哪几种表现形式？
7. 机械设备定额有哪几种表现形式？从何种途径来分析计算台班单价和台班的实物消耗数量？
8. 为什么要编制项目建议书投资估算？编制公路项目建议书投资估算时，应采用何种定额？
9. 为什么要编制可行性研究报告投资估算？编制公路工程可行性研究造价估算时，应采用何种定额？
10. 初步设计阶段所编制的造价文件名称是什么？应采用何种定额编制？
11. 技术设计阶段所编制的造价文件名称是什么？应采用何种定额编制？
12. 施工图设计的造价文件是什么？应采用何种定额？
13. 定额表的基价是什么？随意抽出一个定额表，你能否计算出其中各栏的基价？
14. 如何进行定额号的编写？计算机软件又是如何对定额进行编号的？
15. 给你某座桥梁的工程数量表，你能否套用定额并进行相关定额的抽换？采用工料机基价计算出该桥梁的价格。
16. 补充定额的作用是什么？
17. 定额的抽换从哪几方面进行？为什么要进行抽换？

第七章

公路基本建设工程概预算

【学习要求】

了解概预算的作用,熟悉概预算文件的组成及项目划分;掌握概预算费用组成及各项费用计算;掌握概预算编制方法。

第一节 公路工程概预算的作用及文件组成

一、概预算的作用

公路基本建设项目从申请立项到竣工验收,其工程投资额的测算与控制一直贯穿于公路基本建设程序的始终,并形成了完整的投资测算体系。其中,工程概预算具有特别重要的意义和作用,它在投资测算体系中居主导地位,其作用主要表现在如下几点。

1.概算是编制基本建设计划,确定和控制投资额的依据

概算是设计单位在初步设计或技术设计的基础上,根据设计文件的具体内容和交通运输部发布的《公路工程基本建设项目概算预算编制办法》《公路工程概算定额》等规定编制的技术经济文件。尽管是在初步设计或技术设计阶段,但此时的工程结构设计及工程数量的计算比估算阶段已更明晰、更具体。因此,概算比估算的计算精度要高。因而,国家在确定和控制

公路基本建设投资总额时,是以概算作为投资封顶线的。年度基本建设计划也要以批准的初步设计概算为依据,初步设计概算没有批准的工程不能列入国家年度基本建设计划。批准后的概算是国家控制项目投资的最高限额。

2. 概预算是设计、施工方案择优的依据

同一工程建筑物可以有不同的设计方案和不同的施工方法,除应满足功能、使用要求外,其技术经济指标也是方案评优的主要依据。由于每个方案的设计意图都会通过计算工程量和各项费用而全部反映到概预算文件中。因此,通过对这些货币指标的比较,就可以从中选出既能满足设计要求,同时又经济合理的最佳设计方案,从而促使设计人员进一步改进设计、优化设计,进而得到一个最佳设计方案。

3. 概预算是确定招标控制价、签订工程合同的依据

对于招投标工程,建设单位根据概预算确定招标控制价,作为评标的尺度之一。概预算是设计单位在精心设计后核定出的工程造价。尤其是施工图预算,是设计单位的最终设计成果,其工程内容、工程数量的计算都已达到最精细的程度。在这种情况下,计算出的工程造价已十分接近工程 的实际造价。因此,在确定招标控制价时通常以概预算作为基础进行适当浮动,并以此与施工单位签订施工合同。

4. 概预算是企业内部经营管理、经济核算的依据

工程概预算不仅是确定工程价值的综合文件,而且还可以反映工程建设的规模和经济活动的范围;分析工程结构的实物指标,如钢筋、水泥、木材等主要材料及人工、机械的消耗数量,依赖施工图预算提供的有关数据,可编制施工进度计划和劳动力、材料、成品、半成品、构件,及机械设备等需要量及供应计划,并落实货源、组织购物、控制消耗。

施工企业以施工图预算为依据,通过编制施工预算,进行"两算"对比、互审,从而达到加强经营管理,降低工程成本,完善经济责任制的目的。

概算、施工图预算(简称预算)都是由设计单位编制的技术经济文件,虽然它们的编制依据、精度等略有不同,但由于编制方法及文件、图表的组成格式完全相同,因此,通常将概算、施工图预算共有的内容合为一体,简称概预算。

二、概预算的文件组成

概、预算文件由封面、扉页、目录、编制说明及全部计算表格组成(详见附录)。

1. 封面及扉页

概预算文件的封面和扉页应按现行《公路工程基本建设项目设计文件编制办法》中的规定制作,扉页的次页和目录按《公路工程建设项目概算预算编制办法》(JTG 3830—2018)附录A的规定制作。

2. 概预算编制说明

概预算编制完成后,应写出编制说明,文字简明扼要。应叙述的内容一般包括:

(1)建设项目设计文件的依据;

(2)编制范围、工程概况等;

(3)采用的定额、费用标准、人工、材料与设备、机械台班预算单价的依据或来源,新增工

艺的单价分析等；

(4)与概预算有关的委托书、协议书、会议纪要的主要内容；

(5)概算、预算总金额，人工、钢材、水泥、沥青等的总量；

(6)各设计方案的经济比较；

(7)项目综合经济技术指标统计，对比分析本阶段与上阶段工程数量、造价的变化情况；

(8)其他有关费用计算项及计价依据的说明；

(9)采用的公路工程造价软件名称及版本号；

(10)其他需要说明的问题。

3.概预算表格

公路工程概预算应按统一的概预算表格计算，表格样式应符合《公路工程建设项目概算预算编制办法》(JTG 3830—2018)附录A的规定，各种表格的计算顺序和相互关系如图7-1所示。

4.甲组文件与乙组文件

概预算文件是设计文件的组成部分，按不同的需要分为两组，甲组文件为各项费用计算表，乙组文件为建筑安装工程费各项基础数据计算表。甲、乙组文件应按现行《公路工程基本建设项目设计文件编制办法》中关于设计文件报送份数的要求，随设计文件一并报送，并同时提交可计算的造价电子书数据文件和新工艺单价分析的详细资料。

乙组文件中的"分项工程概(预)算表"(21-2表)可只提交电子版，或按需要提交纸质版。

概预算应按一个建设项目(如一条路线或一座独立大中桥、隧道)进行编制。当一个建设项目需要分段或分部编制时，应根据需要分别编制，但必须汇总编制"总概(预)算汇总表"。

甲、乙组文件包括的内容如下：

甲组文件：

(1)编制说明；

(2)前后阶段费用对比表；

(3)建设项目属性及技术经济信息表(00表)；

(4)总概(预)算汇总表(01-1表)；

(5)总概(预)算人工、主要材料、施工机械台班数量汇总表(02-1表)；

(6)概(预)算表(01表)；

(7)人工、主要材料、施工机械台班数量汇总表(02表)；

(8)建筑安装工程费计算表(03表)；

(9)综合费率计算表(04表)；

(10)综合费用计算表(04-1表)；

(11)设备费计算表(05表)；

(12)专项费用计算表(06表)；

(13)土地使用及拆迁补偿费计算表(07表)；

(14)工程建设其他费计算表(08表)；

(15)人工、材料、施工机械台班单价汇总表(09表)。

乙组文件：

(1)分项工程概(预)算计算数据表(21-1表)；

(2)分项工程概(预)算表(21-2 表);
(3)材料预算单价计算表(22 表);
(4)自采材料料场价格计算表(23-1 表);
(5)材料自办运输单位运费计算表(23-2 表);
(6)施工机械台班单价计算表(24 表);
(7)辅助生产人工、材料、施工机械台班单位数量表(25 表)。

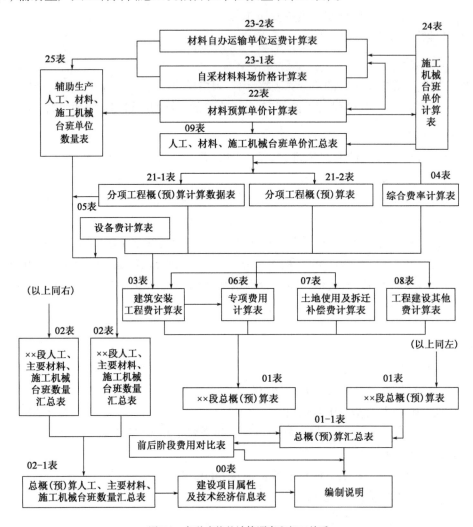

图 7-1　各种表格的计算顺序和相互关系

第二节　公路工程概预算的项目及费用组成

一、概预算的项目组成

公路工程是一个体形庞大的线形构造物,虽然有多样性和单件性的特点,但就其实物形态来说,都是由许多部分组成的。为了准确无误地计算和确定建筑安装工程的造价,使之有利于公路工程概预算的编审,必须对公路基本建设项目进行科学的分析和分解。即将一个基本建设项目分解为若干个单项工程,再将一个单项工程分解为若干个单位工程,依次又将单位工程分解为若干个分部工程,最后将分部工程分解为若干个分项工程。因此,分项工程是概预算项目划分的基本单位。

概、预算项目主要内容如下:
第一部分　建筑安装工程费
　　第一项　临时工程
　　第二项　路基工程
　　第三项　路面工程
　　第四项　桥梁涵洞工程
　　第五项　隧道工程
　　第六项　交叉工程
　　第七项　交通工程及沿线设施
　　第八项　绿化及环境保护工程
　　第九项　其他工程
　　第十项　专项费用
　　　　1.施工场地建设费
　　　　2.安全生产费
第二部分　土地使用及拆迁补偿费
第三部分　工程建设其他费
第四部分　预备费
第五部分　建设期贷款利息

概、预算项目应按项目表的序列及内容编制。当实际出现的工程和费用项目与项目表的内容不完全相符时,第一、二、三、四、五部分和"项"的序号、内容应保留不变,项目表中的"项"以下的分项在引用时应保持序号、内容不变,缺少的分项内容可随需要就近增加,并按项目表的顺序以实际出现的级别依次排列,不保留缺少的"项"以下的项目内容。

分项编号采用部(1位数)、项(2位数)、目(2位数)、节(2位数)、细目(2位数)组成,以部、项、目、节、细目等依次逐层展开。概预算项目表的详细内容及分项编号见《公路工程建设项目概算预算编制办法》(JTG 3830—2018)附录B。

二、概预算的费用组成

公路工程是裸露于自然界中的构造物,其造价不仅与工程的建筑规模、工程结构有关,还受自然界和经济条件的影响。因此,在核定工程造价时,仅有项目表是不够的,还必须对分项工程的各项费用做进一步的分解,并对各部分的费用内容及计价方法做一个统一的规定,这样才能提高概预算的编制精度。为此,交通运输部还规定了公路工程概预算总金额的费用组成,如图7-2所示。

```
                    ┌ 建筑安装工程费
                    │ 土地使用及拆迁补偿费
                    │ 工程建设其他费
概预算总金额 ────────┤          ┌ 基本预备费
                    │ 预备费 ───┤
                    │          └ 差价预备费
                    └ 建设期贷款利息
```

其中：

```
                              ┌ 人工费
                ┌ 直接费 ─────┤ 材料费
                │             └ 施工机械使用费
                │ 设备购置费
                │             ┌ 冬季施工增加费
                │             │ 雨季施工增加费
                │             │ 夜间施工增加费                  ┌ 高原地区施工增加费
                │ 措施费 ─────┤ 特殊地区施工增加费 ────────────┤ 风沙地区施工增加费
                │             │                                └ 沿海地区施工增加费
                │             │ 行车干扰工程施工增加费
                │             │ 施工辅助费
                │             └ 工地转移费
建筑安装工程费 ─┤             ┌ 基本费用
                │             │ 主副食运费补贴
                │ 企业管理费 ─┤ 职工探亲路费
                │             │ 职工取暖补贴
                │             └ 财务费用
                │             ┌ 养老保险费
                │             │ 失业保险费
                │ 规费 ───────┤ 医疗保险费
                │             │ 工伤保险费
                │             └ 住房公积金
                │ 利润
                │ 税金
                │             ┌ 施工场地建设费
                └ 专项费用 ───┤
                              └ 安全生产费

                ┌ 建设单位(业主)管理费
                │                    ┌ 建设项目信息化费
                │ 建设项目管理费 ────┤ 工程监理费
                │                    │ 设计文件审查费
                │                    └ 竣(交)工验收试验检测费
                │ 研究试验费
                │ 建设项目前期工作费
                │ 专项评价(估)费
工程建设其他费用┤ 联合试运转费
                │             ┌ 工器具购置费
                │             │ 办公和生活用家居购置费
                │ 生产准备费 ─┤ 生产人员培训费
                │             └ 应急保通设备购置费
                │ 工程保通管理费
                │ 工程保险费
                └ 其他相关费用
```

图 7-2 概预算费用组成图

第三节 建筑安装工程费的计算

建筑安装工程费,简称建安费,是指概、预算中直接用于形成工程实体所发生的费用。它是由直接费、设备购置费、措施费、企业管理费、规费、利润、税金和专项费用组成。建筑安装工程费除专项费用外,其他均按"价税分离"计价规则计算,即各项费用均以不含增值税可抵扣进项税额的价格(费率)进行计算。

定额建筑安装工程费包括定额直接费、定额设备购置费的40%、措施费、企业管理费、规费、利润、税金和专项费用,定额直接费包括定额人工费、定额材料费、定额施工机械使用费。

定额人工费、定额材料费、定额施工机械使用费以及定额设备购置费均按《公路工程预算定额》(JTG/T 3832—2018)附录四"定额人工、材料、设备单价表"及现行《公路工程机械台班费用定额》(JTG/T 3833—2018)中规定的人工、材料、设备、机械的相应基价计算的定额费用。

一、直接费

直接费是指施工过程中耗费的构成工程实体和有助于工程形成的各项费用,包括人工费、材料费、施工机械使用费。

1. 人工费

人工费是指列入概、预算定额的直接从事建筑安装工程施工的生产工人开支的各项费用,内容包括如下:

(1)计时工资或计件工资:指按计时工资标准和工作时间或对已做工作按计件单价支付给个人的劳动报酬。

(2)津贴、补贴:指为了补偿职工特殊或额外的劳动消耗和因其他特殊原因支付给个人的津贴,以及为保证职工工资水平不受物价影响支付给个人的物价补贴。如流动施工津贴、特殊地区施工津贴、高温(寒)作业临时津贴、高空津贴等。

(3)特殊工资:指根据国家法律、法规和政策规定,因病、工伤、产假、计划生育假、婚丧假、事假、探亲假、定期休假、停工学习、执行国家或社会义务等原因按计时工资标准或计时工资标准的一定比例支付的工资。

人工费以概、预算定额人工工日数乘以综合工日单价计算。

$$人工费 = 工程数量 \times 定额值(概、预算) \times 综合工日单价(元/工日) \quad (7-1)$$

人工费标准按照本地区公路建设项目的人工工资统计情况以及公路建设劳务市场情况进行综合分析,确定人工工日单价。人工工日单价有省级交通运输主管部门制定发布,并适时进行动态调整。人工工日单价仅作为编制概、预算的依据,不作为施工企业实发工资的依据。

[**例7-1**] 某公路工程,若人工夯实填土,工程数量 3 800 m³,定额人工单价为 106.28 元/工日,试确定其预算定额人工费。

解:根据题意查预算定额表[1-1-7]"夯实填土",定额值为 85 工日/1 000 m³,预算定额人工费为:3 800 m³ × 85 工日/1 000 m³ × 106.28(元/工日) = 34 328.44 元

表 7-1

1-1-7 夯实填土

工程内容:1)打碎土块并耙平;2)洒水或风干土壤;3)分层夯实。

单位:1 000 m³ 压实方

顺序号	项目	单位	代号	夯实填土	
				人工夯实	夯土机夯实
				1	2
1	人工	工日	1001001	85	48.8
2	蛙式夯土机	台班	8001095	—	70.42
3	基价	元	9999001	9 034	7 291

注:如需洒水时,备水费用另行计算。

2. 材料费

材料费指施工过程中耗用的构成工程实体的原材料、辅助材料、构(配)件、零件、半成品或成品,按工程所在地的材料价格计算的费用。

材料预算价格由材料原价、运杂费、场外运输损耗、采购及仓库保管费组成。

$$材料预算价格 = (材料原价 + 运杂费) \times (1 + 场外运输损耗率) \times$$
$$(1 + 采购及保管费率) - 包装品回收价值 \qquad (7-2)$$

1)材料原价

各种材料原价按以下规定计算。

(1)外购材料:参照本行政区域内交通运输主管部门发布的价格和按调查的市场价格进行综合取定。

(2)自采材料:自采的砂、石、黏土等自采材料,按定额中开采单价加辅助生产间接费和矿产资源税(如有)计算。

2)运杂费

运杂费指材料自供应地点至工地仓库(施工地点存放材料的地方)的费用,包括装卸费、运费,如果发生,还应计囤存费及其他杂费(如过磅、标签、支撑加固、路桥通行等费用)。

(1)通过铁路、水路和公路运输部门运输的材料,按调查的市场运价计算运费。

(2)一种材料当有两个以上的供应点时,应根据不同的运距、运量、运价采用加权平均的方法计算运费。由于概算、预算定额中已考虑了工地运输便道的特点,以及定额中已计入了"工地小搬运"的费用,因此,汽车运输平均运距中不得乘调整系数,也不得在工地仓库或堆料

场之外再加场内运距或二次倒运的运距。

(3)有容器或包装的材料及长大轻浮材料,应按表 7-2 规定的毛质量计算。桶装沥青、汽油、柴油按每吨摊销一个旧汽油桶计算包装费(不计回收)。

材料毛重系数及单位毛量表 表 7-2

材 料 名 称	单位	毛重系数(%)	单 位 毛 重
爆破材料	t	1.35	—
水泥、块状沥青	t	1.01	—
铁钉、铁件、焊条	t	1.10	—
液体沥青、液体燃料、水	t	桶装 1.17,油罐车装 1.00	—
木料	m^3	—	原木 0.750t,锯材 0.650t
草袋	个	—	0.004t

3)场外运输损耗

场外运输损耗指有些材料在正常的运输过程中发生的损耗。材料场外运输操作损耗率见表 7-3。

材料场外运输操作损耗率表(%) 表 7-3

材 料 名 称		场外运输(包括一次装卸)	每增加一次装卸
块状沥青		0.5	0.2
石屑、碎砾石、砂砾、煤渣、工业废渣、煤		1.0	0.4
砖、瓦、桶装沥青、石灰、黏土		3.0	1.0
草皮		7.0	3.0
水泥(袋装、散装)		1.0	0.4
砂	一般地区	2.5	1.0
	多风地区	5.0	2.0

注:汽车运水泥,当运距超过 500km 时,袋装水泥损耗率增加 0.5 个百分点。

4)采购及保管费

材料采购及保管费指在组织采购和保管过程中,所需的各项费用及工地仓库的材料储存损耗。

材料采购及保管费,以材料的原价加运杂费及场外运输损耗的合计数为基数,乘以采购及保管费率计算。

钢材的采购及保管费费率为 0.75%,燃料、爆破材料为 3.26%,其余材料为 2.06%。商品水泥混凝土、沥青混合料和各类稳定土混合料、外购的构件、成品及半成品的预算价格计算方法与材料相同。商品水泥混凝土、沥青混合料和各类稳定土混合料不计采购及保管费,外购的构件、成品及半成品的采购及保管费费率为0.42%。

[例7-2] 某桥需运输原木450m³,汽车运输,运距43km,每公里运价0.30元,装卸费1.0元/m³。试求其单位运杂费和总运费。

解:单位运费 = 0.3 × 43 = 12.9(元/m);

单位运杂费 = 12.9 + 1.0 = 13.9(元/m³);

总运杂费 = 13.9 × 450 = 6 259(元)。

[例7-3] 人工开采盖板石,人工装卸 4t,载货汽车运 4km,已知人工50.0元/工日,载货汽车290元/台班,求盖板石预算单价。

解:(1)原价。盖板石为自采材料,其原价应查预算定额计算,见表7-4

8-1-6 料石、盖板石开采 表7-4

工程内容:1)清除风化层;2)画线;3)钻线;4)打槽子;5)打楔眼;6)宰石;7)钻边;8)清面;9)堆放。

单位:100m³实方

顺序号	项目	单位	代号	粗料石	细料石	盖板石
				1	2	3
1	人工	工日	1001001	281.2	347.3	165.6
2	其他材料费	元	7801001	11.7	11.7	11.7
3	基价	元	9999001	29 898	36 923	17 612

每100m³需人工165.6工日;

原价 = 165.6 × 50 × (1 + 3%) = 8 528.4(元/100m³) = 85.284(元/m³)。

(2)运杂费。

运费:运费应查预算定额进行计算,见表7-5;

每100m³需4t 汽车:3.49 + 0.25 × 3 = 4.24(台班);

运费 = 4.24 × 290 = 1 229.6(元/100m³) = 12.296(元/m³);

装卸费,见表7-6;

每100m³需人工:22.4 工日;

装卸费 = 22.4 × 50 × (1 + 3%) = 1 153(元/100m³) = 11.53(元/m³);

运杂费 = 运费 + 装卸费 = 12.296 + 11.53 = 23.826(元/m³);

场外运输损耗率为0%;

采购保管率为2.06%;

盖板石预算单价 = (85.284 + 23.826) × (1 + 0%) × (1 + 2.06%) = 111.36(元/m³)。

9-1-5 载货汽车运输(配合人工装卸)　　　　　　　　表7-5

工程内容:1)等待装料;2)运走;3)卸料;4)空回。

Ⅰ.4t 以内载货汽车　　　　　　　　　　　　　　　单位:表列单位

顺序号	项目	单位	代号	料石、盖板石		木材		钢材	
				100m³		100t		100t	
				第一个1km	每增运1km	第一个1km	每增运1km	第一个1km	每增运1km
				1	2	3	4	5	6
1	4t 以内载货汽车	台班	8007003	3.49	0.25	2.69	0.18	2.39	0.13
2	基价	元	9999001	1 641	118	1 265	85	1 124	61

顺序号	项目	单位	代号	水泥、矿粉		沥青、油料	
				100t			
				第一个1km	每增运1km	第一个1km	每增运1km
				7	8	9	10
1	4t 以内载货汽车	台班	8007003	2.87	0.13	4.12	0.13
2	基价	元	9999001	1 349	61	1 937	61

9-1-9 人工装卸汽车　　　　　　　　　　　　　表7-6

工程内容:1)装车;2)捆绑;3)解绳;4)卸车堆放。

单位:表列单位

顺序号	项目	单位	代号	料石、盖板石	木材	钢材	水泥、矿粉	爆破材料	沥青、油料	轻质材料
				100m³		100t				100m³
				1	2	3	4	5	6	7
1	人工	工日	1001001	22.4	6.2	5.6	7	8.5	10.9	2.6
2	基价	元	9999001	2 381	659.0	595	744.0	903	1 158	276

3. 施工机械使用费

施工机械使用费指列入概算、预算定额的工程机械和工程仪器仪表台班数量,按相应的施工机械台班费用定额计算的费用等。

1)工程机械使用费

施工机械台班预算价格应按现行《公路工程机械台班费用定额》(JTG/T 3833)计算,机械台班单价由不变费用和可变费用组成。不变费用包括折旧费、检修费、维护费、安拆辅助费等;可变费用包括机上人员人工费、动力燃料费、车船税。可变费用中的人工工日数及动力燃料消耗量,应以机械台班费用定额中的数值为准。台班人工费工日单价同生产工人人工费单价。动力燃料费用则按材料费的计算规定计算。

2)工程仪器仪表使用费

工程仪器仪表使用费指机电工程施工作业所发生的仪器仪表使用费,以施工仪器仪表台班耗用量乘以施工仪器仪表台班单价计算。

工程仪器仪表台班预算价格应按现行《公路工程机械台班费用定额》(JTG/T 3833)计算。台班人工费工日单价同生产工人人工费单价。动力燃料费用则按材料费的计算规定计算。

当工程用电为自行发电时,电动机械每kW·h(度)电的单价可由下述公式计算:

$$A = 0.15 \frac{K}{N} \tag{7-3}$$

式中:A——每kW·h电单价(元);

K——发电机组的台班单价(元);

N——发电机组的总功率(kW)。

[例7-4] 某路基工程土方约为50 000m³。推土机施工,普通土天然密实方,功率90kW以内,推土运距60m,按预算定额求算所需机械台班数及机械使用费总金额,市场调查柴油价格为4.8元/kg;人工为59元/工日。

解:预算定额表[1-1-12],见表7-7。

推土机施工台班定额值:2.15 + 4 × 0.72 = 5.03(台班/1 000m³)。

由机械台班费用定额可知,90kW推土机:

不变费用:347.89元(包括折旧费110.75元,检修费65.10元,维护费172.04元,安拆辅助费0元);

可变费用:人工为2工日/台班;柴油为65.37kg/台班;

机械台班单价:347.89 + 2 × 59 + 4.8 × 65.37 = 779.67(元);

机械台班使用费总金额:50 000 ÷ 1 000 × 5.03 × 779.67 = 196 087.01元。

1-1-12 推土机推土、石方   表7-7

工程内容 推土方:1)推土;2)空回;3)整理卸土。
推石方:1)推运爆破后石方;2)空回;3)整理。

单位:1 000m³天然密实方

顺序号	项目	单位	代号	推土机推土(kW)											
				75以内				90以内				105以内			
				第一个20m			每增运10m	第一个20m			每增运10m	第一个20m			每增运10m
				松土	普通土	硬土		松土	普通土	硬土		松土	普通土	硬土	
				1	2	3	4	5	6	7	8	9	10	11	12
1	人工	工日	1001001	2.4	2.6	2.9	—	2.4	2.6	2.9	—	2.4	2.6	2.9	—
2	75kW以内履带式推土机	台班	8001002	2.43	2.66	3.51	0.94	—	—	—	—	—	—	—	—
3	90kW以内履带式推土机	台班	8001003	—	—	—	—	1.98	2.15	2.61	0.72	—	—	—	—
4	105kW以内履带式推土机	台班	8001004	—	—	—	—	—	—	—	—	1.68	1.87	2.08	0.64
...		...													
8	基价	元	9999001	2 404	2 628	3 412	831	2 328	2 527	3 040	754	2 237	2 483	2 762	755

二、设备购置费

设备购置费指为满足公路初期运营、管理需要购置的构成固定资产标准的设备和虽抵御固定资产标准但属于设计明确列入设备清单的费用,包括渡口设备,隧道照明、消防、通风的动力设备,公路收费、监控、通信、路网运行监测、供配电及照明设备等。

设备购置费应列出计划购置的清单(包括设备的规格、型号、数量),以设备预算价计入。

设备购置费包括设备原价、运杂费、运输保险费、采购及保管费,各种税费按编制期有关部门规定计算。

需要安装的设备,按建筑安装工程费的有关规定计算设备的安装工程费。设备与材料的划分标准见《公路工程建设项目概算预算编制办法》(JTG 3830—2018)附录 C。

三、措施费

措施费包括冬季施工增加费、雨季施工增加费、夜间施工增加费、特殊地区施工增加费、行车干扰工程施工增加费、施工辅助费、工地转移费、辅助生产间接费。

购买的路基填料、绿化苗木、商品混凝土、商品沥青混合料和各类稳定土混合料、外购混凝土构件不作为措施费及企业管理费的计算基数。

1. 冬季施工增加费

冬季施工增加费系指按照公路施工及验收规范所规定的冬季施工要求,为保证工程质量和安全生产所需采取的防寒保温设施、工效降低和机械作业率降低以及技术操作过程的改变等所增加的有关费用。

冬季施工增加费的内容包括:
(1)因冬季施工所需增加的一切人工、机械与材料的支出费用;
(2)施工机械所需修建的暖棚(包括拆、移),增加其他保温设备的购置费用;
(3)因施工组织设计确定,需增加的一切保温、加温等有关支出费用;
(4)清除工作地点的冰雪等与冬季施工有关的其他各项费用。

全国各地冬季施工气温区划表见附录 D。

冬季施工增加费的计算方法,是根据各类工程的特点,规定各气温区的取费标准。为了简化计算手续,采用全年平均摊销的方法,即不论是否在冬季施工,均按规定的取费标准计取冬季施工增加费。

一条路线穿过两个以上的气温区时,可分段计算或按各区的工程量比例求得全线的平均增加率,计算冬季施工增加费。

冬季施工增加费以各类工程的定额人工费和定额施工机械使用费之和为基数,按工程所在地的气温区选用表 7-8 的费率计算。

冬季施工增加费费率表(%)　　　　　　　表7-8

工程类别	冬季期平均温度(℃)								准一区	准二区
	-1以上		-1~-4		-4~-7	-7~-10	-10~-14	-14以下		
	冬一区		冬二区		冬三区	冬四区	冬五区	冬六区		
	Ⅰ	Ⅱ	Ⅰ	Ⅱ						
土方	0.835	1.301	1.800	2.270	4.288	6.094	9.140	13.720	—	—
石方	0.164	0.266	0.368	0.429	0.859	1.248	1.861	2.801	—	—
运输	0.166	0.25	0.354	0.437	0.832	1.165	1.748	2.643	—	—
路面	0.566	0.842	1.181	1.371	2.449	3.273	4.909	7.364	0.073	0.198
隧道	0.203	0.385	0.548	0.710	1.175	1.52	2.269	3.425	—	—
构造物Ⅰ	0.652	0.940	1.265	1.438	2.607	3.527	5.291	7.936	0.115	0.288
构造物Ⅱ	0.868	1.240	1.675	1.902	3.452	4.693	7.028	10.542	0.165	0.393
构造物Ⅲ	1.616	2.296	3.114	3.523	6.403	8.680	13.020	19.520	0.292	0.721
技术复杂大桥	1.019	1.444	1.975	3.230	4.057	5.479	8.219	12.338	0.170	0.446
钢材及钢结构	0.04	0.101	0.141	0.181	0.301	0.381	0.581	0.861	—	—

注：绿化工程不计冬季施工增加费。

表7-8中工程类别是按如下规定划分的。

(1)土方：指人工及机械施工的土方工程、路基掺灰、路基换填及台背回填。

(2)石方：指人工及机械施工的石方工程。

(3)运输：指用汽车、拖拉机、机动翻斗车、船舶等运送土石方、路面基层和面层混合料、水泥混凝土及预制构件、绿化苗木等。

(4)路面：指路面所有结构层工程、路面附属工程、便道以及特殊路基处理(不含特殊路基处理中的圬工构造物)。

(5)隧道：指隧道土建工程(不含隧道的钢材及钢结构)。

(6)构造物Ⅰ：指砍树挖根、拆除工程、排水、防护、特殊路基处理中的圬工构造物、涵洞、交通安全设施、拌和站(楼)安拆工程、便桥、便涵、临时电力和电信设施、临时轨道、临时码头、绿化工程等工程。

(7)构造物Ⅱ：指小桥、中桥、大桥、特大桥工程。

(8)构造物Ⅲ：指商品水泥混凝土的浇筑、商品沥青混合料和各类商品稳定土混合料的铺筑、外购混凝土构件、设备安装工程等。

(9)技术复杂大桥：指钢管拱桥、斜拉桥、悬索桥、单孔跨径在120m以上(含120m)和基础水深在10m以上(含10m)的大桥主桥部分的基础、下部和上部工程(不含桥梁的钢材及钢结构)。

(10)钢材及钢结构:指所有工程的钢材及钢结构等工程。

2.雨季施工增加费

雨季施工增加费指雨季期间施工为保证工程质量和安全生产所需采取的防雨、排水、防潮和防护措施、工效降低和机械作业率降低,以及技术操作过程的改变,所需增加的有关费用。

雨季施工增加费的内容包括:

(1)因雨季施工所需增加的工、料、机费用的支出,包括工作效率的降低及易被雨水冲毁的工程所增加的清理坍塌基坑和堵塞排水沟、填补路基边坡冲沟等工作内容;

(2)路基土方工程的开挖和运输,因雨季施工(非土壤中水影响)而引起的黏附工具、降低工效所增加的费用;

(3)因防止雨水必须采取的挖临时排水沟、防止基坑坍塌所需的支撑、挡板等防护措施费用;

(4)材料因受潮、受湿的耗损费用;

(5)增加防雨、防潮设备的费用;

(6)因河水高涨致使工作困难等其他有关雨季施工所需增加的费用。

全国雨季施工雨量区及雨季期划分见本办法附录 E。

雨季施工增加费的计算方法,是将全国划分为若干雨量区和雨季期,并根据各类工程的特点规定各雨量区和雨季期的取费标准。为简化计算手续,采用全年平均摊销的方法,即不论是否在雨季施工,均按规定的取费标准计取雨季施工增加费。

一条路线通过不同的雨量区和雨季期时,应分别计算雨季施工增加费或按工程量比例求得平均的增加率,计算全线雨季施工增加费。

雨季施工增加费以各类工程的定额人工费和定额施工机械使用费之和为基数,按工程所在地的雨量区、雨季期选用表 7-9 的费率计算。

3.夜间施工增加费

夜间施工增加费指根据设计、施工的技术要求和合理的施工组织要求,必须在夜间施工或必须昼夜连续施工而发生的夜班补助费、夜间施工降效、施工照明设备摊销及照明用电等费用。

夜间施工增加费以夜间施工工程项目的定额人工费与定额施工机械费之和为基数,按表 7-10 的费率计算。

雨季施工增加费费率表（%）

表 7-9

工程类别	1	1.5		2		2.5		3		3.5		4		4.5		5		6		7	8
								雨季期（月数）													
								雨量区													
		I	I	I	II	I	II	I	II	I	II	I	II	I	II	I	II	I	II	II	II
土方	0.140	0.175		0.245	0.385	0.345	0.455	0.385	0.525	0.455	0.596	0.525	0.700	0.596	0.805	0.665	0.939	0.764	1.114	1.289	1.499
石方	0.175	0.140		0.212	0.349	0.280	0.420	0.349	0.491	0.418	0.563	0.487	0.667	0.555	0.772	0.626	0.876	0.701	1.018	1.194	1.373
运输	0.142	0.178		0.249	0.391	0.330	0.462	0.391	0.568	0.462	0.675	0.533	0.781	0.604	0.888	0.675	0.969	0.781	1.136	1.314	1.527
路面	0.115	0.153		0.230	0.366	0.306	0.480	0.366	0.567	0.425	0.634	0.501	0.710	0.578	0.825	0.654	0.940	0.749	1.093	1.267	1.459
隧道	—	—		—	—	—	—	—	—	—	—	—	—	—	—	—	—	—	—	—	—
构造物 I	0.098	0.131		0.164	0.262	0.196	0.295	0.229	0.360	0.262	0.426	0.327	0.491	0.393	0.557	0.458	0.622	0.524	0.753	0.884	1.015
构造物 II	0.105	0.141		0.177	0.282	0.247	0.363	0.282	0.424	0.318	0.494	0.388	0.565	0.459	0.636	0.530	0.742	0.600	0.883	1.059	1.201
构造物 III	0.200	0.266		0.366	0.565	0.466	0.699	0.565	0.832	0.665	0.998	0.765	1.164	0.898	1.331	1.031	1.497	1.164	1.730	1.996	2.296
技术复杂大桥	0.109	0.181		0.254	0.363	0.290	0.435	0.363	0.508	0.435	0.580	0.508	0.689	0.580	0.798	0.663	0.907	0.725	1.062	1.233	1.414
钢材及钢结构	—	—		—	—	—	—	—	—	—	—	—	—	—	—	—	—	—	—	—	—

注：室内管道及设备安装工程不计雨季施工增加费。

夜间施工增加费费率表(%) 表7-10

工程类别	费率
构造物Ⅱ	0.903
构造物Ⅲ	1.702
技术复杂大桥	0.928
钢材及钢结构	0.874

注:设备安装工程及金属标志牌、防撞钢护栏、防眩板(网)、隔离栅、防护网等不计夜间施工增加费。

4. 特殊地区施工增加费

特殊地区施工增加费包括高原地区施工增加费、风沙地区施工增加费和沿海地区增加费三项。

1)高原地区施工增加费

高原地区施工增加费是指在海拔高度2 000m以上地区施工,由于受气候、气压的影响,致使人工、机械效率降低而增加的费用。该费用以各类工程定额人工费和定额机械使用费之和为基数,按表7-11的费率计算。

一条路线通过两个以上(含两个)不同的海拔高度分区时,应分别计算高原地区施工增加费或按工程量比例求得平均的增加率,计算全线高原地区施工增加费。

高原地区施工增加费费率表(%) 表7-11

工程类别	海拔高度(m)						
	2001~2500	2501~3000	3001~3500	3501~4000	4001~4500	4501~5000	5000以上
土方	13.295	19.709	27.455	38.875	53.102	70.162	91.853
石方	13.711	20.358	29.025	41.435	56.875	75.358	100.223
运输	13.288	19.666	26.575	37.205	50.493	66.438	85.040
路面	14.572	21.618	30.689	45.032	59.615	79.500	102.640
隧道	13.364	19.850	28.490	40.767	56.037	74.302	99.259
构造物Ⅰ	12.799	19.051	27.989	40.356	55.723	74.098	95.521
构造物Ⅱ	13.622	20.244	29.082	41.617	57.214	75.874	101.408
构造物Ⅲ	12.786	18.985	27.054	38.616	53.004	70.217	93.371
技术复杂大桥	13.912	20.645	29.257	41.670	57.134	75.640	100.205
钢材及钢结构	13.203	19.622	28.269	40.492	55.699	73.891	98.930

2)风沙地区施工增加费

风沙地区施工增加费指在沙漠地区施工时,由于受风沙影响,按照施工及验收规范的要求,为保证工程质量和安全生产而增加的有关费用,内容包括防风、防沙及气候影响的措施费,人工、机械效率降低增加的费用,以及积沙、风蚀的清理修复等费用。

全国风沙地区公路施工区划见附录 F。当地气象资料及自然特征与附录 F 中的风沙地区划分有较大的出入时,由项目所在地省级交通主管运输主管部门按当地气象资料和自然特征及上述划分标准确定工程所在地的风沙区划。

一条路线穿过两个以上不同风沙区时,按路线长度经过不同的风沙区加权计算项目全线风沙地区施工增加费。

风沙地区施工增加费以各类工程的定额人工费和定额机械使用费之和为基数,根据工程所在地的风沙区划及类别,按表 7-12 的费率计算。

风沙地区施工增加费费率表(%)　　　　表 7-12

工程类别	风沙一区			风沙二区			风沙三区		
	沙 漠 类 型								
	固定	半固定	流动	固定	半固定	流动	固定	半固定	流动
土方	4.588	8.056	13.674	5.618	12.614	23.426	8.056	17.331	27.507
石方	0.745	1.409	2.981	1.014	2.236	3.959	1.490	3.726	5.216
运输	4.304	8.608	13.988	5.38	12.912	19.368	8.608	18.292	27.976
路面	1.364	2.727	4.932	2.205	4.932	7.567	3.356	7.137	11.025
隧道	0.261	0.522	1.043	0.355	0.783	1.386	0.522	1.304	1.826
构造物Ⅰ	3.968	6.944	11.904	4.96	10.912	16.864	6.944	15.872	23.808
构造物Ⅱ	3.254	5.694	9.761	4.067	8.948	13.828	5.694	13.015	19.523
构造物Ⅲ	2.976	5.208	8.928	3.720	8.184	12.648	5.208	11.904	17.226
技术复杂大桥	2.778	4.861	8.333	3.472	7.638	11.805	8.861	11.110	16.077
钢材及钢结构	1.035	2.07	4.14	1.409	3.105	5.498	2.07	5.175	7.245

3)沿海地区工程施工增加费

沿海地区工程施工增加费指工程项目在沿海地区施工受海风、海浪和潮汐的影响,致使人工、机械效率降低等所需增加的费用。本项费用,由沿海各省级交通主管部门制定具体的适用范围(地区)。

沿海地区工程施工增加费以各类工程的定额人工费和定额施工机械使用费之和为基数,按表 7-13 的费率计算。

沿海地区工程施工增加费费率表(%)　　　　表 7-13

工程类别	费　率
构造物Ⅱ	0.207
构造物Ⅲ	0.195
技术复杂大桥	0.212
钢材及钢结构	0.200

注:1. 表中的构造物Ⅲ系指桥梁工程所用的商品混凝土浇筑及混凝土构件、钢构件的安装。
　　2. 表中的钢材及钢结构系桥梁工程所用的钢材及钢结构。

5. 行车干扰施工增加费

行车干扰施工增加费指由于边施工边维持通车,受行车干扰的影响,致使人工、机械效率降低而增加的费用。该费用以受行车影响部分的工程项目的定额人工费和定额机械使用费之和为基数,按表7-14的费率计算。

行车干扰工程施工增加费费率表(%)　　　　表7-14

工程类别	施工期间平均每昼夜双向行车次数(机动车、非机动车合计)							
	51~100	101~500	501~1000	1001~2000	2001~3000	3001~4000	4001~5000	5000以上
土方	1.499	2.343	3.194	4.118	4.775	5.314	5.885	6.468
石方	1.279	1.881	2.618	3.479	4.035	4.492	4.973	5.462
运输	1.451	2.230	3.041	4.001	4.641	5.164	5.719	6.285
路面	1.309	2.098	2.802	3.487	4.046	4.496	4.987	5.475
隧道	—	—	—	—	—	—	—	—
构造物Ⅰ	0.924	1.386	1.858	2.320	2.693	2.988	3.313	3.647
构造物Ⅱ	1.007	1.516	2.014	2.512	2.915	3.244	3.593	3.943
构造物Ⅲ	0.948	1.417	1.896	2.365	2.745	3.044	3.373	3.713
技术复杂大桥	—	—	—	—	—	—	—	—
钢材及钢结构								

注:新建工程、中断交通进行封闭施工或为保证交通正常通行而修建保通便道的改(扩)建工程,不计行车干扰施工增加费。

6. 施工辅助费

施工辅助费包括生产工具用具使用费、检验试验费和工程定位复测、工程点交、场地清理等费用。施工辅助费以各类工程的定额直接费为基数,按表7-15的费率计算。

施工辅助费费率表(%)　　　　表7-15

工程类别	费率	工程类别	费率
土方	0.521	构造物Ⅰ	1.201
石方	0.470	构造物Ⅱ	1.537
运输	0.154	构造物Ⅲ	2.792
路面	0.818	技术复杂大桥	1.677
隧道	1.195	钢材及钢结构	0.564

(1)生产工具用具使用费指施工所需不属于固定资产的生产工具、检验、试验用具及仪器、仪表等的购置、摊销和维修费,以及支付给生产工人自备工具的补贴费。

(2)检验试验费指施工企业对建筑材料、构件和建筑安装工程进行一般鉴定、检查所发生的费用,包括自设试验室进行试验所耗用的材料和化学药品的费用,以及技术革新和研究试验费,不包括新结构、新材料的试验费和建设单位要求对具有出厂合格证明的材料进行检验、对构件破坏性试验及其他特殊要求检验的费用。

(3)高填方和软基沉降监测、高边坡稳定监测、桥梁施工监测、隧道施工监控量测、超前地质预报等施工监控费含在施工辅助费中,不得另行计算。

7. 工地转移费

工地转移费指施工企业迁至新工地的搬迁费用。

(1)工地转移费内容包括:

①施工单位职工及随职工迁移的家属向新工地转移的车费、家具行李运费、途中住宿费、行程补助费、杂费等;

②公物、工具、施工设备器材、施工机械的运杂费,以及外租机械的往返费及施工机械、设备、公物、工具的转移费等;

③非固定工人进退场的费用。

(2)工地转移费以各类工程的定额人工费和定额施工机械使用费之和为基数,按表7-16的费率计算。

工地转移费费率表(%)　　　表7-16

工程类别	工地转移距离(km)					
	50	100	300	500	1 000	每增加100
土方	0.224	0.301	0.470	0.614	0.815	0.036
石方	0.176	0.212	0.363	0.476	0.628	0.030
运输	0.157	0.203	0.315	0.416	0.543	0.025
路面	0.321	0.435	0.682	0.891	1.191	0.062
隧道	0.257	0.351	0.549	0.717	0.959	0.049
构造物Ⅰ	0.262	0.351	0.552	0.720	0.963	0.051
构造物Ⅱ	0.333	0.449	0.706	0.923	1.236	0.066
构造物Ⅲ	0.622	0.841	1.316	1.720	2.304	0.119
技术复杂大桥	0.389	0.523	0.818	1.067	1.430	0.073
钢材及钢结构	0.351	0.473	0.737	0.961	1.288	0.063

(3)高速公路、一级公路及独立大桥、独立隧道项目转移距离按省会城市至工地的里程计算;二级及以下公路项目转移距离按地级城市所在地至工地的里程计算。

(4)工地转移里程数在表列里程之间时,费率可内插计算。工地转移距离在50km以内的工程按50km计算。

8. 辅助生产间接费

辅助生产间接费指由施工单位自行开采加工的砂、石等自采材料及施工单位自办的人工、机械装卸和运输的间接费。

(1)辅助生产间接费按定额人工费的3%计。该项费用并入材料预算单价内构成材料费,不直接出现在概(预)算中。

(2)高原地区施工单位的辅助生产,可按高原地区施工增加费费率,以定额人工费与施工机械费之和为基数计算高原地区施工增加费(其中:人工采集、加工材料、人工装卸、运输材料按土方费率计算;机械采集、加工材料按石方费率计算;机械装、运输材料按运输费率计算)。辅助生产高原地区施工增加费不作为辅助生产间接费的计算基数。

[**例7-5**] 某公路桥桩基础工程,卷扬机带冲抓锥冲孔施工,已知桩径1.5m,水深30m,全桥共40根桩。经概算分析其人工费20万元,材料费46万元,机械费75万元。该桥位于东部沿海地区,地理位置为冬一区Ⅱ,雨季期2个月,雨量区为Ⅱ。由于工期紧张,工程需昼夜连续施工,施工期间有行车干扰,昼夜双向行车800辆。施工单位为本地企业,距离工地30km,试按编制办法的规定计算其应计的措施费。

解:根据题意,按工程类别划分,可知该工程项目属构造物Ⅱ。应计算的内容为冬季施工增加费、雨季施工增加费、夜间施工增加费、沿海地区工程施工增加费、行车干扰施工增加费、施工辅助费。而高原地区、风沙地区施工增加费不计,工地转移距离不足50km按50km计算。

冬季施工增加费:$(20+75) \times 1.240\% = 1.178$(万元)。

雨季施工增加费:$(20+75) \times 0.282\% = 0.2679$(万元)。

夜间施工增加费:$(20+75) \times 0.903\% = 0.85785$(万元)。

沿海地区工程施工增加费:$(20+75) \times 0.207\% = 0.19665$(万元)。

行车干扰工程施工增加费:$(20+75) \times 2.014\% = 1.9133$(万元)。

施工辅助费:$(20+46+75) \times 1.537\% = 2.16717$(万元)。

工地转移费:$(20+75) \times 0.333\% = 0.31635$(万元)。

措施费合计:$1.178 + 0.2679 + 0.85785 + 0.19665 + 1.9133 + 2.16717 + 0.31635 = 6.89722$(万元)。

四、企业管理费

企业管理费由基本费用、主副食运费补贴、职工探亲路费、职工取暖补贴和财务费用五项组成。

1. 基本费用

基本费用指建筑安装企业组织施工生产和经营管理所需的费用

(1)基本费用包括如下:

①管理人员工资:管理人员的基本工资、绩效工资、津贴补贴及特殊情况下支付的工资以及缴纳的养老、医疗、失业、工伤保险费和住房公积金等。

②办公费:企业管理办公用的文具、纸张、账表、印刷、通信、网络、书报、办公软件、会议、水电、烧水喝集体采暖降温(包括现场临时宿舍取暖降温)用煤(电、气)等费用。

③差旅交通费:职工因公出差、住勤补助费、市内交通费和误餐补助费,劳动力招募费、职工退休、职退一次性路费,工伤人员就医路费以及管理部门使用的交通工具的油料、燃料等费用。

④固定资产使用费:管理部门及附属生产单位使用的属于固定资产的房屋、设备等的折旧、大修、维修或租赁费。

⑤工具用具使用费:企业管理使用的不属于固定资产的工具、器具、家具、交通工具和检验、试验、测绘、消防用具等的购置、维修和摊销费。

⑥劳动保险费:企业支付的离退休职工的异地安家补助费、职工退职金、6个月以上的病假人员工资、职工死亡丧葬补助费、抚恤费、按规定支付给离休干部的各项经费。

⑦职工福利:按国家规定标准计提的职工福利费。

⑧劳动保护费:企业按国家有关部门规定标准发放的劳动保护用品的购置费及修理费、防暑降温费、在有碍身体健康环境中施工的保健费用等。

⑨工会经费:指企业根据《中华人民共和国工会法》的规定按全部职工工资总额比例计提的工会经费。

⑩职工教育经费:按职工工资总额的规定比例计提,企业为职工进行专业技术和职业技能培训,专业技术人员继续教育、职工职业技能鉴定、职业资格认定以及根据需要对职工进行各类文化教育所发生的费用,不含职工安全教育、培训费用。

⑪保险费:企业财产保险、管理用及生产用车辆等保险费用及人身意外伤害险的费用。

⑫工程排污费:施工现场按规定缴纳的排污费用。

⑬其他:上述项目以外的其他必要的费用支出,包括技术转让费、技术开发费、竣(交)工文件编制费、招投标费、业务招待费、绿化费、广告费、公证费、定额测定费、法律顾问费、设计费、咨询费,以及施工标准化、规范化、精细化管理费等。

(2)基本费用以各类工程定额直接费为基数,按表7-17的费率计算。

基本费用费率表(%) 表7-17

工程类别	费率	工程类别	费率
土方	2.747	构造物Ⅰ	3.587
石方	2.792	构造物Ⅱ	4.726
运输	1.374	构造物Ⅲ	5.976
路面	2.427	技术复杂大桥	4.143
隧道	3.569	钢材及钢结构	2.242

2. 主副食运费补贴

主副食运费补贴指施工企业在远离城镇及乡村的野外施工购买生活必需品所需增加的费用。该费用以各类工程的定额直接费之和为基数,按表7-18的费率计算。

主副食运费补贴费费率表(%) 表7-18

工程类别	综合里程(km)										
	3	5	8	10	15	20	25	30	40	50	每增加10
土方	0.122	0.131	0.164	0.191	0.235	0.284	0.322	0.377	0.444	0.519	0.07
石方	0.108	0.117	0.149	0.175	0.218	0.261	0.293	0.346	0.405	0.473	0.063
运输	0.118	0.130	0.166	0.192	0.233	0.285	0.322	0.379	0.447	0.519	0.073
路面	0.066	0.088	0.119	0.130	0.165	0.194	0.224	0.259	0.308	0.356	0.051
隧道	0.096	0.104	0.130	0.152	0.185	0.229	0.260	0.304	0.359	0.418	0.054
构造物Ⅰ	0.114	0.120	0.145	0.167	0.207	0.254	0.285	0.338	0.394	0.463	0.062

续上表

工程类别	综合里程(km)										
	3	5	8	10	15	20	25	30	40	50	每增加10
构造物Ⅱ	0.126	0.140	0.168	0.196	0.242	0.292	0.338	0.394	0.467	0.540	0.073
构造物Ⅲ	0.225	0.248	0.303	0.352	0.435	0.528	0.599	0.705	0.831	0.969	0.132
技术复杂大桥	0.101	0.115	0.143	0.165	0.205	0.245	0.280	0.325	0.389	0.452	0.063
钢材及钢结构	0.104	0.113	0.146	0.168	0.207	0.247	0.281	0.331	0.387	0.449	0.062

注：综合里程 = 粮食运距×0.06 + 燃料运距×0.09 + 蔬菜运距×0.15 + 水运距×0.70，粮食、燃料、蔬菜、水的运距均为全线平均运距；如综合里程数在表列里程之间时，费率可内插；综合里程在3km以内的工程，按3km计取本项费用。

3. 职工探亲路费

职工探亲路费指按照有关规定发放给施工企业职工在探亲期间发生的往返交通费和途中住宿费等费用。该费用以各类工程的定额直接费为基数，按表7-19的费率计算。

$$职工探亲路费 = 各类工程的直接费之和 \times 费率 \qquad (7-4)$$

职工探亲路费费率表(%)　　表7-19

工程类别	费率	工程类别	费率
土方	0.192	构造物Ⅰ	0.274
石方	0.204	构造物Ⅱ	0.348
运输	0.132	构造物Ⅲ	0.551
路面	0.159	技术复杂大桥	0.208
隧道	0.266	钢材及钢结构	0.164

4. 职工取暖补贴

职工取暖补贴指按规定发放给施工企业职工的冬季取暖费和为职工在施工现场设置的临时取暖设施的费用。该费用以各类工程的定额直接费为基数，按工程所在地的气温区选用表7-20的费率计算。

职工取暖补贴费费率表(%)　　表7-20

工程类别	气温区						
	准二区	冬一区	冬二区	冬三区	冬四区	冬五区	冬六区
土方	0.060	0.130	0.221	0.331	0.436	0.554	0.663
石方	0.054	0.118	0.183	0.279	0.373	0.472	0.569
运输	0.065	0.130	0.228	0.336	0.444	0.552	0.671
路面	0.049	0.086	0.155	0.229	0.302	0.376	0.456
隧道	0.045	0.091	0.158	0.249	0.318	0.409	0.488
构造物Ⅰ	0.065	0.130	0.206	0.304	0.390	0.499	0.607
构造物Ⅱ	0.070	0.153	0.234	0.352	0.481	0.598	0.727
构造物Ⅲ	0.126	0.264	0.425	0.643	0.849	1.067	1.297
技术复杂大桥	0.059	0.120	0.203	0.310	0.406	0.501	0.609
钢材及钢结构	0.047	0.082	0.141	0.222	0.293	0.363	0.433

5.财务费用

财务费用指施工企业为筹集资金提供投标担保、预付款担保、履约担保、职工工资支付担保等所发生的各种费用,包括企业经营期间发生的短期贷款利息净支出、汇兑净损失、调剂外汇手续费、金融机构手续费,以及企业筹集资金发生的其他财务费用。财务费用以各类工程的定额直接费为基数,按表7-21的费率计算。

财务费用费率表(%)　　　　表7-21

工程类别	费率	工程类别	费率
土方	0.271	构造物Ⅰ	0.466
石方	0.259	构造物Ⅱ	0.545
运输	0.264	构造物Ⅲ	1.049
路面	0.404	技术复杂大桥	0.637
隧道	0.513	钢材及钢结构	0.653

[例7-6] 某省公路工程公司,承包沥青混凝土路面施工(冬三区),公司驻地距工地75km,其中粮食运距75km,燃料运距60km,蔬菜运距40km,水运距20km。经预算分析其人工费25万元,材料费100万元,机械使用费80万元,措施费40万元。试计算企业管理费。

解:根据题意,其基本费用费率、职工探亲路费费率、职工取暖补贴费率、财务费用费率可直接查相应费率表。主副食运费补贴需求算综合里程后,再通过查表内插计算。

基本费用:$(25+100+80) \times 2.427\% = 4.97535$(万元);

主副食运费综合里程:$75 \times 0.06 + 60 \times 0.09 + 40 \times 0.15 + 20 \times 0.7 = 29.9 \approx 30$(km);

主副食运费补贴:$(25+100+80) \times 0.259\% = 0.53095$(万元);

职工探亲路费:$(25+100+80) \times 0.159\% = 0.32595$(万元);

职工取暖补贴:$(25+100+80) \times 0.229\% = 0.46945$(万元);

财务费用:$(25+100+80) \times 0.404\% = 0.8282$(万元);

企业管理费:$4.97535 + 0.53095 + 0.32595 + 0.46945 + 0.8282 = 7.1299$(万元)。

五、规费

规费指按法律、法规、规章、规程规定施工企业必须缴纳的费用。

1.规费组成

(1)养老保险费:施工企业按规定标准为职工缴纳的基本养老保险费。

(2)失业保险费:施工企业按规定标准为职工缴纳的失业保险费。
(3)医疗保险费:施工企业按规定标准为职工缴纳的医疗保险费(含生育保险费)。
(4)工伤保险费:施工企业按规定标准为职工缴纳的工伤保险费。
(5)住房公积金:施工企业按规定标准为职工缴纳的住房公积金。

2. 规费计算

各项规费以各类工程的人工费之和为基数,按国家或工程所在地法律、法规、规章、规程规定的标准计算。

六、利润

利润指施工企业完成所承包工程获得的盈利,按定额直接费及措施费、企业管理费之和的7.42%计算。

七、税金

税金指国家税法规定应计入建筑安装工程造价内的增值税销项税额。

税金 =(直接费 + 设备购置费 + 措施费 + 企业管理费 + 规费 + 利润)×10%

[例7-7] 某矿区矿山公路上的中桥,桥型为装配式钢筋混凝土空心板桥,跨径为 3×16m,工程属冬三区,雨量Ⅰ区,雨季期 1.5 个月,构造物Ⅱ类。无行车干扰,夜间连续施工,主副食综合里程 50km,工地转移 100km,人工费 110 000 元、材料费 225 000 元、机械使用费 220 000 元。按当地社会保险的规定,施工企业所缴纳的各项规费 125 600 元,。试计算其直接费、措施费、企业管理费、规费、利润、税金。

解: 直接费 = 人工费 + 材料费 + 机械使用费 = 110 000 + 225 000 + 220 000 = 555 000(元)

措施费 = 冬季施工增加费 + 雨季施工增加费 + 夜间施工增加费 + 工地转移费 + 施工辅助费

$$= (110\ 000 + 220\ 000) \times (3.452 + 0.131 + 0.903 + 0.449)\% +$$
$$(110\ 000 + 225\ 000 + 220\ 000) \times 1.537\% = 24\ 815.85(元)$$

企业管理费 = 基本费用 + 主副食运费补贴 + 职工探亲路费 + 职工取暖补贴 + 财务费用

$$= 直接费 \times 费率$$
$$= 555\ 000 \times (4.726 + 0.54 + 0.348 + 0.352 + 0.545)\% = 36\ 136.05(元)$$

规费 = 125 600(元)

利润 = (直接费 + 措施费 + 企业管理费)×7.42%
$$= (555\ 000 + 24\ 815.85 + 36\ 136.05) \times 7.42\% = 45\ 703.63(元)$$

税金 = (直接费 + 措施费 + 企业管理费 + 规费 + 利润)×10%
$$= (555\ 000 + 24\ 815.85 + 36\ 136.05 + 125\ 600 + 45\ 703.63) \times 10\%$$
$$= 78\ 725.553(元)$$

八、专项费用

专项费用包括施工场地建设费和安全生产费。

1. 施工场地建设费

施工场地建设费包括：

（1）按照工地建设标准化要求进行承包人驻地、工地试验室建设，钢筋集中加工、混合料集中拌制、构件集中预制等所需的办公、生活居住房屋（包括职工家属房屋及探亲房屋），公用房屋（如广播室、文体活动室、医疗室等）和生产用房屋（如仓库、加工厂、加工棚、发电站、变电站、空压机站、停机棚、值班室等）等费用；

（2）厂区平整（山岭重丘区的土石方工程除外）、场地硬化、排水、绿化、标志、污水处理设施、围墙隔离设施等费用，不包括钢筋加工的机械设备、混合料拌和设备及安拆、预制构件台座、预应力张拉设备、起重及养护设备，以及概算、预算定额中临时工程的费用；

（3）以上范围内的各种临时工作便道（包括汽车、人力车道）、人行便道，工地临时用水、用电的水管支线和电线支线，临时构筑物（如水井、水塔等）、其他小型临时设施等的搭设或租赁、维修、拆除、清理的费用；但不包括红线范围内贯通便道、进出场的临时道路、保通便道；

（4）工地试验室所发生的属于固定资产的试验设备和仪器等折旧、维修或租赁费用；

（5）施工扬尘污染防治措施费：指裸露的施工场地覆盖防尘网、施工便道和施工场地洒水或喷洒抑尘剂，运输车辆的苫盖和冲洗、环境敏感区设置围挡，防尘标识设置，环境监控与检测等所需要的费用；

（6）文明施工、职工健康生活的费用。

施工场地建设费以施工场地计费基数，按表7-22的费率，以累进法计算。施工场地计费基数为定额建筑安装工程费扣除专项费。

施工场地建设费费率表 表7-22

施工场地计费基数（万元）	费率（%）	算例（万元）	
		施工场地计费基数	施工场地建设费
500 以下	5.338	500	500×5.338% = 26.69
501~1 000	4.228	1 000	26.69+(1 000-500)×4.228% = 47.83
1 001~5 000	2.665	5 000	47.83+(5 000-1 000)×2.665% = 154.43
5 001~10 000	2.222	10 000	154.43+(10 000-5 000)×2.222% = 265.53
10 001~30 000	1.785	30 000	265.53+(30 000-10 000)×1.785% = 622.53
30 001~50 000	1.694	50 000	622.53+(50 000-30 000)×1.694% = 961.33
50 001~100 000	1.579	100 000	961.33+(100 000-50 000)×1.579% = 1 750.83
100 001~150 000	1.498	150 000	1 750.83+(150 000-10 000)×1.498% = 2 499.83
150 001~200 000	1.415	200 000	2 499.83+(200 000-150 000)×1.415% = 3 207.33
200 001~300 000	1.348	300 000	3 207.33+(300 000-200 000)×1.348% = 4 555.33
300 001~400 000	1.289	400 000	4 555.33+(400 000-300 000)×1.289% = 5 844.33
400 001~600 000	1.235	600 000	5 844.33+(600 000-400 000)×1.235% = 8 314.33
600 001~800 000	1.188	800 000	8 314.33+(800 000-600 000)×1.188% = 10 690.33
800 001~1 000 000	1.149	1 000 000	10 690.33+(1 000 000-800 000)×1.149% = 12 988.33
1 000 000 以上	1.118	1 200 000	12 988.33+(1 200 000-1 000 000)×1.118% = 15 224.33

2.安全生产费

安全生产费包括完善、改造和维护安全设施设备费用,配备、维护、保养应急救援器材、设备费用,开展重大危险源和事故隐患评估和整改费用,安全生产检查、评价、咨询费用,配备和更新现场作业人员安全防护用品支出,安全生产宣传、教育、培训费用,安全设施及特种设备检测检验费用,施工安全风险评估、应急演练等有关工作及其他与安全生产直接相关的费用。

安全生产费按建筑安装工程费乘以安全生产费费率计算,费率按不少于1.5%计取。

第四节 土地使用及拆迁补偿费

土地使用及拆迁补偿费包含永久占地费、临时占地费、拆迁补偿费、水土保持补偿费、其他费用。

一、永久占地费

永久占地费包括土地补偿费、征用耕地安置补助费、耕地开垦费、森林植被恢复费、失地农民养老保险费。

(1)土地补偿费包括征地补偿费、被征用土地上的青苗补偿费、征用城市郊区的菜地等缴纳的菜地开发建设基金,耕地占用税,用地图编制费及勘界费等。

(2)征用耕地安置补助费指征用耕地需要安置农业人口的补助费。

(3)耕地开垦费指公路建设项目占用耕地的,由建设项目法人(业主)负责补充耕地所发生的费用;没有条件开垦或者开垦的耕地不符合要求的,按规定缴纳的耕地开垦费。

(4)公路建设项目发生跨省域补充耕地国家统筹的,应执行《关于印发跨省域补充耕地国家统筹管理办法和城乡建设用地增减挂钩节余指标跨省域调剂管理办法的通知》(国办发〔2018〕16号)的规定:发生省内跨区域补充耕地的,执行本省相关规定。

(5)森林植被恢复费指公路建设项目需要占用、征用林地的,经县级以上林业主管部门审核同意或批准,建设项目法人(业主)单位按照省级人民政府有关规定向县级以上林业主管部门预缴的森林植被恢复费。

(6)失地农民养老保险费指根据国家规定为保障依法被征地农民养老而交纳的保险费用。失地农民养老保险费按项目所在地省级人民政府的相关规定进行计算。

二、临时占地费

临时占地费包括临时征地使用费、复耕费。

(1)临时征地使用费指为满足施工所需的承包人驻地、预制场、拌和场、仓库、加工厂(棚)、堆料场、取弃土场、进出场便道、便桥等所有的临时用地及其附着物的补偿费用。

(2)复耕费指临时占用的耕地、鱼塘等,在工程交工后将其恢复到原有标准所发生的费用。

三、拆迁补偿费

拆迁补偿费指被征用或占用土地地上、地下的房屋及附属构筑物,公用设施、文物等的拆除、发掘及迁建补偿费,拆迁管理费等。

四、水土保持补偿费

根据国家相关法律、法规规定缴纳。

五、其他费用

其他费用指国务院行政主管部门及省级人民政府规定的与征地拆迁相关的费用。

六、土地使用及拆迁补偿费计算方法

(1)土地使用及拆迁补偿费应根据设计文件确定的建设工程用地和临时用地面积及其附着物的情况,以及实际发生的费用项目,按国家有关规定及工程所在地的省(自治区、直辖市)发布的有关规定和标准计算。

(2)森林植被恢复费应根据审批单位批准的建设工程占用林地的类型及面积,按国家有关规定及工程所在地的省(自治区、直辖市)发布的有关规定和标准计算。

(3)当与原有的电力电信设施、管线、水利工程、铁路及铁路设施相互干扰时,应与有关部门联系,商定合理的解决方案和补偿金额,也可由这些部门按规定编制费用以确定补偿金额。

(4)水土保持补偿费按各省(自治区、直辖市)制定的水土保持补偿费收费标准进行计算。

第五节 工程建设其他费

工程建设其他费包括建设项目管理费、研究试验费、前期工作费、专项评价(估)费、联合试运转费、生产准备费、工程保通管理费、工程保险费、其他相关费用。

一、建设项目管理费

建设项目管理费包括建设单位(业主)管理费、建设项目信息化费、工程监理费、设计文件审查费、竣(交)工验收试验检测费。其中建设单位(业主)管理费、建设项目信息化费和工程监理费均为实施建设项目管理的费用,可根据建设单位(业主)、施工、监理单位所实际承担的工作内容和工作量统筹使用。

(1)建设单位(业主)管理费指建设单位(业主)为进行建设项目的立项、筹建、建设、竣(交)工验收、总结等工作所发生的费用。

建设单位(业主)管理费包括工作人员的工资、工资性津贴、施工现场津贴,社会保险费用(基本养老、基本医疗、失业、工伤保险)、住房公积金、职工福利费、工会经费、劳动保护费,办公费、会议费、差旅交通费、固定资产使用费(包括办公及生活房屋折旧、维修或租赁费,车辆折旧、维修、使用或租赁费,通信设备购置、使用费,测量、试验设备仪器折旧、维修费租赁费,其他设备折旧、维修或租赁费等)、零星固定资产购置费、招募生产工人费、技术图书资料费、职工教育培训经费,招标管理费,合同契约公证费、法律顾问费、咨询费,建设单位的临时设施费、

完工清单费、竣(交)工验收费[含其他行业或部门要求的竣工验收费用、建设单位负责的竣(交)工文件编制费]、各种税费(包括房产税、车船使用税、印花税等),对建设项目前期工作、项目实施及竣工决算等全过程进行审计所发生的审计费用;境内外融资费用(不含建设期贷款利息)、业务招待费及工程质量、安全生产管理费和其他管理性开支。

建设单位(业主)管理费以定额建筑安装工程费为基数,按表7-23的费率,以累进方法计算。

建设单位(业主)管理费费率表　　　　表7-23

定额建筑安装工程费(万元)	费率(%)	算例(万元)	
		定额建筑安装工程费	建设单位(业主)管理费
500 以下	4.858	500	500×4.858%=24.29
501~1 000	3.813	1 000	24.29+(1 000-500)×3.813%=43.355
1 001~5 000	3.049	5 000	43.355+(5 000-1 000)×3.049%=165.315
5 001~10 000	2.562	10 000	165.315+(10 000-5 000)×2.562%=293.415
10 001~30 000	2.125	30 000	293.415+(30 000-10 000)×2.125%=718.415
30 001~50 000	1.773	50 000	718.415+(50 000-30 000)×1.773%=1 073.015
50 001~100 000	1.312	100 000	1 073.015+(100 000-50 000)×1.312%=1 729.015
100 001~150 000	1.057	150 000	1 729.015+(150 000-10 000)×1.057%=2 257.515
150 001~200 000	0.826	200 000	2 257.515+(200 000-150 000)×0.826%=2 670.515
200 001~300 000	0.595	300 000	2 670.515+(300 000-200 000)×0.595%=3 265.515
300 001~400 000	0.498	400 000	3 265.515+(400 000-300 000)×0.498%=3 763.515
400 001~600 000	0.450	600 000	3 763.515+(600 000-400 000)×0.450%=4 663.515
600 001~800 000	0.400	800 000	4 663.515+(800 000-600 000)×0.400%=5 463.515
800 001~1 000 000	0.375	1 000 000	5 463.515+(1 000 000-800 000)×0.375%=6 213.515
1 000 000 以上	0.350	1 200 000	6 213.515+(1 200 000-1 000 000)×0.350%=6 913.515

双洞长度超过5000m的独立隧道,水深大于15m、跨径大于等于400m的斜拉桥和跨径大于或等于800m的悬索桥等独立特大型桥梁工程的建设单位(业主)管理费,按表7-24中的费率乘以系数1.3计算,海上工程[指由于风浪影响,工程施工(不包括封冻期)全年月平均工作日少于15d的工程]的建设单位(业主)管理费,按表7-24中的费率乘以系数1.2计算。

(2)建设项目信息化费指建设单位(业主)和各参建单位用于建设项目的质量、安全、进度、费用等方面的信息化建设、运维及各种税费等费用,包括建设项目全生命周期的建设信息模型(Building Information Modeling)等相关费用。建设项目信息化费以定额建筑安装工程费为基数,按表7-24的费率,以累进方法计算。

建设项目信息化费费率表 表 7-24

定额建筑安装工程费（万元）	费率（%）	算例（万元）	
		定额建筑安装工程费	建设项目信息化费
500 以下	0.600	500	500×0.600%=3
501~1 000	0.452	1 000	3+(1 000-500)×0.452%=5.26
1 001~5 000	0.356	5 000	5.26+(5 000-1 000)×0.356%=19.5
5 001~10 000	0.285	10 000	19.5+(10 000-5 000)×0.285%=33.75
10 001~30 000	0.252	30 000	33.75+(30 000-10 000)×0.252%=84.15
30 001~50 000	0.224	50 000	84.15+(50 000-30 000)×0.224%=128.95
50 001~100 000	0.202	100 000	128.95+(100 000-50 000)×0.202%=229.95
100 001~150 000	0.171	150 000	229.95+(150 000-10 000)×0.171%=315.45
150 001~200 000	0.160	200 000	315.45+(200 000-150 000)×0.160%=395.45
200 001~300 000	0.142	300 000	395.45+(300 000-200 000)×0.142%=537.45
300 001~400 000	0.135	400 000	537.45+(400 000-300 000)×0.135%=672.45
400 001~600 000	0.131	600 000	672.45+(600 000-400 000)×0.131%=934.45
600 001~800 000	0.127	800 000	934.45+(800 000-600 000)×0.127%=1 188.45
800 001~1 000 000	0.125	1 000 000	1 188.45+(1 000 000-800 000)×0.125%=1 438.45
1 000 000 以上	0.122	1 200 000	1 438.45+(1 200 000-1 000 000)×0.122%=1 682.45

（3）工程监理费指建设单位（业主）委托具有监理资格的单位，按施工监理规范进行全面的监督和管理所发生的费用。

工程监理费内容包括工作人员的工资、工资性津贴、施工现场津贴、社会保险费用（基本养老、基本医疗、失业、工伤保险）、住房公积金、职工福利费、工会经费、劳动保护费；办公费、会议费、差旅交通费，办公、试验费、固定资产使用费（包括办公及生活房屋折旧、维修或租赁费，车辆折旧、维修、使用或租赁费，通信设备购置、使用费，测量、试验、检测设备仪器折旧、维修或租赁费，其他设备折旧、维修或租赁费等）、零星固定资产购置费、招募生产工人费，技术图书资料费、职工教育经费、投标费用、合同契约公证费、咨询费、业务招待费，财务费用、监理单位的临时设施费、完工清理费、竣（交）工验收费、各种税费、安全生产管理费和其他管理性开支。

工程监理费以定额建筑安装工程费为基数，按表 7-25 的费率，以累进方法计算。

工程监理费费率表 表 7-25

定额建筑安装工程费（万元）	费率（%）	算例（万元）	
		定额建筑安装工程费	工程监理费
500 以下	3.00	500	500×3.00%=15
501~1 000	2.40	1 000	15+(1 000-500)×2.40%=27
1 001~5 000	2.10	5 000	27+(5 000-1 000)×2.10%=111
5 001~10 000	1.94	10 000	111+(10 000-5 000)×1.94%=208
10 001~30 000	1.87	30 000	208+(30 000-10 000)×1.87%=582

续上表

定额建筑安装工程费 （万元）	费率 （%）	算例（万元）	
		定额建筑安装工程费	工程监理费
30 001 ~ 50 000	1.83	50 000	582 + (50 000 − 30 000) × 1.83% = 948
50 001 ~ 100 000	1.78	100 000	948 + (100 000 − 50 000) × 1.78% = 1 838
100 001 ~ 150 000	1.72	150 000	1 838 + (150 000 − 10 000) × 1.72% = 2 698
150 001 ~ 200 000	1.64	200 000	2 698 + (200 000 − 150 000) × 1.64% = 3 518
200 001 ~ 300 000	1.55	300 000	3 518 + (300 000 − 200 000) × 1.55% = 5 068
300 001 ~ 400 000	1.49	400 000	5 068 + (400 000 − 300 000) × 1.49% = 6 558
400 001 ~ 600 000	1.45	600 000	6 558 + (600 000 − 400 000) × 1.45% = 9 458
600 001 ~ 800 000	1.42	800 000	9 458 + (800 000 − 600 000) × 1.42% = 12 298
800 001 ~ 1 000 000	1.37	1 000 000	12 298 + (1 000 000 − 800 000) × 1.37% = 15 038
1 000 000 以上	1.33	1 200 000	15 038 + (1 200 000 − 1 000 000) × 1.33% = 17 698

（4）设计文件审查费指在项目审批前，建设单位（业主）为保证勘察设计工作的质量，组织有关专家或委托有资质的单位，对提交的建设项目可行性研究报告和勘察设计文件进行审查所需要的相关费用。设计文件审查费以定额建筑安装工程费为基数，按表 7-26 的费率，以累进方法计算。

①建设项目若有地质勘查监理，费用在此项目开支。

②建设项目若有设计咨询（或称设计监理、设计双院制），其费用在此项目内开支。

设计文件审查费费率表 表 7-26

定额建筑安装工程费 （万元）	费率 （%）	算例（万元）	
		定额建筑安装工程费	设计文件审查费
5 000 以下	0.077	5 000	5 000 × 0.077% = 3.85
5 001 ~ 10 000	0.072	10 000	3.85 + (10 000 − 5 000) × 0.072% = 7.45
10 001 ~ 30 000	0.069	30 000	7.45 + (30 000 − 10 000) × 0.069% = 21.25
30 001 ~ 50 000	0.066	50 000	21.25 + (50 000 − 30 000) × 0.066% = 34.45
50 001 ~ 100 000	0.065	100 000	34.45 + (10 000 050 000) × 0.065% = 66.95
100 001 ~ 150 000	0.061	150 000	66.95 + (150 000 − 100 000) × 0.061% = 97.45
150 001 ~ 200 000	0.059	200 000	97.45 + (200 000 − 150 000) × 0.059% = 126.95
200 001 ~ 300 000	0.057	300 000	126.95 + (300 000 − 200 000) × 0.057% = 183.95
300 001 ~ 400 000	0.055	400 000	183.95 + (400 000 − 300 000) × 0.055% = 238.95
400 001 ~ 600 000	0.053	600 000	238.95 + (600 000 − 400 000) × 0.053% = 344.95
600 001 ~ 800 000	0.052	800 000	344.95 + (800 000 − 600 000) × 0.052% = 448.95
800 001 ~ 1 000 000	0.051	1 000 000	448.95 + (1 000 000 − 800 000) × 0.051% = 550.95
1 000 000 以上	0.050	1 200 000	550.95 + (1 200 000 − 1 000 000) × 0.050% = 650.95

(5)竣(交)工验收试验检测费指在公路建设项目竣(交)工验收前,由建设单位(业主)或工程质量监督机构委托有资质的公路工程质量检测单位按照有关规定对建设项目的工程质量进行检测并出具检测试验意见,以及进行桥梁动(静)载试验或其他特殊检测等所需的费用。

①竣(交)工验收试验检测费按表7-27规定的费率计算。道路工程按主线路基长度计算,桥梁工程以主线桥梁、分离式立交、匝道桥的长度之和进行计算,隧道按单洞长度计算。

②道路工程,高速公路、一级公路按四车道计算,二级及二级以下公路按两车道计算,每增加1个车道,按表7-27的费用增加10%。桥梁和隧道按双向四车道计算,每增加1个车道费用增加15%。二级及二级以下公路的桥隧工程,按表7-28费用的40%计算。

竣(交)工验收试验检测费　　　　　　表7-27

检测项目		竣(交)工验收试验检测费	备注
道路工程 (元/km)	高速公路	23 500	包括路基、路面、涵洞、通道、路段安全设施和机电、房建、绿化、环境保护及其他工程
	一级公路	17 000	
	二级公路	11 500	
	三级及三级以下公路	5 750	
桥梁工程	一般桥梁 (元/延米)	40	包括桥梁范围内的所有土建、安全设施和机电、声屏障等环境保护工程及必要的动(静)载试验
	技术复杂桥梁 (元/延米) 钢管拱	750	
	连续刚构	500	
	斜拉桥	600	
	悬索桥	560	
隧道工程 (元/延米)	单洞	80	包括隧道范围内的所有土建、安全设施、机电、消防设施等

二、研究试验费

研究试验费指按项目特点和有关规定,在建设过程中必须进行的研究和试验所需的费用,以及支付科技成果、专利、先进技术的一次性技术转让费。

(1)研究试验费不包括:

①应由前期工作费(为建设项目提供或验证设计数据、资料等专题研究)开支的项目;

②应由科技三项费用(即新产品试制费、中间试验费和重要科学研究补助费)开支的项目;

③应由施工辅助费开支的施工企业对建筑材料、构件和建筑物进行一般鉴定、检查所发生的费用及技术革新研究试验费。

(2)计算方法:按设计提出的研究试验内容和要求进行编制。

三、建设项目前期工作费

建设项目前期工作费是委托勘察设计单位、咨询单位对建设项目进行可行性研究、工程勘察设计,以及设计、监理、施工招标文件及招标标底或造价控制值文件编制时,按规定应支付的费用。

(1)建设项目前期工作费包括:

①编制项目建议书(或预可行性研究报告)、可行性研究报告、投资估算,以及相应的勘察、设计等所需的费用;

②通过风洞试验、地震动参数、索塔足尺模型试验、桥墩局部冲刷试验、桩基承载力试验等为建设项目提供或验证设计数据所需的专题研究费用;

③初步设计和施工图设计的勘察费、设计费、概(预)算编制及调整概算编制费用等;

④设计、监理、施工招标文件及招标标底(或造价控制值或清单预算)文件编制费用等。

(2)计算方法:前期工作费以定额建筑安装工程费为基数,按表7-28 的费率,以累进方法计算。

建设项目前期工作费费率表 表7-28

定额建筑安装工程费 (万元)	费率 (%)	算例(万元)	
		定额建筑安装工程费	建设项目前期工作费
500 以下	3.00	500	$500 \times 3.00\% = 15$
501 ~ 1 000	2.70	1 000	$15 + (1\,000 - 500) \times 2.70\% = 28.5$
1 001 ~ 5 000	2.55	5 000	$28.5 + (5\,000 - 1\,000) \times 2.55\% = 130.5$
5 001 ~ 10 000	2.46	10 000	$130.5 + (10\,000 - 5\,000) \times 2.46\% = 253.5$
10 001 ~ 30 000	2.39	30 000	$253.5 + (30\,000 - 10\,000) \times 2.39\% = 731.5$
30 001 ~ 50 000	2.34	50 000	$731.5 + (50\,000 - 30\,000) \times 2.34\% = 1\,199.5$
50 001 ~ 100 000	2.27	100 000	$1\,199.5 + (100\,000 - 50\,000) \times 2.27\% = 2\,334.5$
100 001 ~ 150 000	2.19	150 000	$2\,334.5 + (150\,000 - 10\,000) \times 2.19\% = 3\,429.5$
150 001 ~ 200 000	2.08	200 000	$3\,429.5 + (200\,000 - 150\,000) \times 2.08\% = 4\,469.5$
200 001 ~ 300 000	1.99	300 000	$4\,469.5 + (300\,000 - 200\,000) \times 1.99\% = 6\,459.5$
300 001 ~ 400 000	1.94	400 000	$6\,459.5 + (400\,000 - 300\,000) \times 1.94\% = 8\,399.5$
400 001 ~ 600 000	1.86	600 000	$8\,399.5 + (600\,000 - 400\,000) \times 1.86\% = 12119.5$
600 001 ~ 800 000	1.80	800 000	$12\,119.5 + (800\,000 - 600\,000) \times 1.80\% = 15\,719.5$
800 001 ~ 1 000 000	1.76	1 000 000	$15719.5 + (1\,000\,000 - 800\,000) \times 1.76\% = 19\,239.5$
1 000 000 以上	1.72	1 200 000	$15\,239.5 + (1\,200\,000 - 1\,000\,000) \times 1.72\% = 22\,679.5$

四、专项评价(估)费

专项评价(估)费指依据国家法律、法规规定进行评价(评估)、咨询,按规定应支付的费用。

(1)专项评价(估)费包括环境影响评价费、水土保持评估费、地震安全性评价费、地质灾害危险性评价费、压覆重要矿床评估费、文物勘察费、通航认证费、行洪认证(评估)费、使用林地可行性研究报告编制费、用地预审报告编制费、项目风险评估费、节能评估费和社会风险评估费、放射性影响评估费、规划选址意见书编制费等费用。

(2)计算方法:依据委托合同,或参照类似工程已发生的费用进行计划。

五、联合试运转费

联合试运转费指建设项目的机电工程,按照有关规定标准,需要进行整套设备带负荷联合试运转所需的全部费用,不包括应由设备安装工程费中开支的调试费用。

(1)费用包括联合试动转期间所需的材料、燃料和动力的消耗,机械和检测设备使用费,工具用具和低值易耗品费,参加联合试运转的人员工资及其他费用等。

(2)计算方法:联合试运转费以定额建筑安装工程费为基数,按0.04%费率计算。

六、生产准备费

生产准备费指为保证新建、改扩建项目交付使用后满足正常的运行、管理发生的工器具购置、办公和生活用家具购置、生产人员培训、应急保通设备购置等费用。

1. 工器具购置费

工器具购置费指建设项目交付使用后,为满足初期正常运营必须购置的第一套不构成固定资产的设备、仪器、仪表、工卡模具、器具、工作台(框、架、柜)等的费用,不包括构成固定资产的设备、工器具和备品、备件。工器具购置费应由设计单位列出计划购置清单(包括规格、型号、数量),计算方法同设备购置费。

2. 办公和生活用家具购置费

办公和生活用家具购置费指新建、改扩建项目,为保证初期正常生产、使用和管理所购置的办公和生活用家具、用具的费用。包括行政、生产部门的办公室、会议室、资料档案室、阅览室、宿舍及生活福利设施等的家具、用具。办公和生活用家具购置费按表7-29的规定计算。

办公和生活用家具购置费标准表 表7-29

工程所在地	路线(元/公路公里)				单独管理或单独收费的桥梁、隧道(元/座)		
	高速公路	一级公路	二级公路	三、四级公路	一般大桥	技术复杂大桥	特长隧道
内蒙古、黑龙江、青海、新疆、西藏	21 500	15 600	7 800	4 000	24 000	60 000	78 000
其他省、自治区、直辖市	17 500	14 600	5 800	2 900	19 800	49 000	63 700

注:改扩建工程按表列费用的70%计。

3. 生产人员培训费

生产人员培训费指为保证生产的正常运行,在工程交工验收交付使用前对运营部门生产人员和管理人员进行培训所需的费用,包括培训人员的工资、工资性津贴、职工福利费、差旅交通费、劳动保护费、培训及教学实习费等。该费用按设计定员和3000元/人的标准计算。

4. 应急保通设备购置费

应急保通设备购置费指新建、改扩建工程项目,为满足初期正常营运,购置保障抢修保通、应急处置,一切构成固定资产的设备所需的费用。该费用由设计单位列出计划购置清单,计算方法同设备购置费。

七、工程保通管理费

工程保通管理费指新建或改扩建工程需边施工边维持通车或通航的建设项目,为保证公(铁)路运营安全、船舶航行安全及施工安全而进行交通(公路、航道、铁路)管制、交通(铁路)与船舶疏导所需的和媒体、公告等宣传费用及协管人员经费等。工程保通管理费应按设计需要进行列支。涉水项目施工期通航安全保障费用计算方法按附录 G 执行。

八、工程保险费

工程保险费指在合同执行期内,施工企业按合同条款要求办理保险的费用,包括建筑工程一切险和第三方责任险。

(1)建筑工程一切险为永久工程、临时工程和设备及已运至施工工地用于永久工程的材料和设备所投的保险。

(2)第三者责任险是对因实施合同工程而造成的财产(本工程除外)损失或损害,或人员(业主和承包人雇员除外)的死亡或伤残所进行给付的保险。

(3)工程保险费以建筑安装工程费(不含设备费)为基数,按 0.4% 费率计算。

其他相关费用指国务院行政主管部门及省级人民政府规定的其他与公路建设相关的费用,按其相关规定计算。

第六节 预 备 费

预备费有基本预备费和差价预备费两部分组成。

一、基本预备费

基本预备费指在初步设计和概算、施工图设计和施工图预算中难以预料的工程费。

(1)基本预备费包括如下:

①在进行技术设计、施工图设计和施工过程中,在批准的初步设计和概算范围内所增加的工程费用。

②在设备订货时,由于规格、型号改变的价差,材料货源变更、运输距离或方式的改变以及因规格不同而代换使用等原因发生的价差。

③在项目主管部门组织竣(交)工验收时,验收委员会(或小组)为鉴定工程质量必须开挖和修复隐蔽工程的费用。

(2)基本预备费以建筑安装工程费、土地使用及拆迁补偿费、工程建设其他费之和为基数,按下列费率计算:

①设计概算按 5% 计列;
②修正概算按 4% 计列;
③施工图预算按 3% 计列。

二、差价预备费

价差预备费指设计文件编制年至工程竣工年期间,建筑安装工程费用的人工费、材料费、设备费、施工机械使用费、措施费、企业管理费等由于政策、价格变化可能发生上浮而预留的费用,及外资贷款汇率变动部分的费用。

(1)计算方法:价差预备费以建筑安装工程费用总额为基数,按设计文件编制年始至建设项目工程交工年终的年数和年工程造价增长率计算。计算公式如下:

$$价差预备费 = P \times [(1+i)^{n-1} - 1] \tag{7-5}$$

式中:P——建筑安装工程费总额(元);
　　　i——年工程造价增涨率(%);
　　　n——设计文件编制年至建设项目开工年 + 建设项目建设期限(年)。

(2)年工程造价增涨率按有关部门公布的工程投资价格指数计算。
(3)设计文件编制至工程交工在1年以内的工程,不列此项费用。

[例7-8] 某特大隧道工程,于2012年3月开始设计,于2014年6月开工,2018年9月竣工,隧道的建安费3.8亿元,经预测,年工程造价增长率为4.8%,计算该工程价差预备费。

解: 由题意可知,$n = 3 + 4 = 7$ 年。由式(7-5)计算
价差预备费 $= 3.8 \times [(1 + 4.8\%)^{7-1} - 1] = 1.235$(亿元)

第七节　建设期贷款利息

建设期贷款利息指工程项目使用的贷款部分在建设期内应计取的贷款利息,包括各种金融机构贷款、建设债券和外汇贷款等利息。

利息计算方法:根据不同的资金来源分年度投资计算所需支付的利息。计算公式如下。

建设期贷款利息 = ∑(上年末付息贷款本息累计 + 本年度付息贷款额÷2) × 年利率

即:
$$S = \sum_{n=1}^{N}(F_{n-1} + b_n/2) \times i \tag{7-6}$$

式中:S——建设期贷款利息;
　　　N——项目建设期(年);
　　　n——施工年度;
　　　F_{n-1}——建设期第($n-1$)年末需付息贷款本息累计;
　　　b_n——建设期第n年度付息贷款额;
　　　i——中国人民银行公布的贷款基准年利率。

[例7-9] 某省新建高速公路项目,建设期3年,利用世界银行贷款。第一年贷款300万元,第二年贷款600万元,第三年贷款400万元,年利率6%,试计算该项目建设期贷款利息。

解:根据式(7-6)可知:

第一年贷款利息:$S_1 = \dfrac{b_1}{2} \times i = \dfrac{300}{2} \times 6\% = 9$(万元);

第二年贷款利息:$S_2 = (F_1 + b_2/2) \times i = (300 + 9 + 600/2) \times 6\% = 36.54$(万元);

第三年贷款利息:
$S_3 = (F_1 + S_1 + F_2 + S_2 + b_3/2) \times i = (300 + 9 + 600 + 36.54 + 400/2) \times 6\% = 68.73$(万元)

该项目建设期贷款利息为:
$S = S_1 + S_2 + S_3 = 9 + 36.54 + 68.73 = 114.27$(万元)

第八节 公路工程建设项目各项费用计算程序及计算方式

概预算总金额由建筑安装工程费、土地使用及拆迁补偿费、工程建设其他费、预备费和建设期贷款利息五部分组成。在各项费用中,每项费用都有具体的费用内容和计算方法,并按照一定的规则和程序进行。公路工程建设各项费用的计算程序及计算方式见表7-30。

公路工程建设各项费用的计算程序及计算方式　　表7-30

代号	项　目	说　明　及　计　算　式
(一)	定额直接费	∑人工消耗量×人工基价 + ∑(材料消耗量×材料基价 + 机械台班消耗量×机械台班基价)
(二)	定额设备购置费	∑设备购置数量×设备基价
(三)	直接费	∑人工消耗量×人工单价 + ∑(材料消耗量×材料预算单价 + 机械台班消耗量×机械台班预算单价)
(四)	设备购置费	∑设备购置数量×预算单价
(五)	措施费	(一)×施工辅助费费率 + 定额人工费和定额施工机械使用费之和×其余措施费综合费率
(六)	企业管理费	(一)×企业管理费综合费率
(七)	规费	各类工程人工费(含施工机械人工费)×规费综合费率
(八)	利润	[(一) + (五) + (六)]×利润率
(九)	税金	[(三) + (四) + (五) + (六) + (七) + (八)]×10%
(十)	专项费用	
	施工场地建设费	[(一) + (五) + (六) + (七) + (八) + (九)]×累进费率
	安全生产费	建筑安装工程费(不含安全生产费本身)×(≥1.5%)
(十一)	定额建筑安装工程费	(一) + (二×40%) + (五) + (六) + (七) + (八) + (九) + (十)

续上表

代号	项 目	说 明 及 计 算 式
(十二)	建筑安装工程费	(三)+(四)+(五)+(六)+(七)+(八)+(九)+(十)
(十三)	土地使用及拆迁补偿费	按规定计算
(十四)	工程建设其他费	
	建设项目管理费	
	建设单位(业主)管理费	(十一)×累进费率
	建设项目信息化费	(十一)×累进费率
	工程监理费	(十一)×累进费率
	设计文件审查费	(十一)×累进费率
	竣(交)工验收试验检测费	按规定计算
	研究试验费	
	建设项目前期工作费	(十一)×累进费率
	专项评价(估)费	按规定计算
	联合试运转费	(十一)×累进费率
	生产准备费	
	工具器购置费	按规定计算
	办公和生活家具购置费	按规定计算
	生产人员培训费	按规定计算
	应急保通设备购置费	
	工程保通管理费	按规定计算
	工程保险费	[(十二)-(四)]×费率
	其他相关费用	
(十五)	预备费	
	基本预备费	[(十二)+(十三)+(十四)]×费率
	价差预备费	(十二)×费率
(十六)	建设期贷款利息	按实际贷款额度及利率计算
(十七)	公路基本造价	(十二)+(十三)+(十四)+(十五)+(十六)

第九节 公路预算示例

北京某一级公路工程,路线长3km,地处平原微丘区,主要为土方工程。开挖土方(天然密实方)130 000m^3,其中普通土:50 000m^3,硬土80 000m^3。填方(压实方)200 000m^3,挖方全部利用,利用方平均运距2km,缺方采用借方,借方为普通土,运距5km。拟采用15t以内自卸汽车配合挖掘机,18~21t振动压路机施工。编制依据《公路工程建设项目概算预算编制办法》(JTG 3830—2018)、《公路工程预算定额》(JTG/T 3832—2018)、《公路工程机械台班费用定额》(JTG/T 3833—2018)。已知:主副食综合里程 3km,工地转移距离 100km。不计专项评估费及贷款利息。人工费、材料费采用《公路工程预算定额》(JTG/T 3832—2018)附录四,定额人工、材料、设备单价表。求该工程预算总金额。

1. 工程量

1)挖路基土方(天然密实方)

普通土 50 000m³,硬土 80 000m³。

2)利用土方填筑(压实方)

查《公路工程预算定额》(JTG T3832—2018)P3 页,见表 7-31。

土　方　　　　　　　　　　　　　　　　　表 7-31

公 路 等 级	松土	普通土	硬土	石方
二级及二级以上等级公路	1.23	1.16	1.09	0.92

利用方 = 50 000/1.16 + 80 000/1.09 = 116 498(m³)

3)借土方填筑(压实方)

借方 = 填方 - 利用方

借方 = 200 000 - 116 498 = 83 502(m³)

2. 定额工程量

1)挖路基土方

2.0m³ 内挖掘机挖装土方普通土:50 000m³。

2.0m³ 内挖掘机挖装土方硬土:80 000m³。

2)利用土方填筑

15t 内自卸车运土 2km:116 498m³。

高速公路和一级公路 15t 内振动压路机压土:116 498m³。

3)借土方填筑

2.0m³ 内挖掘机挖装土方普通土:83 502m³。

15t 内自卸车运土 5km:83 502m³。

高速公路和一级路 15t 内振动压路机压土:83 502m³

3. 费率

工程位于北京市,冬季气温区位于冬二区、Ⅰ;雨季施工雨量区为Ⅱ,雨季期 2 个月;规费按北京市标准取。其他费率按《公路工程建设项目概算预算编制办法》(JTG 3830—2018)规定计算。

4. 人工费、材料费

人工费、材料费采用《公路工程预算定额》(JTG/T 3832—2018)附录四的单价。

5. 施工图预算表

施工图预算表见表 7-32～表 7-47。

总预算表

预设项目名称：预算示例
编制范围：某一级公路项目

第 1 页 共 2 页　　表 7-32

分项编号	工程或费用名称	单位	数量	预算金额(元)	技术经济指标	各项费用比例(%)	备注
1	第一部分 建筑安装工程费	公路公里	3.000	4 328 385	1 442 795.00	85.04	
101	临时工程	公路公里	3.000				
102	路基工程	km		4 048 320		79.54	
LJ02	路基挖方	m³	130 000.000	436 269	3.36		
LJ0201	挖土方	m³	130 000.000	436 269	3.36		
LJ03	路基填方	m³	116 498.000	3 612 051	31.01		
LJ0301	利用土方填筑	m³	116 498.000	16 669 626	14.31		
LJ0302	借土方填筑	m³	83 502.000	1 945 089	23.29		
103	路面工程	km					
104	桥梁涵洞工程	km					
105	隧道工程	km/座					
106	交叉工程	处					
107	交通工程	公路公里	3.000				
108	绿化及环境保护工程	公路公里	3.000				
109	其他工程	公路公里	3.000				
110	专项费用	元		280 065		5.50	
11001	施工场地建设费	元		216 099			
11002	安全生产费	元		63 966			
2	第二部分 土地使用及拆迁补偿费	公路公里	3.000				
201	土地使用费	亩					
202	拆迁补偿费	公路公里	3.000				
203	其他补偿费	公路公里	3.000				
3	第三部分 工程建设其他费	公路公里	3.000	613 125	204 375.00	12.05	

编制：×××　　　　　　　　　　　　　　　　　复核：×××

总预算表

预设项目名称：预算示例
编制范围：某一级公路项目

表 7-33
第 2 页 共 2 页

分项编号	工程或费用名称	单位	数量	预算金额(元)	技术经济指标	各项费用比例(%)	备注
301	建设项目管理费	公路公里	3.000	420 428	140 142.67	8.26	
30101	建设单位(业主)管理费	公路公里	3.000	210 273	70 091.00		
30102	建设项目信息化费	公路公里	3.000	25 970	8 656.67		
30103	工程监理费	公路公里	3.000	129 852	43 284.00		
30104	设计文件审查费	公路公里	3.000	3 333	1 111.00		
30105	竣(交)工验收试验检测费	公路公里	3.000	51 000	17 000.00		
302	研究试验费	公路公里	3.000				
303	建设项目前期工作费	公路公里	3.000	129 852	43 284.00	2.55	
304	专项评价(估)费	公路公里	3.000				
305	联合试运转费	公路公里	3.000	1 731	577.00	0.03	
306	生产准备费	公路公里	3.000	43 800	14 600.00	0.86	
30602	办公和生活用家具购置费	公路公里	3.000	43 800	14 600.00		
307	工程保通管理费	公路公里	3.000				
308	工程保险费	公路公里	3.000	17 314	5 771.33	0.34	
309	其他相关费用	公路公里	3.000				
4	第四部分 预备费	公路公里	3.000	148 245	49 415.00	2.91	
401	基本预备费	公路公里	3.000	148 245	49 415.00	2.91	
402	价差预备费	公路公里	3.000				
5	第一至四部分合计	公路公里	3.000	5 089 55	1 696 585.00	100.00	
6	建设期贷款利息	公路公里	3.000				
7	公路基本造价	公路公里	3.000	5 089 755	1 696 585.00	100.00	

编制：××× 复核：×××

人工、主要材料、施工机械台班数量汇总表

建设项目名称：预算示例
编制范围：某一级公路项目

第 1 页 共 1 页　　表 7-34

代号	规格名称	单位	单价（元）	总数量	路基工程	分项统计		辅助生产	其他	场外运输损耗 %	数量
1001001	人工	工日	106.28	4 627	1 147				3 480		
1051001	机械工	工日	106.28	3 958	3 958						
3003003	柴油	kg	7.44	208 571	208 571						
8001030	2.0m³ 以内履带式液压单斗挖	台班	1 501.23	309	309						
8001058	120kW 以内自行式平地机	台班	1 188.74	294	294						
8001089	15t 以内振动压路机（单钢轮）	台班	1 078.27	496	496						
8007017	15t 以内自卸汽车	台班	926.78	1 761	1 761						

编制：×××　　　　　　　　　　　　　复核：×××

建筑安装工程费计算表

建设项目名称：预算示例
编制范围：某一级公路项目

第 1 页 共 1 页　　　　表 7-35

序号	分项编号	工程名称	单位	工程量	定额直接工程费(元)	定额设备购置费(元)	直接费(元) 人工费	材料费	施工机械使用费	合计	设备购置费(元)	措施费(元)	企业管理费(元)	规费(元)	利润(元)费率7.42%	税金(元)税率9%	金额合计(元) 合计	单价
1	2	3	4	5	6	7	8	9	10	11	12	13	14	15	16	17	18	19
1	LJ0201	挖土方	m³	130 000.000	319 506		45 381		274 125	319 506		9 606	11 352	34 520	25 263	36 022	436 269	3.36
2	LJ0301	利用土方填筑	m³	116 498.000	1 284 474		26 001		1 258 473	1 284 474		24 464	34 954	85 714	99 717	37 639	1 666 962	14.31
3	LJ0302	借土方填筑	m³	83 502.000	1 497 519		50 550		1 446 969	1 497 519		28 100	40 435	102 230	116 201	160 604	1 945 089	23.29
4	11001	施工场地建设费	元	0.000	216 099					216 099							216 099	
5	11002	安全生产费	元	0.000	63 966					63 966							63 966	
		各项费用合计	公路公里		3 381 564		121 932		2 979 567	3 381 564		62 170	86 741	222 464	241 181	334 265	4 328 385	

编制：××× 　　　　 复核：×××

综合费率计算表

建设项目名称：预算示例
编制范围：某一级公路项目

表 7-36

序号	工程类别	措施费费率(%)									综合费率		企业管理费率(%)						规费率(%)				综合费率
		冬季施工增加费	雨季施工增加费	夜间施工增加费	高原地区施工增加费	风沙地区施工增加费	沿海地区施工增加费	行车干扰施工增加费	施工辅助费	工地转移费	I	II	基本费用	主副食运费补贴	职工采暖路费	职工取暖补贴	财务费用	综合费率	养老保险费	失业保险费	医疗保险费	工作保险费	住房公积金	
1	2	3	4	5	6	7	8	9	10	11	12	13	14	15	16	17	18	19	20	21	22	23	24	25
01	土方	1.800	0.385						0.521	0.301	2.486	0.521	2.747	0.122	0.192	0.221	0.271	3.553	20.000	2.000	10.000	1.000	8.000	41.000
02	石方	0.368	0.349						0.470	0.212	0.929	0.470	2.792	0.108	0.204	0.183	0.259	3.546	20.000	2.000	10.000	1.000	8.000	41.000
03	运输	0.354	0.391						0.154	0.203	0.948	0.154	1.374	0.118	0.132	0.228	0.264	2.116	20.000	2.000	10.000	1.000	8.000	41.000
04	路面	1.181	0.366						0.818	0.435	1.982	0.818	2.427	0.066	0.159	0.155	0.404	3.211	20.000	2.000	10.000	1.000	8.000	41.000
05	隧道	0.548							1.195	0.351	0.899	1.195	3.569	0.096	0.266	0.158	0.513	4.602	20.000	2.000	10.000	1.000	8.000	41.000
06	构造物 I	1.265	0.262						1.201	0.351	1.878	1.201	3.587	0.114	0.274	0.206	0.466	4.647	20.000	2.000	10.000	1.000	8.000	41.000
06-1	构造物 I（绿化工程）		0.262						1.201	0.351	0.613	1.201	3.587	0.114	0.274	0.206	0.466	4.647	20.000	2.000	10.000	1.000	8.000	41.000
06-2	构造物 I（室内工程）	1.265							1.201	0.351	1.616	1.201	3.587	0.114	0.274	0.206	0.466	4.647	20.000	2.000	10.000	1.000	8.000	41.000
07	构造物 II	1.675	0.282	0.903					1.537	0.449	3.309	1.537	4.726	0.126	0.348	0.234	0.545	5.979	20.000	2.000	10.000	1.000	8.000	41.000
08	构造物 III	3.114	0.565	1.702					2.729	0.841	6.222	2.729	5.976	0.225	0.551	0.425	1.094	8.271	20.000	2.000	10.000	1.000	8.000	41.000
08-1	构造物 III（设备安装工程）	3.114							2.729	0.841	3.955	2.729	5.976	0.225	0.551	0.425	1.094	8.271	20.000	2.000	10.000	1.000	8.000	41.000
08-2	构造物 III（桥梁工程）	3.114	0.565	1.702					2.729	0.841	6.222	2.729	5.976	0.225	0.551	0.425	1.094	8.271	20.000	2.000	10.000	1.000	8.000	41.000
09	技术复杂大桥	1.975	0.363	0.928					1.677	0.523	3.789	1.677	4.143	0.101	0.208	0.203	0.637	5.292	20.000	2.000	10.000	1.000	8.000	41.000
10	钢材及钢结构（安全设施）	0.14							0.564	0.473	1.488	0.564	2.242	0.104	0.164	0.141	0.653	3.304	20.000	2.000	10.000	1.000	8.000	41.000
10-1	钢材及钢结构（安全设施）	0.141							0.564	0.473	0.614	0.564	2.242	0.104	0.164	0.141	0.653	3.304	20.000	2.000	10.000	1.000	8.000	41.000
10-2	钢材及钢结构（桥梁工程）	0.141		0.874					0.564	0.473	1.488	0.564	2242	0.104	0.164	0.141	0.653	3.304	20.000	2.000	10.000	1.000	8.000	41.000

编制：×××　　　　　复核：×××

综合费用计算表

建设项目名称：预算示例
编制范围：某一级公路项目
第 1 页 共 1 页
表 7-37

序号	工程类别	措施费（元）										综合费用		企业管理费（元）							规费（元）				综合费用
		冬季施工增加费	雨季施工增加费	夜间施工增加费	高原地区施工增加费	风沙地区施工增加费	沿海地区施工增加费	行车干扰施工增加费	施工辅助费	工地转移费	I	II	基本费用	主副食运费补贴	职工探亲路费	职工取暖补贴	财务费用	综合费用	养老保险费	失业保险费	医疗保险费	工作保险费	住房公积金	
1	2	3	4	5	6	7	8	9	10	11	12	13	14	15	16	17	18	19	20	21	22	23	24	25
LJ0201	挖土方	5 751	1 230						1 664	961	7 942	1 664	8 777	390	613	706	866	11 352	16 839	1 684	8 420	842	6 735	34 520
LJ0301	利用土方填筑	12 372	4 990						3 964	3 138	20 500	3 964	25 078	1 537	2 020	2 891	3 428	34 954	41 812	4 181	20 906	2 090	16 725	85 714
LJ0302	借土方填筑	14 104	5 819						4 541	3 636	23 559	4 541	28 934	1 792	2 342	3 371	3 996	40 435	49 868	4 987	24 935	2 493	19 947	102 230
	合计	32 227	12 039						10 169	7 735	52 001	10 169	62 789	3 719	4 975	6 968	8 290	86 741	108 519	10 852	54 261	5 425	43 407	222 464

编制：××× 复核：×××

专项费用计算表

建设项目名称：预算示例
建设范围：某一级公路项目
编制范围：某一级公路项目

第 1 页 共 1 页　　表 7-38

序号	工程或费用名称	说明及计算式	金额（元）	备注
110	专项费用		280 065	
11001	施工场地建设费	18 部颁预算	216 099	216 099.32
11002	安全生产费	（建筑安装工程费 - 安全生产费）×1.5%	63 966	(4 328 385 - 63 966)×1.5%

编制：××× 　　　　复核：×××

工程建设其他费用计算表

建设项目名称：预算示例
建设项目范围：某一级公路示例
第 1 页 共 1 页 表 7-39

序号	费用名称及回收金额项目	说明及计算式	金额（元）	备注
3	第三部分 工程建设其他费		613 125	
301	建设项目管理费		420 428	
30101	建设单位（业主）管理费	定额建筑安装工程费×4.858%	210 273	4 328 385×4.858%
30102	建设项目信息化费	定额建筑安装工程费×0.6%	25 970	4 328 385×0.6%
30103	工程监理费	定额建筑安装工程费×3%	129 852	4 328 385×3%
30104	设计文件审查费	定额建筑安装工程费×0.077%	3 333	4 328 385×0.077%
30105	竣（交）工验收试验检测费	18部颁预算	51 000	51 000
303	建设项目前期工作费	定额建筑安装工程费×3%	129 852	4 328 385×3%
305	联合试运转费	定额建筑安装工程费×0.04%	1 731	4 328 385×0.04%
306	生产准备费	18部颁预算	43 800	
30602	办公和生活用家具购置费		43 800	
308	工程保险费	[建筑安装工程费－设备购置（不含税金）]×0.4%	17 314	(4 328 385－0)×0.4%
4	第四部分 预备费		148 245	
401	基本预备费	（建筑安装工程费＋土地使用及拆迁补偿费＋工程建设其他费）×0.03	148 245	(4 328 385＋0＋613 125)×0.03
5	第一至四部分合计	建筑安装工程费＋土地使用及拆迁补偿费＋工程建设其他费＋预备费	5 089 755	4 328 385＋0＋613 125＋148 245
7	公路基本造价	第一至四部分合计＋建设期贷款利息	5 089 755	5 089 755＋0

编制：×××　　复核：×××

人工、材料、施工机械台班单价汇总表

建设项目名称：预算示例
编制范围：某一级公路项目

第 1 页 共 1 页　　表 7-40

序号	名称	单位	代号	预算单价(元)	备注	序号	名称	单位	代号	预算单价(元)	备注
1	人工	工日	1001001	106.28							
2	机械工	工日	1051001	106.28							
3	柴油	kg	3003003	7.44							
4	2.0m³ 以内履带式液压单斗挖掘机	台班	8001030	1 501.23							
5	120kW 以内自行式平地机	台班	8001058	1 188.74							
6	15t 以内振动压路机(单钢轮)	台班	8001089	1 078.27							
7	15t 以内自卸汽车	台班	8007017	926.78							

编制：××× 　　　　　　　　　　　　　　　　　　　　　复核：×××

分项工程预算计算数据表

表 7-41

建设项目名称：预算示例
编制范围：某一级公路项目　　标准定额库版本号：JJYJ-DE-2018-0　　校验码：DE 6944000　　第 1 页　共 1 页

分项编号/定额代号/工料机代号	项目、定额或工料机的名称	单位	数量	输入单价	输入金额	分项组价类型或定额子目取费类型	定额调整情况或分项算式
1	第一部分 建筑安装工程费	公路公里	3.000	1 442 795.00	4 328 385		
102	路基工程	km			4 048 320		
LJ02	路基挖方	m³	130 000.000	3.36	436 269		
LJ0201	挖土方	m³	130 000.000	3.36	436 269		
LJ03	路基填方	m³	116 498.000	31.01	3 612 051		
LJ0301	利用土方填筑	m³	116 498.000	14.31	1 666 962		
LJ0302	借土方填筑	m³	83 502.000	23.29	1 945 089		
110	专项费用	元			280 065		
11001	施工场地建设费	元			216 099		（施工场地建设费）
11002	安全生产费	元			63 966		[（A-AQ）×1.5%]

编制：××××　　　　　　　　　　　　　　　　　　复核：××××

分项工程预算表

建设项目名称：预算示例
编制范围：某一级公路　　分项编号：LJ0201　　工程名称：挖土方　　单位：m³　　数量：130 000.000　　单价：3.36 元

第 1 页　共 3 页　　表 7-42

编号	工料机名称	单位	单价(元)	2.0m³ 以内挖掘机挖装土方(普通土)			2.0m³ 以内挖掘机挖装土方(普通土)			2.0m³ 以内挖掘机挖装土方(硬土)			合　计	
	工程项目													
	工程细目			1 000m³ 天然密实方			1 000m³ 天然密实方			1 000m³ 天然密实方				
	定额单位			50.000						80.000				
	工程数量			1-1-9-8						1-1-9-9				
	定额表号			定额	数量	金额(元)	定额	数量	金额(元)	定额	数量	金额(元)	数量	金额(元)
1001001	人工	工日	106.28	3.100	155.000	16 473				3.400	272.000	28 908	427.000	45 382
8001030	2.0m³ 以内履带式液压单斗挖掘机	台班	1 501.23	1.300	65.000	97 580				1.470	117.600	176 545	182.600	274 125
9999001	定额基价	元	1.00	2 281.067	114 053.350	114 053				2 568.160	205 452.808	205 453	319 506.158	319 506
	直接费	元			114 053						205 453			319 506
	措施费	I	元	2.486%	2 835					2.486%	5 107			7 942
		II	元	0.521%	594					0.521%	1 070			1 664
	企业管理费		元	3.553%	4 052					3.553%	7 300			11 352
	规费		元	41%	12 419					41%	22 101			34 520
	利润		元	7.42%	9 018					7.42%	16 245			25 263
	税金		元	9%	12 867					9%	23 155			36 022
	金额合计				155 838						280 431			436 269

编制：×××　　　　　　复核：×××

第七章 公路基本建设工程概预算

分项工程预算表

建设项目名称：预算示例

编制范围：某一级公路　　分项编号：LJ0201　　工程名称：利用土方填筑　　单位：m³　　数量：116 498.000　　单价：14.31元　　第2页 共3页　　表7-43

编号	工料机名称	单位	单价（元）	工程项目 15t以内自卸汽车运土方,运2km			工程细目 15t以内自卸汽车运土方,运2km			定额单位 1 000m³ 天然密实方			定额表号 [调]1-1-11-9	工程项目 高速、一级公路 15t以内振动压路机碾压土方			工程细目 高速、一级公路 15t以内振动压路机碾压土方			定额单位 1 000m³ 压实方			定额表号 1-1-18-4	合　计		
				定额	数量	金额（元）				工程数量 130.000										工程数量 116.498				数量	金额（元）
														定额	数量	金额（元）										
1001001	人工	工日	106.28											2.100	244.646	26 001								244.646	26 001
8001058	120kW以内自行式平地机	台班	1 188.74											1.470	171.252	203 574								171.252	203 574
8001089	15t以内振动压路机（单钢轮）	台班	1 078.27											2.480	288.915	311 528								288.915	311 528
8007017	15t以内自卸汽车	台班	926.78	6.170	802.100	743 370																		802.100	743 370
9999001	定额基价	元	1.00	5 718.233	743 370.238	743 370								4 644.745	541 103.550	541 104								1 284 473.788	1 284 474
	直接费		元			743 370										541 104										1 284 474
	措施费	Ⅰ	元	0.948%		7 048								2.486%		13 452									20 500
		Ⅱ	元	0.154%		1 145								0.521%		2 819									3 964

编制：×××　　复核：×××

续上表

编号					
	工程项目	15t以内自卸汽车运土方,运2km		高速、一级公路15t以内振动压路机碾压土方	
	工程细目	15t以内自卸汽车运土方,运2km		高速、一级公路15t以内振动压路机碾压土方	
	定额单位	1 000m³ 天然密实方		1 000m³ 压实方	
	工程数量	130.000		116.498	
	定额表号	[调]1-1-11-9		1-1-18-4	

工料机名称	单位	单价(元)	定额	数量	金额(元)	定额	数量	金额(元)	合计	
									数量	金额(元)
企业管理费	元		2.116%	15 729		3.553%	19 225			34 954
规费	元		41%	34 957		41%	50 763			85 714
利润	元		7.42%	56 933		7.42%	42 784			99 717
税金	元		9%	77 326		9%	60 313			137 639
金额合计	元				936 502			730 460		1 666 962

编制：×××   复核：×××

分项工程预算表

表 7-44

建设项目名称：预算示例
建设项目编号：LJ0302　　工程名称：借土方填筑　　单位：m³　　数量：83 502.000　　单价：23.29 元　　第 3 页　共 3 页
分项编号：

编号	工程项目		2.0m³ 以内挖掘机挖装土方普通土			15t 以内自卸汽车运土方, 运 5km			高速、一级公路 15t 以内振动压路机碾压土方			合计	
	工程细目		2.0m³ 以内挖掘机挖装土方普通土			15t 以内自卸汽车运土方, 运 5km			高速、一级公路 15t 以内振动压路机碾压土方				
	定额单位		1 000m³ 天然密实方			1 000m³ 天然密实方			1 000m³ 压实方				
	工程数量		83.502			83.502			83.502				
	定额表号		[调]1-1-9-8			[调]1-1-11-9			1-1-18-4				
工料机名称	单位	单价(元)	定额	数量	金额(元)	定额	数量	金额(元)	定额	数量	金额(元)	数量	金额(元)
1001001	人工	工日	106.28	3.596	300.273	31 913				2.100	175.354	18637	475.627	50 550
8001030	2.0m³ 以内履带式液压单斗挖掘机	台班	1 501.23	1.508	125.921	189 036							125.921	189 036
8001058	120kW 以内自行式平地机	台班	1 188.74							1.470	122.748	145 915	122.748	145 915
8001089	15t 以内振动压路机(单钢轮)	台班	1 078.27							2.480	207.085	223 293	207.085	223 294
8007017	15t 以内自卸汽车	台班	926.78				11.484	958.937	888 724				958.937	888 724
9999001	定额基价	元	1.00	2 646.038	220 949.442	220 949	10 643.142	888 723.603	888 724	4 644.745	387 845.530	387 846	1 497 518.575	1 497 519
	直接费	元				220 949			888 724			387 846		1 497 519
措施费	I	元		2.486%	5 493		0.948%	8 425		2.486%	9 641		23 559
	II	元		0.521%	1 151		0.154%	1 369		0.521%	2 021		4 541

编制：×××　　　　复核：×××

续上表

编号	工程项目	工程细目	定额单位	工程数量	定额表号	工料机名称	单位	单价(元)	定额	数量	金额(元)	定额	数量	金额(元)	定额	数量	金额(元)	合计 数量	合计 金额(元)
	2.0m³ 以内挖掘机挖装土方普通土	2.0m³ 以内挖掘机挖装土方普通土	1 000m³ 天然密实方	83.502	[调]1-1-9-8							15t 以内自卸汽车运土方,运 5km	15t 以内自卸汽车运土方,运 5km	1 000m³ 天然密实方	83.502	[调]1-1-11-9	高速、一级公路 15t 以内振动压路机碾压土方	高速、一级公路 15t 以内振动压路机碾压土方	1 000m³ 压实方	83.502	1-1-18-4		
						企业管理费	元		3.553%		7 850	2.116%		18 805	3.553%		13 780		40 435
						规费	元		41%		24 059	41%		41 785	41%		36 386		102 230
						利润	元		7.42%		17 470	7.42%		68 065	7.42%		30 666		116 201
						税金	元		9%		24 927	9%		92 446	9%		43 231		160 604
						金额合计	元				301 899			1 119 619			523 571		1 945 089

编制:××× 复核:×××

桥梁预算示例扫描下方二维码观看

【练习题】

1. 上海某二灰砂砾基层宽 18m、长 12km,压实厚度为 12cm,设计配合比为石灰∶粉煤灰∶砂砾 = 5∶15∶80。已知人工 56 元/工日,拌和机 1 850 元/台班,洒水车 530 元/台班,6~8t 光轮压路机 250 元/台班,12~15t 光轮压路机 460 元/台班,平地机 920 元/台班,生石灰 108 元/t,砂砾 33 元/m^3,粉煤灰 31 元/m^3。试计算直接费。

2. 湖南某桥为预应力混凝土斜拉桥,总体布置为(24×20m)预应力混凝土简支箱梁 + (10×50m)预应力混凝土顶推连续梁(130m + 2×310m + 130m)预应力混凝土双索面斜拉桥 + (10×50m)预应力混凝土简支 T 梁 + (114×30m)预应力混凝土简支 T 梁。桥梁全长 5 783.5m,其中主桥长 1 880m。试编制该桥的概算造价。

(1)技术标准

荷载等级:公路 - I 级汽车荷载,人群荷载 3.5kN/m^2。

桥面宽度:2×1.75 + 2×0.5 + 4×3.75 = 19.5(m)。

通航等级:一级,通航净空 $B×H$ = 125m×18m。

地震烈度:7 度,按 8 度设防。

桥头接线:河东岸接线按城市道路标准设计,路线长 334m,路面宽 23m;河西岸接线按二级路标准设计,路线长 3 546m,路面宽 12m。

(2)施工方案

主桥主孔(130m + 2×310m + 130m)斜拉桥基础采用钻孔灌注桩施工工艺,索塔承台拟用钻孔施工平台悬挂大型套箱进行浇筑,索塔混凝土采用裸塔法索塔追爬模工艺进行浇筑。斜拉桥主梁则采用大节距全断面整体浇筑及自行式前支点挂篮进行悬浇施工。

主桥副孔基础均采用大直径钻孔灌注桩施工工艺,变截面桩帽则利用护筒直接浇筑。下部结构双柱式墩身考虑提升模板施工。东岸副孔(10×50m)顶推梁上部结构利用沿湖架设顶推预制平台,采用多点柔性顶推工艺施工。西岸副孔(10×50m)简支梁上部结构则可采用架桥机架设。

(3)工程量清单

桥头引导:路线西线长 3 546m,采用二级公路标准,路基宽 16m。东线长 334m 采用城市道路标准。填筑路堤土方 12 万 m^3,平均运距 6km。排水边沟与公路排水沟砌筑圬工体积 1 552m^3,软土处理 3 880m。水泥稳定碎石基层 22cm,面积 42 552m^2;沥青路面厚 8cm,面积 552m^2。涵洞 16 道,其中圆管涵 13 道,盖板通道 3 道。

大桥:主桥的主塔部分钻孔灌注桩基础混凝土 18 245m^3,水深 8m。主桥副孔部分 2 554m^3,水深 4m。桥墩采用柱式墩,混凝土体积 2 471.0m^3,索塔混凝土体积 8 610m^3。斜拉桥上部结构采用三塔斜拉结构(130m + 310m + 310m + 130m),但是在指标中,所采用的斜拉桥结构没有三塔斜拉结构,而只有独塔结构与双塔结构,因此做近似处理,将这个三塔斜拉结构部分分成一个独塔 2×310m,和一个双塔 2×130m 斜拉桥,按桥面宽度 20m 计算面积。

24×20m 引桥桩基混凝土 3 446m^3,桥墩混凝土 731m^3,其上部简支箱梁混凝土 3 880m^3;114×30m 预应力简支 T 梁引桥桩基混凝土 34 106m^3,桥墩 7 357m^3,T 梁混凝土 28 363m^3。

调治工程:大桥轴线左右两边 500m 以内,在沿湖堤岸铺筑 5 号水泥浆砌片石护坡,按单向护坡 2km 计算,圬工体积 8 000m^3。

(4) 材料运输及加工

木材水运 130km。其他可供材料考虑汽车运输。砂石材料优先考虑水运,同时也可考虑公路运输方式,新墙河的河砂,质地优良,供应量大,水运里程约 40km。当地石料困难,要从甲地运进,水运里程 40km,公路运输 30km。砾石来自乙地,水运里程 19km,公路运输 20km。片石从丙地水运 40km 至工地,碎石在工地利用片石加工。

(5) 其他相关内容

主副食运费综合里程取 10km,工地转移距离按省内企业转移 100km 计算,企业管理费不扣除上级机关管理费。

材料单价计算运杂费按 A 市地方规定单价计算,公路运价 0.55 元/t·km,装卸费 3.5 元/t;水运价格 0.20 元/t·km,装卸费 10 元/t,不分货物等级及公路航道等级。材料原价取自地方调查单价及 A 市交通委员会提供的部分供应价格。

3. 某公路地处冬二(Ⅱ),雨Ⅱ(2),平原微丘区,二级新建公路,长 8.6km,路基宽 12m。上铺石灰稳定土基层,厚度 20cm(机械沿路拌和);路面为水泥混凝土路面,宽 9.0m,厚 23cm;路肩为土路肩,宽 1.50m。该路段以机械施工为主,工期一年(不计物价上涨费),工地转移距离 100km,主副食综合里程 15km。本路段共占用农田 4.85 亩,青苗补偿费按 5 000 元/亩计算。汽车临时便道 4km,路基宽 7.0m,无路面。临时输电线路(三线橡皮线)800m,支线 600m。本路段里程碑 10 块,百米桩 90 块。本路段交工养护里程 8.6km,平均养护月数为 3 个月。该路段需购置路政电脑管理设备 3 台,每台 8 000 元。

主要工程数量及材料供应价格、运距等见表 7-45 至表 7-49。

路基土方　　　　　　　　　　　　　　　　　　　　　　　　表 7-45

0.6m³ 以内挖掘机挖装土方 天然密实方(m³)		6t 自卸汽车运土方		机械碾压路基 (15t 振动压路机)实体积	
松土	普通土	天然密实方(m³)	运距(km)	填方土路基	挖方路基
85 000	52 000	137 000	3	128 000	56 000

防护工程　　　　　　　　　　　　　　　　　　　　　　　　表 7-46

挡土墙(m³)					人工草皮(m²)
挖基坑(m³ 实体)	干砌数量		浆砌数量		花格式
基坑深 2m(干处)	块石基础	片石基础	5#浆砌块石基础	5#浆砌片石墙身	
3 075	1 200	1 600	850	1 200	63 000

路面基层及路缘石　　　　　　　　　　　　　　　　　　　　表 7-47

拖拉机带铧犁拌和石灰土基层 (石灰含量10%)		培路肩		路缘石(混凝土预制块)
压实厚度(cm)	工程数量(m²)	路肩厚度(cm)	工程数量(m³)	(m³)
20	103 200	23	25 800	1 532

水泥混凝土路面　　　　　　　　　　　　　　　　　　　　　表 7-48

厂拌混凝土汽车运输2km		混凝土路面钢筋(t)	混凝土拌和站安装、 拆除60 m³/h(座)
路面厚度(cm)	工程数量(m²)		
23	77 400	16.5	1

材料供应价格、运距、运价率一览表   表 7-49

序号	规格名称	单位	供应价格（元）	起讫地点	运输方式及运距	运价率（元/t·km）	备注
1	原木	m³	1 120	三河~川级	汽车 25km		
2	锯材	m³	1 350	三河~川级	汽车 25km		
3	光圆钢筋	t	3 300	三河~川级	汽车 25km		
4	带肋钢筋	t	3 400	三河~川级	汽车 25km		
5	型钢	t	3 700	三河~川级	汽车 25km		
6	钢板	t	4 450	三河~川级	汽车 25km		
7	空心钢钎	kg	7	三河~川级	汽车 25km		
8	合金钻头	个	26.53	三河~川级	汽车 25km		
9	电焊条	kg	4.9	三河~川级	汽车 25km		
10	组合钢模板	t	5 710	三河~川级	汽车 25km		
11	铁件	kg	4.4	三河~川级	汽车 25km		
12	铁钉	kg	6.97	三河~川级	汽车 25km		
13	8~12 号铁丝	kg	6.1	三河~川级	汽车 25km		
14	20~22 号铁丝	kg	6.4	三河~川级	汽车 25km	0.63	装卸费 4 元/t
15	橡皮线	m	6.8	三河~川级	汽车 25km		
16	皮线	m	5.4	三河~川级	汽车 25km		
17	油漆	kg	13.04	三河~川级	汽车 25km		
18	32.5 级水泥	t	320	三河~川级	汽车 25km		
19	硝铵炸药	kg	6	三河~川级	汽车 25km		
20	导火线	m	0.8	三河~川级	汽车 25km		
21	普通雷管	个	0.7	三河~川级	汽车 25km		
22	石油沥青	t	3 800	三河~川级	汽车 25km		
23	重油	kg	2.8	三河~川级	汽车 25km		
24	汽油	kg	5.2	三河~川级	汽车 25km		
25	柴油	kg	4.9	三河~川级	汽车 25km		
26	煤	t	265	三河~川级	汽车 25km		
27	青(红)砖	千块	212	三河~川级	汽车 25km		
28	生石灰	t	105	三河~川级	汽车 25km		
29	土	m³		砂场~工地	自办 0.6km		人工装卸手扶拖拉机运输
30	中(粗)砂	m³		砂场~工地	自办 0.6km		
31	砂砾	m³		砂场~工地	自办 0.6km		
32	黏土	m³		砂场~工地	自办 0.6km		

续上表

序号	规格名称	单位	供应价格（元）	起讫地点	运输方式及运距	运价率（元/t·km）	备注
33	片石	m³		砂场~工地	自办0.6km		3t以内自卸汽车运输；1m³以内轮胎式装载汽车
34	开采片石	m³		石场			
35	碎石(2cm)	m³		砂场~工地	自办0.6km		
36	碎石(4cm)	m³		砂场~工地	自办0.6km		
37	碎石(8cm)	m³		砂场~工地	自办0.6km		
38	块石	m³		砂场~工地	自办0.6km		
39	草皮	m²	1.97	工地		工地价	

【思考题】

1. 什么是材料的预算价格？材料运杂费如何计算？
2. 什么是施工机械使用费？机械台班单价包括哪些？
3. 措施费包括哪些内容？如何计算？
4. 工程建设其他费用包括哪些内容？
5. 建设期贷款利息怎样确定？

附录①

附录A 封面、目录及概(预)算表格样式

A.0.1 扉页的次页格式如下。

××公路初步设计概算

(K××+×××~K××+×××)

第 册共 册

编 制:(签字并盖章)
复 核:(签字并盖章)
编制单位:(盖章)
编制时间: 年 月

---

① 本附录摘自《公路工程建设项目概算预算编制办法》(JTG 3830—2018)附录A~G。

A.0.2　甲组文件目录格式及相应内容如下所示：

目　录
（甲组文件）

1. 编制说明
2. 项目前后阶段费用对比表见表 A.0.2-1
3. 建设项目属性及技术经济信息表(00 表)见表 A.0.2-2
4. 总概(预)算汇总表(01-1 表)见表 A.0.2-3
5. 总概(预)算人工、主要材料、施工机械台班数量汇总表(02-1 表)见表 A.0.2-4
6. 总概(预)算表(01 表)见表 A.0.2-5
7. 人工、主要材料、施工机械台班数量汇总表(02 表)见表 A.0.2-6
8. 建筑安装工程费计算表(03 表)见表 A.0.2-7
9. 综合费率计算表(04 表)见表 A.0.2-8
10. 综合费计算表(04-1 表)见表 A.0.2-9
11. 设备费计算表(05 表)见表 A.0.2-10
12. 专项费用计算表(06 表)见表 A.0.2-11
13. 土地使用及拆迁补偿费计算表(07 表)见表 A.0.2-12
14. 工程建设其他费计算表(08 表)见表 A.0.2-13
15. 人工、材料、施工机械台班单价汇总表(09 表)见表 A.0.2-14

表 A.0.2-1 项目前后阶段费用对比表

建设项目名称：　　　　　　　　　　　　　　　　　　　　　　　　　　　　　　　　　　第　页　共　页

分项编号	工程或费用名称	单位	本阶段设计概算（施工图预算）			上阶段工可估算（设计概算）			费用变化		备注
			数量	单价	金额	数量	单价	金额	金额	比例（%）	
1	2	3	4	5=6÷4	6	7	8=9÷7	9	10=6-9	11=10÷9	12
	填表说明： 1. 本表反映一个建设项目的前后阶段各项费用组成。 2. 本阶段和上阶段费用均从各阶段的01-1表转入。										

编制：　　　　　　　　　　　　　　　　　　　复核：

表 A.0.2-2 建设项目属性及技术经济信息表

建设项目：　　　　　　　　　　　　　　　　　　　　　　　　编制日期：　　　　00表

一	项目基本属性			
编号	名　称	单　位	信　息	备　注
001	工程所在地			
002	地形类别			平原或微丘
003	新建/改(扩)建			
004	公路技术等级			
005	设计速度	km/h		
006	路面结构			
007	路基宽度	m		
008	路线长度	公路公里		不含连接线
009	桥梁长度	km		
010	隧道长度	km		双洞长度
011	桥隧比例	%		[(9)+(10)]/(8)
012	互通式立体交叉数量	km/处		
013	支线、联络线长度	km		
014	辅道、连接线长度	km		

续上表

二	项目工程数量信息				
编号	内　容	单　位	数　量	数量指标	备　注
10202	路基挖方	1 000 m³			
10203	路基填方	1 000 m³			
10206	排水圬工	1 000 m³			包括防护、排水
10207	防护圬工	1 000 m³			
10205	特殊路基	km			
10301	沥青混凝土路面	1 000 m²			
10302	水泥混凝土路面	1 000 m²			
10401	涵洞	m			
10402	小桥	m			
10403	中桥	m			
10404	大桥	m			
10405	特大桥	m			
10501	连拱隧道	m			
10502	小净距隧道	m			
10503	分离式隧道	m			
10602	通道	m			
10605	分离式立体交叉	处			
10606	互通式立体交叉	处			
10703	管理养护服务房屋	m²			
10901	联络线、支线工程	km			
10902	连接线工程	km			
10903	辅道工程	km			
20101	永久征地	亩			不含取(弃)土场征地
20102	临时征地	亩			

三	项目造价指标信息表				
编号	工程造价	总金额 (万元)	造价指标 (万元/km)	占总造价 百分比%	备　注
1	建筑安装工程费		(必填)		
101	临时工程				
102	路基工程				
103	路面工程				
104	桥梁工程				
105	隧道工程				
106	交叉工程				
107	交通工程				

续上表

三	项目造价指标信息表				
编号	工程造价	总金额（万元）	造价指标（万元/km）	占总造价百分比%	备注
108	绿化及环境保护工程				
109	其他工程				
110	专项费用		（必填）		
2	土地使用及拆迁补偿费		（必填）		
3	工程建设其他费		（必填）		
4	预备费		（必填）		
5	建设期贷款利息		（必填）		
6	公路基本造价		（必填）		
四	分项造价指标信息表				
编号	名　称	单　位	造价指标(元)		备　注
10202	路基挖方	m³			
10203	路基填方	m³			
10205	特殊路基	km			
10206	排水圬工	m³			
10207	防护圬工	m³			
10301	沥青混凝土路面	m²			
10302	水泥混凝土路面	m²			
10401	涵洞	m			
10402	预制空心板桥	m²			
10403	预制小箱梁桥	m²			
10404	预制T梁桥	m²			
10405	现浇箱梁桥	m²			
10406	特大桥	m²			
10501	连拱隧道	m			
10502	小净距隧道	m			
10503	分离式隧道	m			
10602	通道	m			
10605	分离式立体交叉	处			
10606	互通式立体交叉	处			
10701	交通安全设施	km			
10702	机电及设备安装工程	km			
10707	管理养护服务房屋	m²			含土建和安装,不含外场
10901	联络线、支线工程	km			
10902	连接线工程	km			
10903	辅道工程	km			

续上表

四	分项造价指标信息表			
编号	名 称	单 位	造价指标(元)	备 注
20101	永久征地	亩		
20102	临时征地	亩		
20201	拆迁补偿	km		
30101	建设单位管理费	km		
30103	工程监理费	km		
30301	建设项目前期工作费	km		
五	主要材料单价信息表			
编号	名 称	单 位	单价(元)	备 注
1001001	人工	工日		
2001002	HRB400 钢筋	t		
3001001	石油沥青	t		
5503005	中(粗)砂	m^3		
5505016	碎石(4cm)	m^3		
5509002	42.5 级水泥	t		

编制： 复核：

表 A.0.2-3 总概(预)算汇总表

建设项目名称： 第 页 共 页 01-1 表

分项编号	工程或费用名称	单位	总数量	数量	金额(元)	技术经济指标	数量	金额(元)	技术经济指标	数量	金额(元)	技术经济指标	总金额(元)	全路段技术经济指标	各项费用比例(%)

填表说明：
1. 一个建设项目分若干单项工程编制概(预)算时,应通过本表汇总全部建设项目概(预)算金额。
2. 本表反映一个建设项目的各项费用组成,概(预)算总值和技术经济指标。
3. 本表分项编号、工程或费用名称、单位、总数量、概(预)算金额应由各单项或单位工程总概(预)算表(01 表)转来,部分、项、子项应保留,其他可视需要增减。
4. "全路段技术经济指标"以各项金额汇总合计除以相应总数量计算;"各项费用比例"以汇总的各项目公路工程造价除以公路基本造价合计计算。

编制： 复核：

表 A.0.2-4 总概(预)算人工、主要材料、施工机械台班数量汇总表

建设项目名称：　　　　　　　　　　　　　　　　　第　页　共　页　02-1表

代号	规格名称	单位	总数量	编制范围					

填表说明：
1. 一个建设项目分若干个单项工程编制概(预)算时，应通过本表汇总全部建设项目的人工、主要材料与设备、施工机械台班数量。
2. 本表各栏数据均由各单项或单位工程概(预)算中人工、主要材料、施工机械台班数量汇总表(02表)转来，编制范围指单项或单位工程。

编制：　　　　　　　　　　　　　　　复核：

表 A.0.2-5 总(概)预算表

建设项目名称：
编制范围：　　　　　　　　　　　　　　　　　　　第　页　共　页　01表

分项编号	工程或费用名称	单位	数量	金额(元)	技术经济指标	各项费用比例(%)	备注

填表说明：
1. 本表反映一个单项或单位工程的各项费用组成、概(预)算金额、技术经济指标、各项费用比例(%)等。
2. 本表"分项编号""工程或费用名称""单位"等应按概(预)算项目表的编号及内容填写。
3. "数量""金额"由专项费用计算表(06表)、建筑安装工程费计算表(03表)、土地使用及拆迁补偿费计算表(07表)、工程建设其他费计算表(08表)转来。
4. "技术经济指标"以各项目金额除以相应数量计算；"各项费用比例"以各项金额除以公路基本造价计算。

编制：　　　　　　　　　　　　　　　复核：

表 A.0.2-6 人工、主要材料、施工机械台班数量汇总表

建设项目名称：

编制范围：　　　　　　　　　　　　　　　　　　　　　　第　页　共　页　　02表

代号	规格名称	单位	单价(元)	总数量	分项统计			场外运输损耗	
								%	数量
				填表说明： 本表各栏数据由人工、材料、施工机械台班单价汇总表(09表)及分项工程概(预)算表(21-2表)、辅助生产人工、材料、施工机械台班单位数量表(25表)经分析计算后统计而来。					

编制：　　　　　　　　　　　　　　　　　　　复核：

表 A.0.2-7 建筑安装工程费计算表

建设项目名称：

编制范围：　　　　　　　　　　　　　　　　　　　　　　第　页　共　页　　03表

序号	分项编号	工程名称	单位	工程量	定额直接工程费(元)	定额设备购置费(元)	直接费(元)				设备购置费	措施费	企业管理费	规费	利润(元)	税金(元)	建筑安装工程费	
							人工费	材料费	施工机械使用费	合计					费率(%)	税率(%)	合计(元)	单价(元)
1	2	3	4	5	6	7	8	9	10	11	12	13	14	15	16	17	18	19
				填表说明： 1.本表各栏数据由05表、06表、21-2表经计算转来。 2.本表中除列出具体分项外，还应列出子项(如临时工程、路基工程、路面工程……)，并将子项下的具体分项费用进行汇总。													
	110	专项费用																
	11001	施工场地建设费	元															
	11002	安全生产费	元															
		合计																

编制：　　　　　　　　　　　　　　　　　　　复核：

表 A.0.2-8 综合费率计算表

建设项目名称：
编制范围：　　　　　　　　　　　　　　　　　　　　　　　　第　　页　共　　页　　04 表

序号	工程类别	措施费(%)										综合费率		企业管理费(%)						规费(%)				
		冬季施工增加费	雨季施工增加费	夜间施工增加费	高原地区施工增加费	风沙地区施工增加费	沿海地区施工增加费	行车干扰工程施工增加费	施工辅助费	工地转移费				基本费用	主副食运费补贴	职工探亲路费	职工取暖补贴	财务费用	综合费率	养老保险费	失业保险费	医疗保险费	工伤保险费	住房公积金	综合费率
											I	II													
1	2	3	4	5	6	7	8	9	10	11	12	13	14	15	16	17	18	19	20	21	22	23	24	25

填表说明：
本表应根据建设项目具体情况，按概(预)算编制办法有关规定填入数据计算。
其中：12＝3＋4＋5＋6＋7＋8＋9＋11；19＝14＋15＋16＋17＋18；25＝20＋21＋22＋23＋24。

编制：　　　　　　　　　　　　　　　　　复核：

表 A.0.2-9 综合费用计算表

建设项目名称：
编制范围：　　　　　　　　　　　　　　　　　　　　　　　　第　　页　共　　页　　04-1 表

序号	工程类别	措施费										综合费用		企业管理费						规费				
		冬季施工增加费	雨季施工增加费	夜间施工增加费	高原地区施工增加费	风沙地区施工增加费	沿海地区施工增加费	行车干扰工程施工增加费	施工辅助费	工地转移费				基本费用	主副食运费补贴	职工探亲路费	职工取暖补贴	财务费用	综合费用	养老保险费	失业保险费	医疗保险费	工伤保险费	住房公积金	综合费用
											I	II													
1	2	3	4	5	6	7	8	9	10	11	12	13	14	15	16	17	18	19	20	21	22	23	24	25

填表说明：
本表应根据建设项目具体分项工程，按投资估算编制办法规定的计算方法分别计算各项费用。
其中：12＝3＋4＋5＋6＋7＋8＋9＋11；13＝10；19＝14＋15＋16＋17＋18；25＝20＋21＋22＋23＋24。

编制：　　　　　　　　　　　　　　　　　复核：

表 A.0.2-10 设备费计算表

建设项目名称：
编制范围：　　　　　　　　　　　　　　　　　　　　第　页　共　页　　05 表

代号	设备名称	规格型号	单位	数量	基价	定额设备购置费（元）	单价（元）	设备购置费（元）	税金（元）	定额设备费（元）	设备费（元）
						填表说明：本表应根据具体的设备购置清单进行计算，包括设备规格、单位、数量、设备基价、定额设备购置费、设备预算单价、税金以及定额设备费和设备费。设备购置费不计取措施费及企业管理费。					

编制：　　　　　　　　　　　　　复核：

表 A.0.2-11 专项费用计算表

建设项目名称：
编制范围：　　　　　　　　　　　　　　　　　　　　第　页　共　页　　06 表

序号	工程或费用名称	说明及计算式	金额(元)	备注
	填表说明：本表应依据项目按本办法规定的专项费用项目填写，在说明及计算式栏内填写需要说明的内容及计算式。			

编制：　　　　　　　　　　　　　复核：

表 A.0.2-12　土地使用及拆迁补偿费计算表

建设项目名称：

编制范围：　　　　　　　　　　　　　　　　　　　　第　页　共　页　07表

序号	费用名称	单　位	数　量	单价（元）	金额（元）	说明及计算式	备注
		填表说明：本表按规定填写单位、数量、单价和金额,说明及计算式中应定明标准计算式,子项下边有分项的,可以按顺序依次往下编号。					

编制：　　　　　　　　　　　　　　　复核：

表 A.0.2-13　工程建设其他费计算表

建设项目名称：

编制范围：　　　　　　　　　　　　　　　　　　　　第　页　共　页　08表

序号	费用名称及项目	说明及计算式	金额(元)	备注
	填表说明：本表应按具体发生的其他费用项目填写,需要说明和具体计算的费用项目依次相应在说明及计算式栏内填写或具体计算,各项费用具体填写如下： 1. 建设项目管理费包括建设单位(业主)管理费、建设项目信息化费、工程监理费、设计文件审查费、竣(交)工验收试验检测费,按编办规定的计算基数、费率、方法或有关规定列式计算。 2. 研究试验费应根据设计需要进行研究试验的项目分别填写项目名称及金额或列式计算或进行说明。 3. 建设项目前期工作费按编办规定的计算基数、费率、方法计算。 4. 专项评价(估)费、联合试运转费、生产准备费、工程保通管理费、工程保险费、预备费、建设期贷款利息等其他费用根据编办规定或国家有关规定依次类推计算。			

编制：　　　　　　　　　　　　　　　复核：

283

表 A.0.2-14　人工、材料、施工机械台班单价汇总表

建设项目名称：
编制范围：　　　　　　　　　　　　　　　　　　　第　页　共　页　　09 表

序号	名称	单位	代号	预算单价(元)	备注	序号	名称	单位	代号	预算单价(元)	备注
				填表说明：本表预算单价由材料预算单价计算表(22表)和施工机械台班单价计算表(24表)转来。							

　　编制：　　　　　　　　　　　　复核：

A.0.3 乙组文件目录格式及相应内容如下所示：

目 录
(乙组文件)

1. 分项工程概(预)算计算数据表(21-1 表)见表 A.0.3-1
2. 分项工程概(预)算表(21-2 表)见表 A.0.3-2
3. 材料预算单价计算表(22 表)见表 A.0.3-3
4. 自采材料料场价格计算表(23-1 表)见表 A.0.3-4
5. 材料自办运输单位运费计算表(23-2 表)见表 A.0.3-5
6. 施工机械台班单价计算表(24 表)见表 A.0.3-6
7. 辅助生产人工、材料、施工机械台班单位数量表(25 表)见表 A.0.3-7

A.0.3-1 分项工程概(预)算计算数据表

建设项目名称：

编制范围：　　　标准定额库版本号：　　　校验码：　　　　第　　页　共　　页　21-1表

分项编号/定额代号/工料机代号	项目、定额或工料机的名称	单位	数量	输入单价	输入金额	分项组价类型或定额子目取费类别	定额调整情况或分项算式
	填表说明： 1. 本表应逐行从左到右横向跨栏填写。 2. "分项编号""定额""工料机"等的代号应根据实际需要按本办法附录B概预算项目表及现行《公路工程概算定额》（JTG/T 3831）、《公路工程预算定额》（JTG/T 3832）的相关内容填写。 3. 本表主要是为利用计算机软件编制概算、预算提供分项组价基础数据，列明工程项目全部计算分项的组价参数；分项组价类型包括：输入单价、输入金额、算式列表、费用列表和定额组价五类；定额调整情况分配合比调整、钢筋调整、抽换、乘系数、综合调整等，非标准补充定额列出其工料机及其消耗量；具体填表规则由软件用户手册详细规定。 4. 标准定额库版本号由公路工程造价依据信息平台和最新的标准定额库一起发布，造价软件接收后直接输出。 5. 校验码由定额库版本号加密生成，由公路工程造价依据信息平台与定额库版本号同时发布，造价软件直接输出，为便于校验，造价软件可按条形码形式输出。						

编制：　　　　　　　　　　　　　　　　复核：

A.0.3-2 分项工程概(预)算表

编制范围：

分项编号：　　工程名称：　　单位：　　数量：　　单价：　　第　　页　共　　页　21-2表

代号	工程项目									合计	
	工程细目										
	定额单位										
	工程数量										
	定额表号										
	工、料、机名称	单价（元）	定额	数量	金额（元）	定额	数量	金额（元）	定额	数量	金额（元）	数量	金额（元）
1	人工	工日										
2	……		填表说明： 1. 本表按具体分项工程项目数量、对应概(预)算定额子目填写，单价由09表转来，金额=Σ工、料、机各项的单价×定额×数量。 2. 措施费、企业管理费按相应项目的定额人工费与定额施工机械使用费之和或定额直接费×规定费率计算。 3. 规费按相应项目的人工费×规定费率计算。 4. 利润按相应项目的（定额直接费+措施费+企业管理费）×利润率计算。 5. 税金按相应项目的（直接费+措施费+企业管理费+规费+利润）×税率计算。 6. 措施费、企业管理费、规费、利润、税金对应定额列填入相应的计算基数，数量列填入相应的费率。								
	直接费	元									
	措施费 Ⅰ	元									
	措施费 Ⅱ	元									
	企业管理费	元									
	规费	元									
	利润	元									
	税金	元		%		%		%			
	金额合计	元		%		%		%			

编制：　　　　　　　　　　　　　　　　复核：

A.0.3-3 材料预算单价计算表

建设项目名称：
编制范围：   第　页　共　页　22表

| 序号 | 规格名称 | 单位 | 原价(元) | 运杂费 ||||| 原价运费合计(元) | 场外运输损耗 || 采购及保管费 || 预算单价(元) |
				供应地点	运输方式、比重及运距	毛质量系数或单位毛质量	运杂费构成说明或计算式	单位运费(元)		费率(%)	金额(元)	费率(%)	金额(元)	
				填表说明： 1.本表计算各种材料自供应地点或料场至工地的全部运杂费与材料原价及其他费用组成预算单价。 2.运输方式按火车、汽车、船舶等及所占运比重填写。 3.毛重系数、场外运输损耗、采购及保管费按规定填写。 4.根据材料供应地点、运输方式、运输单价、毛质量系数等。通过运杂费构成说明或计算式，计算得出材料单位运费。 5.材料原价与单位运费、场外运输损耗、采购及保管费组成材料预算单价。													

编制：   复核：

A.0.3-4 自采材料料场价格计算表

编制范围：
自采材料名称：   单位：   数量：   料场价格：   第　页　共　页　23-1表

代号	工、料、机名称	单位	单价(元)	工程项目									合计	
				工程细目										
				定额单位										
				工程数量										
				定额表号										
				定额	数量	金额(元)	定额	数量	金额(元)	定额	数量	金额(元)	数量	金额(元)
							填表说明： 1.本表主要用于分析计算自采材料料场价格，应将选用的定额人工、材料、施工机械台班数量全部列出，包括相应的工、料、机单价。 2.材料规格用途相同而生产方式(如人工捶碎石、机械压碎石)不同时，应分别计算单价，再以各种生产方式所占比重根据合计价格加权平均计算料场价格。 3.定额中施工机械台班有调整系数时，应在本表内计算。 4.辅助生产间接费、高原取费对应定额列填入相应的计算基数，数量列填入相应的费率。								
	直接费	元												
	辅助生产间接费	元												
	企业管理费	元												
	高原取费	元			%			%			%				
	金额合计	元			%			%			%				

编制：   复核：

A.0.3-5 材料自办运输单位运费计算表

编制范围：

自采材料名称：　　　单位：　　　数量：　　　单位运费：　　　第　页　共　页　23-2 表

代号	工程项目										合　计	
	工程细目											
	定额单位											
	工程数量											
	定额表号											
	工、料、机名称	单位	单价(元)	定额	数量	金额(元)	定额	数量	金额(元)	定额	数量	金额(元)	数量	金额(元)
				填表说明： 1.本表主要用于分析计算材料自办运输单位运费,应将选用的定额人工、材料、施工机械台班数量全部列出,包括相应的工、料、机单价。 2.材料运输地点或运输方式不同时,应分别计算单价,再按所占比重加权平均计算材料运输价格。 3.定额中施工机械台班有调整系数时,应在本表内计算。 4.辅助生产间接费、高原取费对应定额列填入相应的计算基数,数量列填入相应的费率。										
	直接费	元											
	辅助生产间接费	元											
	高原取费	元		%			%			%			
	金额合计	元		%			%			%			

编制：　　　　　　　　　　　　　　　　　　　　　复核：

A.0.3-6 施工机械台班单价计算表

建设项目名称：

编制范围：　　　　　　　　　　　　　　　　　　　第　页　共　页　24 表

序号	代号	规格名称	台班单价(元)	不变费用		可变费用								车船税	合计
				调整系数		人工：(元/工日)		汽油：(元/kg)		柴油：(元/kg)		……			
				定额	调整值	定额	金额	定额	金额	定额	金额	定额	金额		
				填表说明： 1.本表应根据公路工程机械台班费用定额进行计算。不变费用如有调整系数应填入调整值;可变费用各栏填入定额数量。 2.人工、动力燃料的单价由材料预算单价计算表(22表)中转来。											

编制：　　　　　　　　　　　　　　　　　　　　　复核：

A.0.3-7 辅助生产人工、材料、施工机械台班单位数量表

建设项目名称：
编制范围：　　　　　　　　　　　　　　　　　　第　页　共　页　25表

序号	规格名称	单位	人工(工日)					
			填表说明：					
			本表各栏数据由自采材料料场价格计算表(23-1表)和材料自办运输单位运费计算表(23-2表)统计而来。					

编制：　　　　　　　　　　　复核：

附录 B 概预算项目表

B.0.1 概预算项目表如下：

1. 概预算项目表见表 B.0.1-1
2. 路基工程项目分表(LJ)见表 B.0.1-2
3. 路面工程项目分表(LM)见表 B.0.1-3
4. 涵洞工程项目分表(HD)见表 B.0.1-4
5. 桥梁工程项目分表(QL)见表 B.0.1-5
6. 隧道工程项目分表(SD)见表 B.0.1-6
7. 交通安全设施工程项目分表(JA)见表 B.0.1-7
8. 隧道机电工程项目分表(SJ)见表 B.0.1-8
9. 绿化及环境保护工程项目分表(LH)见表 B.0.1-9

表 B.0.1-1　概算预算项目表

分项编号	工程或费用名称	单位	主要工作内容	备　注
1	第一部分　建筑安装工程费	公路公里		建设项目路线总长度(主线长度)
101	临时工程	公路公里		
10101	临时道路	km		新建施工便道与利用原有道路的总长
1010101	临时便道(修建、拆除与维护)	km		新建施工便道长度
1010102	原有道路的维护与恢复	km		利用原有道路长度
1010103	保通便道	km		
101010301	保通便道(修建、拆除与维护)	km		修建、拆除与维护
101010302	保通临时安全设施	km		临时安全设施修建、拆除与维护
10102	临时便桥、便涵	m/座		
1010201	临时便桥	m/座		临时施工汽车便桥
1010202	临时涵洞	m/座		
10103	临时码头	座		按不同的形式分级
10104	临时供电设施	总额		包括临时电力线路、变压器撤销等，不包括场外高压供电线路
10105	临时电信设施	总额		不包括广播线
	……			
102	路基工程	km		扣除主线桥梁、隧道和互通立交的主线长度，独立桥梁或隧道为引道或接线长度，下挂路基工程项目分表
	……			
103	路面工程	km		扣除主线桥梁、隧道和互通立交的主线长度，独立桥梁或隧道为引道或接线长度，下挂路面工程项目分表
	……			
104	桥梁涵洞工程	km		指桥梁长度
10401	涵洞工程	m/道		下挂涵洞工程项目分表
	……			
10402	小桥工程	m/座		
1040201	拱桥	m²/m		下挂桥梁工程项目分表
1040202	矩形板桥	m²/m		下挂桥梁工程项目分表
1040203	空心板桥	m²/m		下挂桥梁工程项目分表
1040204	小箱梁桥	m²/m		下挂桥梁工程项目分表
1040205	T 梁桥	m²/m		下挂桥梁工程项目分表
	……			
10403	中桥工程	m/座		

续上表

分项编号	工程或费用名称	单位	主要工作内容	备注
1040301	拱桥	m²/m		下挂桥梁工程项目分表,不分基础、上(下)部
1040302	预制矩形板桥	m²/m		下挂桥梁工程项目分表,不分基础、上(下)部
1040303	预制空心板桥	m²/m		下挂桥梁工程项目分表,不分基础、上(下)部
1040304	预制小箱梁桥	m²/m		
1040305	预制T梁桥	m²/m		
1040306	现浇箱梁桥	m²/m		
	……			
10404	大桥工程	m/座		
1040401	×××桥(桥型、跨径)	m²/m		下挂桥梁工程项目分表
	……			
10405	特大桥工程	m/座		
1040501	××特大桥工程	m²/m		按桥名分级;技术复杂大桥先按主桥和引桥分级再按工程部位分级
104050101	引桥工程(桥型、跨径)	m²/m	不含桥面铺装及附属工程内容	标注跨径、桥型,下挂桥梁工程项目分表
104050102	主桥工程(桥型、跨径)	m²/m	不含桥面铺装及附属工程内容	标注跨径、桥型,下挂桥梁工程项目分表
104050103	桥面铺装	m²		下挂桥梁工程项目分表相应部分
104050104	附属工程	m		下挂桥梁工程项目分表相应部分
10406	桥梁维修加固工程	m²/m		下挂桥梁工程项目分表相应部分
	……			
105	隧道工程	km/座		按隧道名称分级,并注明其形式
10501	连拱隧道	km/座		
1050101	××隧道	m		下挂隧道工程项目分表
	……			
10502	小径距隧道	km/座		
1050201	××隧道	m		下挂隧道工程项目分表
	……			
10503	分离式隧道	km/座		
1050301	××隧道	m		下挂隧道工程项目分表
	……			
10504	下沉式隧道	km/座		

续上表

分项编号	工程或费用名称	单位	主要工作内容	备注
1050401	××隧道	m		下挂隧道工程项目分表
	……			
10505	沉管隧道	km/座		
1050501	××隧道	m		下挂隧道工程项目分表
	……			
10506	盾构隧道	km/座		
1050601	××隧道	m		下挂隧道工程项目分表
	……			
10507	其他形式隧道	km/座		
1050701	××隧道	m		下挂隧道工程项目分表
	……			
106	交叉工程	处		按不同的交叉形式分目
10601	平面交叉	处		按不同的类型分级
1060101	公路与等级公路平面交叉	处		下挂路基和路面等工程项目分表
1060102	公路与等外公路平面交叉	处		下挂路基和路面等工程项目分表
	……			
10602	通道	m/处		按结构类型分级
1060201	箱式通道	m/处		
1060202	板式通道	m/处		
1060203	拱形通道	m/处		
	……			
10603	天桥	m/座		按不同的结构类型分级,若有连接线,下挂路基和路面等工程项目分表
1060301	钢结构桥	m/处		
1060302	钢筋混凝土拱桥	m/处		
1060303	钢筋混凝土梁桥	m/处		
1060304	钢筋混凝土板桥	m/处		
	……			
10604	渡槽	m/处		按不同的结构类型分级
10605	分离式立体交叉	km/处		主线下穿时,上跨主线的才计入分离立交,按交叉名称分级
1060501	××分离式立体交叉	m/处		
106050101	××分离式交桥梁	m/处		下挂桥梁模块
106050102	××分离立交连接线	km		下挂路基、路面、涵洞工程项目分表
	……			

续上表

分项编号	工程或费用名称	单位	主要工作内容	备注
10606	互通式立体交叉	km/处		按互通名称分级
1060601	××互通式立体交叉	km		注明类型,如单喇叭,再按主线和匝道分级
106060101	主线工程	km		下挂路基、路面、涵洞、桥梁等工程项目分表
106060102	匝道工程	km		下挂路基、路面、涵洞、桥梁等工程项目分表
	……			
107	交通工程及沿线设施	公路公里		
10701	交通安全设施	公路公里		
	……			下挂交通安全设施工程项目分表
10702	收费系统	车道/处		
1070201	收费中心设备安装与土建	收费车道		收费车道数/收费车站
1070202	收费中心设备费	收费车道		按不同的设备分级
1070203	收费站设备安装与土建	收费车道		按不同的设备分级
1070204	收费站设备费	收费车道		按不同的设备分级
1070205	收费车道设备安装与土建	收费车道		按不同的设备分级
1070206	收费车道设备费	收费车道		按不同的设备分级
1070207	收费系统配电工程	收费车道		按不同的设备分级
	……			
1070208	收费岛工程	收费车道	收费岛土建、收费亭	按不同的工程及设备分级
	……			
10703	监控系统	公路公里		
1070301	监控中心、分中心	公路公里		
107030101	监控中心、分中心设备安装	公路公里	含中心、分中心和隧道管理站等	按不同的设备分级
107030102	监控中心、分中心设备费	公路公里	含中心、分中心和隧道管理站等	按不同的设备分级
1070302	外场监控	公路公里		
107030201	外场监控设备安装	公路公里		按不同的设备分级
107030202	外场监控设备费	公路公里		按不同的设备分级
1070303	监控系统配电工程	公路公里		按不同的设备分级
	……			
10704	通信系统	公路公里		

续上表

分项编号	工程或费用名称	单位	主要工作内容	备注
1070401	通信系统设备安装	公路公里		按不同的设备分级
1070402	通信系统设备费	公路公里		按不同的设备分级
	……			
1070403	缆线安装工程	公路公里		主材与安装费分列
107040301	缆线安装	公路公里		
107040302	缆线主材费用	公路公里		
	……			
10705	隧道机电工程	km/座		指隧道双洞长度及座数。按单座隧道进行分级
1070501	×××隧道机电工程			下挂隧道机电工程项目分表
	……			
10706	供电及照明系统	km		不含隧道内供配电
1070601	供电系统设备及安装	公路公里		按不同的部位分级
107060101	场区供电设备安装	公路公里		按不同的设施分级
107060102	场区供电设备费	公路公里		按不同的设施分级
1070602	照明系统设备与安装	公路公里		
107060201	场区照明安装	公路公里		
107060202	场区照明系统设备费	公路公里	不含灯杆、灯架、灯座箱	
107060203	大桥照明安装	公路公里		
107060204	大桥照明设备费	公路公里	不含灯杆、灯架、灯座箱	
	……			
10707	管理、养护、服务房建工程	m^2		
1070701	管理中心	m^2/处		
107070101	房建工程	m^2		
	……			
1070702	养护工区	m^2/处		
107070201	房建工程	m^2		注明砖混或框架等结构形式
107070202	附属设施	m^2		围墙、大门、道路、场区硬化、照明、排水等,不含土石方工程
	……			
1070703	服务区	m^2/处		
107070301	服务区房屋	m^2		注明砖混或框架等结构形式

295

续上表

分项编号	工程或费用名称	单位	主要工作内容	备注
107070302	附属设施	m²	含围墙、大门、道路、场区硬化、照明、排水等,不含广场(场坪)土石方工程	广场(场坪)填挖土石方工程在主线土石方工程中
	……			
1070704	停车区	m²/处		
	……			
1070705	收费站(棚)	m²/处		
107070501	服务区房建工程	m²		注明砖混或框架等结构形式
107070502	收费大棚	m²		注明砖混或框架等结构形式
107070503	附属设施	m²	含围墙、大门、道路、场区硬化、照明、排水等,不含广场(场坪)土石方工程	广场(场坪)填挖土石方工程在主线土石方工程中
	……			
1070706	公共交通车站	处		
107070601	港湾	处		
107070602	直接式	处		
	……			
108	绿化及环境保护工程	公路公里		
10801	主线绿化及环境保护工程	公路公里		下挂绿化及环境保护工程项目分表
	……			
10802	互通立交绿化及环境保护工程	处		
1080201	××互通立交绿化及环境保护	处		下挂绿化及环境保护工程项目分表
	……			
10803	管养设施绿化及环境保护工程	m²		按管养设施名称分级
1080301	××管理中心绿化及环境保护	m²		下挂绿化及环境保护工程项目分表
	……			
1080302	××服务区绿化及环境保护	m²		下挂绿化及环境保护工程项目分表
	……			
1080303	××停车区绿化及环境保护	m²		下挂绿化及环境保护工程项目分表
	……			
1080304	××养护工区绿化及环境保护	m²		下挂绿化及环境保护工程项目分表
	……			
1080305	××收费站绿化及环境保护	m²		下挂绿化及环境保护工程项目分表
	……			

续上表

分项编号	工程或费用名称	单位	主要工作内容	备 注
10804	污水处理设施	m²		按不同的内容分级
	……			
10805	取、弃土场绿化	m²		下挂绿化及环境保护工程项目分表
	……			
109	其他工程	公路公里		
10901	联络线、支线工程	km/处		
1090101	××联络线、支线工程	km/处		下挂路基、路面、涵洞、桥梁、隧道、交通安全设施等工程项目分表
	……			
10902	连接线工程	km/处		
1090201	××连接线工程	km/处		下挂路基、路面、涵洞、桥梁、隧道、交通安全设施等工程项目分表
	……			
10903	辅道工程	km/处		
1090301	××辅道工程	km/处		下挂路基、路面、涵洞、桥梁、隧道、交通安全设施等工程项目分表
	……			
10904	改路工程	km/处		下挂路基工程项目分表
	……			
10905	改河、改沟、改渠	m/处		下挂路基工程项目分表
	……			
10906	悬出路台	m/处		
10907	渡口码头	处		
10908	取、弃土场排水防护	m²		下挂路基工程项目分表
	……			
110	专项费用	元		
11001	施工场地建设费	元		
11002	安全生产费	元		
	……			
2	第二部分 土地使用及拆迁补偿费	公路公里		
201	土地使用费	亩		
20101	永久征用土地	亩		按土地类别属性分类
20102	临时用地	亩		按使用性质分类
202	拆迁补偿费	公路公里		
203	其他补偿费	公路公里		

续上表

分项编号	工程或费用名称	单位	主要工作内容	备注
	……			
3	第三部分 工程建设其他费	公路公里		
301	建设项目管理费	公路公里		
30101	建设单位(业主)管理费	公路公里		
30102	建设项目信息化费	公路公里		
30103	工程监理费	公路公里		
30104	设计文件审查费	公路公里		
30105	竣(交)工验收试验检测费	公路公里		
302	研究试验费	公路公里		
303	建设项目前期工作费	公路公里		
304	专项评价(估)费	公路公里		
305	联合试运转费	公路公里		
306	生产准备费	公路公里		
30601	工器具购置费	公路公里		
30602	办公和生活用品家具购置费	公路公里		
30603	生产人员培训费	公路公里		
30604	应急保通设备购置费	公路公里		
307	工程保通管理费	公路公里		
30701	保通便道管理费	km		
30702	施工期通航安全保障费	处		
30703	营运铁路保通管理费	处		
	……			
308	工程保险费	公路公里		
309	其他相关费用	公路公里		
4	第四部分 预备费	公路公里		
401	基本预备费	公路公里		
402	价差预备费	公路公里		
5	第一至第四部分合计	公路公里		
6	建设期贷款利息	公路公里		
7	公路基本造价	公路公里		

注：此项目表和分项编码文本及电子库由本办法主编单位统一管理。编制概算、预算时，应执行统一的分项编号。

表 B.0.1-2　路基工程项目分表(LJ)

分项编号	工程或费用名称	单位	主要工程内容	备注
LJ01	场地清理	km		
LJ0101	清理与掘除	m²		按清除内容分级
LJ010101	清除表土	m³		
LJ010102	伐树、挖根	棵		
LJ0102	挖除旧路面	m²		按挖除路面的类型分类
LJ010201	挖除水泥混凝土路面	m²		
LJ010202	挖除沥青混凝土路面	m²		
LJ010203	挖除碎(砾)石路面	m²		
	……			
LJ0103	拆除旧建筑物、构筑物	m³		按拆除材料分级
LJ010301	拆除钢筋混凝土结构	m³		
LJ010302	拆除混凝土结构	m³		
LJ010303	拆除砖石及其他砌体	m³		
	……			
LJ02	路基挖方	m³		
LJ0201	挖土方	m³	挖、装、运、弃	
LJ0202	挖石方	m³	挖、装、运、弃	
	……			
LJ03	路基填方	m³		
LJ0301	利用土方填筑	m³	填筑	不含桥涵台背回填
LJ0302	借土方填筑	m³	挖、装、运、填筑	不含桥涵台背回填
LJ0303	利用石方填筑	m³	挖、装、运、填筑	
LJ0304	借石方填筑	m³	挖、装、运、解小、填筑	
LJ0305	填砂路基	m³		
LJ0306	粉煤灰路基	m³		
LJ0307	石灰土路基	m³		
LJ04	结构物台背回填	m³		按回填位置分级
LJ0401	锥坡填土	m³		按不同的填筑材料分级
LJ0402	挡墙墙背回填	m³		按不同的填筑材料分级
LJ0403	桥涵台背回填	m³		按不同的填筑材料分级
LJ05	特殊路基回填	km		按需要处理的路基长度
LJ0501	软土地区路基处理	km		按不同的处理方法分级
LJ050101	抛石挤淤	m³		
LJ050102	垫层	m³		按不同的填料分级
LJ050103	土工织物	m³		按不同的土工织物分级
LJ050104	预压与超载预压	m³		

续上表

分项编号	工程或费用名称	单位	主要工程内容	备 注
LJ050105	真空预压与堆载预压	m³		
LJ050106	塑料排水板	m		
LJ050107	水泥搅拌桩	m		
LJ050108	碎石桩	m		
LJ050109	混凝土管桩	m		
	……			
LJ0502	不良地质路段处治	km		按不同的处理方法分级
LJ050201	滑坡地段路基防治	km/处		按不同的处理方法分级
LJ050202	崩塌及岩堆路段基防治	km/处		按不同的处理方法分级
LJ050203	泥石流路段基防治	km/处		按不同的处理方法分级
LJ050204	岩溶地区防治	km/处		按不同的处理方法分级
LJ050205	采空区处理	km/处		按不同的处理方法分级
LJ050206	膨胀土处理	km		按不同的处理方法分级
LJ050207	黄土处理	m³		按黄土的不同特性及处理方法分级
LJ05020701	陷穴	m³		按不同的处理方法分级
LJ05020702	湿陷性黄土	m³		按不同的处理方法分级
LJ050208	滨海路基防护及加固	km/处		按不同的处理方法分级
LJ050209	盐渍土处理	m³		按不同的处理方法分级
	……			
LJ06	排水工程	km		路基工程长度,按不同的结构类型分级
LJ0601	边沟	m³/m		按不同的材料分级
LJ060101	现浇混凝土边沟	m³/m		
LJ060102	浆砌混凝土预制块边沟	m³/m		
LJ060103	浆砌片(块)石边沟	m³/m		
	……			
LJ0602	排水沟	m³/m		按不同的材料分级
LJ060201	现浇混凝土排水沟	m³/m		
LJ060202	浆砌混凝土预制块排水沟	m³/m		
LJ060203	浆砌片石排水沟	m³/m		
	……			
LJ0603	截水沟	m³/m		按不同的材料分级
LJ060301	浆砌混凝土预制块截水沟	m³/m		
LJ060302	浆砌片石截水沟	m³/m		
	……			

续上表

分项编号	工程或费用名称	单位	主要工程内容	备注
LJ0604	急流槽	m³/m		按不同的材料分级
LJ060401	现浇混凝土急流槽	m³/m		
LJ060402	浆砌片(块)石急流槽	m³/m		
	……			
LJ0605	暗沟	m³/m		按不同的材料分级
LJ060501	现浇混凝土暗沟	m³/m		
LJ060502	浆砌片石暗沟	m³/m		
	……			
LJ0606	渗(盲)沟	m³/m		按不同的材料分级
LJ0607	其他排水工程	km		
	……			
	路基防护与加固工程	km		按不同的机构类型分类
	一般边坡防护与加固	km		坡底与路基顶面交界长度(按单边计),指非高边坡路段的防护及支挡建筑物
LJ0701	高边坡防护与加固	km/处	包括植物防护、圬工防护、导治结构物及支挡建筑物等	坡底与路基顶面交界长度(按单边计),指土质挖方边坡高度大于20m、岩质挖方边坡高度大于30m或填方边坡大于20m的边坡防护与加固
LJ0703	冲刷防护	m	包括植物防护、铺石、抛石、石笼、导治结构物等	防护水流对路基冲刷和淘刷的防护工程,防护段长度
LJ0704	其他防护	km	除以上路基防护工程外的路基其他防护工程等	指路基长度
	……			
LJ0708	路基其他工程	km	除以上工程外的路基工程,包括整修路基、整修边坡	指路基长度
	……			

表 B.0.1-3　路面工程项目分表(LM)

分项编号	工程或费用名称	单位	主要工程内容	备注
LM01	沥青混凝土路面			
LM0101	路面垫层	m²		按不同的材料分级
LM010101	碎石垫层	m²		按不同的厚度分级
LM010102	砂砾垫层	m²		按不同的厚度分级
	……			

续上表

分项编号	工程或费用名称	单位	主要工程内容	备注
LM0102	路面底基层	m²		按不同的材料分级
LM010201	石灰稳定类底基层	m²		按不同的厚度分级
LM010202	水泥稳定类底基层	m²		按不同的厚度分级
LM010203	石灰粉煤灰稳定类底基层	m²		按不同的厚度分级
LM010204	级配碎(砾)石底基层	m²		按不同的厚度分级
	……			
LM0103	路面基层	m²		按不同的材料分级
LM010301	石灰稳定类基层	m²		按不同的厚度分级
LM010302	水泥稳定类基层	m²		按不同的厚度分级
LM010303	石灰粉煤灰稳定类基层	m²		按不同的厚度分级
LM010304	级配碎(砾)石基层	m²		按不同的厚度分级
LM010305	水泥混凝土基层	m²		按不同的厚度分级
LM010306	沥青碎石混合料基层	m²		按不同的厚度分级
	……			
LM0104	透层、黏层、封层	m²		按不同的形式分级
LM010401	透层	m²		按不同的材料分级
LM010402	黏层	m²		按不同的材料分级
LM010403	封层	m²		按不同的材料分级
LM010404	沥青表处封层	m²		
LM010405	稀浆封层	m²		
LM010406	沥青同步碎石封层	m²		
LM010407	土工布	m²		
LM010408	玻璃纤维格栅	m²		
	……			
LM0105	沥青混凝土面层	m²		
LM010501	粗粒式沥青混凝土面层	m²		按不同的厚度分级
LM010502	中粒式沥青混凝土面层	m²		按不同的厚度分级
LM010503	细粒式沥青混凝土面层	m²		按不同的厚度分级
LM010504	改性沥青混凝土面层	m²		按不同的厚度分级
LM010505	沥青玛蹄脂碎石混合料面层	m²		按不同的厚度分级
	……			
LM02	水泥混凝土路面			
LM0201	路面垫层	m²		按不同的材料分级
LM020101	碎石垫层	m²		按不同的厚度分级
LM020102	砂砾垫层	m²		按不同的厚度分级
	……			

续上表

分项编号	工程或费用名称	单位	主要工程内容	备注
LM0202	路面底基层	m²		按不同的材料分级
LM020201	石灰稳定类底基层	m²		按不同的厚度分级
LM020202	水泥稳定类底基层	m²		按不同的厚度分级
LM020203	石灰粉煤灰稳定类底基层	m²		按不同的厚度分级
LM020204	级配碎(砾)石底基层	m²		按不同的厚度分级
	……			
LM0203	路面基层	m²		按不同的材料分级
LM020301	石灰稳定类基层	m²		按不同的厚度分级
LM020302	水泥稳定类基层	m²		按不同的厚度分级
LM020303	石灰粉煤灰稳定类基层	m²		按不同的厚度分级
LM020304	级配碎(砾)石基层	m²		按不同的厚度分级
LM020305	水泥混凝土基层	m²		按不同的厚度分级
LM020306	沥青碎石混合料基层	m²		按不同的厚度分级
	……			
LM0204	透层、黏层、封层	m²		按不同的形式分级
LM020401	透层	m²		按不同的材料分级
LM020402	黏层	m²		按不同的材料分级
LM020403	封层	m²		按不同的材料分级
LM020404	沥青表处封层	m²		
LM020405	稀浆封层	m²		
LM020406	沥青同步碎石封层	m²		
LM020407	土工布	m²		
LM020408	玻璃纤维格栅	m²		
	……			
LM0205	水泥混凝土面层	m²		按不同的材料分级
LM020501	水泥混凝土	m²		按不同的厚度分级
LM020502	钢筋	t		
LM03	其他路面	m²		按不同类型分级
	……			
LM04	路槽、路肩及中央分隔带	km		
LM0401	挖路槽	m²		按不同的土质分级
LM040101	土质路槽	m²		
LM040102	石质路槽	m²		
LM0402	路肩	km		
LM040201	培路肩	m³		
LM040202	土路肩加固	m³		按不同的加固方式分级

续上表

分项编号	工程或费用名称	单位	主要工程内容	备注
LM04020201	现浇混凝土	m³		
LM04020202	铺砌混凝土预制块（路边石）	m³		
LM04020203	浆砌片石	m³		
	……			
LM0403	中间带	km		
LM040301	回填土	m³		
LM040302	路缘石	m³		按现浇和预制安装分级
LM040303	混凝土过水槽	m³		
	……			
LM05	路面排水	km		按不同的类型分级
LM0501	拦水带	m		按不同的材料分级
LM050101	沥青混凝土	m²/m		
LM050102	水泥混凝土	m³/m		
LM0502	排水沟	m³/m		按不同的类型分级
LM050201	路肩排水沟	m³/m		
LM050202	中央分隔带排水沟	m³/m		
LM0503	混凝土过水槽	m³		
LM0504	排水管	m		按不同的类型分级
LM050401	纵向排水管	m		按不同的管径分级
LM050402	横向排水管	m/道		
LM0505	集水井	m³/个		按不同的规格分级
LM0506	检查井	m³/个		
	……			
LM06	旧路面处理	km/m²		按不同的类型分级
	……			

表 B.0.1-4　涵洞工程项目分表（HD）

分项编号	工程或费用名称	单位	主要工程内容	备注
HD01	管涵	m/道		按管径和单、双孔分级
HD02	盖板涵	m/道		按不同的材料和涵径分级
HD03	箱涵	m/道		按不同的涵径分级
HD04	拱涵	m/道		按不同的材料和涵径分级
	……			

表 B.0.1-5 桥梁工程项目分表(QL)

分项编号	工程或费用名称	单位	主要工程内容	备注
QL01	基础工程	m^3		
QL0101	扩大基础	m^3		
QL010101	轻型桥台	m^3		
QL010102	实体式	m^3		
QL0102	桩基础	m^3/m		
QL010201	灌注桩基础	m^3		
QL010202	预制桩基础	m^3		
QL010203	钢管桩基础	t/m		
	……			
QL0103	沉井基础	m^3		
QL0104	钢围堰	t		大桥或特大桥的钢围堰深水基础
QL01005	承台	m^3		
QL01006	系梁	m^3		指地面以下系梁
	……			
QL02	下部结构	m^3		
QL0201	桥台	m^3		
QL0202	桥墩	m^3		
QL0203	索塔	m^3		
	……			
QL03	上部结构			按不同的形式划分细目,并注明其跨径
QL0301	钢筋混凝土矩形板	m^3		
QL0302	钢筋混凝土空心板	m^3		
QL0303	预应力混凝土空心板	m^3		
QL0304	预应力混凝土小箱梁	m^3		
QL0305	预应力混凝土 T 梁	m^3		
QL0306	现浇混凝土连续梁	m^3		
QL0307	现浇混凝土刚构	m^3		
QL0308	钢管拱肋	m^3		含钢管拱、钢管混凝土。如缆索安装,含缆索吊装、扣索系统等
QL0309	钢管混凝土	m^3		
QL03010	混凝土拱肋	m^3		含拱肋混凝土、预应力钢材
QL03011	箱型拱	m^3		
QL03012	钢箱梁	t		
QL03013	主缆	t		包含主缆制作、安装
QL03014	猫道	m		包含牵引系统

续上表

分项编号	工程或费用名称	单位	主要工程内容	备注
QL03015	索鞍	t		
QL03016	吊索	t		
QL03017	吊杆	t		
	……			
QL04	桥面铺装			
QL0401	沥青混凝土桥面铺装	m³		包含桥面防水层
QL0402	水泥混凝土桥面铺装	m³		包含桥面防水层
QL0403	钢桥面沥青混凝土铺装	m³		包含桥面防水层
	……			
QL05	桥梁附属结构			
QL0501	桥梁支座	个		
QL050101	板式橡胶支座	dm³		
QL050102	盆式橡胶支座	个		
	……			
QL0502	伸缩缝	m		
QL050201	模数式伸缩缝	m		
	……			
QL0503	护栏与护网	m		
QL050301	人行道及栏杆	m		
QL050302	桥梁钢防撞护栏	m		
QL050303	桥梁波形梁护栏	m		
QL050304	桥梁混凝土防撞护栏	m		
QL050305	桥梁防护网	m		
QL06	其他工程	m		
	……			

表 B.0.1-6　隧道工程项目分表（SD）

分项编号	工程或费用名称	单位	主要工程内容	备注
SD01	洞门及明洞开挖	m³		
SD0101	挖土方	m³		
SD0102	挖石方	m³		
	……	m³		
SD02	洞口坡面排水、防护	m³		
SD0201	浆砌截水沟	m³		
SD0202	浆砌片石护坡	m³		
SD0203	混凝土护坡	m³		

续上表

分项编号	工程或费用名称	单位	主要工程内容	备注
SD0204	喷射混凝土	m³		
SD0205	钢筋网	t		
SD0206	锚杆	t/m		
SD0207	种草(皮)	m²		
SD0208	保温出水口	个		
	……			
SD03	洞门建筑	m³/座		按不同材料分级
SD0301	浆砌洞门墙	m³		
SD0302	混凝土洞门墙	m³		
SD04	明洞修筑	m		
SD0401	明洞衬砌及洞顶回填	m³/m		
SD040101	混凝土衬砌	m³		
SD040102	钢筋	t		
SD040103	洞顶回填	m³		
SD04010301	浆砌片石	m³		
SD04010302	碎石土	m³		
SD040104	遮光棚(板)	m		
SD04010401	基础	m³		
SD04010402	型钢支架	t		
SD04010403	遮光棚(板)	m²		
	……			
SD05	洞身开挖	m³/m		
SD0501	开挖	m³/m		按围岩级别分级
SD0502	注浆小导管	m		
SD0503	管棚	m		
SD0504	锚杆	m		按锚杆类型分级
SD0505	钢拱架(支撑)	t		
SD0506	注浆工程	m³		
SD0507	套拱混凝土	m³		
SD0508	孔口管	t		
SD0509	喷混凝土	m³		
SD05010	钢筋网	t		
SD05011	地质超前预报	总额		
	……			
SD06	洞身衬砌	m³		
SD0601	浆砌块(片)石	m³		

续上表

分项编号	工程或费用名称	单位	主要工程内容	备注
SD0602	现浇混凝土	m³		
SD0603	钢筋	t		
	……			
SD07	仰拱	m³		
SD0701	仰拱混凝土	m³		
SD0702	仰拱回填混凝土	m³		
SD0703	钢筋	t		
	……			
SD08	洞内管、沟	m³		洞内管沟按照不同类别单列
SD0801	电缆沟	m		
SD080101	现浇混凝土	m/m³		
SD080102	预制混凝土	m/m³		
SD080103	钢筋	t		
SD080104	碎石垫层	m³		
	……			
SD09	防水及排水	m³		
SD0901	防水板	m²		
SD0902	止水带、条	m		
SD0903	压浆	m³		
SD0904	排水管	m		
	……			
SD10	洞内路面	m²		按不同的路面结构和厚度分级
SD1001	水泥混凝土路面	m²		
SD1002	沥青混凝土路面	m²		
	……			
SD11	洞身及洞门装饰	m²		
SD1101	隧道铭牌	个		
SD1102	喷防火涂料	m²		
	……			

表 B.0.1-7 交通安全设施工程项目分表(JA)

分项编号	工程或费用名称	单位	主要工程内容	备注
JA01	护栏	m		
JA0101	混凝土、圬工砌体护栏	m^3/m		
JA010101	预制混凝土护栏	m^3/m		
	……			
JA0102	现浇钢筋混凝土防撞护栏	m^3/m		
JA010201	现浇钢筋混凝土防撞护栏墙体混凝土	m^3/m		
JA0103	柱式护栏	m^3/m		
JA0104	石砌墙式护栏	m^3/m		
JA0105	钢护栏	m		
JA010501	波形钢板护栏	m		
JA010502	缆索护栏	m		
JA010503	活动护栏	m		
JA02	隔离栅	m		
JA03	标志牌	块		
JA0301	铝合金标志牌	块		
JA030101	单柱式铝合金标志牌	块		
JA030102	双柱式铝合金标志牌	块		
JA030103	单悬臂铝合金标志牌	块		
JA030104	双悬臂铝合金标志牌	块		
JA030105	门架式铝合金标志牌	块		
JA030106	附着式铝合金标志牌	块		
JA0302	钢板标志牌	块		
JA030201	单柱式钢板标志牌	块		
JA030202	双柱式钢板标志牌	块		
JA030203	单悬臂钢板标志牌	块		
JA030204	双悬臂钢板标志牌	块		
JA030205	门架式钢板标志牌	块		
JA030206	附着式钢板标志牌	块		
	……			
JA04	标线	m^2		指标线的总面积
JA0401	路面标线	m^2		
JA040101	热熔标线	m^2/m		
JA040102	普通标线	m^2/m		
JA040103	振动标线	m^2/m		
JA040104	彩色铺装标线	m^2		
	……			

续上表

分项编号	工程或费用名称	单位	主要工程内容	备注
JA0402	路钮	个		
JA040201	路面反光路钮	个		
JA040202	自发光路面标识	个		
	……			
JA0403	减速带	m/处		
JA05	里程碑、百米桩、界碑	个		
JA0501	混凝土里程碑、百米桩、界碑	个		
JA050101	混凝土里程碑	个		
JA050102	混凝土百米桩	个		
JA050103	混凝土界碑	个		
JA0502	铝合金里程碑、百米桩、界碑	个		
JA050201	铝合金里程碑	个		
JA050202	铝合金百米桩	个		
JA050203	铝合金界碑	个		
JA06	轮廓标	个		
JA0601	钢板柱轮廓标	个		
JA0602	玻璃钢柱式轮廓标	个		
JA0603	栏式轮廓标	个		
JA07	防眩、防撞设施			
JA0701	防眩板	m		
JA0702	防眩网	m		
JA0703	防撞桶	个		
JA0704	防撞垫	个		
JA0705	水马	个		
JA08	中间带及车道分离块	公路公里		
JA0801	中间带	公路公里		
JA080101	预制混凝土中间带	m^3/m		
JA080102	现浇混凝土中间带	m^3/m		
JA080103	中间带填土	m^3		
JA0802	隔离墩	m		
JA080201	预制混凝土隔离墩	m^3/m		
JA080202	现浇混凝土隔离墩	m^3/m		
JA0803	车道分离块	m^3/m		
JA09	安全设施拆除工程	公路公里		
JA0901	拆除铝合金标志	个		
JA0902	拆除混凝土护栏	m^3/m		

续上表

分项编号	工程或费用名称	单位	主要工程内容	备注
JA0903	拆除波形梁护栏	m		
JA0904	拆除隔离栅	m		
JA0905	拆除里程碑	个		
JA0906	拆除百米桩	个		
JA0907	拆除界碑	个		
JA0908	拆除防眩板	m		
JA0909	拆除突起路标	块		
JA0910	铲除标线	m^2/m		
JA10	客运汽车停靠站防雨棚	个		
JA1001	钢结构防雨棚	个		
JA1002	钢筋混凝土防雨棚	个		
JA1003	客运汽车停靠站地坪	m^2		
……				

表 B.0.1-8 隧道机电工程项目分表(SJ)

分项编号	工程或费用名称	单位	主要工程内容	备注
SJ01	隧道监控			
SJ0101	隧道监控设备费			
SJ0102	隧道监控设备安装			
SJ0103	监控系统配电工程			
……				
SJ02	隧道供电及照明系统			
SJ0201	隧道供电设备费			
SJ0202	隧道照明安装			
……				
SJ03	隧道通风系统	km		按隧道单洞长度
SJ0301	隧道通风设备费	km		
SJ0302	隧道通风设备安装	km		
……				
SJ04	隧道消防系统	km		按隧道单洞长度
SJ0401	隧道消防设备费	km		
SJ0402	隧道消防设备安装	km		

续上表

分项编号	工程或费用名称	单位	主要工程内容	备注
	……			
SJ05	防火涂料	m²		按涂料种类计列
	……			
SJ06	洞室门	个		按洞室类型分级
SJ0601	卷帘门	个		
SJ0602	检修门	个		
SJ0603	风机启动柜洞门	个		
SJ0604	消防室洞门	个		
SJ0605	防火闸门	个		
	……			

表 B.0.1-9　绿化及环境保护工程项目分表(LH)

分项编号	工程或费用名称	单位	主要工程内容	备注
LH01	边坡绿化工程	m²		按不同的材料分级、建议列入绿化工程
LH0101	播种草籽	m²		
LH0102	铺(植)草皮	m²		
LH0103	土工织物植草	m²		
LH0104	植生袋植草	m²		
LH0105	液压喷播植草	m²		
LH0106	客土喷播植草	m²		
LH0107	喷混植草	m²		
LH0108	路堑边坡种植(扦插)灌木	m²或株		
LH0109	路堤边坡种植(扦插)灌木	m²或株		
	……			
LH02	场地绿化及环保	m²		按不同内容分级
LH0201	撒播草种	m²		按不同内容分级
LH0202	铺植草皮	m²		按不同内容分级
LH0203	绿地喷灌管道	m		按不同内容分级
	……			

续上表

分项编号	工程或费用名称	单位	主要工程内容	备 注
LH03	种植乔木	株		按不同的树种分级
LH0301	高山榕	株		
LH0302	美人蕉	株		
	……			
LH04	种植灌木	株		按不同的树种分级
LH0401	夹竹桃	株		
LH0402	月季	株		
	……			
LH05	种植攀缘植物	株		按不同的树种分级
LH0501	爬山虎	株		
LH0502	葛藤	株		
	……			
LH06	种植竹类植物	株		按不同的内容分级
LH07	种植棕榈类植物	株		按不同的内容分级
LH08	栽植绿篱	m²		
LH09	声屏障	m		按不同的材料及类型分级
	消声板声屏障	m		
	吸音砖声屏障	m³		
	砖墙声屏障	m³		
	……			

附录 C 设备与材料的划分标准

C.0.1 工程建设设备与材料的划分,直接关系到投资构成的合理划分、概(预)算的编制以及施工产值的计算等方面。为合理确定工程造价,加强对建设过程投资管理,统一概(预)算编制口径,对交通工程中设备与材料的划分提出如下划分原则和规定。本规定与国家主管部门新颁布的规定相抵触,按国家规定执行。

C.0.2 使用范围:

本标准适用于公路建设机电设备和建筑材料的划分。

C.0.3 设备与材料的划分原则:

1 凡是经过加工制造,由多种材料和部件按各自用途组成生产加工、动力、传送、储存、运输、科研等功能的机器、容器和其他机械、成套装置等均为设备。设备分为标准设备和非标准设备。

1)标准设备(包括通用设备和专用设备):按国家规定的产品标准批量生产的、已进入设备系列的设备。

2)非标准设备:是指国家未定型、非批量生产的,由设计单位提供制造图纸,委托承制单位或施工企业在工厂或施工现场制作的设备。

2 设备一般包括以下各项:

1)各种设备的本体及随设备到货的配件、备件和附属于设备本体制作成型的梯子、平台、栏杆及管道等。

2)各种计量器、仪表及自动化控制装置、实验仪器及属于设备本体部分的仪器仪表等。

3)附属于设备本体的油类、化学药品等设备的组成部分。

4)用于生产或生活、附属于建筑物的水泵、锅炉及水处理设备、电气、通风设备等。

3 为完成建筑、安装工程所需的原料和经过工业加工在工艺生产过程中不起单元工艺生产用的设备本体以外的零配件、附件、成品、半成品等均为材料。材料一般包括以下各项:

1)设备本体以外的不属于设备配套供货,需由施工企业进行加工制作或委托加工的平台、梯子、栏杆及其他金属构件等,以及成品、半成品形式供货的管道、管件、阀门、法兰等。

2)设备本体以外的各种行车轨道、滑触线、电梯的滑轨等均为材料。

C.0.4 设备与材料的划分界限:

1 设备:

1)通信系统:市内、长途电话交换机、程控电话交换机,微波、载波通信设备,电报和传真设备,中、短波通信设备及中短波电视天线装置,移动通信设备、卫星地球站设备,通信电源设备,光纤通信数字设备,有线广播设备等各种生产及配套设备和随机附件等。

2)监控和收费系统:自动化控制装置、计算机及其终端、工业电视、检测控制装置、各种探测器、除尘设备、分析仪表、显示仪表、基地式仪表、单元组合仪表、变送器、传送及调节阀、盘上安装器,压力、温度、流量、压差、物位仪表,成套供应的盘、箱、柜、屏(包括箱和已经安装就位的仪表、元件等)及随主机配套供应的仪表等。

3)电气系统:各种电力变压器、互感器、调压器、感应移相器、电抗器、高压断路器、高压熔断器、稳压器、电源调整器、高压隔离开关、装置式空气开关、电力电容器、蓄电池、磁力启动器、交直流报警器、成套箱式变电站、共箱母线、封闭式母线槽,成套供应的箱、盘、柜、屏及其随设备带来的母线和支持瓷瓶等。

4)通风机管道系统:空气加热器、冷却器、各种空调机、风尘管、过滤器、制冷机组、空调机组、空调器、各类风机、除尘设备、风机盘管、净化工作台、风淋室、冷却塔、公称直径300mm以上的人工阀门和电动阀门等。

5)房屋建筑:电梯、成套或散装到货的锅炉及其附属设备、汽轮发电机及其附属设备、电动机、污水处理装置、电子秤、地中衡、开水炉、冷藏箱,热力系统的除氧器水箱和疏水箱,工业水系统的工业水箱,油冷却系统的油箱,酸碱系统的酸碱储存槽,循环水系统的旋转滤网、启闭装置的启闭机等。

6)消防及安全系统:隔膜式气压水罐(气压罐)、泡沫发生器、比例混合器、报警控制器、报警信号前端传输设备、无线报警发送设备、报警信号接收机、可视对讲主机、联动控制器、报警联动一体机、重复显示器、远程控制器、消防广播控制柜、广播功放、录音机、广播分配器、消防通信电话交换机、消防报警备用电源、X射线安全检查设备、金属武器探测门、摄像设备、监视器、镜头、云台、控制台、监视器柜、支台控制器、视频切换器、全电脑视频切换器、音频分配器、视频分配器、脉冲分配器、视频补偿器、视频传输设备、汉字发生设备、录像、录音设备、电源、CRT显示终端、模拟盘等。

7)炉窑砌筑:装置在炉窑中的成品炉管、电机、鼓风机和炉窑传动、提升装置,属于炉窑本体的金属铸体、铸件、加工件及测温装置、仪器仪表、消烟装置、回收装置、除尘装置,随炉供应已安装就位的金具、耐火衬里、炉体金属预埋件等。

8)各种机动车辆。

9)各种工艺设备在试车时必须填充的一次性填充材料(如各种瓷环、钢环、塑料环、钢球等)、各种化学药品(如树脂、珠光砂、触煤、干燥剂、催化剂等)及变压器油等,不论是随设备带来的,还是单独订货购置的,均视为设备的组成部分。

2 材料:

1)各种管道、管件、配件、公称直径300mm以内的人工阀门、水表、防腐保温及绝缘材料、油漆、支架、消火栓、空气泡沫枪、泡沫炮、灭火器、灭火机、灭火剂、泡沫液、水泵接合器、可曲橡胶接头、消防喷头、卫生器具、钢制排水漏斗、水箱、分气缸、疏水器、减压器、压力表、温度计、调压板、散热器、供暖器具、凝结水箱、膨胀水箱、冷热水混合器、除污器、分水缸(器)、风管及其附件和各种调节阀、风口、风帽、罩类、消声器及其部(构)件、散流器、保护壳、风机减震台座、减振器、凝结水收集器、单双人焊接装置、煤气灶、煤气表、烘箱灶、火管式沸水器、水型热水器、开关、引火棒、防雨帽、放散管拉紧装置等。

2)各种电线、母线、绞线、电缆、电缆终端头、电缆中间头、吊车滑触线、接地母线,接地极、避雷线、避雷装置(包括各种避雷器、避雷针等)高低压绝缘子、线夹、穿墙套管、灯具、开关、灯头盒、开关盒、接线盒、插座、闸盒保险器、电杆、横担、铁塔、各种支架、仪表插座、桥架、梯架、立柱、托臂、人孔手孔、挂墙照明配电箱、局部照明变压器、按钮、行程开关、刀闸开关、组合开关、转换开关、铁壳开关、电扇、电铃、电表、蜂鸣器、电笛、信号灯、低音扬声器、电话单机、熔断器等。

3)循环水系统的钢板闸门及拦污栅、启闭构架等。

4)现场制作与安装的炉管及其他所需的材料或填料,现场砌筑用的耐火、耐酸、保温、防腐、捣打料、绝热纤维、天然白泡石、玄武岩、金具、炉门及窥视孔、预埋件等。

5)所有随管线(路)同时组合安装的一次性仪表、配件、部件及元件(包括就地安装的温度计、压力表)等。

6)制造厂以散件或分段分片供货的塔、器、罐等,在现场拼接组装、焊接、安装内件或改制时所消耗的物料均为材料。

7)各种金属材料、金属制品、焊接材料、非金属材料、化工辅助材料、其他材料等。

3 对于一些在制造厂未整体制作完成的设备,或分片压制成型,或分段散装供货的设备,需要建安工人在施工现场加工、拼装、焊接的,按上述划分原则和其投资构成应属于设备。为合理反映建安工人付出的劳动和创造的价值,可按其在现场加工组装焊接的工作量,将其分片或组装件按其设备价值的一部分以加工费的形式计入安装工程费内。

4 供应原材料,在施工现场制作安装或施工企业附属生产单位为本单元承包工程制作并安装的非标准设备,除配套的电机、减速机外,其加工制作消耗的工、料(包括主材)、机等均应计入安装工程费内。

5 凡是制造厂未制造完成的设备,已分片压制成型、散装或分段供货,需要建安工人在施工现场拼装、组装、焊接及安装内件的,其制作、安装所需的物料为材料,内件、塔盘为设备。

附录 D 全国冬季施工气温区划分表

省份	地区、市、自治州、盟(县)	气温区	
北京	全境	冬二	I
天津	全境	冬二	I
河北	石家庄、邢台、邯郸、衡水市(冀州区、枣强县、故城县)	冬一	II
	廊坊、保定(涞源县及以北除外)、衡水(冀州区、枣强县、故城县除外)、沧州市	冬二	I
	唐山、秦皇岛市		II
	承德(围场县除外)、张家口(沽源县、张北县、尚义县、康保县除外)、保定市(涞源县及以北)	冬三	
	承德(围场县)、张家口(沽源县、张北县、尚义县、康保县)	冬四	
山西	运城市(万荣县、夏县、绛县、新绛县、稷山县、闻喜县除外)	冬一	II
	运城(万荣县、夏县、绛县、新绛县、稷山县、闻喜县)、临汾(尧都区、侯马市、曲沃县、翼城县、襄汾县、洪洞县)、阳泉(盂县除外)、长治(黎城县)、晋城市(城区、泽州县、沁水县、阳城县)	冬二	I
	太原(娄烦县除外)、阳泉(盂县)、长治(黎城县除外)、晋城(城区、泽州县、沁水县、阳城县除外)、晋中(寿阳县、和顺县、左权县除外)、临汾(尧都区、侯马市、曲沃县、翼城县、襄汾县、洪洞县除外)、吕梁市(孝义市、汾阳市、文水县、交城县、柳林县、石楼县、交口县、中阳县)		II
	太原(娄烦县)、大同(左云县除外)、朔州(右玉县除外)、晋中(寿阳县、和顺县、左权县)、忻州、吕梁市(离石区、临县、岚县、方山县、兴县)	冬三	
	大同(左云县)、朔州市(右玉县)	冬四	
内蒙古	乌海市、阿拉善盟(阿拉善左旗、阿拉善右旗)	冬二	II
	呼和浩特(武川县除外)、包头(固阳县除外)、赤峰、鄂尔多斯、巴彦淖尔、乌兰察布市(察哈尔右翼中旗除外)、阿拉善盟(额济纳旗)	冬三	
	呼和浩特(武川县)、包头(固阳县)、通辽、乌兰察布市(察哈尔右翼中旗)、锡林郭勒(苏尼特右旗、多伦县)、兴安盟(阿尔山市除外)	冬四	
	呼伦贝尔(海拉尔区、新巴尔虎右旗、阿荣旗)、兴安(阿尔山市)、锡林郭勒盟(冬四区以外各地)	冬五	
	呼伦贝尔(冬五区以外各地)	冬六	
辽宁	大连(瓦房店市、普兰店市、庄河市除外)、葫芦岛市(绥中县)	冬二	I
	沈阳(康平县、法库县除外)、大连(瓦房店市、普兰店市、庄河市)、鞍山、本溪(桓仁县除外)、丹东、锦州、阜新、营口、辽阳、朝阳(建平县除外)、葫芦岛(绥中县除外)、盘锦市	冬三	
	沈阳(康平县、法库县)、抚顺、本溪(桓仁县)、朝阳(建平县)、铁岭市	冬四	
吉林	长春(榆树市除外)、四平、通化(辉南县除外)、辽源、白山(靖宇县、抚松县、长白县除外)、松原(长岭县)、白城(通榆县)、延边自治州(敦化市、汪清县、安图县除外)	冬四	
	长春(榆树市)、吉林、通化(辉南县)、白山(靖宇县、抚松县、长白县)、松原(长岭县)、白城(通榆县除外)、松原市(长岭县除外),延边自治州(敦化市、汪清县、安图县)	冬五	

续上表

省份	地区、市、自治州、盟(市)	气温区	
黑龙江	牡丹江市(绥芬河市、东宁市)	冬四	
	哈尔滨(依兰县除外)、齐齐哈尔(讷河市、依安县、富裕县、克山县、克东县、拜泉县除外)、绥化(安达市、肇东市、兰西县)、牡丹江(绥芬河市、东宁市除外)、佳木斯(桦南县)、双鸭山(宝清县)、鸡西、七台河、大庆市	冬五	
	哈尔滨(依兰县)、佳木斯(桦南县除外)、双鸭山(宝清县除外)、绥化(安达市、肇东市、兰西县除外)、齐齐哈尔(讷河市、依安县、富裕县、克山县、克东县、拜泉县)、黑河、鹤岗、伊春市、大兴安岭地区	冬六	
上海	全境	准二	
江苏	徐州、连云港市	冬一	Ⅰ
	南京、无锡、常州、淮安、盐城、宿迁、扬州、泰州、南通、镇江、苏州市	准二	
浙江	杭州、嘉兴、绍兴、宁波、湖州、衢州、舟山、金华、温州、台州、丽水市	准二	
安徽	亳州市	冬一	Ⅰ
	阜阳、蚌埠、淮南、滁州、合肥、六安、马鞍山、芜湖、铜陵、池州、宣城、黄山市	准一	
	淮北、宿州市	准二	
福建	宁德(寿宁县、周宁县、屏南县)、三明市	准一	
江西	南昌、萍乡、景德镇、九江、新余、上饶、抚州、宜春市	准一	
山东	全境	冬一	Ⅰ
河南	安阳、商丘、周口(西华县、淮阳县、鹿邑县、扶沟县、太康县)、新乡、三门峡、洛阳、郑州、开封、焦作、鹤壁、济源、濮阳、许昌市	冬一	Ⅰ
	驻马店、信阳、南阳、周口(西华县、淮阳县、鹿邑县、扶沟县、太康县除外)、平顶山、漯河市	准二	
湖北	武汉、黄石、荆州、荆门、鄂州、宜昌、咸宁、黄岗、天门、潜江、仙桃市,恩施自治州	准一	
	孝感、十堰、襄阳、随州市,神农架林区	准二	
湖南	全境	准一	
重庆	城口县	准一	
四川	阿坝(黑水县)、甘孜自治州(新龙市、道孚县、泸定县)	冬一	Ⅱ
	甘孜自治州(甘孜县、康定市、白玉县、炉霍县)	冬二	Ⅰ
	阿坝(壤塘县、红原县、松潘县)、甘孜自治州(德格县)		Ⅱ
	阿坝(阿坝县、若尔盖县、九寨沟县)、甘孜自治州(石渠县、色达县)	冬三	
	广元市(青川县),阿坝(汶川县、小金县、茂县、理县)、甘孜(巴塘县、雅江县、得荣县、九龙县、理塘县、乡城县、稻城县)、凉山自治州(盐源县、木里县)	准一	
	阿坝(马尔康市、金川县)、甘孜自治州(丹巴县)	准二	
贵州	贵阳、遵义(赤水市除外)、安顺市、黔东南、黔南、黔西南自治州	准一	
	六盘水、毕节市	准二	
云南	迪庆自治州(德钦县、香格里拉市)	冬一	Ⅱ
	曲靖(宣威市、会泽县)、丽江(玉龙县、宁蒗县)、昭通市(昭阳区、大关县、威信县、彝良县、镇雄县、鲁甸县)、迪庆(维西县)、怒江(兰坪县)、大理自治州(剑川县)	准一	

续上表

省份	地区、市、自治州、盟(县)	气温区	
西藏	拉萨(当雄县除外)、日喀则(拉孜县)、山南(浪卡子县、错那县、隆子县除外)、昌都(芒康县、左贡县、类乌齐县、丁青县、洛隆县除外)、林芝市	冬一	I
	山南(隆子县)、日喀则市(定日县、聂拉木县、亚东县、拉孜县除外)		II
	昌都市(洛隆县)	冬二	I
	昌都(芒康县、左贡县、类乌齐县、丁青县)、山南(浪卡子县)、日喀则市(定日县、聂拉木县)、阿里地区(普兰县)		II
	拉萨(当雄县)、那曲(安多县除外)、山南(错那县)、日喀则市(亚东县)、阿里地区(普兰除外)	冬三	
	那曲市(安多县)	冬四	
陕西	西安、宝鸡、渭南、咸阳市(彬县、旬邑县、长武县除外)、汉中(留坝县、佛坪县)、铜川市(耀州区)	冬一	I
	铜川(印台区、王益区)、咸阳市(彬县、旬邑县、长武县)		II
	延安(吴起县除外)、榆林市(清涧县)、铜川市(宜君县)	冬二	II
	延安(吴起县)、榆林市(清涧县除外)	冬三	
	商洛、安康、汉中市(留坝县、佛坪县除外)	准二	
甘肃	陇南市(两当县、徽县)	冬一	II
	兰州、天水、白银(会宁县、靖远县)、定西、平凉、庆阳、陇南市(西和县、礼县、宕昌县)、临夏、甘南自治州(舟曲县)	冬二	II
	嘉峪关、金昌、白银(白银区、平川区、景泰县)、酒泉、张掖、武威市、甘南自治州(舟曲县除外)	冬三	
	陇南市(武都区、文县)	准一	
	陇南市(成县、康县)	准二	
青海	海东市(民和县)	冬二	II
	西宁、海东市(民和县除外)、黄南(泽库县除外)、海南、果洛(班玛县、达日县、久治县)、玉树(囊谦县、杂多县、称多县、玉树市)、海西自治州(德令哈市、格尔木市、都兰县、乌兰县)	冬三	
	海北(野牛沟、托勒除外)、黄南(泽库县)、果洛(玛沁县、甘德县、玛多县)、玉树(曲麻莱县、治多县)、海西自治州(冷湖、茫崖、大柴旦、天峻县)	冬四	
	海北(野牛沟、托勒)、玉树(清水河)、海西自治州(唐古拉山区)	冬五	
宁夏	全境	冬二	II
新疆	阿拉尔、哈密市(泌城镇)、喀什(喀什市、伽师县、巴楚县、英吉沙县、麦盖提县、莎车县、叶城县、泽普县)、阿克苏(沙雅县、阿瓦提县)、和田地区,伊犁(伊宁市、新源县、霍城县霍尔果斯镇)、巴音郭楞(库尔勒市、若羌县、且末县、尉犁县铁干里可)、克孜勒苏自治州(阿图什市、阿克陶县)	冬二	I
	喀什地区(岳普湖县)		II
	乌鲁木齐(牧业气象试验站、达坂城区、乌鲁木齐县小渠子乡)、吐鲁番、塔城(乌苏市、沙湾县、额敏县除外)、哈密市(十三间房、红柳河、伊吾县淖毛湖)、塔城(乌苏市、沙湾县、额敏县除外)、阿克苏(沙雅县、阿瓦提县除外)、喀什地区(塔什库尔干县)、克孜勒苏(乌恰县、阿合奇县)、巴音郭楞(和静县、焉耆市、和硕县、轮台县、尉犁县、且末县塔中)、伊利自治州(伊宁县、霍城县、察布查尔县、尼勒克县、巩留县、昭苏县、特克斯县)	冬三	

续上表

省份	地区、市、自治州、盟(县)	气温区
新疆	乌鲁木齐(冬三区以外各地)、哈密市(巴里坤县)、塔城(额敏县、乌苏市)、阿勒泰(阿勒泰市、哈巴河县、吉木乃县)、昌吉(昌吉市、木垒县、奇台县北塔山镇、阜康市天池)、博尔塔拉(温泉县、精河县、阿拉山口口岸)、克孜勒苏自治州(乌恰县吐尔尕特口岸)	冬四
	克拉玛依、石河子市,塔城(沙湾县)、阿勒泰地区(布尔津县、福海县、富蕴县、青河县)、博尔塔拉(博乐市)、昌吉(阜康市、玛纳斯县、呼图壁县、吉木萨尔县、奇台县)、巴音郭楞自治州(和静县巴音布鲁克乡)	冬五

注:为避免烦冗,各民族自治州名称予以简化,如青海省的"海西蒙古族藏族自治州"简化为"海西自治州"。

附录 E 全国雨季施工雨量区及雨季期划分表

省份	地区、市、自治州、盟（县）	雨量区	雨季期（月数）
北京	全境	Ⅱ	2
天津	全境	Ⅰ	2
河北	张家口、承德市（围场县）	Ⅰ	1.5
河北	承德（围场县除外）、保定、沧州、石家庄、廊坊、邢台、衡水、邯郸、唐山、秦皇岛市	Ⅱ	2
山西	全境	Ⅰ	1.5
内蒙古	呼和浩特、通辽、呼伦贝尔（海拉尔区、满洲里市、陈巴尔虎旗、鄂温克旗）、鄂尔多斯（东胜区、准格尔旗、伊金霍洛旗、达拉特旗、乌审旗）、赤峰、包头、乌兰察布市（集宁区、化德县、商都县、兴和县、四子王旗、察哈尔右翼中旗、察哈尔右翼后旗、卓资县及以南）、锡林郭勒盟（锡林浩特市、多伦县、太仆寺旗、西乌珠穆沁旗、正蓝旗、正镶白旗）	Ⅰ	1
内蒙古	呼伦贝尔市（牙克石市、额尔古纳市、鄂伦春旗、扎兰屯市及以东）、兴安盟		2
辽宁	大连（长海县、瓦房店市、普兰店市、庄河市除外）、朝阳市（建平县）	Ⅰ	2
辽宁	沈阳（康平县）、大连（长海县）、锦州（北镇市除外）、营口（盖州市）、朝阳市（凌源市、建平县除外）	Ⅰ	2.5
辽宁	沈阳（康平县、辽中区除外）、大连（瓦房店市）、鞍山（海城市、台安县、岫岩县除外）、锦州（北镇市）、阜新、朝阳（凌源市）、盘锦、葫芦岛（建昌县）、铁岭市	Ⅰ	3
辽宁	抚顺（新宾县）、辽阳市	Ⅰ	3.5
辽宁	沈阳（辽中区）、鞍山（海城市、台安县）、营口（盖州市除外）、葫芦岛市（兴城市）	Ⅱ	2.5
辽宁	大连（普兰店市）、葫芦岛市（兴城市、建昌县除外）	Ⅱ	3
辽宁	大连（庄河市）、鞍山（岫岩县）、抚顺（新宾县除外）、丹东（凤城市、宽甸县除外）、本溪市	Ⅱ	3.5
辽宁	丹东市（凤城市、宽甸县）	Ⅱ	4
吉林	辽源、四平（双辽市）、白城、松原市	Ⅰ	2
吉林	吉林、长春、四平（双辽市除外）、白山市、延边自治州	Ⅱ	2
吉林	通化市	Ⅱ	3
黑龙江	哈尔滨（市区、呼兰区、五常市、阿城区、双城区）、佳木斯（抚远市）、双鸭山（市区、集贤县除外）、齐齐哈尔（拜泉县、克东县除外）、黑河（五大连池市、嫩江县）、绥化（北林区、海伦市、望奎县、绥棱县、庆安县除外）、牡丹江、大庆、鸡西、七台河市、大兴安岭地区（呼玛县除外）	Ⅰ	2
黑龙江	哈尔滨（市区、呼兰区、五常市、阿城区、双城区除外）、佳木斯（抚远县除外）、双鸭山市（市区、集贤县）、齐齐哈尔（拜泉县、克东县）、黑河（五大连池市、嫩江县除外）、绥化（北林区、海伦市、望奎县、绥棱县、庆安县）、鹤岗、伊春市、大兴安岭地区（呼玛县）	Ⅱ	2
上海	全境	Ⅱ	4

321

续上表

省份	地区、市、自治州、盟(县)	雨量区	雨季期(月数)
江苏	徐州、连云港市	II	2
	盐城市		3
	南京、镇江、淮安、南通、宿迁、扬州、常州、泰州市		4
	无锡、苏州市		4.5
浙江	舟山市	II	4
	嘉兴、湖州市		4.5
	宁波、绍兴市		6
	杭州、金华、温州、衢州、台州、丽水市		7
安徽	亳州、淮北、宿州、蚌埠、淮南、六安、合肥市	II	1
	阜阳市		2
	滁州、马鞍山、芜湖、铜陵、宜城市		3
	池州市		4
	安庆、黄山市		5
福建	泉州市(惠安县崇武)	I	4
	福州(平潭县)、泉州(晋江市)、厦门(同安区除外)、漳州市(东山县)	II	5
	三明(永安市)、福州(市区、长乐市)、莆田市(仙游县除外)		6
	南平(顺昌县除外)、宁德(福鼎市、霞浦县)、三明(永安市、尤溪县、大田县除外)、福州(市区、长乐市、平潭县除外)、龙岩(长汀县、连城县)、泉州(晋江市、惠安县崇武、德化县除外)、莆田(仙游县)、厦门(同安区)、漳州市(东山县除外)		7
	南平(顺昌县)、宁德(福鼎市、霞浦县除外)、三明(尤溪县、大田县)、龙岩(长汀县、连城县除外)、泉州市(德化县)		8
江西	南昌、九江、吉安市	II	6
	萍乡、景德镇、新余、鹰潭、上饶、抚州、宜春、赣州市		7
山东	济南、潍坊、聊城市	I	3
	淄博、东营、烟台、济宁、威海、德州、滨州市		4
	枣庄、泰安、莱芜、临沂、菏泽市		5
	青岛市	II	3
	日照市		4
河南	郑州、许昌、洛阳、济源、新乡、焦作、三门峡、开封、濮阳、鹤壁市	I	2
	周口、驻马店、漯河、平顶山、安阳、商丘市		3
	南阳市		4
	信阳市	II	2

续上表

省份	地区、市、自治州、盟(县)	雨量区	雨季期(月数)
湖北	十堰、襄阳、随州市、神农架林区	Ⅰ	3
	宜昌(秭归县、远安县、兴山县)、荆门市(钟祥市、京山县)		2
	武汉、黄石、荆州、孝感、黄冈、咸宁、荆门(钟祥市、京山县除外)、天门、潜江、仙桃、鄂州、宜昌市(秭归县、远安县、兴山县除外)、恩施自治州	Ⅱ	6
湖南	全境	Ⅱ	6
广东	茂名、中山、汕头、潮州市	Ⅰ	5
	广州、江门、肇庆、顺德、湛江、东莞市		6
	珠海市	Ⅱ	5
	深圳、阳江、汕尾、佛山、河源、梅州、揭阳、惠州、云浮、韶关市		6
	清远市		7
广西	百色、河池、南宁、崇左市	Ⅱ	5
	桂林、玉林、梧州、北海、贵港、钦州、防城港、贺州、柳州、来宾市		6
海南	全境	Ⅱ	6
重庆	全境	Ⅱ	4
四川	阿坝(松潘县、小金县)、甘孜自治州(丹巴县、石渠县)	Ⅰ	1
	泸州市(古蔺县)、阿坝(阿坝县、若尔盖县)、甘孜自治州(道孚县、炉霍县、甘孜县、巴塘县、乡城县)		2
	德阳、乐山市(峨边县)、雅安市(汉源县)、阿坝(壤塘县)、甘孜(泸定县、新龙县、德格县、白玉县、色达县、得荣县)、凉山自治州(美姑县)		3
	绵阳(江油市、安州区、北川县除外)、广元、遂宁、宜宾市(长宁县、珙县、兴文县除外)、阿坝(黑水县、红原县、九寨沟县)、甘孜(九龙县、雅江县、理塘县)、凉山自治州(木里县、宁南县)		4
	南充(仪陇县除外)、广安(岳池县、武胜县、邻水县)、达州市(大竹县)、阿坝(马尔康县)、甘孜(康定市)、凉山自治州(甘洛县)		5
	自贡(富顺县除外)、绵阳(北川县)、内江、资阳、雅安(石棉县)、甘孜(稻城县)、凉山自治州(盐源县、雷波县、金阳县)	Ⅱ	3
	成都、自贡(富顺县)、攀枝花、泸州(古蔺县除外)、绵阳(江油县、安州区)、眉山(洪雅县除外)、乐山(峨边县、峨眉山市、沐川县除外)、宜宾(长宁县、珙县、兴文县)、广安市(岳池县、武胜县、邻水县除外)、凉山自治州(西昌市、德昌县、会理县、会东县、喜德县、冕宁县)	Ⅲ	4
	眉山(洪雅县)、乐山(峨眉山市、沐川县)、雅安(汉源县、石棉县除外)、南充(仪陇县)、巴中、达州市(大竹县、宣汉县除外)、凉山自治州(昭觉县、布拖县、越西县)		5
	达州市(宣汉县)、凉山自治州(普格县)		6
贵州	贵阳、遵义市、毕节市	Ⅱ	4
	安顺、铜仁、六盘水市,黔东南自治州		5
	黔西南自治州		6
	黔南自治州		7
云南	昆明(市区、嵩明县除外)、玉溪、曲靖(富源县、师宗县、罗平县除外)、丽江(宁蒗县、永胜县)、普洱市(墨江县)、昭通、怒江(兰坪县、泸水县六库镇)、大理(大理市、漾濞县除外)、红河(个旧市、开远市、蒙自市、红河县、石屏县、建水市、弥勒市、泸西县)、迪庆、楚雄自治州	Ⅰ	5
	保山(腾冲市、龙陵县除外)、临沧(凤庆县、云县、永德县、镇康县)、怒江(福贡县、泸水市)、红河自治州(元阳县)		6

续上表

省份	地区、市、自治州、盟(县)	雨量区	雨季期(月数)
云南	昆明(市区、嵩明县)、曲靖(富源县、师宗县、罗平县)、丽江(古城区、华坪县)、普洱市(翠云区、景东县、镇沅县、宁洱县、景谷县)、大理(大理市、漾濞县)、文山自治州	Ⅱ	5
云南	保山(腾冲市、龙陵县)、临沧(临祥县、双江县、耿马县、沧源县)、普洱市(西盟县、澜沧县、孟连县、江城县)、怒江(贡山县)、德宏、红河(绿春县、金平县、屏边县、河口县)、西双版纳自治州		6
西藏	拉萨、昌都(类乌齐县、丁青县、芒康县除外)、日喀则(拉孜县)、林芝市(察隅县)、那曲地区(索县)	Ⅰ	1
西藏			2
西藏	昌都(类乌齐县)、林芝市(米林县)		3
西藏	昌都(丁青县)、林芝市(米林县、波密县、察隅县除外)		4
西藏	林芝市(波密县)		5
西藏	山南(加查县除外)、日喀则市(定日县)、那曲(索县除外)、阿里地区	Ⅱ	1
西藏	昌都(芒康县)、山南(加查县)、日喀则市(定日县、拉孜县除外)		2
陕西	榆林、延安市	Ⅰ	1.5
陕西	铜川、西安、宝鸡、咸阳、渭南市、杨陵区		2
陕西	商洛、安康、汉中市		3
甘肃	天水(甘谷县、武山县)、陇南市(武都区、文县、礼县)、临夏(康乐县、广河县、永靖县)、甘南自治州(夏河县)	Ⅰ	1
甘肃	天水(北道区、秦城区)、定西(渭源县)、庆阳(华池县、环县)、陇南市(西和县)、临夏(临夏市)、甘南自治州(临潭县、卓尼县)		1.5
甘肃	天水(秦安县)、定西(临洮县、岷县)、平凉(崆峒区)、庆阳(庆城县)、陇南市(宕昌县)、临夏(临夏县、东乡县、积石山县)、甘南自治州(合作市)		2
甘肃	天水(张家川县)、平凉(静宁县、庄浪县)、庆阳(镇原县)、陇南市(两当县)、临夏(和政县)、甘南自治州(玛曲县)		2.5
甘肃	天水(清水县)、平凉(泾川县、灵台县、华亭县、崇信县)、庆阳(西峰区、合水县、正宁县、宁县)、陇南市(徽县、成县、康县)、甘南自治州(碌曲县、迭部县)		3
青海	西宁(湟源县)、海东市(平安市、乐都区、民和县、化隆县)、海北(海晏县、祁连县、刚察县、托勒)、海南(同德县、贵南县)、黄南(泽库县、同仁县)、海西自治州(天峻县)	Ⅰ	1
青海	西宁市(湟源县除外)、海东地区(互助县)、海北(门源县)、果洛(达日县、久治县、班玛县)、玉树自治州(称多县、杂多县、囊谦县、玉树县)、河南自治县		1.5
宁夏	固原地区(隆德县、泾源县)	Ⅰ	2
新疆	乌鲁木齐市(小渠子乡、牧业气象试验站、大西沟乡)、昌吉(阜康市天池、克孜勒苏(吐尔尕特、托云)、巴银库鲁提)、伊犁自治州(昭苏县、霍城县二台、松树头)	Ⅰ	1
香港、澳门、台湾	(资料暂缺)		

注：①表中未列的地区除西藏林芝市墨脱县因无资料未划分外，其余地区均因降雨天数或平均日降雨量未达到计算雨季施工增加费的标准，故未划分雨量区及雨季期。
②行政区划依据资料及自治州、市的名称列法同冬季施工气温区划分说明。

附录F 全国风沙地区公路施工区划分表

区划	沙漠(地)名称	地 理 位 置	自 然 特 征
风沙一区	呼伦贝尔沙地、嫩江沙地	呼伦贝尔沙地位于内蒙古呼伦贝尔草原,嫩江沙地位于东北平原西北部嫩江下游	属半干旱、半湿润严寒区,年降水量280~400mm,年蒸发量1400~1900mm,干燥度1.2~1.5
	科尔沁沙地	散布于东北平原西辽河中、下游主干及支流沿岸的冲积平原上	属半湿润温冷区,年降水量300~450mm,年蒸发量1700~2400mm,干燥度1.2~2.0
	浑善达克沙地	位于内蒙古锡林郭勒盟南部和赤峰市西北部	属半湿润温冷区,年降水量100~400mm,年蒸发量2200~2700mm,干燥度1.2~2.0,年平均风速3.5~5m/s,年大风天数50~80d
	毛乌素沙地	位于内蒙古鄂尔多斯中南部和陕西北部	属半干旱温热区,年降水量东部400~440mm,西部仅250~320mm,年蒸发量2100~2600mm,干燥度1.6~2.0
	库布齐沙漠	位于内蒙古鄂尔多斯北部,黄河河套平原以南	属半干旱温热区,年降水量150~400mm,年蒸发量2100~2700mm,干燥度2.0~4.0,年平均风速3~4m/s
风沙二区	乌兰布和沙漠	位于内蒙古阿拉善东北部,黄河河套平原西南部	属干旱温热区,年降水量100~145mm,年蒸发量2400~2900mm,干燥度8.0~16.0,地下水相当丰富,埋深一般为1.5~3.0m
	腾格里沙漠	位于内蒙古阿拉善东南部及甘肃武威部分地区	属干旱温热区,沙丘、湖盆、山地、残丘及平原交错分布,年降水量116~148mm,年蒸发量3000~3600mm,干燥度4.0~12.0
	巴丹吉林沙漠	位于内蒙古阿拉善西南边缘及甘肃酒泉部分地区	属干旱温热区,沙山高大密集,形态复杂,起伏悬殊,一般高200~300m,最高可达420m,年降水量40~80mm,年蒸发量1720~3320mm,干燥度7.0~16.0
	柴达木沙漠	位于青海柴达木盆地	属极干旱寒冷区,风蚀地、沙丘、戈壁、盐湖和盐土平原相互交错分布;盆地东部年平均气温2~4℃,西部为1.5~2.5℃;年降水量东部为50~170mm,西部为10~25mm;年蒸发量2500~3000mm,干燥度16.0~32.0
	古尔班通古特沙漠	位于新疆北部准噶尔盆地	属干旱温冷区,其中固定、半固定沙丘面积占沙漠面积的97%,年降水量70~150mm,年蒸发量1700~2200mm,干燥度2.0~10.0
风沙三区	塔克拉玛干沙漠	位于新建南部塔里木盆地	属极干旱炎热区,年降水量东部20mm左右,南部30mm左右,西部40mm左右,北部50mm以上,年蒸发量在1500~3700mm,中部达高限,干燥度>32.0
	库姆达格沙漠	位于新疆东部、甘肃西部、罗布泊低地南部和阿尔金山北部	属极干旱炎热区,全部为流动沙丘,风蚀严重,年降水量10~20mm,年蒸发量2800~3000mm,干燥度>32.0,年8级以上风天数在100d以上

参 考 文 献

[1] 中华人民共和国交通运输部.公路工程建设项目投资估算编制办法:JTG 3820—2018[S].北京:人民交通出版社股份有限公司,2019.

[2] 中华人民共和国交通运输部.公路工程建设项目概算预算编制办法:JTG 3830—2018[S].北京:人民交通出版社股份有限公司,2019.

[3] 中华人民共和国交通运输部.公路工程预算定额:JTG/T 3832—2018[S].北京:人民交通出版社股份有限公司,2019.

[4] 中华人民共和国交通运输部.公路工程概算定额:JTG/T 3831—2018[S].北京:人民交通出版社股份有限公司,2019.

[5] 中华人民共和国交通运输部.公路工程机械台班费用定额:JTG/T 3833—2018[S].北京:人民交通出版社股份有限公司,2019.

[6] 中华人民共和国交通运输部.公路工程估算指标:JTG/T 3821—2018[S].北京:人民交通出版社股份有限公司,2019.

[7] 交通公路工程定额站.公路工程施工定额[M].北京:人民交通出版社,2009.

[8] 周世生,靳卫东.公路工程造价[M].北京:人民交通出版社,2008.

[9] 张起森.公路施工组织及概预算[M].北京:人民交通出版社,1994.

[10] 刘燕.公路工程造价编制与管理[M].3版.北京:人民交通出版社股份有限公司,2014.

[11] 王首绪,等.公路施工组织及概预算[M].4版.北京:人民交通出版社股份有限公司,2020.

[12] 邢凤岐,徐连铭.公路工程定额应用与概、预算编制示例[M].北京:人民交通出版社,2008.

[13] 廖正环.公路施工与管理[M].北京:人民交通出版社,1999.

[14] 中国建设监理协会.建设工程进度控制[M].北京:中国建筑工业出版社,2003.

[15] 中国建设监理协会.建设工程合同管理[M].北京:知识产权出版社,2003.

[16] 中华人民共和国招标投标法[M].北京:中国法制出版社,1999.

[17] 张丽华,邓人庆.公路施工组织与概预算[M].北京:人民交通出版社,2009.

[18] 魏道升.路桥施工组织设计范例[M].北京:人民交通出版社,2008.

[19] 罗娜.工程进度监理[M].2版.北京:人民交通出版社,1999.

[20] 王洪江,符长青.公路工程施工组织设计编制手册[M].北京:人民交通出版社,2005.

[21] 姚玉玲.公路工程施工组织学[M].北京:人民交通出版社,1998.

[22] 全国二级建造师执业资格考试用书编写委员会.公路工程管理与实务[M].2版.北京:中国建筑工业出版社,2007.

[23] 郭小宏,等.公路工程机械化施工与管理[M].2版.北京:人民交通出版社股份有限公司,2019.

[24] 陈华卫,陈晓明.公路工程施工组织设计[M].北京:人民交通出版社,2007.